Gunter Haug

Robert Bosch – Der Mann, der die Welt bewegte

Gunter Haug

ROBERT BOSCH –
Der Mann, der die Welt bewegte

Historischer Roman

Masken-Verlag

Eduard-Steinle-Str. 13, 70619 Stuttgart
www.masken-verlag.de

3., durchgesehene Auflage 2011

Produktion: Verlagsbüro Wais & Partner, Stuttgart
Schutzumschlag/Einband: Ilona Bucher, Berlin
Fotos: © Robert Bosch GmbH, Stuttgart
Schutzumschlag/Überzug vorn Fotograf Bernhard Holtmann, hinten Fotograf unbekannt
Frontispiz Fotograf Johannes Martin
Druck und Binden: CPI books GmbH, Ulm

ISBN 978-3-939500-17-9

»So, du bist also der junge Bosch!«
Der acht Jahre alte, schmächtige Junge zuckte erschrocken zusammen, als er die laut dröhnende Stimme hörte, die seinen Familiennamen in den Raum geworfen hatte. Das Herz pochte ihm bis zum Hals, während er sich mit ungelenken Bewegungen hastig aus der Schulbank wand. Dann nahm er Haltung an, genau so, wie es im Königreich Württemberg von einem Schüler der Ulmer Realschule erwartet werden durfte: Er drückte seinen Rücken kerzengerade durch und legte die Hände fest an die Hosennähte. Dabei richtete er einen unsicher flackernden Blick auf den massigen Mann mit dem imposanten schwarzen Vollbart, der ihn mit düsterer Miene fixierte. Tapfer schluckte der Schüler den trockenen Kloß in seiner Kehle hinunter und nickte zaghaft. Ganz offensichtlich kostete es den verschüchterten Buben allen Mut, um dann auch noch mit einigermaßen fester Stimme die erwünschte Antwort geben zu können: »Ja, Herr Lehrer.«
»Vorname?«
»Robert.«
Der Lehrer legte die Stirn in kritische Falten. »Robert. Ist das alles? Nur Robert?«
»August Robert.«
»Na bitte!« Im Grunde genommen war die ganze Fragerei überflüssig. Der Geografielehrer, der bei den Schülern als besonders schlimmer Pedant verschrien war, machte seinem Ruf wieder einmal alle Ehre. Sehr zum Leidwesen des neuen Schülers, denn auch ohne dieses sonderbare Kreuzverhör hatte er schon genug damit zu tun, all die vielfältigen Eindrücke zu verarbeiten, die seit dem Umzug der Familie aus einem kleinen Albdorf in die große, ehemalige Freie Reichsstadt Ulm auf ihn einstürmten.
Doch es ging munter weiter: »Geboren? Wann und wo?«

»Am 23. September 1861 in Albeck. Also bei Langenau«, fügte der Junge erklärend hinzu – und hatte mit der gut gemeinten Ergänzung einen Fehler gemacht.
»Als Geografielehrer werde ich wohl wissen, wo Albeck liegt! Da bedarf es keiner Erklärung eines Schülers«, zischte der Schulmeister streng. »Auf jetzt, weiter! Elternhaus. Herkommen. Abstammung.«
»Sohn des ehemaligen Kronenwirts Servatius Bosch daselbst und seiner Ehefrau Margarethe, geborene Dölle, Adlerwirtstochter aus Jungingen.«
Die Furchen in der Stirn des Lehrers schienen sich nach dieser Erläuterung noch weiter zu vertiefen. »Aha! Also tatsächlich! Der Sprössling des Albecker Kronenwirts.«
Das sonderbare Fazit seines Gegenübers klang beinahe wie eine Anklage, auf keinen Fall wie eine weitere Frage, sodass es dem Jungen nach kurzer Überlegung geraten schien, stumm zu bleiben – was hätte er darauf auch sagen sollen? Es folgte eine kurze, unbehagliche Pause, während der Lehrer seinen neuen Schüler mit unverhohlener Skepsis noch einmal eingehend musterte. Wieder nahm er den Knaben, der jetzt vor Aufregung ein leichtes Zittern kaum noch unterdrücken konnte und deshalb seine Finger fest in den dicken Stoff der Hose krallte, in einen strengen Augenschein.
»Hmmm …« Anscheinend hatte aber auch diese neuerliche intensive Begutachtung die offenkundigen Bedenken des Ulmer Realschullehrers nicht restlos zerstreuen können. Nachdenklich strich er sich mehrmals mit der rechten Hand über seinen dichten Bart, bevor er die Stirn in noch tiefere Falten legte und die Arme streng vor der Brust verschränkte.
»Und gerade eben hast du Platen zitiert!«, donnerte er dem verängstigten Buben unvermittelt entgegen. »Das war doch der Graf von Platen, nicht wahr?«
»Ja, Herr Lehrer«, antwortete der Schüler tapfer und nahm dann seinen ganzen Mut zusammen, um den längst verstorbenen und mittlerweile beinahe vergessenen Dichter,

der zu Beginn des Jahrhunderts seine größten Triumphe gefeiert hatte, mit bebender Stimme zu rezitieren:
»Es sehnt sich ewig dieser Geist ins Weite
Und möchte fürder, immer fürder streben:
Nie könnt ich lang an einer Scholle kleben,
und hätt ein Eden ich an jeder Seite.«
»Platen! In der Tat! So hat der Graf von Platen gereimt«, brummte der Lehrer dunkel, was sein Schüler irrtümlicherweise als Aufforderung verstand, eine weitere Strophe auswendig herzusagen.
»Weit klüger ists, dem Vaterland zu entsagen,
als unter einem kindischen Geschlechte
das Joch des blinden Pöbelhasses tragen!«
»Grauenhaft! Aufhören! Sofort! Auf der Stelle!«, donnerte der Schulmeister seinem ängstlich zusammenzuckenden Eleven ins erschrockene Gesicht. »Wie kommst du denn nur zu solchen gotteslästerlichen Versen?!«
»Ich habe sie zu Hause gehört«, murmelte der Schüler Bosch, der sich den Wutausbruch des Lehrers nicht erklären konnte. »Bei meinem Vater in Albeck, da standen zwei Bände vom Grafen Platen immer im Bücherregal. Mein Vater hat daraus oft zitiert und ich habe mir einen Teil davon halt gemerkt.«
»Platen! Zu Hause! Frei zugänglich im Bücherregal! Habe ich das richtig verstanden?«
Eine merkwürdige Frage. Was konnte denn daran so schlimm sein? Dementsprechend offen und ehrlich fiel die Antwort des Jungen aus. »Ja, sicher! Sie stehen, das heißt sie standen bei uns in der ›Krone‹ gleich neben den Gedichten von Heinrich Heine. Aber der Dichter Heine, findet mein Vater, der Heinrich Heine ist dann doch noch um einiges besser als sein ehemaliger Widersacher Platen.«
»Heine …«, echote Roberts Lehrer mit einem ungläubigen Gesichtsausdruck. Der Mann schien von dieser schlichten Auskunft regelrecht betroffen zu sein. »Heinrich Heine sei besser. Besser noch als Platen … Es ist …« Er schluckte

schwer und murmelte so etwas wie »Unfassbar!« in seinen dichten Bart. Dann kniff er neuerlich die Augen zusammen und durchbohrte den eingeschüchterten Jungen, der sich keines Vergehens bewusst war, regelrecht mit seinem Blick. »Heine also! Und in dessen Bücher hast du wohl auch schon einmal einen Blick hineingeworfen?«
Ein Tatbestand, der im Fall seiner Bestätigung für den Schulmeister anscheinend ein schlimmes Vergehen darstellte. Weshalb auch immer.
Sollte er also lügen? Andererseits ... »Nein, nicht direkt«, druckste er herum, während er fieberhaft nach einem Ausweg aus dieser Sackgasse suchte. »Aber mein Vater hat mir ein paar von Heines Gedichten beigebracht«. Tapfer begann der Junge zu rezitieren:
»Schon knospet die Jugend, welche versteht,
des Dichters Stolz und Güte,
und sich an seinem Herzen wärmt,
an seinem Sonnengemüte.
Mein Herz ist liebend wie das Licht,
und rein und keusch wie das Feuer,
die edelsten Grazien haben mi...«
»Aufhören! Zum Donnerwetter! Aufhören – und zwar sofort! Auf der Stelle!«, rief der Lehrer mit hochrotem Kopf und griff dabei blitzschnell zum Tatzenstock, den er drohend vor Robert in die Höhe reckte.
Der erschrockene Schüler schlug schützend die Hände vor sein Gesicht. »Aber ... Bitte, Herr Lehrer ... bitte ... ich ... ich wollte nicht ...«
Doch der schien sich gar nicht mehr beruhigen zu wollen: »Du erhebst die Hand gegen mich?! Na warte!«
Im Nachhinein konnte Robert wohl von Glück sagen, dass genau in jenem Augenblick der kritischen Zuspitzung die Tür des Klassenraums geöffnet wurde und ein vom Alter gebeugter grauhaariger Mann das Zimmer betrat. Mitten in der Bewegung verharrte er plötzlich und betrachtete irritiert die seltsame Szene, die sich da unmittelbar vor seinen Augen abspielte. »Was ist denn hier los?«

Wie auf ein unhörbares Kommando hatten sich die übrigen Schüler beim Eintreten des Mannes blitzschnell aus ihren Bänken erhoben und ihm ein vielstimmiges »Grüß Gott, Herr Direktor!« entgegengerufen.
»Grüß Gott.« Prüfend ließ der betagte Realschulrektor Nagel seinen Blick über die Klasse wandern, die sich ihm in korrekter Begrüßungshaltung präsentierte, bis er auf dem schwer atmenden Geografielehrer haften blieb, der sich mit allen Anzeichen starker Erregung nur zögernd zu beruhigen schien.
»Was hier los ist, habe ich gefragt, Herr Kollege Reuß«, wiederholte der Schulleiter, der es sich im Grunde genommen schon denken konnte, in einem deutlich schärferen Tonfall. Ohne genauer Bescheid über die Umstände zu wissen, spürte er instinktiv, dass es nicht schaden konnte, dem mit einem außerordentlich geringen pädagogischen Geschick ausgestatteten Kollegen einmal ganz bewusst vor Augen und Ohren der gesamten Schulklasse etwas tiefer auf den Zahn zu fühlen. Eine solche Lektion hatte der Reuß sowieso schon längst verdient. Weshalb also nicht heute, angesichts dieser merkwürdigen Inszenierung, in der dieser offenkundig die Hauptrolle übernommen hatte?
Reuß atmete noch einmal tief durch, bevor er sich endlich in der Lage fühlte, seinem Vorgesetzten mit weiterhin vor Ärger und Entrüstung vibrierender Stimme die verlangte Antwort zu geben. »Er hier …« Anklagend deutete Reuß mit dem ausgestreckten Tatzenstock auf seinen Delinquenten, der wie zur Salzsäule erstarrt mit gesenktem Kopf vor ihm stand: »Er hat Platen zitiert! August von Platen!«
»So, so. Den Grafen von Platen also.« War es etwa ein Lächeln, das da gerade eben über die Miene des Direktors gehuscht war? Den anderen Schülern in der Klasse schien es fast so. Lediglich der Geografielehrer in seiner empörten Aufgelöstheit und der verstörte Robert Bosch bekamen von diesem bemerkenswerten Umstand anscheinend nicht das Geringste mit.

»Auswendig hergesagt hat er das alles. Gleich mehrere Strophen hintereinander! Ich fürchte sogar, der Bengel hätte noch weitergemacht, wenn ich ihn nicht augenblicklich zum Schweigen gebracht hätte!«
»Na ja ...« Dem Tonfall nach zu urteilen, schien der alte Rektor die Aufgeregtheit seines Gegenübers angesichts dieser schweren Verfehlung nicht unbedingt teilen zu können.
»Und um das Maß voll zu machen, dann noch den Heine!«, stieß Reuß hervor, während er schon wieder keuchend nach Atem rang.
»Ach? Schau an: Heine also auch noch?«
»Ja, auch noch Heinrich Heine. Ausgerechnet den! Und zwar nicht irgendetwas, sondern dieses gotteslästerliche sogenannte ›Wintermärchen‹. Das ... das ist ...« Der Mann schluckte schwer, bevor er zu seinem düsteren Fazit ansetzte. »Das scheint mir im Übrigen ganz typisch für diese Boschs zu sein. Man hat ja schon so einiges zu Ohren bekommen. Insofern hätte ich es mir eigentlich denken können: Der Apfel fällt nicht weit vom Stamm!«
Jetzt wurde es sogar dem üblicherweise an seiner Schule auf Ausgleich und Verständigung bedachten Direktor endgültig zu viel. Warnend hob er den Zeigefinger. »Mäßigen Sie sich in Ihrer Wortwahl, Herr Kollege! Die Familie Bosch und insbesondere der Servatius Bosch, auf den Sie mit Ihrer Bemerkung ja wohl abzielen – ich kenne ihn übrigens gut –, das ist ein absolut ehrenwerter Mann. Ein durch und durch aufrechter Bürger, der seine demokratische Gesinnung mit Verstand und Augenmaß verteidigt. Für unsere Stadt, in der bekanntlich schon immer ein freier Wind geweht hat, ist es durchaus kein Nachteil, dass ein solcher Mann mit seiner ganzen Familie jetzt hierher nach Ulm gezogen ist ...«
»Ein Mann, der schon einmal als Festungshäftling auf dem Hohenasperg eingesperrt gewesen ist! Ein Zuchthäusler!« Der Lehrer spie den Begriff förmlich aus seinem Mund und provozierte damit eine umso schärfere Entgegnung.

»Nicht jeder, der den Asperg von innen kennengelernt hat, muss deshalb gleich ein Verbrecher sein. Das sollte Ihnen eigentlich bekannt sein.«
»Für nichts und wieder nichts kommt man aber nicht ins Zuchthaus. Die Richter am Oberamtsgericht werden damals wohl schon gewusst haben, warum sie zu diesem Urteil gelangt sind«, beharrte Reuß trotzig auf seinem Standpunkt. Ihm waren die Mitglieder der demokratisch gesinnten »Deutschen Volkspartei« schon von jeher ein Gräuel. »Und ausgerechnet ich muss jetzt auch noch den Sprössling von einem unruhigen demokratischen Umstürzler unterrichten«, maulte der Lehrer in seinen Vollbart und richtete die nächste Attacke frontal gegen seinen Vorgesetzten. »Dass so einer eine gewaltige Unruhe in die Klasse bringt, hätte man ja eigentlich bereits beim Aufnahmegespräch erahnen können. Genau so ist es jetzt an seinem allerersten Tag hier auch gekommen. Kaum ist der Bengel in der Klasse, schon ist die Unruhe da. Ganz bewusst …«
»Herr Kollege! Lassen Sie es gut sein!« Mit einer bei Nagel selten erlebten Lautstärke war ihm der Rektor heftig ins Wort gefallen. »Ich möchte jetzt wirklich nichts mehr davon hören. Wir werden gleich nach Schulschluss darüber reden – aber nun«, der weißhaarige alte Mann reckte sein Kinn in die Höhe und durchbohrte Reuß förmlich mit einem entschlossenen Blick, »nun erwarte ich von Ihnen, dass Sie dem Schüler Bosch für heute ein weiteres Kreuzverhör ersparen und mit ihrem gewohnten Unterrichtsstoff fortfahren. Nach dem Ende der Stunde werden Sie sich dann unverzüglich in meinem Dienstzimmer einfinden! Auf Wiedersehen!« Ohne eine Antwort abzuwarten, wandte er sich um und verließ das Klassenzimmer, in dem Robert Bosch immer noch mit zitternden Knien neben seiner Schulbank stand.
»Auf Wiedersehen, Herr Direktor«, schmetterte der Rest der Klasse fröhlich. Eine so turbulente Schulstunde hatten sie lange nicht mehr erlebt. Man durfte gespannt sein,

wie es in den nächsten Tagen wohl weiterging. Manchmal konnte die Schule direkt unterhaltsam sein.
»Nun denn, da hast du noch einmal Glück gehabt«, murmelte Reuß mit verdrießlicher Miene, während er den Tatzenstock vor sich auf den Tisch legte. »Ich will also ausnahmsweise Gnade vor Recht ergehen lassen. Du kannst dich wieder setzen. Aber eines sage ich dir: Wenn mir solche Verse aus deinem Mund noch einmal zu Ohren kommen, dann setzt es eine Tatze, dass dir das ein für alle Mal klar ist. Hast du mich verstanden, Bosch?«
»Ja, Herr Lehrer.« Erleichtert schnaufte der Junge durch und setzte sich rasch in die Schulbank. Gott sei Dank war der Direktor gerade noch rechtzeitig hereingekommen, bevor er die von Reuß angedrohten Prügel bezogen hatte. Denn dass der Lehrer seine Drohung auch wirklich wahr gemacht hätte, das stand für Robert fest. Wenngleich er sich noch immer nicht recht erklären konnte, was denn eigentlich so schlimm daran gewesen war, vor seinen Schulkameraden ein Gedicht des Grafen Platen zu rezitieren. Normalerweise wurde man von den Erwachsenen doch gelobt, wenn man es in diesem Alter schon schaffte, so viele Zeilen auswendig herzusagen. Und zu Hause bei den Boschs waren diese Zitate immer wieder zu hören. Verse, deren Inhalt dem achtjährigen Robert eher harmlos schienen, auch wenn er sich über ihre genaue Bedeutung natürlich noch keine größeren Gedanken gemacht hatte. Du meine Güte! Heine und Platen: Zu Hause hielt der Vater diese Dichter in hohen Ehren – anscheinend ganz im Gegensatz zu dem Stellenwert, der ihnen an der Ulmer Realschule beigemessen wurde, wo offenbar schon die bloße Tatsache, dass man sie kannte, als eine Art Vergehen betrachtet wurde.
Also: Robert hatte seine Lektion gelernt. Künftig würde er bei diesem Thema auf der Hut sein. Und erst recht vor dem Lehrer Reuß, bei dem er ganz offenkundig keinen Stein im Brett hatte – wie man das halt so sagt.
Wie hieß es doch gleich in diesem anderen Gedicht von Heine? In dem, wo es um die schlesischen Weber ging?

Robert überlegte kurz. Ja, genau, so lauteten die Verse:

»Ein Fluch dem falschen Vaterlande,
wo nur gedeihen Schmach und Schande,
wo jede Blume früh geknickt,
und Fäulnis und Moder den Wurm erquickt –
wir weben, wir weben!

Das Schiffchen fliegt, der Webstuhl kracht,
wir weben emsig Tag und Nacht –
Altdeutschland, wir weben dein Leichentuch,
wir weben hinein den dreifachen Fluch.«

Ha! Wenn der Reuß, der gerade eine Karte des Königreichs Württemberg an die Tafel zeichnete, diese Verse jetzt hören könnte! Robert lächelte leise in sich hinein, während er gleichzeitig einen kühlen Schauder über den Rücken kriechen fühlte. In was für eine seltsame Lehranstalt war er da nur hineingeraten?! In der Albecker Dorfschule war es im Unterricht wesentlich geruhsamer zugegangen.

»Ach ja …« Der weißhaarige Mann – trotz seiner mittlerweile 75 Lebensjahre, die er nun bereits auf dem Buckel hatte, war er immer noch eine stattliche Erscheinung – atmete tief durch, während er einen Augenblick lang versonnen vor sich hin blickte. Langsam hob er den Kopf und musterte sein Gegenüber mit einem milden Blick aus seinen dunklen Augen. Nur zögernd schien er wieder in die Gegenwart hineinzufinden, gerade so, als kehre er mit seinen Gedanken von einer langen Zeitreise zurück. Als würde er den Besucher, seinen nur wenige Jahre jüngeren Neffen Carl, erst jetzt wieder wahrnehmen. Seltsam, solche abschweifenden Gedankenspaziergänge waren doch sonst nicht die Art des nach wie vor mit beiden Beinen fest im Leben stehenden Unternehmers Robert Bosch. Insofern konnte sich Carl Bosch nicht genug über das Verhalten seines Onkels wundern.
Doch bevor er sich weiter in diese Überlegung vertiefen konnte, bedachte ihn Robert Bosch mit einem ebenso verschmitzten wie wissenden Lächeln. Eine leichte Zerknirschung sprach aus seinem Tonfall, als er zu einer Erklärung ansetzte. »Entschuldige, Carl. Ich bin da anscheinend ganz und gar in meinen Erinnerungen versunken gewesen. Das passiert mir normalerweise eigentlich nie. Jetzt glaube ich selber bald, dass im Lauf der Zeit halt doch ein alter Mann aus mir geworden ist, dem es anscheinend immer schwerer fällt, seine fünf Sinne noch einigermaßen unter den Hut zu bekommen. Nein, sag jetzt lieber nichts«, wehrte er rasch ab, als er gewahrte, dass der andere soeben im Begriff stand, die selbstkritische Bemerkung mit einer leichten Handbewegung einfach beiseitezuwischen. »Immerhin bin ich kürzlich ja schon 75 Jahre alt geworden: So alt wird kein Geißbock, hat man früher bei uns auf der Alb immer gesagt, na ja … Auf alle Fälle ist es in diesem wahrhaft bibli-

schen Alter bekanntlich nicht unüblich, dass man dann und wann mit seinen Gedanken in die Zeit der Kindheit und Jugend abschweift. Ich denke, es war die Freude über deine Ankunft, die mir unwillkürlich längst vergangene Tage ins Gedächtnis zurückgerufen hat. Auch die Erinnerung an unsere allererste Begegnung, damals in Köln, im Haus deines Vaters, meines Bruders Karl. Er hat mir in dieser Zeit tatsächlich die alles entscheidenden Wegweisungen für meine weitere Zukunft gegeben. Ja, und wo ich schon einmal dabei war, mich gedanklich zurück an die Wendepunkte meines Lebens zu begeben, da ist es dann gleich noch viel weiter gegangen, bis hinein in meine Kindheitsjahre. Zu den glücklichen Tagen des Heranwachsens auf der Schwäbischen Alb, also in der Gegend, die ›in Ulm und um Ulm herum‹ liegt, wie man so schön sagt.« Der alte Herr fuhr sich mit der Hand über die Augen und zuckte dann kurz mit den Schultern, gerade so, als sei er selbst verwundert über die sentimentalen Anwandlungen, die ihn offenkundig ganz unvorbereitet überkommen hatten. »Es ist schon ein komisches Gefühl, aber anscheinend hat meine Seele regelrecht danach gelechzt, endlich wieder einmal positive Gedanken bewegen zu dürfen, nach all den wenig tröstlichen Entwicklungen der vergangenen Monate und Jahre.« Für einen kurzen Moment huschte ein düsterer Schatten über Robert Boschs Miene. »Auch wenn ich mir solche romantisch verklärten Ausflüge in diesen wahrhaft unromantischen Zeiten kaum leisten kann. Wenn du mir das vor zwanzig Jahren gesagt hättest, dass ich mich noch einmal mit so einer Situation konfrontiert sehen würde, in der es aller Konzentration bedarf, um die Firma ebenso wie meine Familie einigermaßen sicher durch die zahlreichen Gefahren zu steuern, die sich uns überall in den Weg stellen …«

Er verstummte und schüttelte dabei verwundert seinen Kopf.

Sein Neffe räusperte sich leise. »… und das war damals tatsächlich ein Grund für den Lehrer, dich züchtigen zu wollen, nur weil du in der Schule dieses Heine-Gedicht aufge-

sagt hast?« Behutsam nahm er den Gesprächsfaden wieder auf. »War das denn so etwas Schlimmes?«
»Damals ja. Und im Unterschied zu deiner Geburtsstadt Köln ist es in Ulm halt doch etwas behäbiger zugegangen. Besonders für konservative Kreise, zu denen auch mein Geografielehrer gehört hat, war ein Heine-Gedicht beinahe so etwas wie Gotteslästerung. Aber das habe ich natürlich nicht geahnt, woraufhin das Unheil eben seinen Lauf genommen hat.«
»Und das alles bloß wegen eines Gedichts ...«
»Nun gut, zur Ehrenrettung meiner Lehrer muss ich schon dazu sagen, dass Dichter wie Heinrich Heine damals als aufwieglerisch gegolten haben. Und bevor wir über die damaligen Verhältnisse den Kopf schütteln – heutzutage ist das ja leider schon wieder so, wenn nicht sogar noch schlimmer. Wehe dem, der öffentlich Heine rezitiert! ›Deutschland. Ein Wintermärchen‹. Ich kann das übrigens noch immer auswendig.«
»Wie? Alles? Das ganze Gedicht etwa? Das ist ja ...« Carl Bosch bedachte sein Gegenüber mit einem ungläubig staunenden Blick.
»Nein, nein. Alles natürlich nicht. Das ist viel zu lang. Aber den Anfang – und den Schluss, den natürlich schon.« Er lachte trocken. »Wenn ich daran denke, dass ich in meiner Unbedarftheit damals genauso gut die letzten Strophen hätte rezitieren können, dann bekomme ich heute noch eine Gänsehaut: ›Das alte Geschlecht der Heuchelei / Verschwindet, Gott sei Dank, heut / Es sinkt allmählich ins Grab, es stirbt / an seiner Lügenkrankheit. Es wächst heran an neues Geschlecht / Ganz ohne Schminke und Sünden / Mit freien Gedanken, mit freier Lust / Dem werde ich alles verkünden. Schon knospet die Jugend, welche versteht / Des Dichters Stolz und Güte / Und sich an seinem Herzen wärmt / An seinem Sonnengemüte.‹«
»Donnerwetter!« Robert Boschs Besucher klatschte anerkennend in die Hände. »Dass du das noch auswendig kannst!«

»Du meinst, mit 75 Jahren müsste man allmählich doch zu altersschwach für solche Verse sein?«
»Nein, nein, das sollte es nicht heißen. Es ist aber dennoch eine durchaus respektable Gedächtnisleistung.«
»Es ist halt wie mit allen Dingen: Wenn einem etwas Spaß macht, wenn der Funke der Begeisterung erst einmal übergesprungen ist, dann geht das wie von selbst. Und den Heinrich Heine habe ich schon als Kind gern gehört, wenn uns mein Vater etwas von ihm vorgelesen hat. Auch wenn ich damals längst nicht alles begriffen habe, was der Heine in seinen Gedichten gemeint hat. Aber irgendwie habe ich wohl gespürt, dass er seiner Zeit weit voraus war. Und deswegen hat er mich fasziniert.«
»Und jetzt … jetzt hat ihn die Zeit schon wieder eingeholt: In Deutschland regiert die Intoleranz und auch Heines Bücher haben sie bereits öffentlich verbrannt!«
»Man könnte beinahe meinen, er habe es vorausgeahnt, als er gedichtet hat: Denk ich an Deutschland in der Nacht …«
»… so bin ich um den Schlaf gebracht.«

Es war ein Tag im Herbst des Jahres 1936. Endlich war es nach vielen Monaten wieder einmal zu einer Begegnung zwischen Robert Bosch und seinem Neffen Carl gekommen. Überraschend hatte sich Carl in der Vorwoche brieflich gemeldet und angefragt, ob er seinem Onkel wohl auf einen kurzfristigen Besuch in dessen Haus in der Stuttgarter Heidehofstraße willkommen wäre, falls er sich spontan dazu entschließen könne.
Robert Bosch hatte seinen Neffen nicht lange auf seine Antwort warten lassen, sondern gleich zum Telefonhörer gegriffen und Carl mitgeteilt, dass ihm nichts willkommener wäre als ein solcher Besuch. Egal, an welchem Tag auch immer Carl nach Stuttgart kommen wolle, er werde entgegen seinen sonstigen Gepflogenheiten andere Termine einfach verschieben. So sehr sei ihm daran gelegen, wieder einmal mit seinem nur dreizehn Jahre jüngeren Lieblingsneffen zusammentreffen zu können. Denn schon

seit ihren Jugendtagen fühlten sich Robert und Carl durch eine feste Freundschaft verbunden, die weit über verwandtschaftliche Verbindungen hinaus reichte und die sich über alle zeitliche und geografische Distanz bis heute erhalten hatte.
Und genau so war es dann auch gekommen: Allein an seinem deutlich beschleunigten Herzschlag spürte Robert Bosch, wie gut es tat, dass während dieses Besuches die »guten alten Zeiten« wieder für eine Weile auflebten und dass er selbst sich dabei sogar ein kleines bisschen in gleichermaßen sentimentalen wie schönen Kindheits- und Jugenderinnerungen verlieren konnte. Tatsächlich war es ja Robert Boschs älterer Bruder Karl gewesen, der ihm maßgeblich den Weg in die Zukunft gewiesen hatte. Schon im Jahr 1879, als Robert seinen Bruder das erste Mal in Köln besucht hatte, wo dieser als erfolgreicher Geschäftsmann tätig war, hatten sich dessen fünfjähriger Sohn Carl und sein 18 Jahre junger Onkel prächtig verstanden. Dass dann später aus Robert einer der bedeutendsten Industriellen von Württemberg werden würde und aus Carl nicht nur der Gründer und Vorstandsvorsitzende der riesigen »I.G. Farben«, des größten Chemieunternehmens der Welt, sondern darüber hinaus der Chemienobelpreisträger des Jahres 1931, das konnte in dieser zweiten Hälfte des 19. Jahrhunderts natürlich noch niemand ahnen.
Mittlerweile durfte man aber mit Fug und Recht sagen, dass aus den beiden Boschs, deren familiäre Wurzeln auf der Schwäbischen Alb zu finden waren, schon »etwas Gscheites« geworden war – so zumindest hätten das ihre Eltern und Großeltern wohl ausgedrückt. Und sogar ein wenig Stolz wäre bei dieser Feststellung mitgeschwungen. Obwohl so etwas ja nicht unbedingt in der Art eines echten Älblers lag, als der sich auch Robert Bosch nach wie vor verstand, der sein Licht lieber unter den Scheffel stellte, bevor er womöglich der Angeberei bezichtigt würde. Aber angesichts der imponierenden Lebensleistung dieser beiden Männer durfte man – ein kleines bisschen wenigstens – von dieser

üblichen Gepflogenheit abweichen und die Tatsachen einfach als das stehen lassen, was sie nun einmal waren: Tatsachen eben.

Und dennoch: Trotz allen Erfolgs, der längst geradezu atemberaubende Dimensionen angenommen hatte, war nicht zu übersehen, wie sehr vor allem Carl, der hoch angesehene Nobelpreisträger, inzwischen schwer vom Leben gezeichnet und gebeugt worden war. Bei jeder ihrer seltenen Begegnungen verspürte Robert Bosch deshalb in seinem Herzen einen schmerzhaften Stich, denn die zahlreichen Selbstvorwürfe gruben sich Jahr für Jahr tiefer in Carls Miene.
Vor allem das letzte Jahrzehnt hatte tiefe Spuren bei ihm hinterlassen. Inzwischen war seinem Onkel zu Ohren gekommen, dass Carl offenbar versuchte, die schwer auf seiner Seele lastenden Dämonen mithilfe von Alkohol zu vertreiben. Was ihn jedoch nur noch tiefer in die Depression getrieben hatte. Es war ein Jammer für Robert Bosch, sehen zu müssen, wie der berühmte Mann da am heutigen Tag als ein armseliges Häufchen Elend vor ihm stand – trotz der offensichtlichen Wiedersehensfreude, die auch ihn bewegte.
Am besten schien es Robert Bosch, rasch die Initiative zu ergreifen, um sich das seltene Zusammentreffen nicht von einer trübseligen Stimmung verderben zu lassen. »Komm, lass uns bei dem schönen Wetter nach oben aufs Dach gehen und die letzten warmen Sonnenstrahlen dieses Jahres genießen, bevor wir hier unten in dem düsteren Raum völlig von der Dunkelheit eingefangen werden.«
Der Hausherr wies mit dem Kinn zu der breit ausladenden Treppe hinüber und erhob sich dann mit einem leichten Ächzen aus dem schweren Ledersessel im Empfangsraum, ohne erst eine Antwort seines Besuchers abzuwarten. Auch der hatte nichts gegen den Vorschlag einzuwenden und so stiegen die beiden alten Männer langsam hoch in das Dachgeschoss der prachtvollen Villa. Von dort aus ging es noch

weiter nach oben, bis sie schließlich schwer schnaufend in ein turmartiges Zimmer gelangten. Es gab dort lediglich riesige, unverglaste Öffnungen, durch die naturgemäß ein strammer, ziemlich frischer Wind blies. Sie nahmen die Kühle jedoch gerne in Kauf, denn am heutigen Tag eröffnete sich ihnen ein fantastischer Rundblick: Das ganze Land zu ihren Füßen schien im milden Sonnenlicht dieses strahlend schönen Herbsttages wie zu einer einzigen goldglänzenden Märchenkulisse verzaubert. Schweigend genossen sie die einzigartige Magie des Augenblicks und erst nachdem so einige Minuten verstrichen waren, begann Robert Bosch mit seiner Erklärung: »Schau Carl, da drüben, im Norden, hinter dem Neckar, da beginnt das Remstal – und der Höhenzug, den du im Dunst erkennen kannst, das ist der Schwäbische Wald. Ein Stückchen weiter drüben, auf der linken Seite, sind heute sogar schemenhaft der Heuchelberg und der Stromberg zu erkennen, also das Weinland rings um Heilbronn. Noch weiter links siehst du den Schwarzwald, das ganz hinten könnten sogar die Vogesen oder der Pfälzer Wald sein. Im Süden liegt die Filderebene. Und Achtung: Wenn du dich jetzt wieder zurück zum Ausgangspunkt wendest, dann siehst du, wie genau gegenüber auf dem Berg etwas aufblitzt. Das ist die goldene Spitze der Kapelle auf dem Rotenberg, der Grabkapelle der württembergischen Könige. Die hat König Wilhelm I. vor gut hundert Jahren für seine früh verstorbene Frau Katharina bauen lassen – und dafür sogar die Stammburg der Württemberger, also seines eigenen Hauses, abgerissen. ›Die Liebe höret nimmer auf‹ ist über dem Eingang zu lesen – natürlich auch in goldenen Buchstaben.«
»Da muss die Liebe ja wirklich groß gewesen sein«, kommentierte Carl andächtig, was bei seinem Onkel freilich einen eher skeptischen Brummlaut auslöste.
»Na ja, ich habe da aus dem Volksmund auch schon andere Dinge gehört. Der König Wilhelm soll nämlich im Hinblick auf die eheliche Treue kein Kind von Traurigkeit gewesen sein, heißt es. Aber ein guter Schluss ziert ja meis-

tens bekanntlich alles. Denn nachdem er sich in der Kapelle an der Seite seiner Katharina hat begraben lassen – und nicht etwa neben seiner späteren Frau, der Königin Pauline –, seitdem glauben das die meisten Leute tatsächlich, dass die beiden zeitlebens ein Herz und eine Seele gewesen sind. Na ja«, achselzuckend beschrieb er mit seinem weit ausgestreckten Arm eine kleine Bewegung nach unten zum Neckartal hin. »Das Schicksal geht eben seine eigenen Wege. Und nicht überall dort, wo die Leute das Glück vermuten, ist es auch tatsächlich zu Hause. Vor dem persönlichen Unglück schützt dich weder eine vornehme Herkunft noch alles Gold und Geld dieser Welt – ich weiß leider nur allzu genau, wovon ich gerade rede«, setzte er bitter hinzu. »Der Ort da drunten, direkt am Fuß des Rotenberg, das ist Obertürkheim. Dort hat einmal mein eigenes, vermeintlich ewig dauerndes Glück begonnen, bis es dann doch zerbrochen ist – es ist die Heimat von Anna, meiner ersten Frau, und ihres leider schon vor vielen Jahren verstorbenen Bruders, meines jahrzehntelang besten Freundes Eugen Kayser. Ja, es ist halt doch vieles ganz anders gekommen, als ich mir das früher erträumt und gewünscht habe – aber man hat sein Geschick eben nicht immer selbst in der Hand.« Wieder drehte er sich ein Stückchen weiter und praktisch im selben Moment huschte ein Lächeln über seine gerade noch tiefernste Miene. »Da schau, die Alb. Ist das nicht ein herrlicher Anblick? Fast wie eine unüberwindliche blaue Mauer ragt sie dort im Südosten auf. Das ist der Blick, den ich immer am meisten genieße. Gerade jetzt, an solchen Oktobertagen wie heute, wenn sich die Sonne durch die Wolken gekämpft hat, ist das immer ein ganz besonders schönes Schauspiel.«
»Allerdings. Da könnte man direkt ins Schwärmen kommen.«
»Letztendlich ist dieser atemberaubende Blick auch der Grund dafür, dass ich das Türmchen überhaupt aufs Dach habe bauen lassen – übrigens sehr zum Missfallen meiner kunstsinnigen Töchter, die damals gemeint haben, ›so et-

was‹ passe nicht zu einer modernen Villa. Aber ob das nun passt oder nicht, das war mir einerlei. Deswegen habe ich meiner Familie damals nur gesagt, wenn sie schon unbedingt meinten, ein so riesiges Gebäude bewohnen zu müssen (mir hätte auch ein wesentlich kleineres Haus gereicht), dann müssten sie eben auch auf meine Befindlichkeit Rücksicht nehmen und diese Kröte in Form des Türmchens einfach schlucken. Diese Aussicht hinauf auf die Alb hatte es mir nämlich schon gleich bei meinem ersten Besuch auf dem Grundstück ganz besonders angetan. Es waren Gretel und Paula, die mich hierher gebracht haben, um mir diesen wunderschönen Park als Bauplatz schmackhaft zu machen. Und so sehr mir das Gelände auch gleich gefallen hat, wollte ich andererseits keinen dieser damals schon prächtigen großen Bäume fällen. So ist dann schließlich die Idee mit dem ›Ausguck‹ auf dem Dach entstanden. Auf diese Weise sind alle Bäume stehen geblieben und ich kann dennoch den freien Blick auf die Alb genießen. Ein freier unverstellter Blick, der war mir – im eigentlichen wie im übertragenen Sinn – schon immer genauso wichtig, wie es die freie Luft zum Atmen ist.«

Robert Bosch lächelte zufrieden in sich hinein, während er einen tiefen Atemzug von der würzigen, nach Herbst und Sonnenwärme duftenden Luft in seine Lungen strömen ließ. »Also schau mal«, lenkte er Carls Aufmerksamkeit auf einen imaginären Punkt hinter der blaugrauen Mauer des Albtraufs. »Irgendwo dort hinten, ziemlich genau in östlicher Richtung, liegt Ulm und nicht weit davon entfernt auch Albeck.«

Carl nickte wissend. »Dein Geburtsort.«

»Meine Heimat. Seltsam, egal wohin mich mein Weg auch geführt hat: Albeck ist für mich immer der Ort geblieben, an dem ich mich zu Hause gefühlt habe. Das empfinde ich selbst heute noch so, obwohl mein Geburtshaus, die ›Krone‹, ja schon seit bald einem dreiviertel Jahrhundert verkauft ist und ich keinerlei Besitz in Albeck habe. Bei jedem Besuch dort oben – und sei er auch noch so kurz – ist es mir, als würde ich nach Hause kommen. Es ist halt das Dorf, in dem mein Leben begonnen hat … auch wenn das im wahrsten Sinn des Wortes in einem anderen Jahrhundert gewesen ist. In einer ganz anderen Epoche, die unendlich weit in der Vergangenheit liegt, wie es mir zumindest aus heutiger Sicht scheint.«

»Kein Wunder, wenn man bedenkt, was sich in den letzten 50 Jahren so alles getan hat im Hinblick auf den technischen Fortschritt. Wenn ich allein an den Siegeszug des Automobils und des Flugzeugs denke – und an all die anderen Erfindungen, die damit im Zusammenhang stehen und die unsere Welt seitdem gewaltig verändert haben. Nicht zuletzt auch dank deiner tätigen Mithilfe.«

Robert Bosch verzog seine Mundwinkel und winkte mit einer wegwerfenden Geste ab.

Doch Carl ließ sich nicht so leicht von seinem Standpunkt abbringen. »Doch, doch. Da brauchst du gar kein solches Gesicht zu machen. Es stimmt ja wirklich, dass gerade du mit deiner Firma einen ordentlichen Teil zum technischen Fortschritt beigetragen hast. Vor allem im Motorenbereich. Es ist schon atemberaubend, wenn man bedenkt, was aus dem Kind eines im Grunde genommen ja einfachen Bauern und Gastwirts geworden ist. Wer hätte das gedacht, als du im Jahr 1861 in Albeck auf die Welt gekommen bist! Dass aus dir einmal der Gründer eines riesigen Firmenimperiums werden würde, ohne dass der heutige …«

»Das langt jetzt aber!« Mit einer unwirschen Handbewegung fuhr sich der kantige alte Mann über seine Glatze, um dann seinen von ihm so energisch unterbrochenen Besucher scharf zu fixieren. »Reden wir nicht so viel von mir und meiner Firma, sondern lieber von der Tatsache, dass neben mir ein leibhaftiger Nobelpreisträger steht. Das ist eine Größenordnung, die ich niemals erreichen werde! Selbst dann nicht, wenn ich hundert Jahre alt werden sollte. Du nämlich bist es, auf den unsere Familie zu Recht stolz sein darf: der Enkel des Gastwirts aus Albeck, der Sohn meines drittältesten Bruders, ein Nobelpreisträger!«

»Na ja«, nunmehr seinerseits verlegen starrte Carl Bosch in die Ferne. »Nobelpreis hin oder her. Ein anderer Mensch bin ich deswegen auch nicht. Es ist halt, wie es ist. Lassen wir also die ganze Lobhudelei am besten bleiben. Was mich viel mehr interessieren würde«, er wandte sich um und heftete einen fragenden Blick auf seinen Onkel, »das wäre, wie es denn eigentlich zwischen euch Geschwistern so zugegangen ist. Mein Vater hat mir nie viel darüber erzählt. Der ist erst vor lauter Arbeit nicht dazu gekommen und später, als er dann mehr Zeit gehabt hätte, da war ich aus dem Haus und selbst von frühmorgens bis spätabends so beschäftigt, dass ich mir keinerlei Gedanken über unsere Familiengeschichte gemacht habe. Wie das halt so ist. So etwas überkommt einen meistens erst im Alter, wenn man sich irgendwann dann doch fragt, wo man eigentlich herkommt – und wohin die Reise wohl weiter gehen wird. Auf welchem Fundament man also steht. Was mich wirklich interessiert, das ist deine Andeutung von vorhin, als du gesagt hast, mein Vater, also dein Bruder Karl, sei für deinen Lebensweg ganz entscheidend gewesen. Obwohl mein Vater, wenn ich das recht in Erinnerung habe, immerhin 18 Jahre älter gewesen ist als du.«
»Ja, das stimmt schon. Deswegen habe ich meinen Karl ja auch mehr als Onkel oder vielmehr als älteren Freund angesehen und weniger als einen Bruder. Das ist in etwa dasselbe wie bei uns. Auch dich habe ich nämlich bei meinen Besuchen in Köln eher als einen etwas jüngeren Freund betrachtet und nicht als meinen Neffen. Es sind ja schließlich auch nur 13 Jahre zwischen uns.«
»Ich habe da als Kind nie so richtig durchgeblickt, wer jetzt genau zu wem gehört hat. Und auch jetzt tue ich mich immer noch schwer damit. Diese Familie ist ja aber auch dermaßen riesig und dazu kommen dann noch diese gewaltigen Altersunterschiede!«
»Gell, da tut sich selbst ein Nobelpreisträger schwer?!« Robert Bosch grinste amüsiert. »Aber du hast schon recht, es ist tatsächlich alles andere als einfach, den Überblick

zu behalten. Allein wenn man bedenkt, dass zwischen Jakob, meinem ältesten Bruder, und meiner jüngsten Schwester Maria der Altersunterschied sogar 27 Jahre betrug. Da kann man schon einmal durcheinander kommen. Und zwei von meinen Neffen waren sogar älter als ich, ihr Onkel.«

»Du liebe Güte!« In gespielter Verzweiflung verdrehte Carl die Augen. »Wie viele Kinder wart ihr eigentlich genau? Mein Vater hat nämlich immer von neun Kindern geredet, und du seist das achte, also das vorletzte, gewesen. Ein andermal hieß es, ihr wärt insgesamt zwölf Kinder gewesen.«

»Beides ist richtig.«

»Wie … beides?« Irritiert wandte Carl sich um. »Was soll das denn nun heißen?«

»Ganz einfach: Drei von meinen Geschwistern sind früh gestorben – wie das damals halt so war. Wenn man diese Kinder mitzählt, dann war ich in der Tat das elfte von insgesamt zwölf Kindern …«

»… und nicht das achte von neun. Ach so!«

»Das grenzt fast schon an höhere Mathematik, nicht wahr?«

»Und noch mehr an ein Wunder, dass aus euch allen dann auch was ›Gscheites‹ geworden ist, wie man bei euch im Schwäbischen ja so sagt.«

»Allerdings. Das war die Lebensleistung meiner Eltern. Sie haben nach allen geschaut und jeden von uns mit dem notwendigen Rüstzeug für das Leben als aufrechte und ehrliche Menschen ausgestattet. Obwohl, damals … das war schon eine harte Zeit, als ich nach dem Wegzug aus Albeck in die Ulmer Realschule gekommen bin. Wenn ich nur daran denke, wie ich vor allem in der Anfangszeit unter diesen alten, ewig gestrigen Lehrern gelitten habe, mit ihrem ganzen bornierten Gehabe, dann bekomme ich noch heute beinahe eine Gänsehaut. Kein Wunder, dass es mit meinen schulischen Leistungen nicht allzu weit her war! Schon allein deswegen, weil ich während dieses langweiligen Unterrichts mit meinen Gedanken immer wieder sehnsüchtig nach Albeck zurückgekehrt bin. Zum Glück durfte ich meinen Vater an den Wochenenden meistens bei seinen Jagdausflügen auf die Alb begleiten. Das war für mich eine herrliche Abwechslung …«

Mitten in diesen Erinnerungen wurde er von einem erstaunten Ausruf seines Besuchers unterbrochen. »Da – hast du das gesehen? Gleich da drüben.« Es war wie ein kurzer Blitz am blauen Himmel gewesen, was Carl in die Augen gestochen war. »Das muss ein Flugzeug gewesen sein, das anscheinend gerade direkt von der Sonne angestrahlt worden ist. Die sind aber ganz schön tief geflogen. Hoffentlich ist bei denen alles in Ordnung.«

»Da musst du dir keine Sorgen machen«, beschwichtigte Robert Bosch. »Die sind sicher im Landeanflug. Denn dort drüben«, er deutete in Richtung Süden, »ist der Böblinger Flugplatz. Den fliegen alle Maschinen an, die Passagiere nach Stuttgart bringen. Ganz allmählich stoßen sie dort bereits an ihre Kapazitätsgrenzen und deswegen wird gerade ein neuer Flughafen oben auf den Fildern bei Echterdingen geplant. Aber ich schweife ab. Wo waren wir stehen geblieben?« Nachdenklich massierte er sich mit Daumen und Zeigefinger die Nasenwurzel.

»Albeck. Ulm«, half Carl ihm auf die Sprünge und musterte seinen Onkel mit leichter Verwunderung. So etwas wäre einem Robert Bosch in früheren Jahren nie passiert, dass er während einer Rede den Faden verlor. Nun ja, er war eben keine 18 mehr.

»Ja, richtig. Ulm. Das wäre mir früher nie passiert. Anscheinend werde ich allmählich doch ein alter Mann.«

Carl Bosch schmunzelte. Dasselbe hatte er ja gerade auch gedacht. »Eigentlich«, begann er nun seinerseits, »eigentlich müsste man von hier aus sogar beinahe das Ulmer Münster sehen können, nicht wahr?«

»Im Prinzip ja. Wenn der Dunst nicht wäre. Hoch genug ist es ja. Ulm …« Wieder unterbrach er sich und nahm einen tiefen Atemzug. »Weißt du, das tut mir richtig gut, einfach mal die Seele baumeln lassen zu können, in Erinnerungen zu schwelgen und dabei diesen wunderbaren Blick auf den Albtrauf zu genießen. Das mache ich viel zu selten. Dazu kommt heute auch noch diese wunderbare Luft. Landluft tut gut – aber Stadtluft macht frei, das hat schon mein Vater immer gesagt. Aus guten Gründen ist er damals, als ich erst acht Jahre alt war, nach Ulm gezogen. Mit seinen Gedanken sei man in einer so großen und einst recht bedeutenden ehemaligen Reichsstadt wie Ulm einfach freier.«

»Aber seine Jagd in Albeck, die hat er trotzdem nicht aufgegeben, wie du gerade gesagt hast.«

»Nein, das hätte er niemals getan. Seine Jagd ist ihm immer wichtig gewesen. Das war für ihn die reinste Erholung – und für mich als Kind jedes Mal ein gewaltiges Abenteuer, wenn er mich mitgenommen hat.«

»Diese Jagdleidenschaft, die hat er dir ja offensichtlich vererbt. Die hast du doch eindeutig von deinem Vater, nicht wahr?«, kommentierte Carl und verzog, ohne dass dies seinem Gastgeber aufgefallen wäre, kurz das Gesicht.

Ein strahlendes Lächeln blitzte bei der Erinnerung an seine ersten Jagdausflüge auf der herbstlichen Alb in Robert Boschs Augen auf. »Das kann man mit Fug und Recht so sagen. In der Tat!«

»Es gibt Leute, die würden dich sogar schon als einen geradezu fanatischen Jäger bezeichnen …«

Die Reaktion war vorhersehbar gewesen. »Was soll das denn heißen, fanatisch?!«, begehrte der Ältere auf. »Es ist mir einfach ein lieber Zeitvertreib. Aber das versteht keiner, der sich nicht auskennt und nicht selbst ein Jäger ist«, fügte er mit einem kritischen Seitenblick auf Carl noch hinzu.

»Schon möglich …«

»Ich rede übrigens von der richtigen Jagd. Und nicht von diesen blutrünstigen Sauereien, wie sie von schießwütigen Sonntagsjägern immer wieder veranstaltet werden. Das ist mir schon immer ein Graus gewesen! Denn zur Jagd gehört viel mehr, als nur das Schießen, nämlich auch die Hege und die Pflege des Wildbestands. Erst dann hat man meiner Meinung nach das Recht, sich als echten Jäger zu bezeichnen. Es geht hier um die Freude an der Natur – und nicht um sinnlose Herumballerei. Aber das begreifen die meisten leider nicht. Deswegen ist die Jagd ja auch so in Verruf geraten. Man müsste solchen Leuten das Handwerk legen, wenn das nur ginge. Ich habe manchmal den Eindruck, jeder der heutzutage eine Fabrik besitzt, meint, er müsse deswegen als Jäger verkleidet mit einer Büchse in der Gegend herumschießen. Die Jagd als Symbol von Reichtum und wirtschaftlicher Macht. Eine widerliche Entwicklung ist das. Also: Zu dieser Sorte Jäger gehöre ich auf keinen Fall! Und wenn mich mal einer begleitet hat, der sich dann als ein solcher Schießteufel entpuppt hat, habe ich ihn sofort wieder nach Hause geschickt. Da ist mir mein Jäger Schöll, ein von seiner Herkunft her ganz einfacher und gewissenhafter Mann, schon immer hundertmal lieber gewesen als der reichste Fabrikant. Nein, nicht hundert-, sondern sogar tausendmal lieber!«

»Nun denn …«

Ein betretenes Schweigen folgte auf diesen für Robert Bosch so typischen Gefühlsausbruch. Wobei Carl glücklicherweise genau darüber im Bilde war, dass die Verstimmung seines Onkels ebenso rasch wieder verebbte, wie sie über ihn gekommen war. Und so hing jeder von ihnen eine Zeit lang einfach schweigend den eigenen Gedanken nach.

Insgeheim musste sich Robert Bosch freilich eingestehen, dass er die Jagd seit vielen Jahren schon ziemlich intensiv betrieb, in einem weit größeren Maß, als das bei vielen anderen der Fall war. In diesem Zusammenhang jedoch von Fanatismus zu sprechen, schien ihm nicht richtig, auch wenn Carl das ganz sicher nicht so gemeint hatte, wie es in seinen Ohren angekommen war.

Sicherlich, bei den ausgedehnten Jagdausflügen mit seinem Vater war die Grundlage zu seiner später geradezu euphorischen Begeisterung für das Waidwerk gelegt worden. Hierin fand er seit beinahe vierzig Jahren die beste Entspannung vom Alltag. Die Jagd war ihm allmählich zu einer Passion geworden, die er selbst heute noch, im hohen Alter, als seinen liebsten Zeitvertreib bezeichnete. Eine Entspannung, die er ansonsten höchstens noch bei seinen geliebten Rundgängen durch die Produktionsstätten seines Unternehmens fand.

Nur allzu gerne hätte er diese beiden Leidenschaften auch an seinen Sohn Robert weitergegeben – und obwohl es der Junge im Hinblick auf die Treffsicherheit beim Jagen nicht mit seinem Vater hatte aufnehmen können, waren die Weichen bei der Unternehmensnachfolge längst in diese Richtung gestellt gewesen. Doch dann hatte das Schicksal einen ganz anderen Verlauf genommen und ihre gemeinsamen Pläne brutal zerstört. Ach, Robert!

»Und dein Vater – also mein Großvater – sagst du, war zeitlebens ein aufrechter Demokrat von altem Schrot und Korn, nicht wahr?«

Robert Bosch warf Carl, der ihn mit dieser Frage aus seinen bitteren Gedanken riss, einen dankbaren Blick zu und schluckte dabei tapfer den würgenden Kloß hinunter, der inzwischen in seiner Kehle aufgestiegen war.

»Ja, mein Vater war überhaupt eine Persönlichkeit, auf die wir bis heute stolz sein dürfen. Allein wenn man bedenkt, wie viele Berufe der Servatius Bosch gleichzeitig ausgeübt hat: Als Kronenwirt in Albeck war er nämlich zugleich noch Post- und Pferdehalter, außerdem Bauer, Imker, Brauer und Jäger. Wie er das alles geschafft hat! Und auch meine Mutter Margaretha, eine geborene Dölle, war eine ebenso bewundernswert tüchtige Frau. Auch sie stammte aus einem Wirtshaus, denn sie war die Tochter des Adlerwirts aus dem Nachbardorf Jungingen. Beide Elternteile waren also eine alles andere als schlechte Partie, denn sie waren gleichzeitig die einzigen Kinder. Also sind mit dieser Heirat nicht nur zwei Menschen, die sich gemocht haben, verbunden worden, sondern darüber hinaus sind auch ganz schön viele Äcker zu einem ansehnlichen Grundbesitz zusammengekommen. Ganz nach dem alten schwäbischen Motto: ›Liebe vergeht – Hektar besteht‹. Wobei das im Fall

von meinen Eltern nicht heißen soll, dass die nur deswegen geheiratet haben. Nein, da täte man ihnen bitter unrecht. Aber wie auch immer: Es war für die Verhältnisse, wie sie auf der Alb geherrscht haben und dort bis auf den heutigen Tag noch überall anzutreffen sind, schon eine weit überdurchschnittlich große Landwirtschaft. Mit dem Wald waren es mehr als 100 Hektar und dazu kam wie gesagt ja noch die alles andere als kleine Gastwirtschaft. Also, das war schon was!« Robert Bosch stockte und wischte sich kurz über die Augen, bevor er fortfuhr. »Ich sehe meine Mutter noch immer vor mir, wie sie in der ›Krone‹, in der ich genauso wie alle meine Geschwister geboren worden bin, tagaus, tagein gearbeitet hat, oft bis spät in die Nacht hinein. Das war eine harte Arbeit, wie du dir ja sicher lebhaft vorstellen kannst, aber ich habe sie niemals darüber klagen hören. Beide Eltern nicht. Die Arbeit ist ihnen nie zuviel gewesen, zumindest haben sie sich vor uns Kindern nicht darüber ausgelassen. Und obwohl sie es – durch ihrer Hände Arbeit – längst zu einem respektablen Wohlstand gebracht hatten, haben sie auch die kleinste Arbeit nie gering geachtet. Mein Vater hat immer gesagt, man habe als Gastwirt eben seine Pflichten zu erfüllen, egal wie anstrengend der Tag auch gewesen sein mochte.«
»Das war sicher nicht immer angenehm. Wenn man den ganzen Tag über auf dem Feld gearbeitet hatte und dann abends noch in der Wirtschaft stehen musste, obwohl man todmüde war.«
»Genau. Aber wie gesagt, ich habe sie nie darüber irgendeine Klage führen hören. Selbst dann nicht, wenn beide lange nach Mitternacht noch einmal aufstehen mussten, weil ein verspäteter Gast angekommen ist, der unbedingt noch eine Schlafgelegenheit für die Nacht brauchte. Mein Vater hat den Leuten dann geholfen, die Pferde abzuspannen, in den Stall zu bringen und hat das Futter herangeschafft, während meine Mutter inzwischen in der Küche noch ein warmes Essen für den Spätankömmling gemacht hat. Ja, meine Eltern haben in ihren besten Jahren wirklich viel ar-

beiten müssen – und von daher ist es schon beachtenswert, dass deine Großmutter immerhin 80 Jahre alt geworden ist.«

Carl nickte zustimmend. »Andererseits scheint mir das einigermaßen typisch für die Leute vom Land zu sein. Die sind oft aus einem besonders guten Holz geschnitzt. Wie du offenbar auch. Wenn ich dich so vor mir stehen sehe, trotz deiner jetzt doch schon 75 Lebensjahre … Du verfügst immer noch über diese imposante Statur, wie ich sie schon von deinen ersten Besuchen bei uns in Köln in Erinnerung habe, als du noch ein junger Mann warst. Schon damals hast du mich allein durch dein äußeres Erscheinungsbild ziemlich beeindruckt. Vielleicht liegt das ja an der guten Luft in Albeck, die dir in der Kindheit beständig um die Nase geweht hat.«

Robert Bosch wiegte skeptisch seinen Kopf. »Man sollte sich von Äußerlichkeiten nicht blenden lassen. Du täuschst dich nämlich gewaltig: Ich war ein eher kränkliches Kind. Allein wenn ich daran zurückdenke, wie oft meine Mutter wegen mir mitten in der Nacht aufgestanden ist und mir gegen den starken Husten, der mich oft wochenlang geplagt hat, Malzbonbons gekocht hat …«

»Kaum zu glauben, wenn man dich so gesund und munter vor sich stehen sieht.«

»Wie gesagt: Der schöne Schein kann trügen. Auf jeden Fall tue ich bis heute gut daran, sorgsam auf meine Gesundheit zu achten. So ein einigermaßen stattlicher Körperbau täuscht oft darüber hinweg, wie es innen drin in dem Menschen aussieht. Das kannst du mir getrost glauben. Und deswegen bin ich ja auch schon seit vielen Jahrzehnten so ein überzeugter Anhänger der Homöopathie und der Wollkleidung. Gerade diese Kleidung, die manche an mir ziemlich seltsam finden, die hat mir einfach immer gut getan.«

Carl, der um die Empfindlichkeit des Älteren in dieser Frage wusste, zog es vor, über Robert Boschs lebenslange Vorliebe zu der an ihm doch etwas eigentümlich wirkenden

Wollkleidung keinen Kommentar abzugeben und lenkte das Gespräch lieber in eine andere Richtung. »Stimmt es eigentlich, dass mein Großvater auch ein ziemlich bekanntes Bier gebraut hat? Also nicht nur für den Ausschank in der eigenen Gastwirtschaft, wie allgemein ja üblich war, sondern dass er auch noch viele andere Kunden aus anderen Dörfern hatte?«

»Allerdings, das war so. Das hieß aber nicht, dass die Kunden alle zu uns gekommen sind – nun gut, ein paar waren es schon, die das Bier selber in Albeck abgeholt haben. Aber mein Vater hat sein ›Ulmer Bier‹ mit dem eigenen Fuhrwerk vor allem bis nach Stuttgart hinunter verkauft, so beliebt war das. Bei so einer Lieferung war ein Tag schnell vorbei, egal wie früh dieser Tag auch begonnen hatte: Man musste noch vor dem Morgengrauen aufstehen, die Pferde anspannen und dann ging es zusammen mit dem Knecht die lange Strecke bis hinunter nach Stuttgart. Auf diesem Weg gab es viele Lieferstationen, wo es immer wieder abladen hieß, die schweren Bierfässer herumwuchten und vieles mehr. Das war eine richtige harte Arbeit, bei der sie meistens zwei, drei Tage lang unterwegs waren und nach ihrer Rückkehr, da waren sie dementsprechend fix und fertig. Als Kind habe ich selber einmal bei so einer Bierlieferung nach Stuttgart mitfahren dürfen, ich sage dir: Das war kein Zuckerschlecken. Und kaum war man wieder zu Hause, dann ist es gleich mit einer anderen Arbeit weitergegangen. Arbeit hat es also mehr als genug gegeben.«

»Aber diese Fuhren, die hätte er doch auch seine Knechte machen lassen können. Da hätte er doch nicht unbedingt selber mit dabei sein müssen.«

»Ja, das wäre natürlich schon auch gegangen«. Robert Bosch schürzte die Lippen. »Aber erstens war dein Großvater der Meinung, es sei besser, wenn die Kunden den Brauer persönlich zu Gesicht bekämen, denn so ein Gespräch von Angesicht zu Angesicht ist eben doch immer etwas ganz anderes, als nur eine Bestellung zu verschicken. Und zweitens glaube ich, hat es ihm halt auch gut gefallen, wieder einmal eine andere Luft zu atmen. Vor allem in Stuttgart hat er sich bei solchen Gelegenheiten mit gleichgesinnten Männern von der demokratischen Volkspartei getroffen. Das war für ihn immer der reinste Jungbrunnen, selbst wenn sie oft die ganze Nacht hindurch debattiert haben. Solche Diskussionen, die hat er aus vollstem Herzen genossen, und wahrscheinlich war es für ihn einfach ein wichtiger Antrieb, mit dem er sich hinterher umso beschwingter wieder an seine Arbeit in der Albecker ›Krone‹ machen konnte.«

»Also, dass es eine große Gastwirtschaft gewesen ist, daran erinnere ich mich noch dunkel. Ich habe sie zwar nur ein einziges Mal gesehen – und da war sie auch schon längst verkauft …«

»… und deshalb auch gar nicht mehr zu vergleichen mit der Zeit, in der meine Eltern noch die Kronenwirte waren. Denn damals, vor dem Bau der Eisenbahn, da war die ›Krone‹ natürlich noch eine wichtige Umspannstation für die Postkutschen. Du kannst dir denken, das war für uns Kinder eine tolle Sache, weil dadurch Reisende von überall her bei uns Rast gemacht haben. Insofern war die ›Krone‹ nicht einfach nur eine große Dorfwirtschaft, sondern meine Mutter hat auch immer Wert darauf gelegt, dass ein ganz bestimmter Stil bei uns gepflegt worden ist. Sie stammte ja wie gesagt selber aus einer Wirtschaft und hat deshalb schon gewusst, was sie wollte: Nämlich auf gar keinen Fall eine einfach ›Beiz‹ betreiben, wie man das bei uns so sagt. Besonders stolz ist sie darauf gewesen, dass wir das komplette Zinngeschirr für eine ganze, richtig große Bauernhochzeit besessen haben, das war in diesen Jahren schon etwas ganz Besonderes. Und vor jedem festlichen Gebrauch, auf alle Fälle aber mindestens einmal jährlich, hat sie zusammen mit der Magd das ganze Geschirr mit Schachtelhalm sorgfältig wieder blitzblank gemacht. Ich sehe das noch richtig vor mir, wie sie stundenlang poliert hat, bis sie endlich zufrieden war. Aber erst dann, wenn das Geschirr wie reines Silber geblitzt und gespiegelt hat. Das war für sie am Ende dann jedes Mal eine ganz besondere Freude. Sogar den zinnernen Nachttöpfen hat sie genau dieselbe Behandlung angedeihen lassen. Dieses Zinngeschirr hat sie gehütet wie ihren Augapfel.

Ja, in der ›Krone‹ hat eine gepflegte, eher gutbürgerliche Atmosphäre geherrscht. Aber das hatte mit einem hausbackenen Spießertum nicht das Geringste zu tun, denn es war auch immer ein offener Geist bei uns zu Hause. Vor allem auf die Allgemeinbildung hat mein Vater einen großen Wert gelegt. Das war schon an der Tatsache zu erkennen, dass bei uns Cottas 40-bändige Goethe-Ausgabe im Regal stand. Was für eine Dorfwirtschaft nicht gerade üblich war.«

Carl Bosch nickte. »Ja, genau das mit der kompletten Goethe-Ausgabe und auch das mit den Büchern von Heine und Platen, das hat mir mein Vater einmal erzählt. Und dann war da noch diese Geschichte, dass es überall in der Umgebung hieß, in der ›Krone‹ bekomme jeder etwas zu essen.«

»Ich weiß schon, worauf du anspielst. Du meinst die Situation in den schlimmen Hungerjahren 1816/1817, unmittelbar nach dem Untergang von Napoleon, als bei uns in Württemberg durch Unwetter und Missernten die Not ziemlich groß gewesen sein muss.«

»Ja. Ich erinnere mich daran, dass mein Vater uns Kindern öfter erzählt hat, wie er als junger Kaufmann in seinen Lehr- und Wanderjahren auch einmal in Marseille gewesen ist. Dort hat er einen Handwerksburschen getroffen, mit dem er ins Gespräch gekommen ist. Und irgendwann, als dieser erfahren hat, dass mein Vater von der Ulmer Alb stammt, da hat er ihm erzählt, dass er dort vor vielen Jahren einmal in einem Ort namens Albeck gewesen sei. In einer Wirtschaft, die ›Krone‹ hieß. Das seien sehr soziale Leute gewesen. Denn in den schlimmen Hungerjahren sei es ihm hier gut ergangen. Ich kann den Bericht noch immer auswendig, so sehr hat mich das als kleiner Junge fasziniert, was der Mann meinem Vater erzählt hat: ›Als ich dort, hungrig und mittellos, wie ich war, in dem Dorf um

Essen bat, hat man mir gesagt, geh hinauf in den großen Hof, dort kriegt ihr zu essen. Als ich hinaufkam, war da eine lange Tafel aufgebaut, an der die Leute gespeist wurden. Ich dachte, da sind so viele, da kannst du doch nicht auch noch fragen, und wollte wieder umkehren. Dann kam der Bauer und fragte mich, weshalb ich wieder gehen wolle. Ich entgegnete, da sind schon so viele. Der Bauer aber sagte, wo so viele satt werden, reicht's für euch auch noch.‹ Es hat sich herausgestellt, dass es sich tatsächlich um meine Urgroßeltern handelte, die damaligen Wirtsleute in der Albecker ›Krone‹. Alle, die kein Geld, dafür aber großen Hunger hatten, sind von ihnen offenbar verpflegt worden.«

»Das ist tatsächlich so gewesen. Ich habe das auch oft genug erzählt bekommen. Mein Vater hat seine soziale Art also von seinen Eltern geerbt – irgendwie scheint es uns Boschs im Blut zu liegen. Dieses Vorbild meiner Großeltern habe ich auch immer vor Augen, wenn einer zu mir kommt, ein Bettler oder sonst ein Hilfsbedürftiger. Von mir bekommt jeder ein Essen spendiert. Da muss keiner hungrig und mit knurrendem Magen wieder fortgehen. Diese gute Tradition von der Albecker ›Krone‹ habe ich hier in Stuttgart gerne weitergeführt. Wer Hunger hat, aber kein Geld, um sich ein Essen zu kaufen, der soll bei mir etwas bekommen. Allerdings kein Geld, denn wer weiß, wofür er es dann ausgibt. Aber ein warmes Essen, das schon.«

»Ich denke, das ist die richtige Einstellung, auch wenn dir das sicherlich so manchen bösen Blick eingebracht hat.«

»Das ist mir dann einerlei: Mir geht es darum zu helfen, wenn jemand Hilfe nötig hat. Es darf aber nicht dazu führen, dass die Liederlichkeit unterstützt wird. Deshalb gibt es bei mir kein Geld, sondern etwas zu essen. Übrigens ist mein Großvater auch in anderer Hinsicht ein bemerkenswert vorausschauender Mann gewesen. Denn er war der erste Bauer in Albeck (und im weiten Umkreis), der nach dem ersten schlimmen Hungerjahr seine Felder gegipst hat. Anscheinend haben die anderen Bauern damals gesagt, der Bosch sei jetzt völlig verrückt geworden. Aber ein paar Monate später haben sie dann ziemlich verwundert aus der Wäsche geguckt, denn die Ernte war bei meinem Großvater so gut ausgefallen wie noch nie zuvor. Und viel üppiger als bei den anderen Bauern. Es heißt, sie hätten es sich so erklärt: ›Da hat halt der Herrgott gedacht, dem Bosch haben sie im vergangenen Jahr alle hungrigen Leute geschickt, dem muss ich in diesem Jahr doch etwas mehr wachsen lassen.‹ Auch eine schöne Begründung.«

»Gut möglich also, dass von meinem Urgroßvater auch etwas bei mir im Blut steckt. Vielleicht habe ich ja deshalb diesen Berufsweg gewählt und mit der Anwendbarkeit von chemischen Verfahren in der Landwirtschaft experimentiert«, sinnierte Carl Bosch.

»Da dürfte etwas Wahres dran sein. Mir geht es ganz ähnlich, wenn ich nur daran denke, wie ich mich freue und wie mir immer regelrecht das Herz aufgeht, wenn ich meinen Bauernhof in Mooseurach nur von Weitem sehe. Wie spannend das sein kann, bessere Anbaumethoden auszutüfteln, robustere Sorten und leistungsfähigere Milchkühe zu züchten. Ein Stück Bauer scheint da immer noch in uns Boschs drinzustecken. Und je älter ich werde, desto mehr spüre ich das.«

»Du meinst, was dir früher die Verbesserung der Zündinduktoren bedeutet hat, das ist für dich heute der Anbau von größeren Kartoffeln?« Carl streifte seinen Onkel mit einem belustigten Blick.

»Warum nicht? Wenn du so willst …« Lachend ließ sich Robert Bosch auf diese spöttische Bemerkung ein. »Kartoffeln statt Zündungen und Milchwirtschaft anstelle von Magnetkontakten. Das ist nicht der schlechteste Zeitvertreib. Und vielleicht kann ich ja den Satz von den dümmsten Bauern, die immer die dicksten Kartoffeln ernten, eines Tages einmal umdrehen. Auch wenn es dieses Jahr wieder eher kleine Kartoffeln gegeben hat. Aber ganz im Ernst: Ich hätte mir durchaus vorstellen können, statt Installateur oder Elektrotechniker Bauer zu werden. Denn die Naturverbundenheit unserer Vorfahren, die ist wirklich in mir

geblieben – ebenso wie diese enge Beziehung zur Heimat. Ich habe die Verbindung auf die Alb nie abreißen lassen. Irgendwie ist mir das auch in Stuttgart immer wichtig gewesen. Die hat natürlich auch so manch seltsame Blüte getrieben, diese Heimatverbundenheit – im wahrsten Sinn des Wortes. Denn einmal haben wir im Frühjahr bei einer Albwanderung mit der Familie besonders schöne Schneeglöckchen und sogar einen Wacholderbusch ausgegraben, die wir dann seinerzeit im Garten hinter unserem damaligen Wohnhaus in der Stuttgarter Hölderlinstraße eingepflanzt haben, sozusagen als täglichen Gruß von meiner Schwäbischen Alb. Leider haben wir den Wacholder bei unserem Umzug dort lassen müssen.«
»Aber du hättest dir hier doch einen neuen Wacholder pflanzen können. Groß genug ist der Park um das Haus herum doch wahrhaftig.«
»Ja, da hast du natürlich recht. Aber das habe ich in diesen turbulenten Jahren, die dem Hausbau gefolgt sind, irgendwie versäumt. Dafür genieße ich jetzt von dem Türmchen aus diesen herrlichen Blick auf den Albtrauf. Das ist kein schlechter Ersatz für den Wacholder in der Hölderlinstraße. Ich muss demnächst einmal nachschauen – aber wahrscheinlich steht er da schon längst nicht mehr. Was schade wäre …«
Carl streifte den Älteren mit einem forschenden Blick. »Du hängst immer noch sehr an deiner Heimat und an deinen Wurzeln dort, nicht wahr?«
»Ja sicher. Diese Zeit, die hat mich für mein ganzes Leben geprägt. Und besonders das Vorbild meines Vaters, zu dem ich immer voller Bewunderung aufgeschaut habe.«
»Mein Vater hat das ganz genauso empfunden und immer mit dem höchsten Respekt vom Servatius Bosch gesprochen. Der war ja anscheinend nicht nur ein Freimaurer und Freigeist, sondern auch ein echter Demokrat …«
»… der sogar für seine Überzeugung ins Zuchthaus gegangen ist! Denn wie es sich zu Königs Zeiten für einen württembergischen Demokraten fast zwangsläufig gehört

hat, ist auch er eine Zeit lang auf dem Hohenasperg gesessen, dem sogenannten Demokratenbuckel, dem höchsten Berg von Württemberg. Weißt du eigentlich, warum der so heißt?«

Carl überlegte kurz, dann schüttelte er bedauernd den Kopf. »Ich habe es, glaube ich, schon irgendwo einmal gehört, aber inzwischen habe ich es vergessen. Klar ist nur, an der eigentlichen Höhe des Asperg kann es ja wohl kaum liegen. Der ist ja höchstens 300 Meter hoch.«

»Ja, so ungefähr. Ich habe mich extra einmal erkundigt: Der höchste Punkt liegt auf cirka 350 Meter Meereshöhe, der Asperg selbst ragt 90 Meter über sein Umland hinaus. Da bekommt man also keine Höhenangst, wenn man dort oben steht.«

»Es hat eher etwas mit den vielen Demokraten zu tun, die man dort oben eingesperrt hat, nicht wahr?«

»Genau, du bist auf dem richtigen Weg. Weil man, angefangen bei Christian Friedrich Daniel Schubart bis hin zu unserem Vorfahren Servatius Bosch, so viele Freigeister zur Festungshaft auf dem Asperg verdonnert hat, nennt man ihn auch den Demokratenbuckel, eben ›den höchsten Berg von Württemberg‹: Denn viele sind hinaufgekommen, aber nur wenige haben es wieder herunter geschafft.«

»Jetzt erinnere ich mich wieder«, rief Carl. »Aber weshalb war dein Vater überhaupt im Zuchthaus auf dem Hohenasperg? Was hatte er denn angestellt?«

»Eigentlich nicht viel. Aber damals hat oft schon eine Kleinigkeit ausgereicht, um hart bestraft zu werden. Das war sicher keine angenehme Situation, als sie ihn verhaftet haben. Man muss sich das einmal vorstellen: Da sperren sie einen rechtschaffenen Mann ins Zuchthaus, einen Menschen, der mitten im Berufsleben steht und eine große Familie zu versorgen hat. Hinterher war dein Großvater zwar zeitlebens stolz auf diese Episode, denn eine Festungshaft auf dem Asperg war für echte Demokraten bald schon so etwas wie ein Orden, geradezu eine ehrenhafte Auszeichnung. Aber wenn man bedenkt, weshalb sie ihn verhaftet haben, also wirklich! Zeiten waren das …« Robert Bosch beschrieb eine weit ausladende Handbewegung, um sein völliges Unverständnis über die damalige Haftursache nachdrücklich zu unterstreichen. »Andererseits, wenn man bedenkt, wer inzwischen jetzt schon wieder alles ins Gefängnis wandert, nur weil er sich getraut hat, seine Meinung offen zu sagen …«

»Das stimmt leider. Da brauchen wir wahrhaftig gar nicht so sehr über die früheren Zustände die Nase zu rümpfen.«

»Wenigstens diese bittere Erfahrung ist meinem Vater erspart geblieben, dass alles, wofür er einmal gekämpft hat, heutzutage wieder ins Gegenteil verkehrt wird. Also, du wolltest wissen, was er verbrochen hatte? Man glaubt es kaum, aber es war folgendermaßen.« Vielsagend tippte er sich mit dem Zeigefinger an die Stirn, bevor er mit seiner Erzählung fortfuhr. »Er hatte nämlich einen armen Besenmacher aus dem Ortsarrest befreit, und zwar wegen der Ungerechtigkeit, mit der sie diesen Mann behandelt haben. Es war im Jahr 1853. Der Ortsbüttel hatte in einer Albecker Wirtschaft noch einige Leute angetroffen, obwohl die Polizeistunde schon längst vorüber war. Nach seiner Anzeige wegen Missachtung der polizeilichen Sperrstunde wurde auf Anordnung des Bürgermeisters dann aber nur der Besenmacher in den Arrest gesteckt und nicht etwa die Bauern, Handwerker und all die anderen Honoratioren, die genauso in der Wirtschaft waren und vom Büttel ja ebenfalls ›auf frischer Tat‹ ertappt worden sind. Nur den Mann mit der niedrigsten sozialen Stellung hat er ins Gefängnis gesteckt. Es war offensichtlich, dass beide, sowohl der Bürgermeister als auch der Ortspolizist, ganz genau wussten, dass sich der arme Besenmacher nicht wehren würde. Und selbst wenn, wäre ihm keiner zu Hilfe gekommen. Deshalb haben sie also lieber an ihm ein Exempel statuiert, als sich mit den einflussreichen Leuten anzulegen. Widerlich! Genauso hat es auch mein Vater empfunden – und sofort gehandelt, nachdem er von der Sache erfahren hatte. Er ist zur Frau des Büttels gegangen, hat dort den Schlüssel für

die Arrestzelle geholt und den Gefangenen eigenhändig befreit. Das hat ihm eine Strafanzeige des Schultheißen eingebracht, mit dem er politisch sowieso über Kreuz lag. Für den Schultheißen war das natürlich eine wahre Freude, damit eine ganze Lawine ins Rollen zu bringen. Es gab tatsächlich eine Verhandlung am Oberamtsgericht Ulm vor dem Kriminalsenat des Donaukreises. Vor dem Kriminalsenat, wie gesagt! Und trotz der auch von den Richtern anerkannten ehrenhaften Motive meines Vaters haben sie ihn dennoch mit Urteil vom 13. Dezember 1853 zu zwei Monaten Festungshaft auf dem Hohenasperg verdonnert. Von Mitte April bis Juni 1854 hat er diese Haftstrafe tatsächlich absitzen müssen – also bis in die Zeit der Heuernte hinein! Das war natürlich Absicht und damit eine zusätzliche Strafe. Man hätte ihn ja – wenn überhaupt – genauso gut auch im Winter einsitzen lassen können und nicht in einer Jahreszeit, in der es auf einem Bauernhof bekanntlich immer besonders viel zu tun gibt.
Neben dem wirtschaftlichen Schaden – nun gut, er hatte zum Glück eine ordentliche Anzahl von Knechten, die sich dafür halt doppelt ins Zeug gelegt haben – kannst du dir sicher lebhaft vorstellen, was das für die Familie in so einem kleinen Bauerndorf zunächst bedeutet hat. Diese Schande, wenn die Leute sagen, dass einer ›von denen‹ im Zuchthaus sitzt! Überdies: 1854 war das Jahr, in dem mein Bruder Albert geboren worden ist. Damals war dein Vater schon elf Jahre alt, während ich noch längst nicht das Licht der Welt erblickt hatte. Aber der Karl, also dein Vater, hat natürlich alles ganz genau mitbekommen. Du kannst dir denken, wie das für ihn gewesen sein muss, als sie seinen Vater wie einen Schwerverbrecher ins Zuchthaus gesteckt haben. Für den Schultheiß war es auch deswegen ein ganz besonderer Triumph, weil unser Vater der Führer der Gegenpartei im Dorf war. Ein Zuchthäusler als politischer Gegner, das war natürlich ein starkes Argument. Aber später hat sich das eher ins Gegenteil verkehrt. Ab und zu hat uns der Vater ganz offen von seiner Zeit auf dem Asperg

erzählt, wie er da zusammen mit einigen Männern eingesperrt war, die sich verbotenerweise duelliert hatten. Einer von denen, ein Offizier, hat ihm am Ende seiner Haft sogar ein Aquarell vom Asperg geschenkt, das hat er dann bei uns in der Stube aufgehängt – denn für ihn war das jetzt eine Art demokratisches Ehrenzeichen.«
»Ein Demokrat von altem Schrot und Korn.«
»Das kann man wohl sagen. Ich werde auch nie vergessen, wie die ganzen Albecker Demokraten einmal zur Wahl nach Langenau gezogen sind. Der Träger ihrer Fahne, ein baumlanger Schneider, hatte einen Trinkbecher an seinen Schlapphut gesteckt, damit jeder gleich sehen konnte, wen sie wählen wollten, nämlich einen demokratischen Abgeordneten namens Becher. Ja, das ist trotz aller hitzigen politischen Debatten und Auseinandersetzungen immer auch eine recht lustige Gesellschaft gewesen. Und mein Vater war der Anführer. Sogar später noch, als wir längst in Ulm gewohnt haben, ist er immer wieder aufgefordert worden, selbst einmal als Abgeordneter zu kandidieren. Doch das hat er jedes Mal abgelehnt – aus guten Gründen. Wahrscheinlich hat er sein hitziges Temperament gefürchtet, das ab und zu mit ihm durchgegangen ist, so ruhig er ansonsten auch gewesen ist.« Robert Bosch unterbrach sich und zuckte dann lächelnd mit den Achseln. »Ich verstehe das schon, denn dieses Temperament habe ich von ihm geerbt. So eine aufbrausende Art ist nicht immer von Vorteil. Aber immerhin hat ihn die demokratische Partei nach seinem Tod als großes Vorbild bezeichnet. Sogar einen Artikel in ihrer Zeitung haben sie gebracht, der in ganz Württemberg aufmerksam gelesen worden ist.«
»Und sein bester Freund, das war der Oberlehrer Honold aus Langenau, nicht wahr? Der Vater deines später wichtigsten Mannes in der Firma.«
»Ja, genau. Aber damals hat das natürlich noch kein Mensch voraussehen können, dass der Name Gottlob Honold einmal für den entscheidenden Durchbruch der Firma Robert Bosch stehen würde. Leider ist der Gottlob

Honold auch schon vor vielen Jahren gestorben.« Ein Schatten legte sich auf Robert Boschs Miene und einen Augenblick lang schien es seinem Besucher, als würde er sich in seiner sentimentalen Erinnerung an den langjährigen Weggefährten verlieren. Doch unvermittelt drückte er den Rücken durch und schüttelte entschieden den Kopf, gerade so, als würde er mit dieser impulsiven Bewegung die Trauer wegwischen können. Eine für Robert Bosch ausgesprochen typische Verhaltensweise. »Auf alle Fälle hat mein Vater mit seinem Freund Honold aus Langenau früher weite Reisen unternommen. Sogar die Weltausstellung in Paris haben die beiden besucht – ein schwäbischer Bauer und ein Lehrer aus der Provinz! Auch daran sieht man, welcher wissbegierige Geist und welcher enorme Bildungswille in diesen Männern steckte. In einem Gastwirt von der Alb, der immer wieder Heinrich Heine rezitiert hat. Einer von diesen Sprüchen ist mir unvergesslich geblieben: ›Ein Kluger bemerkt alles, ein Dummer macht über alles seine Bemerkungen‹.«

»Da hat er recht gehabt, der Heine.«

»Das war noch viel öfter der Fall. Willst du noch etwas hören? Beispielsweise dieses Zitat, das sich geradezu bedrückend modern anhört: ›Das ist schön bei den Deutschen: Keiner ist so verrückt, dass er nicht noch einen Verrückteren fände, der ihn versteht.‹ So einen noch Verrückteren, den müssen wir ja im Augenblick leider erdulden.«

Sein Besucher nickte ernst. »Allerdings. Ich fürchte aber, es wird noch viel schlimmer werden …«

»Und weit und breit ist anscheinend niemand, der diesen Hitler aufhalten kann«, knurrte Robert Bosch und machte eine unwirsche Handbewegung, als wolle er damit eine lästige Fliege verscheuchen. »Aber genug der düsteren Gedanken. Lassen wir uns die Freude an unserer Begegnung nicht von den Problemen des Alltags verderben: Die holen uns sowieso viel schneller wieder ein, als es uns lieb sein wird. Jetzt wollen wir diesen schönen Tag lieber aus vollem Herzen genießen und uns dankbar an unsere Familie erinnern, die all diese Grundlagen gelegt hat, auf denen wir heute so sicher stehen können.«

Schon immer hatte es ihn mit großem Respekt erfüllt, wenn er sich den Weitblick seines Vaters vor Augen hielt, der dazu geführt hatte, dass dieser im Jahr 1869 seine seit Jahrhunderten im Familienbesitz befindliche Gastwirtschaft »Krone« in Albeck für die ordentliche Summe von knapp 300 000 Mark verkaufte, nachdem ihm klar geworden war, dass die neu geplante Eisenbahnlinie Ulm – Crailsheim – Nürnberg nicht über Albeck führen würde. Das war für Servatius Bosch sicher keine leichte Entscheidung gewesen, umso mehr handelte es sich um einen bewundernswert mutigen Schritt. Ebenso wie die Tatsache, dass die Familie daraufhin dem bäuerlich geprägten Landleben radikal den Rücken kehrte und in die nahe Großstadt Ulm zog, in der zu jener Zeit schon rund 25 000 Menschen lebten. Das war eine gewaltige Umstellung, verglichen mit dem Alltag im geradezu winzigen Albeck. Nun gut, eine kleine Tannenschonung bei Albeck hatte er in seinem Besitz behalten, ebenso wie er auch die Imkerei und die traditionellen Jagdausflüge nicht aufsteckte.
In der Ulmer Realschule galt der junge Robert Bosch als bestenfalls mittelprächtiger Schüler, der sich eher als guter Turner, Speerwerfer (oder in der schulfreien Zeit als Meister im Schießen mit Blasrohr und Lehmkugel!) hervortat. Als der verständnisvolle Rektor Nagel in Pension ging, begann für den Schüler Bosch eine harte Zeit. Das war schließlich auch der Grund dafür, dass er die Schule schon nach der 7. Klasse verließ – mit dem sogenannten »Einjährigen«. Mit diesem Abschluss hatte er zwar das Minimalziel erreicht, aber eben nicht, was ihn in späteren Jahren noch mehrfach reuen sollte, die wesentlich wichtigere Reifeprüfung in der Tasche. Andererseits war er sich über die eigenen, eher mäßigen schulischen Leistungen durchaus im Klaren: »Wenn die Lehrer am Ende nicht Gnade vor Recht hätten walten lassen, dann hätte von Rechts wegen

mindestens die halbe Klasse durchfallen müssen und gar keinen Abschluss bekommen dürfen, darunter auch ich. Aber wahrscheinlich waren die Lehrer froh, dass sie uns endlich los waren. Ganz ehrlich: Wir waren keine guten Schüler. Der Satz des Pythagoras war mir genauso fremd wie den anderen, ich habe ihn erst viele Jahre später mühsam gelernt und begriffen. Nun ja, Hauptsache, die ungeliebte Schule war vorbei. Und kaum war das der Fall, stand ich vor der Frage, wie es weitergehen sollte. Am liebsten wäre ich aufgrund meiner Naturliebe Zoologe geworden. Aber das war natürlich leichter gesagt als getan.«

»Zoologe? Nun ja, warum nicht? Das wäre auch etwas für mich gewesen. Irgendwie scheint diese Naturverbundenheit bei uns Boschs in der Familie zu liegen.«

»Bei dir natürlich viel mehr noch als bei mir«, spielte Robert auf Carls eigenhändig angelegte Käfersammlung an, die sogar in wissenschaftlichen Kreisen als bedeutend galt. »Aber wie es halt so ist, wenn man vom Land kommt: Mein Vater war der Meinung, Zoologie und Botanik, das bringe doch nichts. Er hat mich dann gefragt, ob ich es denn nicht lieber mit Feinmechanik probieren wolle. Er kenne da einen Lehrherrn, bei dem gerade eine Ausbildungsstelle frei sei. Na gut, habe ich gesagt, dann mache ich halt eben eine Feinmechanikerlehre.«

Carl schmunzelte belustigt. »Also wirklich! Wenn man bedenkt, dass du also mehr oder weniger nur aus Zufall, weil gerade irgendwo in Ulm eine Lehrstelle frei war, Feinmechaniker geworden bist. Sachen gibt es – die sind einfach unglaublich!«

»Aber wahr. Das eigentliche Wunder für mich ist, dass ich trotz meinem schlampigen Lehrmeister Maier die Prüfung geschafft habe. Das war vielleicht ein sonderbarer Kauz! Einmal, diese Szene werde ich nie vergessen, da habe ich ihn um eine neue Feile gebeten, weil die alte es einfach nicht mehr gebracht hat. Da hat er doch tatsächlich zu mir gesagt: ›Aber wieso denn? Die alte Feile hat es mir schon zwölf Jahre lang gut getan.‹ Das sagt eigentlich alles über die Qualitätsansprüche des Mechanikermeisters Maier. Und trotzdem, das ist wirklich beachtenswert, ist aus allen von uns damaligen Lehrlingen etwas Gscheites geworden. In erster Linie aus meinem Lehrkamerad Leonhard Köpf, mit dem mich bis heute eine herzliche Freundschaft verbindet, auch wenn wir uns nur selten begegnen.«

»Der Gründer einer Weltfirma hat eine schlampige Lehrzeit absolviert …«

»… und konnte sich neben der Begeisterung für Zoologie und Botanik ebenso gut vorstellen, Bauer zu werden. Doch, da musst du mich gar nicht so erstaunt angucken: Ein Leben als Landwirt wäre für mich genauso infrage gekommen.«

»Wenn dich dein Vater nicht in eine Mechanikerlehre gesteckt hätte.«

»Es hat unter uns Geschwistern die verschiedensten Berufe gegeben: Der eine hatte die Gastwirtschaft meiner Mutter in Jungingen übernommen, der andere, dein Vater, hat ein Installationsgeschäft aufgebaut, ich selber bin ein Mechaniker und mein Bruder Albert, sicherlich der Gescheiteste von uns allen, der hat Architektur studiert und ist dann einer der Ulmer Münsterbaumeister geworden, die den größten Kirchturm der Christenheit fertiggestellt haben.«

»Das ist tatsächlich auch so etwas Faszinierendes. Ich weiß noch, wie ich einmal als Kind vor diesem riesigen Kirchturm stand und mir mein Vater gesagt hat, dass an der Vollendung des Baus ein Bosch beteiligt war. Einer meiner Onkel. Das hat mich damals mit einem gewaltigen Stolz erfüllt, das kannst du dir denken.«

»Mir ist das ganz genauso gegangen. Ich war ja zu der Zeit gerade Soldat in Ulm, als Albert am Ulmer Münster gebaut hat. Schade nur, dass er so früh gestorben ist. Er war für mich – neben deinem Vater Karl – mein bester Freund in der Familie. Du weißt, was ich damit sagen will.«

»Ich denke schon. Obwohl diese ganz besondere Nähe zwischen dir und meinem Vater schon erstaunlich ist bei einem Altersunterschied von immerhin 18 Jahren.«

»Der Einfluss von deinem Vater war – wie bereits erwähnt – entscheidend für mich. Schon bei meinem ersten Besuch in Köln …«

»… an den ich mich noch gut erinnere. Wie ich da auf deinen Knien saß und von dir geschaukelt worden bin …«

Robert grinste: »Der verschaukelte Nobelpreisträger!«

»Auf dem Schoß des Gründers einer Weltfirma.«

»Der es ohne deinen Vater niemals geschafft hätte. Allein, wenn ich daran denke, wie es mir unmittelbar nach der Lehre ergangen ist. Nirgendwo habe ich eine Arbeit bekommen: In Pforzheim hatte ich es versucht, in Karlsruhe genauso. Ohne Erfolg! Und so bin ich beinahe zwangsläufig weiter den Rhein herunter geraten, nach Köln, das ja in jenen Jahren für einen Bosch ein sicherer Hafen war.«

»Kein Wunder, inzwischen scheint ja halb Köln mit uns verwandt zu sein«, schmunzelte Carl. »Neben meinem Vater war dort ja schon eure Schwester Karolina mit dem Gustav Haag verheiratet.«

»Mit dem er später sein Geschäft für Gas und Wasser Installationsbedarf zur bestens verdienenden Firma ›Bosch und Haag‹ zusammengelegt hat. Und dann ist auch noch meine andere Schwester Barbara mit ihrem Mann, dem Franz Decker aus Söflingen, nach Köln gezogen. Also, es ist tatsächlich so: Wohin das Auge am Rhein auch reicht, überall wohnen dort Abkömmlinge der Boschs. Was für mich nun wichtig war, als ich auch in Köln keine Arbeit gefunden hatte, dass mich dein Vater in seinem eigenen Geschäft untergebracht und einige Wochen lang durchgefüttert hat.«

»Damals muss ich fünf Jahre alt gewesen sein. Ich habe deinen Aufenthalt bei uns wirklich sehr genossen. So ein junger Onkel, den ich eher als großen Bruder angesehen habe. Das war für mich eine schöne Zeit.«

»Für mich genauso – und dazu noch nützlich: Denn in Fragen der Installation habe ich so manches lernen können, was ich später gut brauchen konnte. Es hat mir nicht geschadet! Bis der Karl mich nach ein paar Wochen darauf aufmerksam gemacht hat, dass er in Stuttgart auf eine interessante Firma gestoßen sei. Ein junger Mann namens Wilhelm Emil Fein hatte sie gegründet.«

»D e r Fein?«

»Ja, genau d e r Fein. Das war ein echter Pionier in der Elektrotechnik in Süddeutschland. Er hat ganz entscheidend das Telefon weiterentwickelt und dann sogar die ersten Werkzeugmaschinen mit einem elektrischen Antrieb hergestellt. Zu dem Mann wollte ich unbedingt gehen und deshalb habe ich mich mit einem recht mageren Lohn als Gehilfe einstellen lassen. Aber das war es mir wert – ich habe dann beim Fein nämlich viel gelernt, worauf ich später habe aufbauen können.«

»Und wieso bist du dann nicht da geblieben?«

»Weil ich nach einem knappen halben Jahr der Meinung war, dass ich jetzt genug gesehen hatte – und außerdem wollte ich endlich Geld verdienen, deswegen bin ich nach Hanau gegangen. Dort haben sie jemanden für die Kettenfabrikation gesucht. Sie haben mich gleich genommen und ich habe sogar eine Gruppe von Arbeitern angeführt: Wir waren mit der Herstellung von Ketten für Spezialwerkzeugmaschinen beschäftigt. Im Nachhinein betrachtet war auch das eine wichtige Station und wohlgefühlt habe ich mich in Hanau sowieso, allein wegen der großen Turnertradition dort. In den Turnverein bin ich immer gerne gegangen, aber nicht nur um zu turnen. Denn hinterher hat man kräftige politische Diskussionen geführt – das war wirklich eine tolle Zeit für mich. Anregend, lehrreich und körperlich war ich bestens gerüstet.

Natürlich habe ich abends und an den Sonntagen viel Zeit zum Lesen gehabt, ich hatte mich vom Vater mit allerhand Büchern versorgen lassen. Einmal ist aus einem der Bücher ein Zettel herausgefallen mit der Handschrift meiner Mutter darauf. Es sollte wohl wie ein Zufall aussehen, dass ich diesen Spruch finde, aber natürlich hat sie es mit Absicht gemacht. Sie war ja eine sehr fürsorgliche Frau – ich habe den Spruch wohl an die tausend Mal gelesen, weil ich vor

Heimweh fast zerflossen bin, als ich die Schrift von der Mutter gesehen habe. Soll ich ihn dir sagen?«

»Ja. Natürlich.«

»Also«, Robert Bosch schloss die Augen, um sich ganz auf die Strophen zu konzentrieren. Dann deklamierte er mit fester Stimme: »›Ein Schiff ohne Steuer vertraut sich den Wellen, nicht lange, so wird es an den Klippen zerschellen. Das Meer ist das Leben, das Schifflein bist du, die Klugheit, mein Freund, ist das Ruder dazu.‹ Das ist ein schöner Spruch, nicht wahr?«

Carl nickte andächtig. »In der Tat. An die Großmutter kann ich mich noch ziemlich genau erinnern. Sie war ja ein paarmal bei uns in Köln zu Besuch – allerdings«, ein schalkhaftes Lächeln blitzte über sein Gesicht, »verstanden habe ich immer allerhöchstens die Hälfte von dem, was sie gesagt hat. Obwohl sie sich Mühe gegeben hat.«

Der alte Robert Bosch stöhnte in gespielter Verzweiflung laut auf. »Du meine Güte. Ein Bosch, der kein Schwäbisch versteht. Und nicht einmal seine eigene Großmutter. Also wirklich!«

»Na ja, dafür muss man wahrscheinlich in Albeck geboren sein, um das alles zu kapieren. Übrigens: Wenn du mit meinem Vater in diesen Dialekt verfallen bist, dann habe ich auch nur noch Bahnhof verstanden.«

Robert Bosch rollte mit den Augen. »Dabei hat dein Vater ja gar nicht mehr richtig Älblerisch gekonnt – vor lauter Köln.«

»Höchstens so gut, wie du das Hochdeutsche beherrschst.« Das spitzbübische Lächeln seines Neffen ließ den Älteren stutzen. »Was willst du damit sagen?«

»Nur, dass ein waschechter Älbler halt niemals ein lupenreines Hochdeutsch sprechen wird. Das meint ihr immer nur. Aber das harte R und diese ganzen kehligen Laute …«

»… die kehligen Laute! Also wirklich!«

»Macht doch nichts«, beschwichtigte Carl seinen hörbar unwirschen Onkel. »Ich finde es schön, wenn man seine Herkunft auch sprachlich nicht verleugnet.« Insgeheim bereitete es ihm ein geradezu diebisches Vergnügen, den Blutdruck seines Onkels wieder einmal mit einfachsten Mitteln in schwindelerregende Höhen getrieben zu haben. Es war ja nur allzu bekannt, wie impulsiv Robert jedes Mal werden konnte, wenn sich einer erdreistete, in seiner Gegenwart etwas Herabwürdigendes über die Älbler zu sagen. Wo er seine Heimat doch in hohen Ehren hielt und gegenüber seinen Kindern mehr als einmal die felsenfeste Überzeugung verkündet hatte, dass nach einem Älbler lange nichts komme, danach vielleicht ein Franke, nach diesem ein Bayer – aber dann? Dann sei eigentlich schon Schluss. Von den Preußen habe er noch nie etwas gehalten – und vom Preußentum noch viel weniger. Das werde auch so bleiben.

»Auf alle Fälle ist mir die Großmutter, und das wollte ich damit sagen, als liebe, gute Frau in Erinnerung geblieben – während mir vom Großvater Servatius leider gar kein Bild im Gedächtnis ist.«

»Das ist bedauerlich, aber es ist kein Wunder, denn als dein Großvater im Jahr 1880 mit nur 64 Lebensjahren gestorben ist, da warst du gerade einmal sechs Jahre alt. Für mich war das übrigens eine schlimme Zeit, denn ich war damals ja nicht zu Hause.«

Über den Tod seines Vaters war der im weit entfernten Hanau arbeitende Robert brieflich von der Mutter in Kenntnis gesetzt worden. Robert war tief schockiert, erst jetzt spürte er, wie viel ihm sein Vater bedeutete. Es hatte dazu nie vieler Worte bedurft. Man fühlte das einfach. Als Trost blieb dem 19 Jahre alten Robert, dass Servatius Bosch in Würde gegangen war: »Mein Vater, der nie eine Kirche besuchte und dessen Religion war: ›Sei Mensch und ehre Menschenwürde‹, starb trotz großer Schmerzen, ohne nach einem Priester zu verlangen, ruhig und gefasst.«

Aus dem väterlichen Erbe erhielt er 10 000 Mark – dieselbe Summe, die seine Brüder jeweils bei ihrer Hochzeit bekommen hatten – es war das Grundkapital, mit dem er sich später den Traum von der eigenen Firma erfüllen wollte.

❧

Wieder schweifte Robert Bosch mit seinen Gedanken weit ab in die Vergangenheit: bittersüße Erinnerungen an seine frühen Lebensstationen. Gerade die wichtige Zeit bei dem längst zur Legende gewordenen Schuckert wollte er niemals missen.

Denn bei dem damals noch recht jungen Sigmund Schuckert hatte es sich in der Tat um einen faszinierenden Mann gehandelt, der seinem nur wenige Jahre jüngeren Facharbeiter Robert Bosch in mancherlei Hinsicht ähnelte. Schuckert war vor der Gründung seiner Firma fünf Jahre lang in Amerika gewesen und hatte dort auch im Unternehmen von Thomas Alva Edison gearbeitet, also bei dem Mann, der weltweit als führender Kopf in der aufstrebenden Elektrotechnik galt. Hier holte sich Schuckert die entscheidenden Anregungen für seinen späteren Produktionsbetrieb – ganz ähnlich wie einige Zeit später auch Robert Bosch. Und noch in einer anderen Hinsicht waren sie vergleichbar: Weder Schuckert noch Bosch waren im eigentlichen Sinn des Wortes Erfinder. Beide durften sich vielmehr als weit in die Zukunft blickende Anwender bezeichnen lassen, die ein sicheres Gespür dafür besaßen, wie man das richtige Produkt mit den richtigen Leuten in die richtige Maschine einbauen konnte. Persönlich besaßen sie keine eigenen Patente, ihr Verdienst war es vielmehr, die Technik im großen Maßstab nutzbar zu machen.

Nürnberg war der richtige Nährboden für den jungen Robert Bosch. Hier konnte er seine noch recht spärlichen Kenntnisse in der rasant wachsenden Elektrotechnik vertiefen und die Tatsache, dass er hauptsächlich mit der Herstellung von verschiedensten elektrischen Messinstrumenten beschäftigt war, sollte sich später als besonders nutzbringend erweisen.

Bei Schuckert lernte er die unterschiedlichsten Leute kennen, die in ganz Deutschland angeworben worden waren, denn die rasant wachsende Firma konnte ihren Bedarf an einigermaßen kenntnisreichen Arbeitern in dieser neuen Branche weder in Nürnberg selbst noch im restlichen Franken decken. Selbst aus der Schweiz waren die Leute gekommen.

Im Sommer 1883, nach einem lehrreichen Dreivierteljahr an der Pegnitz, gelangte Robert Bosch zu der Überzeugung, dass es allmählich Zeit war, wieder den Koffer zu packen und sich anderswo mit neuen Ideen vertraut zu machen. Er spürte, dass das relativ leichte Leben, das die Arbeiter bei dem erfolgreichen Schuckert genossen, auf Dauer gesehen für sein Fortkommen nicht von Vorteil war. Allzu leicht lief man Gefahr, es sich in Nürnberg bequem zu machen. Dem musste er rechtzeitig vorbeugen. Denn er hatte ja weitergehende Pläne. Irgendwann einmal wollte er dem Beispiel seines Bruders Karl folgen und eine eigene Firma gründen. Das war es, was er mit aller Macht anstrebte.

Seine nächste Station war die Firma Schaeffer in Göppingen, wo er aufgrund seiner vorherigen Beschäftigung bei Schuckert rasch eine Arbeit fand. Schaeffer hatte bis dahin hauptsächlich Magnetschneidapparate für Getreide gebaut und wollte sich nun mit der Herstellung von elektrischen Bogenlampen ein zweites Standbein aufbauen. Darin hatte Robert Bosch einige Erfahrung und wurde von Schaeffer deshalb umso lieber eingestellt. Allerdings ging es dort ziemlich eintönig zu – es war alles andere als eine neue technische Herausforderung. Und dennoch: Gerade dieser Göppinger Aufenthalt sollte für den jungen Mechaniker einige Jahre später für den Aufschwung seiner neu gegründeten Firma von großer Bedeutung werden, auch wenn er sich schon nach wenigen Monaten wieder von Schaeffer verabschiedete, um sich an der Technischen Hochschule in Stuttgart, die schon damals einen ausgezeichneten Ruf genoss, als »außerordentlicher Studierender« anzumelden.

Da er als Schulabschluss jedoch nur das »Einjährige« vorweisen konnte, musste sich Robert Bosch einer Aufnahmeprüfung stellen, bei der er beispielsweise Grundkenntnisse in Mathematik nachzuweisen hatte. Das war zum Glück eine leichte Übung, denn der Prüfer nahm es nicht allzu genau und beschränkte sich auf die elementarsten Formen des Rechnens. Der zweite Teil der Prüfung fiel ihm noch wesentlich leichter, denn in Fragen der Stromerzeugung und der Messtechnik kannte er sich bestens aus. Das waren ja genau die Arbeiten gewesen, mit denen er in den vergangenen Jahren beschäftigt gewesen war. Kein Wunder, dass der Praktiker Bosch dann auch in den Seminaren mit einem deutlichen Wissensvorsprung gegenüber den anderen Studenten glänzte. Dazu gesellten sich bei ihm ein enormer Ehrgeiz und eine eiserne Disziplin, die ihm bald schon die besondere Aufmerksamkeit der Professoren bescherte. Das bedeutete nicht, dass er sich an der Hochschule als Streber aufführte, nein, ganz im Gegenteil sogar. Es war vielmehr die Einsicht, die ihn so zielstrebig vorantrieb, dass ihm für das Studium nur wenig Zeit zur Verfügung stand. Und diese kurze Zeit galt es so gut wie möglich zu nutzen. Nur mit dieser Disziplin würde er sich den Traum von einer eigenen Firma auch wirklich erfüllen können.

Vor allem die Vorlesungen und Seminare von Professor Wilhelm Dietrich am neu eingerichteten Lehrstuhl für Elektrotechnik erwiesen sich als richtungsweisend, denn hier wurden die notwendigen theoretischen Grundlagen für Lösungswege bei den späteren praktischen Anwendungen der Elektrotechnik vermittelt. Und der noch recht junge Professor Dietrich war genau der richtige Lehrer, der sich um das Fortkommen seines besonders eifrigen Studenten Bosch mit großer Freude kümmerte.

Die Tatsache, dass man an der Hochschule Englisch lernen konnte, kam Robert Bosch ganz besonders entgegen. Selbstverständlich schrieb er sich zusätzlich auch für dieses Fach ein, denn damit würde er seinen Plan, sich zwi-

schendurch einmal in Amerika umzusehen, schon bald in die Tat umsetzen können.
Und noch in einer anderen Hinsicht sollte dieser Aufenthalt am Stuttgarter Polytechnikum seinen weiteren Lebensweg prägen. Das war die Sache mit der Wollkleidung. Eines Tages besuchte Robert Bosch die Vorlesung von Professor Gustav Jäger. Keine andere Veranstaltung an der Hochschule konnte sich eines ähnlich großen Zuspruchs von Seiten der Studierenden erfreuen als die von Professor Jäger. Das hatte einen einfachen Grund, denn bei Jäger gab es während des Vortrags kostenlose Bier- und Weinproben. Wie ein Lauffeuer machte das unter den Studenten die Runde. Und das, obwohl die großzügig verteilten Getränke »humanisiert« waren – wie sich Jäger auszudrücken pflegte –, was in diesem Fall bedeutete, dass sie mit einem winzigen Stück menschlichem Haar versetzt waren. Das tat dem Zulauf aber keinen Abbruch. Unappetitlich? Ach was! Es handelte sich laut Jäger ja nur um sogenannte »homöopathische Dosen«, deren Verdünnungsgrad gewaltig war. Homöopathie: Das sei, versicherte ihnen der Professor, wie wenn sich im ganzen Bodensee ein einziges Haar befände. So nahezu unendlich hoch sei der Verdünnungsgrad. Und ob man das Wasser des Bodensees deshalb als unappetitlich bezeichnen könne, nur weil sich eine einzelne Haarsträhne darin befinde, das sei ja wohl eher zweifelhaft. Homöopathie. Was der Professor damit bezweckte, wenn er nun die für das Auge völlig unsichtbaren Haarproben eines Wettläufers, einer Sängerin und anderer Zeitgenossen in die verschiedenen Getränke mischte, blieb den meisten Zuhörern genauso rätselhaft wie einerlei. Hauptsache sie hatten ihren Spaß dabei und mussten anschließend ja auch nur den Geschmack beurteilen. Ob davon wirklich eine besondere Wirkung auf ihr Wohlergehen abgeleitet werden konnte, das überließen sie nur allzu bereitwillig dem Dozenten Jäger, der sich dieses Testverfahren tatsächlich sogar patentieren ließ. Auf jeden Fall war »der Jäger« bei den jungen Leuten gerade richtig im Trend. Es handelte sich

auch durchaus um eine interessante Persönlichkeit, denn der Pfarrersohn aus Münchingen bei Stuttgart hatte in vielerlei Hinsicht Karriere gemacht. Nach einem Studium der Naturwissenschaft und der Medizin war von ihm der Tiergarten im Wiener Prater gegründet worden. Im Jahr 1866, nach dem sogenannten »Deutschen Krieg«, hatte er Österreich verlassen müssen und war zurück nach Stuttgart gegangen, wo er gut besuchte Vorlesungen im Fach Zoologie abhielt. Nebenbei verfasste er eine »Allgemeine Zoologie«, ein Buch, das in der Fachwelt schon nach wenigen Jahren als Standardwerk galt. Doch das war noch längst nicht alles, was diesen universal interessierten Mann beschäftigte: Im selben Maße widmete er sich nämlich den Fragen der Hygieneforschung und der Pflege der menschlichen Gesundheit. Deshalb untersuchte er die seiner Meinung nach vorhandenen Zusammenhänge zwischen Hautfunktion und Leistungssteigerung. Einen besonderen Schwerpunkt bildete dabei die Erforschung der Stoffwechselvorgänge in Abhängigkeit von der jeweiligen Kleidung, woraus Jäger schließlich die Erkenntnis gewann, dass Wolle für die menschliche Haut wesentlich verträglicher sei, als das Tragen von Kleidung aus Pflanzenfasern.
Mit seiner sogenannten »Reinwoll-Lehre« löste er sogar eine regelrechte Modewelle aus. Auch dem Studenten Bosch leuchteten Jägers Schlussfolgerungen ein: Zeitlebens war er nun ein überzeugter Anhänger der Homöopathie und anderer Naturheilverfahren und er trug fortan grundsätzlich nur noch Wollkleidung. In seiner Kindheit und Jugend, ja sogar noch bis in seine Studentenzeit hinein, hatte er häufig unter starken Erkältungen gelitten, die ihn bis zu sechs Wochen lang quälten, dazu kamen seine äußerst empfindliche Haut und eine gewisse Neigung zum Rheumatismus. Doch seit dem konsequenten Tragen der Jägerschen »Normalkleidung« gehörten all diese Leiden der Vergangenheit an.
Diese »Normalkleidung« für Herren bestand aus luftdurchlässigen Wollstoffen, die in Jägers Auftrag in der Stutt-

garter Wirkwarenfabrik »Wilhelm Benger und Söhne« hergestellt wurde. Die Kleidungsstücke freilich hatten einen eher ungewöhnlichen Schnitt und wirkten an ihrem Träger ziemlich militärisch. Was alles andere als ein Zufall war – und wer nun Robert Bosch, was anfangs häufiger der Fall war, wegen seiner etwas merkwürdig aussehenden Kleidung hänselte, der wurde mit dem scharfen Hinweis zum Schweigen gebracht, dass die von Professor Jäger entwickelte Kleidung inzwischen auch zur Grundausstattung des württembergischen Militärs gehörte. Diese Entscheidung müsse ja wohl aus einem triftigen Grund getroffen worden sein: »Der zweireihige württembergische Soldatenrock ist die abhärtendste und schützendste Kleidung für Männer.« An dieser Überzeugung hielt er bis an sein Lebensende fest. Sollten die Lästermäuler hinter seinem Rücken doch sagen, was sie wollten!

Am 22. Mai des Jahres 1884 war es so weit. Im Alter von 22 Jahren fühlte sich Robert Bosch den Anforderungen einer Reise nach Amerika gewachsen. An diesem Tag legte er also mit dem Dampfer »P. Caland« in Rotterdam ab, um dann keine zwei Wochen später, am 5. Juni 1884, erstmals amerikanischen Boden zu betreten. Ein Abenteuer? Das war es sicherlich. Aber vor allem ging es ihm um Weiterbildung, denn in Nordamerika waren inzwischen die wichtigsten Erfinder am Werk, die einen entscheidenden Anteil am technischen Fortschritt übernommen hatten. England, das Mutterland der Industrialisierung, war längst ins Hintertreffen geraten. Mit veralteten Produktionsmethoden in heruntergekommenen Fabriken hatte man sich viel zu lange auf seinen Lorbeeren ausgeruht und würde bald die Zeche dafür zahlen müssen, das war Robert Bosch klar. Deshalb hatte er sich auf Zuraten seines Bruders Karl dazu entschlossen, seine Erkenntnisse in den USA zu vertiefen. Danach würde man weitersehen.
Immerhin, sein Englisch war gut genug, um sich auf dem Schiff in dem bunt zusammengewürfelten Haufen von Pas-

sagieren aus Holland, England, Bayern und einigen anderen Ländern einigermaßen verständigen zu können. Zwar neckten ihn zu Beginn der Reise vor allem die Engländer wegen seines harten schwäbischen Akzents, der die korrekte englische Aussprache etwas ins Hintertreffen geraten ließ, doch andererseits verfügte er über einen umfangreichen Wortschatz und war sogar in der Lage, auch grammatikalisch einigermaßen ordentliche Sätze zu formulieren.

Niemals zuvor war er mit so unterschiedlichen Leuten auf so engem Raum zusammen gekommen. Immerhin hatte er für die lange Reise einen Platz auf dem Zwischendeck gebucht, eine Kabine 2. Klasse also, die er sich nur mit einem holländischen Bauern namens Lakermann teilen musste, mit dem er sich ganz gut arrangieren konnte. Der »holländische Kaaskopp« lobte ihn sogar eines Tages für die Tatsache, dass er nachts nicht schnarche wie ein Ochse. »Hei slopt es ein Os!« Der Holländer, der des Englischen nicht mächtig war, untermalte seine Aussage mit entsprechenden Gesten, sodass sie für Robert also durchaus zu begreifen gewesen war. Wie sich der Mann allerdings in Amerika zurechtfinden wollte, ohne jegliche Kenntnis der Sprache, das freilich blieb ihm nach wie vor ein Rätsel. Nun denn, es war nicht seine Sorge. Der Holländer war schließlich selber alt genug, um zu wissen, was er da tat.

Obwohl er es also mit dem Kajütenkollegen gut getroffen hatte, schwor sich der junge Mann schon während dieser Überfahrt dennoch, künftig grundsätzlich nur noch eine Kabine in der 1. Klasse zu buchen. Dieser Entschluss hing vor allem mit den Essgewohnheiten mancher der hier versammelten Nationalitäten zusammen. In erster Linie waren es die Tischsitten der Holländer und der Iren, die ihn unangenehm berührten. Und so notierte er während der Schiffsreise voller Abscheu in sein kleines, mit einem Wachseinband eingeschlagenes Tagebuch die Erkenntnis: »Es gibt nichts Ekelhafteres als Leute, die unanständig essen. Man muss ja nicht formell sein, wenn aber Mr Gips seinem Nebenmann – einem Iren namens Mason – einen Löffel voll gestoßenen Zuckers in den Mund stopft, selbst wenn der Löffel in die Zuckerdose zurückkommt, dann geht es mir gegen den Strich. Ich glaube, die Deutschen essen noch am anständigsten, wenn man die Engländer aus besseren Kreisen ausschließt, welche vielleicht eher verhungern, als dass sie einen Fisch mit dem Messer essen würden.«

Andererseits: Verglichen mit den Zuständen in der 3. Klasse, wo die Menschen wie die sprichwörtlichen Sardinen aneinandergedrängt hausten, waren diese wenigen Unannehmlichkeiten in der Kajüte der 2. Klasse leicht zu verschmerzen. Zumal es – abgesehen von der Seekrankheit, die sich immer wieder ihre Opfer suchte – recht lustig zuging, denn einer der Passagiere in der 2. Klasse hatte eine Ziehharmonika dabei und dank dieser erfreulichen Tatsache verbrachten sie viele Stunden singend und tanzend. Selbst die ansonsten eher auf Distanz bedachten Passagiere vom Oberdeck fanden sich dann bei ihnen ein, um die gähnende Langeweile zu vertreiben, die sie spätestens seit dem Ende der ersten Woche auf dem Schiff ergriffen hatte. So gesehen hätte es Robert also schlimmer treffen können. Für viel Unterhaltung während der Reise sorgte daneben noch ein anderer junger Holländer, ein Herr Gips, der Sohn eines Schnapsfabrikanten. Der Mann war von seinem Vater mit Genever und Rum in rauen Mengen versorgt worden und sprach diesen Getränken auch begeistert zu, was zur Folge hatte, dass der Herr Gips in einem permanenten Rauschzustand über das Deck torkelte und dabei mit seinen vermeintlichen Späßen für die ein oder andere Abwechslung sorgte.

Was die Seekrankheit betraf – die er nicht, wie Gips es ihm riet, mit reichlich Alkohol, sondern mit einer Portion Hering bekämpfte –, kam Robert Bosch einigermaßen glimpflich davon. Bald schon sah er sich in der Lage, gelegentlich sogar ein Bier zu trinken. Ganz im Gegensatz zu den meisten seiner Mitreisenden, vor allem eine Gruppe 12 bis

15 Jahre alter Mädchen aus Oberbayern, die von einem guten Dutzend Nonnen aus dem Rheinland begleitet wurden, um in New York in ein Kloster zu gehen. Nachdem ein etwas stärkerer Wellengang aufgekommen war, konnte man diese armen Mädchen tage- und anfangs sogar nächtelang beobachten, wie sie sich mit aschfahlen Mienen an die Reling klammerten und keinerlei Nahrung mehr zu sich nehmen konnten.
Besonders zu Herzen ging Robert die besondere Tragödie, die ganz offensichtlich auf der Seele des Kapitäns, einem Mann mit Namen Bonjer, lastete. Während der ersten Tage auf dem Meer hatte er sich des Öfteren die Frage gestellt, weshalb dieser mit seinen 29 Jahren noch recht junge Kapitän einen derart deprimierten Eindruck machte, selbst dann, wenn er auf der Kommandobrücke stand und den Matrosen mit düsterer Miene seine Anweisungen erteilte. Keiner von den Passagieren hatte ihn jemals auch nur im Ansatz lächeln sehen. Besonders gedrückt erschien Bonjer vor allem in jenen Stunden, wenn er auf seinen Inspektionsgängen langsam über die Decks patrouillierte. Irgendwann waren der Kapitän und sein nur wenige Lebensjahre jüngerer Passagier aus Schwaben miteinander ins Gespräch gekommen. Dabei hatte der Seemann ihm sein Herz ausgeschüttet und berichtet, was ihn so sehr bedrückte: Sein Vater, ebenfalls ein Kapitän, sei vor zwei Jahren nach Indien gesegelt und auf dieser Fahrt spurlos verschollen. Neben diese Sorge gesellte sich zu allem Übel noch die Tatsache, dass seine Braut vor drei Monaten schwer erkrankte. Mittlerweile stand es so schlecht um die junge Frau, dass man jeden Augenblick mit ihrem Ableben rechnen müsse. Es war eine fürchterliche Situation, diese doppelte Ungewissheit ertragen zu müssen. Der junge Robert Bosch konnte sich die Seelenqualen des Mannes nur allzu gut ausmalen – und das mächtige Herzklopfen, mit dem er sich bei der Ankunft in New York nach Neuigkeiten aus der Heimat erkundigen würde. Höchstwahrscheinlich würde er dort die Nachricht vom Tod seiner Verlobten erhalten.

Das musste furchtbar sein – und mehr als einmal fragte sich Robert kopfschüttelnd, weshalb sich der Kapitän in solch einer Situation überhaupt auf diese Reise eingelassen hatte. Warum tat sich der Mann das an? Sich und seinen Angehörigen? Er fand keine Antwort darauf. Es war ihm völlig unverständlich, zumal wenn er an den Tod seines eigenen Vaters dachte und daran, wie schlimm er die Tatsache empfunden hatte, dass er nicht an dessen Sterbebett gewesen war.

Was Robert Bosch damals nicht ahnen konnte: Beinahe auf den Tag genau 37 Jahre später, ebenfalls auf einem Schiff, würde er sich in einer ebenso fürchterlichen und ungewissen Lage befinden.

Wenn der Seegang und das Wetter es erlaubten, saß er oft stundenlang auf dem offenen Deck oder blickte, an der Reling kauernd, versonnen in das dunkle Meerwasser. Was die anderen immer wieder zu der besorgten Frage verleitete, ob ihn denn das Heimweh plage? Und selbst, wenn er das vehement verneinte, maßen sie ihn mit einem wissenden Blick und murmelten, man könne das schon sehen, dass er einsam sei und traurig. Und das in einem so jungen Alter. Der arme Mann! Was Robert, dem es manchmal zu viel wurde mit dieser besorgten Fragerei, mit dem Tagebucheintrag konterte, er könne doch nicht den ganzen Tag über plappern, nur damit etwas gesagt sei. Nein, einfach nur sinnloses Zeug von sich zu geben, das entsprach ganz gewiss nicht seinem Naturell. Es tat manchmal richtig gut, ruhig zu sein. Beim Militär hatte er gelernt, die Zeit mit geduldigem Warten zu überbrücken. So gesehen war also auch die Soldatenzeit nicht umsonst gewesen. Und dann gab es da schließlich noch sein Tagebuch, dem er sich viel besser anvertrauen konnte als wildfremden Menschen, mit denen er auf dem Schiff ja nur zufällig zusammengekommen war – und die er nach spätestens zwei Wochen wahrscheinlich nie mehr wiedersehen würde. Offenbar meine er also, trotz seines jugendlichen Alters, schon sei-

ne gesammelten Lebenserinnerungen niederschreiben zu müssen, lallte der dauerbetrunkene Holländer eines Tages kopfschüttelnd. Wenn der Mr Gips freilich gewusst hätte, dass er selbst in diesem Moment im Tagebuch verewigt worden war – und zwar mit einer nicht unbedingt schmeichelhaften Beschreibung … Robert Bosch grinste amüsiert in sich hinein. Nein, er fühlte sich wirklich nicht vom Heimweh geplagt. Andererseits: So eine gemütliche Runde in einem Gaisburger Wirtschäftle, die würde er dieser zusammengewürfelten Gesellschaft auf dem Schiff heute Abend schon noch vorziehen. Aber alles konnte man halt nicht haben.
Dafür erlebten die Passagiere am 31. Mai 1884, dem Tag vor Pfingstsonntag, eine ganz besondere Überraschung: ein Meeresleuchten. Ein einmaliges Erlebnis! So zauberhaft, unwirklich und schön, dass selbst der umtriebige Mr Gips eine Zeit lang in ehrfürchtigem Schweigen verstummte.
Man konnte bei diesem märchenhaften Anblick wirklich in bittersüßen Erinnerungen schwelgen. Was sie wohl jetzt gerade zu Hause machten? Zu Hause? Wo immer das mittlerweile auch sein mochte. Albeck, das war seine Heimat, aber von dort waren die Boschs ja schon längst weggezogen. Ulm? Die Stadt, in der seine Mutter noch lebte? Na ja … Köln? Nein, eher nicht, auch wenn dort inzwischen drei seiner Geschwister wohnten.
Die Heimat … Das war für Robert wohl eher doch die Alblandschaft im Allgemeinen, die sich jetzt, im Mai und im Juni in ein besonders reizvolles Gemälde verwandeln würde. Das leuchtend helle Grün der riesigen Buchenwälder. Die rasch aufblühenden saftigen Wiesen, die gemäß einer uralten Tradition überall in den Dörfern aufgestellten Maibäume, das nach einem langen Winter munter erwachte neue Leben. Es war in der Tat schon das dritte Pfingstfest, an dem er nicht zu Hause war. Nicht in Ulm bei der Mutter. Nicht auf der Alb. Ach …
Jetzt nur nicht sentimental werden. Das nicht. Aber einen Gruß in die Heimat schicken? Das wäre nicht schlecht.

Ganz im Gegenteil sogar: Es war eine Idee, die von den anderen Reisenden auf dem Zwischendeck mit Begeisterung aufgenommen wurde. Und so mochten es am Ende wohl ein gutes Dutzend Passagiere sein, die sich an das Versenden einer Flaschenpost machten, mit der sie einen Gruß in ihre Heimat schicken wollten. Eine irgendwie eigentümliche Angelegenheit, so jedenfalls empfand es Robert, als er seine Flaschenpost in einem weiten Bogen ins Meer warf. Wer sie wohl finden würde? Wenn sie überhaupt jemals einem Menschen in die Hände geraten würde. Ob der Mann oder die Frau den Inhalt des Briefes auch lesen konnte? In welcher Sprache sollte er das Schreiben wohl verfassen? Tja, das kam halt darauf an, wo sie an Land gespült werden würde. In Afrika? In England? Frankreich, Holland, Deutschland, Dänemark? Wo auch immer, aber sicher nicht dort, wo es ihm am liebsten wäre: in Ulm an der Donau. Das war ja schon rein physikalisch ein Ding der Unmöglichkeit. Insofern war die Arbeit an der Flaschenpost also mit an Sicherheit grenzender Wahrscheinlichkeit eine vergebliche Mühe gewesen. Und wenn schon! Zumindest hatte es ihm Spaß gemacht und ein schöner Zeitvertreib war es noch dazu gewesen.
Und wenn sie doch jemand finden würde?
Was ihn wohl demnächst in Amerika erwarten würde?

Sie hatten Glück mit der Überfahrt, denn schon nach 12 Tagen erreichten sie ihr Ziel. Gut und gerne hätte die Schiffsreise nämlich auch 18 Tage dauern können. Der 5. Juni 1884, die Ankunft in New York, wurde für Robert Bosch zu einem der unvergesslichen Momente in seinem Leben. Es war eine wunderschöne Kulisse: die vom Meer umgebene Stadt, die Küste, das geschäftige Gewusel der Menschen. Die Seele konnte einem überquellen vor Begeisterung. Er fühlte sich wie in einen Rauschzustand versetzt – und das ganz ohne die tatkräftige Mithilfe von Mr Gips und seinem Alkohol. Schnell noch die letzten Zeilen mit sich steigernder Hast ins Tagebuch geschrieben, um sich danach voll und ganz dem Zauber dieses Augenblicks hinzugeben und das Herzklopfen zu genießen: »Allmählich kommt die ganze Küste in Sicht. Es kann gar nicht mehr alles genannt werden, man muss das sehen! Ein Badehotel palastähnlich für 6000 Personen. Zweidreiviertel Uhr. Vor vier Uhr sind wir nicht in New York. – Nichts als Schiffe, Inseln vor und neben uns besetzt den Strand entlang mit Häusern, lauter Badeorte. – Die Küste des Kontinents ist bergig, das ist schön. – Brooklynbrücke. – Mir lacht das Herz im Leibe über dem Treiben. – Kommt! Seht!«

Es war herrlich. Atemberaubend. Aufregend. Schön. Und Robert Bosch war voller Zuversicht, dass er in New York schon bald eine Arbeit finden würde. Was dann ja auch der Fall war. Denn dank seines Lehrers Professor Wilhelm Dietrich, bei dem er ja an der Technischen Hochschule in Stuttgart studiert hatte, befand er sich im Besitz eines Empfehlungsschreibens, das er sich auf dessen Anraten wenige Tage vor seiner Abreise noch in München bei dem Elektrotechniker Philipp Seubel besorgt hatte. Dieser Mann nämlich stattete dort gerade im Auftrag der amerikanischen Edison-Gesellschaft das Hoftheater mit elektrischer Beleuchtung aus. Seubel war mit den wichtigsten Persönlichkeiten der amerikanischen Elektroindustrie gut bekannt und so gab er dem 22 Jahre jungen Mann sicherheitshalber gleich zwei Empfehlungen an deutschstämmige Fabrikbesitzer mit: eine an Luther Stieringer, die andere an den ebenfalls aus Deutschland stammenden Auswanderer Sigmund Bergmann. Während er Stieringer in New York nicht antraf, hatte Bosch bei Sigmund Bergmann auf Anhieb mehr Glück: Man konnte ihn in dem Unternehmen, das elektrische Apparate aller Art produzierte, gut gebrauchen. Kaum in New York eingetroffen und schon eine Arbeitsstelle! Und was für eine! Für Robert Bosch war die Beschäftigung bei Bergmann ein ideales Betätigungsfeld, denn hier konnte er seine Kenntnisse im Bau von Telefonen, Bogenlampen, Beleuchtungskörpern, Fernthermometern und Grammophonen entscheidend vertiefen. Es war also der richtige Entschluss gewesen, den Sprung nach New York zu wagen. Der Lohn hätte zwar üppiger ausfallen dürfen, aber nun gut.

Denn dafür bekam er während seiner Zeit bei Bergmann sogar einige Male den berühmten Thomas Alva Edison, den weltbekannten Pionier der Elektrotechnik, zu Gesicht. Allerdings schlug Robert Boschs anfängliche Begeisterung, diesen großen Mann persönlich erleben zu können, bereits beim nächsten Besuch des Idols in eine erstaunte Ernüchterung um. Eines Tages nämlich war Edison, der sich bekanntermaßen sonst nie die Hände mit Arbeit schmutzig gemacht hat, in die Werkstatt hereingestürmt, erstaunlicherweise bekleidet mit einem blauweiß gestreiften Kittel. Und dann, so berichtete der immer noch ungläubig staunende Robert Bosch wenig später in einem Brief nach Deutschland, dann kam es: »Er stürzte an einen Betriebsmotor und beschmutzte sich ausgiebig die Hände mit Öl, um gleich darauf einige Herren zu begrüßen, sie seien für die Übernahme von Anteilsscheinen unserer Gesellschaft zu interessieren. Edison machte sich sonst bei uns nie mit Öl schmutzig, überdies hatte er seine Versuchswerkstätten gar nicht in New York, sondern in Menlo-Park, das aber in New Jersey liegt.«

Anscheinend also heiligte selbst bei einem so berühmten Konstrukteur, wie es Edison nun einmal war, manchmal der Zweck die Mittel. Vor allem dann, wenn es um finanzielle Dinge ging.

Das war eine überaus seltsame und befremdliche Beobachtung für den jungen Schwaben, der ein solches Verhalten niemals für möglich gehalten hätte. Nicht nur dieses Erlebnis ließ ihn bald ahnen, dass seine Zukunft vermutlich eher nicht in Amerika liegen würde. Er fühlte sich einfach nicht richtig wohl in diesem Land – so faszinierend das Leben dort im Einzelfall sein mochte und so rasant das Tempo der wirtschaftlichen und technischen Entwicklung auch war. Denn im sogenannten »Land der unbegrenzten

Möglichkeiten« herrschte nach der festen Überzeugung des von Grund auf sozial eingestellten jungen Mannes im Umgang miteinander viel zu viel Kälte, ganz abgesehen von der sozialen Ungerechtigkeit. Man war zwar rasch miteinander »gut Freund«, viel schneller, als das in Deutschland der Fall war (doch nicht einmal im bekanntermaßen lebensfrohen Köln ging es dabei so stürmisch zu). Aber genauso schnell, wie man eine angebliche Freundschaft mit jemandem geschlossen hatte, wurde man von diesem bereits wieder vergessen – besonders dann, wenn es sich womöglich um die Bitte um einen Freundschaftsdienst handelte.
Nachdem Robert Bosch inzwischen schon einige Zeit bei der Firma Bergmann zugebracht hatte, samt diesen widersprüchlichen Beobachtungen, die in ihm trotz der zahlreichen Kollegen dennoch ein unbestimmtes Gefühl der Einsamkeit auslösten, kündigte sich gerüchteweise ein neuer, ein besonders großer Auftrag an. Was folglich bedeuten würde, dass Bergmann neue Arbeiter brauchte. Prompt teilte Robert diese Tatsache Leonhard Köpf mit, seinem ehemaligen Kameraden aus der Ulmer Lehrwerkstatt, der inzwischen ebenfalls in New York eingetroffen war. Noch am selben Tag bewarb sich Leonhard bei Bergmann um eine Anstellung und wurde sofort genommen: für einen Tageslohn von zwei Dollar. So sehr sich Robert Bosch darüber freute, nun auch seinen Kameraden in derselben Firma untergebracht zu haben, so sehr wurmte es ihn, dass er selbst nur acht Dollar in der Woche verdiente. Denn ein Tageslohn von zwei Dollar bedeutete, dass Leonhard Köpf bei der damals üblichen Wochenarbeitszeit von sechs Tagen insgesamt zwölf Dollar verdienen würde. Also deutlich mehr als ausgerechnet jener Mann, der ihn erst in die Firma gebracht hatte und noch dazu auf eine etwas längere Betriebszugehörigkeit verweisen konnte. Das war ärgerlich. Es musste am Obermeister liegen, der den Arbeiter Bosch offenbar sowieso nicht sonderlich ins Herz geschlossen hatte. Doch Robert Bosch wäre nicht er selbst gewesen, wenn er sich eine solche Behandlung hätte gefal-

len lassen – dagegen sträubte sich schon sein ausgeprägter Sinn für Gerechtigkeit. Weil er bei diesem Obermeister persönlich mit der Forderung nach einer gerechteren Entlohnung aber ganz sicher auf Granit beißen würde, beschloss er, sich direkt an Bergmann zu wenden und mit dem Hinweis, dass er kein Greenhorn mehr sei und mehr Lohn verdient habe. Und tatsächlich: Bergmann hatte ein Einsehen und bat ihn, dem Kassierer direkt seine persönliche Anweisung auszurichten, ihm künftig einen weiteren Dollar pro Tag auszuzahlen. Doch Bosch, den immer noch die Verstimmung über den Obermeister plagte, ging prompt zum Kassierer und behauptete, Bergmann habe ihm gleich zwei Dollar zusätzlich pro Tag bewilligt.
Bereits am nächsten Tag flog der Schwindel auf, als Bergmann bei einem überraschenden Inspektionsrundgang durch seine Firma nicht nur die Fähigkeiten des Arbeiters Bosch begutachtete, sondern parallel dazu auch Kenntnis von dessen neuem Verdienst erhielt. Andererseits: Die Arbeit und die Antworten Boschs auf seine fachlichen Fragen fanden Bergmanns volle Zustimmung und so entschied er zum Ingrimm des Obermeisters mit einem nonchalanten Lächeln auf den Lippen: »Well, dann gebt's ihm!« Kein Wunder freilich, dass Robert Bosch unter den ersten Arbeitern war, die während eines kleinen Auftragseinbruchs von diesem Meister unverzüglich entlassen wurden!
Noch viele Jahre später konnte er sich über sein Verhalten in dieser Angelegenheit nicht genug verwundern. Es war ihm selbst nur damit erklärbar, dass er sich einfach nicht wohlfühlte in diesem Land, in dem seiner Meinung nach »der Eckstein der sozialen Gerechtigkeit fehlte«.

Während dieser ganzen Zeit in Amerika waren ihm seine Briefe wichtig, mit denen er Kontakt zur Heimat hielt. Vor allem waren es die Briefe an Anna Kayser aus Obertürkheim, die Schwester seines Freundes Eugen, der er in diesen seitenlangen Schreiben ein ums andere Mal gestand, dass er Sozialist sei. Sie sollte das einfach wissen, um über ihn und seine Vorstellungen ganz genau im Bilde zu sein. Schon deswegen betonte er seine Neigung zu den Sozialisten in aller Ausführlichkeit, weil Anna aus einem großbürgerlichen Haushalt stammte, in dem sicherlich keine allzu großen Sympathien für ein solches Gedankengut gehegt wurden, wie es »der rote Bosch« im Herzen bewegte. Diese Sympathie mit sozial geprägten Politikern, Arbeitern und Unternehmern (auch wenn er selbst nie Parteimitglied der Sozialisten war) hat ihn durch sein ganzes Leben begleitet – weshalb er später so sehr unter der plötzlich ausgebrochenen Gegnerschaft der radikalen Sozialisten gelitten hat, die in seiner bloßen Eigenschaft als Unternehmer schon ein natürliches Feindbild für sich erkannten. Dass aber ein durch und durch sozial gesinnter Mensch hinter diesem Unternehmer steckte, war den Scharfmachern gänzlich einerlei. Ein Unternehmer war für sie schon aus Prinzip ein Feind. Solche für ihn unbegreifbaren Schwarz-Weiß-Malereien würden Robert Bosch in seinen späteren Lebensjahren noch schwer bedrücken.

Auf alle Fälle waren ihm die amerikanischen Unternehmer kein Vorbild. So wie diese Leute wollte er nicht werden – das hat er sich schon während seines USA-Aufenthalts geschworen. Es passte einfach nicht zu ihm und seinen Grundüberzeugungen.

Mit wem aber konnte er sich darüber intensiver austauschen? Mit den Arbeitern in Amerika, in deren Gewerkschaftsbund »knights of labour« er inzwischen eingetreten war, kam er so recht nicht weiter. Das war kein Wunder, denn schließlich sahen die ihre Zukunft in Amerika und mussten sich deshalb mit den hiesigen Gegebenheiten auseinandersetzen, während er sich innerlich längst wieder nach Deutschland orientiert hatte. Auch Leonhard Köpf war keiner, mit dem man solchermaßen »politisieren« konnte. Und so fühlte sich Robert Bosch bald noch einsamer, spätestens seitdem für ihn mit Sicherheit feststand, dass er kein ganzes Jahr in diesem Land ausharren, sondern so schnell wie möglich zurück nach Europa fahren

wollte. Sobald er genügend Erfahrungen gesammelt hatte und das Geld für die Rückreise verdient war – denn sein Geld aus dem väterlichen Erbe wollte er hierfür nicht antasten. Dieses Geld würde er später noch gut gebrauchen können. Dann, wenn er sich eines Tages seinen Traum erfüllen würde. Wenn die eigene Firmengründung anstand. Was freilich noch in weiter Ferne lag.
Zunächst aber galt es, das zunehmende Heimweh zu überwinden, das sich wider alles Erwarten allmählich doch in sein Gemüt geschlichen hatte. Vor allem war es der rege und ausführliche Briefwechsel mit seiner Freundin Anna Kayser, der ihm dabei über die schlimmsten Stunden hinweghalf. Irgendwann einmal musste Anna, die er in den Briefen niemals mit der Schilderung seiner schleichenden Vereinsamung hatte behelligen wollen, etwas gespürt haben. Offenkundig um ihm eine Freude zu machen, schrieb sie nämlich, dass er auf eine ihrer Verwandten »einen innen und außen sauber gewaschenen Eindruck« gemacht habe. Die Antwort, die Anna schon drei Wochen später in den Händen hielt, fiel seltsamerweise ziemlich eigenartig aus. Robert hatte sich wohl sofort an den Tisch gesetzt, um ihren Brief zu erwidern, denn aus jeder Zeile sprach noch die persönliche Betroffenheit, die ihre doch eigentlich gut gemeinten Formulierungen ausgelöst zu haben schienen: »Bitte teile mir nie wieder ein günstiges Urteil von anderen über mich mit«. Eigenartig. Ebenso wie die nachfolgende Begründung, in der Robert ausführte, er habe bisher in seinem Leben schon so viel Glück gehabt, sei gelobt und umschmeichelt worden, »dass ich mir angewöhnt habe, gegenüber Leuten, von denen ich nicht gut denke, rücksichtslos und barsch zu sein. Das ist eine Unart von mir geworden, die aber schon in meinem Naturell steckt und deswegen kommt es diesem Temperament ganz und gar nicht zugute, wenn allzu viel Günstiges über mich zu hören ist. Wenn Du also Gutes über mich hörst, dann ist es ja schon gut, das brauche ich dann nicht auch noch zu wissen, es reicht, wenn Du es weißt. Wenn Du aber Tadel über mich

hörst, dann gib ihn bitte an mich weiter, damit ich etwas daraus lernen kann. Du kennst mich ja inzwischen gut genug, um zu wissen, wie aufbrausend und unbeherrscht ich manchmal sein kann. Dass ich darunter oftmals leide, das ist dir auch bekannt. Ich habe mich auch immer wieder gefragt, woher das kommen mag. Kürzlich habe ich mich und meine Eigenschaften sogar nach der Schädellehre studiert, bin dabei aber zu keinen weiteren Erkenntnissen gelangt. Deswegen werde ich weiter an mir arbeiten müssen, denn eines will ich keinesfalls: Dass ich womöglich als eingebildet gelte. Nichts liegt mir ferner als ein eingebildetes Wesen. Ich hoffe, Du verstehst mich – trotz allem«.

Anna verstand – wenngleich kopfschüttelnd, aber insgeheim schmunzelnd. Was für ein eigensinniger, sympathischer Dickschädel der Robert doch war! Dieser freundliche, warmherzige Mann mit seinem dichten schwarzen Vollbart, der genauso düster wirken konnte wie seine plötzlichen Temperamentsausbrüche, die sich ohne Vorwarnung über jedem entladen konnten, von dem er keinen günstigen Eindruck gewonnen hatte. Das war hauptsächlich dann der Fall, wenn er bei seinem Gegenüber einen schlechten Charakter vermutete. Dann konnte sich der sanfte, verständnisvolle Mann von einer Sekunde auf die andere in einen unberechenbaren Hitzkopf verwandeln.

Er war eben eine ehrliche Haut! Und – im wahrsten Sinn des Wortes – konnte er halt auch nicht aus seiner Haut. Obwohl … Anna lächelte bei diesem Wortspiel amüsiert in sich hinein, aus der Haut fahren, das konnte er schon. Und wie! Vielleicht war das auch der Grund, weshalb sie sich so nahestanden – weil Robert immer offen und ehrlich war. So ganz und gar geradeheraus. Sie würde ihrem Bruder Eugen für immer dankbar sein, dass der seinen Soldatenkameraden Robert Bosch einmal in sein Elternhaus nach Obertürkheim eingeladen hatte. Denn sonst hätten sie sich niemals kennengelernt.

Kaum waren diese Überzeugungen diesseits und jenseits des Atlantiks ausgetauscht worden, gaben sie sich in ihrem nächsten Briefwechsel ein schriftliches Eheversprechen. Über viele Tausend Meilen hinweg verlobten sich Anna Kayser und Robert Bosch. Sozusagen mit Brief, aber noch ohne Siegel.

Die künftigen Schwiegereltern zeigten sich von dieser Verbindung alles andere als angetan. Denn im Haus des gut situierten Holzhändlers Kayser hatte man die eine oder andere Bemerkung ihres kantigen Besuchers von der Alb durchaus mit einigem Stirnrunzeln registriert und dabei zuversichtlich die Hoffnung gehegt, die Sache mit der Freundschaft zwischen ihrem Sohn Eugen und diesem Robert würde sich nach dem Ende der Soldatenzeit schon bald wieder legen. Wenn sich nur nicht ihre Anna von der stattlichen Erscheinung und dem durchaus gewinnenden Wesen des schlaksigen Älblers würde einfangen lassen … Doch genau das war anscheinend passiert.

Und jetzt verstieg sich dieser Mensch in seinen zahlreichen, ellenlangen Briefen aus Amerika an ihre Tochter auch noch zu so ungeheuerlichen Sätzen wie diesem: »Denke Dir, alles, Grund und Boden, Feld und Wald, Geld und Gut, gehöre dem Staat, das heißt uns Staatsbürgern«. Und um das Maß vollzumachen, beschrieb er danach in allen Einzelheiten, wie schön es sein könnte, wenn den Arbeitern selbst die Maschinen gehören würden, wenn sie sich also selbst verwalteten, wenn folglich alle Menschen gleich seien. Alle Menschen gleich! Das war ja … Sozialismus! Das Gedankengut der Staatsfeinde und Umstürzler!

In der Tat: Der Freund ihrer Tochter war ein Staatsfeind! Diese Meinung hatte sich längst verfestigt, als Anna endlich begriff, dass sie es tunlichst vermeiden sollte, ihren Eltern diese Briefe vorzulesen. Auch Roberts Warnung war viel zu spät erfolgt – ob sie diese in ihrer überschwänglichen Schwärmerei freilich beherzigt hätte, stand auf einem ganz anderen Blatt. »Der Sozialismus ist etwas Großes, Edles. Dazu sind Bücher nötig, die aber von unserer Regierung verboten sind. Das alles werde ich Dir einmal ganz genau im direkten Gespräch zu erklären versuchen. Deshalb:

sage auch niemandem davon, Eugen natürlich ausgenommen, denn Du könntest leicht in Gefahr geraten, mich gegen ungerechtfertigte Angriffe verteidigen zu müssen.« Wenn ihr Robert wüsste! Nein, es war besser, er wusste nichts von den Kommentaren seiner künftigen Schwiegereltern. Und Anna selbst würde diesbezüglich künftig auf der Hut sein, damit sich der zwischenzeitlich aufgekommene Sturm im Lauf der Zeit wieder beruhigen konnte. Schließlich war Robert in einem seiner letzten Briefe auf den Punkt gekommen. Sein Entschluss stand mittlerweile fest: »Mir behagen die amerikanischen Methoden nicht, die Schwachen fallen einfach unten durch. Ich bin jetzt seit einem knappen Jahr in Amerika und habe mich noch immer nicht eingelebt. Vom Tellerwäscher zum Millionär? Meinetwegen. Eine solche Chance hat der eine oder andere wohl tatsächlich ergriffen – aber wenn man genauer hinschaut, dann sieht man erst, auf Kosten von wie vielen Menschen diese Karriere erfolgt ist. Doch das interessiert in Amerika niemanden, wo man nur Augen für den Erfolg hat«. Und dann teilte er seiner Verlobten mit, dass er Amerika den Rücken kehren werde. Allerdings, so groß seine Sehnsucht nach einem Wiedersehen mit Anna auch sei, halte er es doch für sinnvoll, erst noch einige Zeit in England zu verbringen, bevor er endgültig wieder nach Deutschland zurückkehren werde. Die Rückfahrt eigne sich gut dafür, eine knapp einjährige Zwischenstation in England einzulegen, wodurch er sich immerhin ein eigenes Bild von der Produktion im Mutterland der Industrie verschaffen könne. Bei Siemens Brothers in Woolwich fand der seit seinem Amerikaaufenthalt um einige Erfahrungen reichere, aber auch in gewisser Weise ernüchterte Robert gleich nach seiner Ankunft die Gelegenheit, seinen Wissensdurst in dieser Beziehung zu stillen – und war dann von den Arbeitsbedingungen in der ziemlich veralteten Fabrikation erst recht maßlos enttäuscht. Vor allen Dingen erstaunte ihn die Erkenntnis, dass auch in sämtlichen anderen Fabriken, in denen er sich umsah, genau dieselben rückständigen

Produktionsmethoden herrschten. Was ihn zu dem Entschluss brachte, seinen länger geplanten Englandaufenthalt deutlich abzukürzen. Schon nach wenigen Monaten kehrte er also auch England den Rücken und traf kurz vor Weihnachten des Jahres 1885 überglücklich wieder zu Hause ein.

Jetzt endlich konnte die öffentliche Verlobung mit Anna Kayser erfolgen, nachdem sie sich das Eheversprechen bislang nur auf dem Briefpapier gegeben hatten. Aber trotz aller ehrlichen Freude über das Wiedersehen und die nunmehr auch mündlich bekräftigte Verlobung: An eine Heirat und an einen gemeinsamen Hausstand war noch lange nicht zu denken. Noch schien es Robert nämlich geboten, im Inland weitere Erfahrungen zu sammeln. Auch im Hinblick auf die richtige Geschäftsidee, denn eine rein traditionelle Werkstatt wollte er genauso wenig eröffnen, wie er sich blind in ein Abenteuer mit der Elektrotechnik stürzen würde. Es gab in dieser Hinsicht genügend abschreckende Beispiele von an und für sich fähigen Männern, die in Windeseile ihr gesamtes Startkapital verbraucht hatten und nun ohne Zukunft, dafür aber mit einer drückenden Schuldenlast, auf der Straße standen. Nur, weil sie auf das falsche Pferd gesetzt hatten. Mit einer Technik, deren Anwendung zu kompliziert gewesen war, zu störungsanfällig oder zu teuer. Wo also ließ sich die richtige Nische finden? Mit seinem Freund und künftigen Schwager Eugen Kayser kam es deshalb zu manchen harschen Wortwechseln. Das sei alles kein Problem, er solle doch nicht immer vor lauter Bedenken sein eigentliches Ziel gleich aus den Augen verlieren, hatte ihm Eugen mehr als einmal vorwurfsvoll an den Kopf geworfen. Klar, Eugen, der Roberts technische Fähigkeiten seit jeher bewunderte, drängte ihn schon seit seiner Rückkehr aus England dazu, mit ihm gemeinsam eine Firma aufzumachen.

So richtig behagte Robert dieser Vorschlag seines Freundes jedoch nicht und das hatte vor allem zwei Gründe: Zum einen war er der Meinung, der Eugen würde die Dinge ger-

»Ja, Carl«, erinnerte er sich plötzlich wieder an die Anwesenheit seines Besuchers, die er mit einem entschuldigenden Achselzucken quittierte, »Flexibilität ist immer gut, das habe ich zum guten Glück damals schon geahnt, und das hat mich womöglich auch über diese fürchterlich harten Anfangsjahre gerettet, in denen es ja mehr ein heftiges Gewürge war als ein erfolgreicher Geschäftsverlauf«, konstatierte der alte Mann stirnrunzelnd. »Dass es anfangs nicht einfach werden würde, das hatte ich mir schon gedacht – aber dass es dermaßen lange so holprig zugehen würde, das hätte ich in meinen schlimmsten Alpträumen nicht erwartet. Nur gut, dass ich das vorher nicht gewusst habe. Denn ich weiß nicht, ob ich dann den Mut gehabt hätte, im Herbst 1886 die Firmengründung tatsächlich zu wagen. Trotz allem jugendlichen Elan, der in mir gesteckt hat.«

»Aber Stuttgart war zu dieser Zeit doch wahrlich kein schlechter Platz für eine elektrotechnische Werkstätte, oder?«, gab Carl Bosch zu bedenken. »Da ist es seinerzeit doch wirtschaftlich gerade so richtig aufwärtsgegangen. Im Gegensatz zu Köln, Nürnberg oder München, wo die Entwicklung schon viel früher eingesetzt hatte und die Konkurrenz folglich in größerem Maße vorhanden war.«

»Sicherlich.« Robert Bosch nickte zustimmend. »Genau diese Überlegung hatte ich mir ja auch gemacht. Stuttgart war sozusagen gerade erst aus seinem Dornröschenschlaf erwacht und deshalb erschien es auch mir sinnvoll, am besten in dieser Stadt, in der um diese Zeit ein ungeheurer technischer Aufschwung eingesetzt hatte, meine Firma zu gründen. Aber wenn ich ganz ehrlich sein soll: Der Hauptgrund für meine Entscheidung, es in Stuttgart zu versuchen, das war sicherlich Anna.«

»Eine Entscheidung, die sich im Nachhinein auch als richtig erwiesen hat.«

»Unbedingt. Auch wenn sich das alles heute so einfach anhört. Verlobung, Firma gründen, heiraten, Geschäftserfolg. Von wegen!« Robert lachte trocken. »In Wirklichkeit hat es ewig lange gedauert von der Firmengründung im Hinterhaus der Rotebühlstraße 75 B in Stuttgart bis zu einem Unternehmen, in dem der Chef nicht mehr jede Nacht unruhig schlafen muss, weil er nicht weiß, wie er seine Leute am Ende der Woche bezahlen soll. Ich sage es dir: meine ›Werkstätte für Feinmechanik und Elektrotechnik‹, das klang ja alles wunderbar, und auch das Gründungskapital, also die 10 000 Mark, die ich aus meinem väterlichen Erbe in die Firma gesteckt habe, das war ja schon eine ordentliche Summe. Also: Es schien mir alles gut durchdacht, durchaus zukunftsträchtig – aber dennoch behutsam. Zumal ich mit nur einem angestellten Mechaniker und einem einzigen Laufburschen begonnen habe. Noch nicht einmal einen Lehrling habe ich anfangs eingestellt. Dermaßen vorsichtig bin ich ans Werk gegangen. Und trotzdem, wenn man es genau betrachtet, war ich eher der Chef einer Hinterhofbude, so hätte sich mein Vater wohl ausgedrückt, wenn er meine Werkstätte noch hätte sehen können. Und ehrlich gesagt, aus der Distanz vieler Jahre betrachtet: Er hätte damit sogar recht gehabt. Aber damals, da hätte ich eine solche Bemerkung natürlich mit Empörung zurückgewiesen. Wo ich doch so stolz darauf war, den Anfang gewagt und gemacht zu haben!«
Schmunzelnd erinnerte er sich an die Episode mit dem sogenannten »Hauptbuch«, in dem künftig alle Einnahmen und Ausgaben der neu gegründeten Firma verzeichnet werden sollten. Wie seine Verlobte Anna Kayser erschrocken die Hände vor den Mund schlug, als sie bemerkte, dass er das Deckblatt heraustrennte, auf dem der Geleitspruch »Mit Gott!« zu lesen war.
»Aber Robert! Du kannst dieses Blatt doch nicht einfach herausreißen!«
»Wie du siehst, kann ich es.«
»Aber … das ist doch … Hast du denn den Segenswunsch

nicht gelesen, der da draufgedruckt ist. ›Mit Gott!‹ Das kann man doch nicht einfach wegreißen. Das ist doch nichts Schlechtes, was da steht.«

»In diesem Fall muss es auch ohne den Herrgott gehen«, hatte Robert seiner entgeisterten Verlobten daraufhin trocken zur Antwort gegeben. »Ich will ihm nämlich nicht die Schuld daran geben, wenn es mit dem Geschäft danebengeht. Man muss im Leben selber geradestehen für das, was man tut – und nicht den lieben Gott für alles verantwortlich machen!«

»Dieser Mann!« Anna rang die Hände und schickte einen gequälten Blick zum Himmel. »Für alles und jedes will er verantwortlich sein! Nun ja, ich verstehe jetzt, wie du es gemeint hast. Meinen Segen hast du also – aber lass das bloß nicht meine Eltern wissen, sonst muss ich mir in den nächsten Wochen wieder sämtliche Bedenken anhören, die sie gegen dich ins Feld führen.«

»Ach«, Carl Bosch machte ein erstauntes Gesicht. »Ihr wart also zu der Zeit, in der du dein erstes Geschäft gegründet hast, noch gar nicht verheiratet?«

»Nein, wir haben lieber noch eine Weile gewartet. Ich bin zwar wegen Anna nach Stuttgart gegangen und die Hochzeit hatten wir auch fest im Visier. Aber es schien mir trotzdem geboten, erst noch abzuwarten, wie sich die Dinge entwickeln würden. Ob ich überhaupt in der Lage wäre, eine Familie zu unterhalten. Und außerdem habe ich in der Anfangszeit meine ganze Aufmerksamkeit für die Firma gebraucht. Das hat Anna verstanden, und deshalb sind wir übereingekommen, noch einige Monate ins Land gehen zu lassen, bis ich klarer sehen würde, wohin die Reise geht.«

Es sollte ein ganzes Jahr daraus werden.

Und das, obwohl sich der Auftragseingang erfreulich entwickelte, hauptsächlich seitdem Robert Bosch am 2. Februar 1887 eine Anzeige im ehemaligen Lieblingsblatt seines Vaters, dem demokratischen »Beobachter«, aufgegeben hatte: »Telephone, Haustelegraphen. Fachmännische Prüfung und Anlegung von Blitzableitern. Anlegung und

Reparatur elektrischer Apparate, sowie aller Arbeiten der Feinmechanik«. Bald schon konnte er überdies die Stuttgarter Vertretung einer Firma aus Erlangen übernehmen, die elektromedizinische Apparate herstellte, wodurch sich dann auch viele Ärzte und wissenschaftliche Institute unter seinen Kunden befanden. Das waren keine sogenannten »Kleckerles-Aufträge«, vielmehr ging es dabei um recht stattliche Summen, die rasch eine Größenordnung zwischen 400 und 900 Mark angenommen hatten – und das bei einem Jahresumsatz, der sich im Gründungsjahr der Werkstätte auf 5000 Mark belief! Doch ausgerechnet diese an sich so hochwillkommenen Aufträge bescherten der jungen Firma mehr als einmal gewaltigen Ärger, denn – niemals hätte Robert Bosch so etwas für möglich gehalten – die Zahlungsmoral der Ärztekundschaft war äußerst schlecht. Erst nach vielen Mahnungen und dementsprechend schärfer werdenden Formulierungen in den Mahnschreiben wurde die Rechnung beglichen. Es war eine paradoxe Situation: Einerseits war da das mit Aufträgen gut gefüllte Hauptbuch, andererseits fehlte es an Zahlungseingängen. Die aus Erlangen gelieferten Apparate mussten aber bezahlt werden, genauso wie der bei Bosch angestellte Mechaniker für seine Arbeit selbstverständlich jede Woche seinen Lohn erwarten durfte. Natürlich musste auch die monatliche Miete für die Werkstatt aufgebracht werden samt dem Lebensunterhalt des frisch gebackenen Werkstattbesitzers, der ja ebenfalls von irgendetwas leben musste, so sparsam er mit sich selbst auch umging. Kaum war die Werkstätte gegründet, schon steckte man in einer ernsten finanziellen Krise – und das ohne eigenes Verschulden! Zu allem Überfluss zeigte sich die Kundschaft auch noch über die Hartnäckigkeit verschnupft, mit der Robert Bosch die Bezahlung seiner Rechnungen eingefordert hatte und geizte deshalb mit Folgeaufträgen. Es war buchstäblich zum aus der Haut fahren!

So vergingen die ersten Monate in seiner Firma mit Sorgen und Reibereien, mit denen Robert Bosch trotz aller

Sorgfalt, mit der er an die Firmengründung herangegangen war, auf gar keinen Fall gerechnet hatte. Mehr als einmal schien es ihm, als stünde er finanziell direkt vor dem Abgrund. Als müsse er seinen Traum von der Selbstständigkeit schon wieder begraben. Was freilich auch geheißen hätte, dass ein Großteil des väterlichen Erbes verloren gewesen wäre. Das aber durfte nicht sein! Er musste es schaffen. Das war er seinem Vater schuldig. Er musste sich halt noch mehr ins Zeug legen. Dann würde es irgendwann schon klappen.

Im Sommer 1887 schien es einen ersten Lichtblick zu geben. Eines Tages nämlich sprach ein kleiner Maschinenbauer, der Inhaber der Firma »Schmehl und Hespelt« aus Möckmühl, persönlich bei Robert Bosch in der Werkstätte vor. Schon im vergangenen Winter habe er mit Interesse Boschs Zeitungsanzeige zur Kenntnis genommen und später von einem seiner Geschäftspartner lobende Worte über den Stuttgarter gehört. Dabei war vor allem hervorgehoben worden, dass hier offenbar sehr sorgfältig gearbeitet würde. Zuverlässigkeit und Qualität – das sei für ihn von großer Wichtigkeit.

An Carl gewandt fuhr Robert Bosch fort: »Der Besucher offenbarte mir Folgendes: Er brauche nämlich einen richtig zuverlässigen Zündapparat für einen ortsfesten Motor. Und zwar so einen, wie ihn auch die Firma ›Gasmotoren Deutz‹ gemeinhin verwende. Ein derartiger Apparat stehe anscheinend in einer Schorndorfer Firma, hat er gesagt. Nun ja«, habe ich ihm darauf geantwortet, »das kann man schon machen. Ich werde also einmal nach Schorndorf fahren und mir den Apparat ansehen. Das habe ich dann auch gleich getan.«

Carl nickte wissend. »Das war die alles entscheidende Wegweisung, nicht wahr?«

»Von wegen!« Robert Bosch winkte lächelnd ab. »Noch lange nicht. Aber gut, es war wohl schon die besondere Art der Fragestellung, die mich irgendwie neugierig gemacht hat. Elektrotechnik, Antriebstechnik, Motoren. Auf eine ganz bestimmte Art und Weise hat mich das gleich interessiert, als der Mann zu mir gekommen ist. Und die Zündung, die ich dann dort in Schorndorf gesehen habe, das war immerhin kein einfaches Glührohrsystem, sondern schon ein niedergespannter Magnetapparat mit Abreißvorrichtung. So einen Apparat bei mir in der Werkstätte herzustellen, das schien mir nicht sonderlich schwierig. Sicherheitshalber habe ich vorher jedoch bei Deutz direkt angefragt, ob eventuell ein Patent auf diesen Apparat vorhanden sei, doch ich habe keine Antwort erhalten. Das kann ich mir nur so erklären, dass die Firma Deutz den Apparat natürlich lieber selber geliefert hätte, andererseits war aber für mich damit klar, dass eben kein Patent drauf war. Ich habe diesen Zündungsinduktor also gebaut und ihn für einen Rechnungsbetrag von immerhin 216,50 Mark nach Möckmühl geliefert. Dort war man damit offenbar sehr zufrieden, denn für das darauffolgende Jahr haben die Möckmühler gleich noch einmal so einen Induktor bei mir bestellt. Den zweiten Apparat, den habe ich jetzt schon etwas preisgünstiger herstellen können, zum Stückpreis von nur noch 181 Mark. Insgesamt habe ich im zweiten Firmenjahr, also 1888, gleich neun Zündapparate produziert und verkauft – das war schon etwas! Immerhin 1546 Mark, bereits ein Sechstel meines gesamten Jahresumsatzes in diesem zweiten Jahr. Aber trotz dieser erfreulichen Entwicklung bin ich zum Glück vorsichtig geblieben und habe weiterhin eisern meinen Grundsatz befolgt, keinesfalls nur auf ein einziges Produkt zu setzen. Immer auf mehreren Standbeinen stehen, denn wenn eine Sparte einbricht, besteht so die Möglichkeit, dass die andere sie auffangen kann. Das hieß also für mich, gleichzeitig das Installationsgeschäft weiter auszubauen. Auch wenn die Zündapparate bald schon nahezu 40 Prozent des Umsatzes ausgemacht haben, habe ich der Sache nie so recht getraut und war darüber hinaus auch mit der Leistungsfähigkeit dieser Apparate immer ein bisschen unzufrieden. Niemals hätte ich deshalb gedacht, dass sie eine solche Zukunft haben könnten …«

nachdenklich über die Augen. »Seltsam. Wenn man mir seinerzeit, als wir voller Stolz das Lob von Martini entgegengenommen haben, prophezeit hätte, dass sich mit der neuen Zündung so schnell kein Geld verdienen ließ, ich hätte es nicht für möglich gehalten. Aber sicherlich war es gut so, dass ich damals so optimistisch in die Zukunft geschaut habe. Denn, wenn ich geahnt hätte, wie holprig es trotz allem mit der Firma immer noch weitergehen wird, dann hätte ich meine Hochzeit mit der Anna wahrscheinlich noch einmal verschoben.«

Doch der Optimismus hatte den Sieg davongetragen.
Am 10. Oktober 1887 gab Robert Bosch der drei Jahre jüngeren Anna Kayser das Jawort. Gegen seinen erklärten Willen war es nicht nur eine standesamtliche Trauung, es wurde auch kirchlich geheiratet. Darauf hatten Anna Kayser und ihre Familie kategorisch bestanden – und sich damit gegen den heftig widerstrebenden Bräutigam durchgesetzt. Um ihm dennoch wenigstens ein Stück weit entgegenzukommen, erfolgte die Hochzeit allerdings nicht in der »normalen« Obertürkheimer Kirche, sondern in der evangelischen Kirche auf dem dortigen Friedhof.
Beinahe »bis zuletzt« hatte Robert Bosch mit immer neuen Argumenten versucht, einer kirchlichen Hochzeit entgehen zu können. Aber die künftigen Schwiegereltern hatten ihm kategorisch erklärt, eine nur standesamtliche Hochzeit sei in ihren Kreisen absolut unüblich und insofern schlichtweg inakzeptabel. Damit war Roberts Einwand vom Tisch gewischt, dass es im Grunde genommen ein unwürdiges Schauspiel sei, nur den gesellschaftlichen Konventionen Folge zu leisten, wenn er selbst zwar evangelisch getauft sei, aber dennoch keinerlei Nähe zur Kirche verspüre. Mit den Sprüchen der Pfarrer habe er nie etwas anfangen können. Überdies sei sein Vater Servatius Bosch ein überzeugter Freimaurer gewesen.
So war es zwischen den beiden Verlobten – denn auch Anna wollte ja eine kirchliche Trauung – zunächst zu weite-

ren ausgiebigen Diskussionen gekommen, wie sie schon in ihren Briefen während Roberts Amerikaaufenthaltes schriftlich hin- und her gewechselt worden sind. Beide hatten den Standpunkt des jeweils anderen bislang immer respektiert, sich selbst aber dennoch um keinen Millimeter bewegt. Schließlich jedoch gipfelte diese Meinungsverschiedenheit in Glaubensfragen in Roberts harscher Entgegnung: »Warum lässt der Gott der Liebe zu, dass sich seine Geschöpfe so misshandeln, warum bedarf er einer so komplizierten Lehre, um den Glauben an sich aufrechterhalten zu können? Jesus Christus war ein begabter, einer der edelsten Menschen und liegt nun unter dem Boden; er starb für seine Überzeugung, ob dieselbe nun gerade so war, wie man sie jetzt lehrt oder etwas anderes, das ist gleichgültig.«
Anna schlug bei dieser Aussage ihres künftigen Ehemannes betroffen die Hand vor den Mund: »Aber Robert: Das ist ja beinahe gotteslästerlich, was du da sagst!«
»Ach was!« Der junge Mann runzelte unwirsch die Stirn. Er hatte sich inzwischen regelrecht in Rage geredet – und war noch nicht am Ende seiner Rechtfertigung angelangt. Unbeirrt von Annas tadelndem Blick fuhr er also fort: »Was wäre wohl, wenn Christus heute wiederkäme? Er würde wieder eine Tempelaustreibung vollziehen – genau wie damals und die Pfaffen, die Wucherer und die Scheinheiligen, die sich die christliche Religion nur zu ihrem eigenen Nutzen zurechtgezimmert haben, aus der Kirche jagen.«
Ja, jetzt war er so richtig in seinem Element, also ging er gleich noch einen Schritt weiter: »Zudem: Warum soll gerade Christus das Richtige getroffen haben? Und überdies: Was ist direkt von ihm? Glaubst du denn, dass er der Sohn Gottes war? Und dass er deshalb wissen müsste, was Recht und Unrecht ist? Warum hat er dann nur gepredigt? Nicht alles gleich aufgeschrieben? Warum hat er seinen Aposteln erlaubt, die ganze Lehre nach ihrem Gutdünken auszuarbeiten?«
Er musterte seine künftige Ehefrau, die ihm wie zur Salzsäule erstarrt gegenübersaß, mit einem triumphierenden

Blick. Es dauerte eine ganze Weile, bis Anna unglücklich den Kopf schüttelte und dann langsam zu sprechen begann: »Ja, glaubst du denn, dass Gott eine Freude daran hat, wenn sich die Menschen gegenseitig misshandeln? Andererseits: Wenn die Menschen das Gute ganz selbstverständlich tun würden, dann wäre es kein sonderliches Verdienst, gut zu sein. So aber hat der Mensch die Freiheit, zwischen Recht und Unrecht zu wählen. Weil der Mensch aber nicht vollkommen ist, wählt er leider oft das Unrecht. So ist das halt – aber dafür kann Gott doch nichts!«

Ganz unvermittelt blitzte in Robert Boschs Augen ein Lächeln auf. Er streckte den rechten Arm aus und zog seine Anna zärtlich an sich. »Ach Anna. Jetzt sind wir wieder da, wo wir in dieser Sache immer sind. Ich will dir deine Gläubigkeit ja auch gar nicht nehmen, es wäre sogar schlimm, wenn du dich so leicht von mir überreden lassen würdest. Nein, das ist es, was ich an dir ganz besonders mag: Dass du deine eigene Überzeugung hast und diese auch nicht einfach preiszugeben bereit bist, nur weil ich anderer Ansicht bin. Das ist der Unterschied zu vielen anderen Menschen, die heute diesen und morgen jenen Standpunkt vertreten. Das habe ich noch nie gemocht und werde es auch nie mögen. Ich wollte mit dieser letzten Glaubensdiskussion vor unserer Hochzeit nur noch einmal klar und deutlich meine Ansichten kundtun, damit du ganz klar darüber im Bild bist, wen du da eigentlich heiratest.«

»Das wusste ich doch schon vorher. Wir kennen uns inzwischen ja lange genug«, lächelte Anna und schmiegte sich eng an den Oberkörper ihres Verlobten.

»Nun gut, dann beenden wir dieses Thema, indem ich abschließend nur noch einmal betonen will, dass es mir ganz egal ist, ob einer sich einen Christen nennt oder einen Juden, einen Buddhisten oder einen Moslem: Solange sie gute Menschen sind, liebe ich sie. Ich für meinen Teil hoffe, dass ich so durch das Leben gehen kann, dass ich mit meinem Gewissen immer im Reinen sein kann. Das ist es, worauf es mir ankommt. So, das ist damit ein für alle Mal ge-

sagt worden.« Er unterbrach sich kurz und rollte dabei heftig mit den Augen. »Und aus diesem Grund werde ich mich auch nicht länger dagegen sträuben, mich – wahrlich also in Gottes Namen – auch noch kirchlich mit dir zu verheiraten. Wenn es unbedingt sein muss, dann nehme ich das halt auf mich. Dir zuliebe.«
Und so wurde es gemacht – wenngleich an diesem wahrhaft seltsamen Ort, auf dem Obertürkheimer Friedhof. Der Kompromiss beinhaltete darüber hinaus sogar den Verzicht auf ein offizielles Hochzeitsbild, eine weitere, höchst befremdliche Forderung, die bei der gut situierten und in Obertürkheim fest verwurzelten Familie Kayser nicht gerade auf überschäumende Begeisterung gestoßen war. Aber das war eben der Preis dafür gewesen, dass die Hochzeit ihrem Wunsch gemäß nicht nur standesamtlich, sondern auch kirchlich erfolgt war.

Nach der glücklich vollzogenen Trauung der Eheleute Bosch zog Anna, geborene Kayser, zunächst in die kleine Wohnung ihres Mannes ein, die er sich nicht allzu weit von der Werkstätte entfernt in der Stuttgarter Schwabstraße genommen hatte. Ziemlich eng ging es dort zu, aber immerhin war es ein eigener Hausstand. Später würde man weitersehen. Ganz so schlimm war das alles nicht, obwohl Anna aus ihrem Elternhaus einiges mehr an Komfort gewöhnt war. Während der Zeit, die Robert in der Firma verbrachte, hielt sie sich sowieso lieber in Obertürkheim auf, als in der engen, einsamen Schwabstraßenwohnung. Unter den Fittichen der Mutter Kayser war Platz genug – und schließlich wohnten in Obertürkheim ja nach wie vor auch Annas Jugendfreundinnen, zu denen ihr frisch angetrauter Ehemann freilich ein eher distanziertes Verhältnis pflegte. Kein Wunder, denn diese jungen Damen stammten ebenfalls aus besonders vornehmen Haushalten, in denen man sich auf seinen Stand etwas einbildete. Meistens waren die Väter Beamte – und legten damit eine Mentalität an den Tag, mit der sich der junge

Unternehmer von der Alb niemals würde anfreunden können. Und die meisten von den Freundinnen seiner Ehefrau würden auch wieder Beamte heiraten. Oft genug spielte dabei nicht die Zuneigung eine Hauptrolle, sondern es steckte schlicht die Absicht dahinter, die gesellschaftliche Stellung auf alle Fälle zu erhalten. Es war also besser, wenn Anna sich mit diesen Freundinnen traf, solange Robert bei der Arbeit war. So brauchte er denen nicht auch noch am Sonntag seine Aufwartung machen, dem einzigen freien Tag in der mit Arbeit überhäuften Woche. Tagsüber hatte sich also für Anna durch die Heirat zunächst nicht viel verändert – bis sie schließlich bemerkte, dass sie schwanger geworden war. Was zunächst zur Folge hatte, dass sie sich noch länger bei ihrer Mutter in Obertürkheim aufhielt, die sie umsorgte und verwöhnte, während sich ihr rastloser Ehemann wieder einmal voll und ganz in seine Arbeit stürzte.

»Und, wie war es?« Mit erwartungsvoller Miene stand die mittlerweile hochschwangere Anna Bosch an der Wohnungstür und warf ihrem rasch die Treppe heraufeilenden Mann einen neugierigen Blick entgegen.
Der jedoch zuckte nur kurz mit den Schultern, während ein rätselhaftes Lächeln um seine Lippen spielte. »Wenn du selber mitgekommen wärst, dann wüsstest du es …« Er drückte seiner Frau einen versöhnlichen Kuss auf die Wange und legte den Hut auf die Ablage, bevor er sich ins Wohnzimmer begab, um sich in den großen Polstersessel sinken zu lassen.
»Ach Robert, jetzt komm schon. Du weißt doch genau, dass mir das Risiko zu groß war. Was hättest du zu mir gesagt, wenn dieses unsichere Gefährt aus den Gleisen gesprungen wäre und ich mich dabei verletzt hätte. Nein, das war mir zu gefährlich. Dafür riskiere ich keine Fehlgeburt – schon gar nicht in diesem Stadium der Schwangerschaft!«
Beschwichtigend hob Robert Bosch die Hände. »Natürlich Anna, du hast ja recht. So habe ich das doch gar nicht ge-

meint. Ich habe dich damit nur ein bisschen auf die Folter spannen wollen.«
»Was dir auch gelungen ist.«
In der Tat wartete Anna Bosch höchst neugierig darauf, was ihr Mann gleich zu erzählen hatte. Denn Robert Bosch hatte am heutigen Nachmittag zum ersten Mal in seinem Leben eine Fahrt mit der motorbetriebenen Straßenbahn unternommen, die seit Kurzem auf einer Versuchsstrecke in Cannstatt bei Stuttgart verkehrte – allerdings mit zahlreichen Unterbrechungen durch technische Pannen. Eine Straßenbahn also, die nicht mehr von Pferden gezogen wurde, sondern in die der mittlerweile im ganzen Königreich Württemberg bekannte Konstrukteur Gottlieb Daimler einen festen Benzinmotor eingebaut hatte. Womit das knatternde, stinkende und ziemlich laute Wunderwerk der Technik perfekt war – wenn es denn funktionierte.
»Also sag schon: Wie war es?«
Robert Bosch schürzte die Lippen und wiegte nachdenklich seinen Kopf: »Na ja, so ganz das Wahre ist es nicht. Und sehr weit sind sie an diesem Tag auch nicht gekommen. Gut, immerhin vom Cannstatter Kursaal aus ein paar hundert Meter weit in Richtung Neckar, aber dann war wieder einmal Schluss. Irgendwas an der Zündung hat nicht funktioniert. Das scheint sowieso die Achillesferse an diesem Antrieb zu sein, eine gescheite Zündung.«
»Deshalb ist es auch eine gefährlich Sache mit dieser Straßenbahn. Viel zu gefährlich. Das sagen auch meine Freundinnen.«
»Ach wo. Das Prinzip ist schon in Ordnung – und ich bewundere den Daimler auch für eine solche Pionierleistung. Denn der hat diese kleine Straßenbahn ja ganz auf seine eigenen Kosten mit einem Motor ausgerüstet, umgebaut und dann sogar noch die Schienen immerhin vom Kursaal bis zum Cannstatter Wilhelmsplatz legen lassen. Er mag zwar ein eigener und ziemlich sturer Kopf sein, aber in diesem Fall: Da hat er etwas angepackt, was durchaus Respekt verdient – auch wenn er damit momentan in

schnell erreichen können. Außerdem halte ich es für wichtig, auch selber die Produkte zu benutzen, die ich anderen verkaufen will – da können die Leute daran sehen, dass ich selbst davon überzeugt bin. Und dazu gehört eben auch dieses Telefon.«

»Das klingt ja alles einleuchtend. Andererseits, wenn ich allerdings daran denke, was die Miete für das Telefon in diesem ersten Jahr kostet! 150 Mark! Das ist doch ruinös ...«

»Aber notwendig!«

»Und nachts liegst du dann wieder stundenlang wach und überlegst, wie du am Samstag die Löhne bezahlen kannst.«

»Es hilft alles nichts: Solche Investitionen müssen einfach sein. Ich hätte auch gerne mehr Einnahmen und ein billigeres Telefon, aber es ist halt nun einmal nicht anders. Wer nicht mit der Zeit geht, der geht mit der Zeit. Dieser Spruch hat absolut seine Berechtigung. Es bleibt mir nichts anderes übrig, als nach vorne zu schauen. Wie gesagt: Wenn ich das nicht tue, dann kann ich den Laden gleich ganz zusperren. Und deshalb, nur damit du es weißt, werde ich auch nicht umhinkommen, bald wieder neue Leute einzustellen.«

»Neue Leute«, echote Anna entgeistert. »Wo wir die jetzigen schon nur mit Ach und Krach bezahlen können? Reichen denn acht Leute nicht aus?«

»Es müssen mindestens zehn werden.«

»Zehn Arbeiter, die du jede Woche bezahlen musst, egal ob deine Kunden die Rechnung schon beglichen haben oder nicht. Weißt du eigentlich, worauf du dich da einlässt?«

Robert bedachte sie mit einem missmutigen Blick. »Keine Sorge. Ich bin schon noch Herr meiner sieben Sinne. Und außerdem habe ich heute einen schönen Auftrag abschließen können. Einen richtigen Großauftrag: von der Gasmotorenfabrik Hille in Dresden. Die bestellen gleich 34 Zündapparate auf einmal. Das ist mehr, als ich im letzten Jahr insgesamt verkauft habe – da waren es nämlich gerade mal 24.«

»Na, das hättest du mir auch gleich sagen können. Das ist wirklich eine erfreuliche Nachricht. 34 Stück! Das gibt eine ordentliche Rechnung – hoffentlich zahlen die pünktlicher als die anderen Kunden. Und hoffentlich bleibt unter dem Strich dann auch noch etwas übrig. Endlich also wieder mal schwarze Zahlen.«

»Schwarze Zahlen!« Ihr Mann schürzte nachdenklich die Lippen. »Das ist ja immer so eine Sache mit der Buchhaltung. Natürlich wird Hille pünktlich zahlen. Das ist ja keine x-beliebige Firma, sondern ein renommiertes Unternehmen. Und deshalb wird dieses Geschäft auch einen Gewinn abwerfen. Aber wie gesagt, andererseits muss ich deshalb erst einmal wieder investieren, um den Auftrag überhaupt bewältigen zu können. Zusätzlich zu den neuen Arbeitern werde ich mir endlich einen Gasmotor für die Werkstatt anschaffen müssen, damit die Arbeit zügiger voran geht. Du siehst also, vom vermeintlichen Gewinn wird am Ende auch dieses Mal nicht viel übrig bleiben. Und hinterher, wenn der Auftrag abgewickelt ist, wird mich die Sorge umtreiben, ob ich meine neu eingestellten Leute auch weiter beschäftigen kann. Dann geht alles wieder von vorne los. Also manchmal …« Er unterbrach sich und massierte mit beiden Händen seine müde Stirn, als könne er damit die quälenden Gedanken verscheuchen, die ihn viel öfter heimsuchten, als er das Anna gegenüber zugeben wollte. »Manchmal fühle ich mich wirklich wie ein Getriebener: Zum Wachsen gezwungen. Denn wenn ich das nicht tue, dann werden mich die anderen überholen und ich kann wirklich schließen. Womit das ganze Geld, das ich von meinem Vater vererbt bekommen habe, fort wäre.«

»Aber du sagst doch selber immer: Der Bosch macht die beste Qualität. Das ist dein Wahlspruch und der muss sich doch irgendwann auch bei den Kunden herumsprechen.«

»Das ist ja auch der Fall. Aber was nützt es mir, wenn sie den Auftrag doch an die Konkurrenz geben, weil ich ein paar Mark teurer bin. Qualität hin oder her, die anderen machen ja auch nicht nur Pfusch. Es ist derzeit eine vertrackte Situation, denn ausgerechnet mit den Zündapparaten kommt das Geschäft langsam in Schwung. Immer-

zusammenschlagen – wenn sie denn Kenntnis davon erhalten würde, was ihrem Mann jedoch nicht unbedingt geraten schien. Nach wie vor durfte er sich angesichts der bedenklichen Finanzlage seiner Firma nicht getrauen, sogenannte »Läpperaufträge« mit einem Umsatzwert von nicht einmal fünf Mark abzulehnen, denn immerhin machte dieses »Kleinvieh« sage und schreibe 20 Prozent des Gesamtumsatzes aus. Und an dieser alten Erkenntnis hielt er fest, denn »auch Kleinvieh macht bekanntlich Mist. Wer weiß, vielleicht empfehlen wir uns so bei diesen Kunden auch einmal für einen größeren Auftrag.« Zumindest hoffen durfte man das ja, die Wirklichkeit allerdings sah eher anders aus. Doch das alles durfte nicht dazu führen, womöglich bei der Qualität seiner Produkte nachlässig zu werden. Darin waren Robert Bosch und sein Stellvertreter Arnold Zähringer absolut einer Meinung. So entwickelte sich in jenen Jahren dieser bewährte Grundsatz, an dem er bis zu seinem Lebensende festhalten würde: »Es war mir immer ein unerträglicher Gedanke, es könne jemand bei der Prüfung eines meiner Erzeugnisse nachweisen, dass ich irgendwie Minderwertiges leiste. Deshalb habe ich stets versucht, nur Arbeit hinauszugeben, die jeder sachlichen Prüfung standhielt, also sozusagen vom Besten das Beste war.« Und auch in einem zweiten Punkt bestand Einigkeit zwischen den beiden. Kein Wunder, denn sie wurzelten ja fest auf demselben Fundament: »Jede Arbeit ist wichtig, auch die kleinste. Es soll keiner sich einbilden, seine Arbeit sei über die eines Mitarbeiters erhaben.«

Aber andererseits konnte man Grundsätze in Hülle und Fülle haben. Gute Grundsätze. Sichere Überzeugungen. Doch was nützte das alles, wenn man beste Qualität produzierte und auf die eigenen Erzeugnisse zu Recht stolz sein durfte, und die Auftraggeber einen dann dennoch im Stich ließen? So wie es bei diesem Auftrag zur Einrichtung eines Fotoateliers der Fall war, in das Robert Bosch gewaltig viel Zeit und Energie investiert hatte – von den komplizierten technischen Einbauten gar nicht erst zu reden.

Ein richtig perfektes Atelier für Momentaufnahmen mit Blitzlicht in Lebensgröße war unter seiner Anleitung entstanden, nach dem neusten Stand der Technik. Das war eine ziemliche Herausforderung gewesen, die er glänzend bewältigt hatte und auf die er deshalb zu Recht stolz sein durfte. Bis dann die Katastrophe folgte, denn sein Auftraggeber war zahlungsunfähig!

»Wenn das so weitergeht, dann konzentriere ich mich bald nur noch auf die Herstellung von Nudelpressen!«, kommentierte der zunächst völlig schockierte Bosch in einem Anflug von Galgenhumor. Es war zum Verzweifeln! Aber aufgeben? Nein! Auch das kam nicht infrage! Trotz allem nicht. Noch nicht.

Wenigstens einen Grund zum Feiern gab es in diesem Frühjahr dann doch noch: Am 9. März 1891 kam sein Sohn Robert junior auf die Welt. Der sollte eines Tages sein Nachfolger werden. Schon deshalb durfte er nicht aufgeben. Schon wegen der Zukunft seines kleinen Robert nicht.

In diesem Jahr 1891 trat auch ein junger 15-jähriger Bursche namens Gottlob Honold in die Firma ein. Bei Gottlob Honold handelte es sich um den im Jahr 1876 in Langenau (dem Nachbarort von Albeck) geborenen Sohn des Oberlehrers Honold, der eng mit Boschs Vater Servatius befreundet gewesen war. Er wolle »beim Bosch« eine Feinmechanikerlehre machen, hatte ihm der Junge bei seiner Ankunft erklärt. Unbedingt beim Bosch, denn er wisse von seinem Vater, dass Robert Bosch auch viele Aufträge mit elektrischem Strom übernehmen würde. Das wäre genau die richtige Lehrstelle für ihn, denn seit der Elektrizitätsausstellung in Frankfurt habe ihn die Elektrizität vollkommen in seinen Bann geschlagen. Damals war es aus Anlass der Ausstellung erstmals zu einer Stromübertragung vom Kraftwerk in Lauffen am Neckar bis nach Frankfurt gekommen: Es war der endgültige Durchbruch für eine umfassende Elektrifizierung der Städte und Gemeinden im ganzen Reich.

teln«. So lange halt, bis es irgendwann wieder besser laufen würde. Die Hoffnung stirbt zuletzt!
Irgendwann war die Krise tatsächlich doch vorübergegangen und die ersten Aufträge erreichten auch wieder die stark geschrumpfte Werkstatt von Robert Bosch. Es war ein ewiges Auf und Ab. Beinahe schien es ihm so, als handele es sich dabei um eine gewisse Gesetzmäßigkeit. Als müsse das offenbar so sein. Aber nervenschonend war das nicht gerade.

Am 9. Januar 1893 wurde das vierte Kind der Eheleute Bosch geboren: Ein Mädchen, dem sie den Namen Elisabeth gaben. Das kleine »Liesele«, wie es in der Familie genannt wurde. So gerne hätte sich Robert Bosch nun endlich mehr um seine Frau und die vier Kinder gekümmert, doch die Zeit zerrann ihm regelrecht zwischen den Fingern.
Gut anderthalb Jahre waren inzwischen seit dem Eintritt von Gottlob Honold als Lehrling in die Firma Robert Bosch vergangen. Es war an einem kalten Tag Ende Januar 1893: Mit sichtbar verdrießlicher Miene hatte der Chef die Werkstatt betreten und baute sich direkt vor dem Lehrbuben auf, der dabei erschrocken zusammenzuckte. Denn er konnte sich bereits denken, worum es ging …
»Wieso hast du mir das nicht selber gesagt? Ich hätte es dir erklären können – ich bevorzuge immer ein offenes Wort und erwarte das auch künftig von dir: geradeheraus – nicht hintenrum! Ein für alle Mal! Verstanden?«
Gottlob nickte rasch. »Ja, Herr Bosch!«, und schluckte tapfer den würgenden Kloß hinunter, der beim bloßen Anblick seines zornentbrannten Lehrherrn in seiner Kehle aufgestiegen war.
»So, dann ist es ja gut.« Der erste Ärger war also bereits wieder verflogen – wie es eben Boschs Art war. Man kannte ihn und seine Launen ja inzwischen. »Und jetzt, jetzt kannst du den Brief lesen, den ich deinem Vater als Antwort auf seinen Brief geschrieben habe. Er hat mich auf-

gefordert, dir jetzt, nachdem das erste Lehrjahr vorbei ist, ein kleines Taschengeld zu zahlen. Wie du siehst, geht es in meinem Schreiben zunächst einmal um die Aufstellung meiner Unternehmenslage. Und jetzt ist deine Arbeit an der Reihe. Was hast du gerade eben gemacht?«

»Türkontakte.«

»Und wie viele?«

»Zwölf Stück seit heute Morgen.«

»Lass mal sehen!«

Mit vor Aufregung zitternden Händen fingerte Gottlob Honold einen der Kontakte aus der Schachtel heraus und reichte ihn an seinen Lehrherrn weiter. Der kniff die Augen zusammen und unterzog das Werkstück von allen Seiten einem prüfenden Blick. »Sehr gut!«, er nickte zufrieden – und Gottlob atmete erleichtert auf.

»Das hast du gut gemacht. Genau so, wie du es bei uns gelernt hast. Soweit also gut. Und hier«, wieder deutete er mit dem Zeigefinger auf eine bestimmte Stelle im Antwortbrief an Honolds Vater, »da siehst du, zu welchem Stückkostenpreis für die Herstellung ich das Teil eingekauft habe. Eine Mark pro Stück steht hier, siehst du?«

Honold nickte eifrig.

»So – und hier steht der Stückpreis, um den wir die Kontakte abgeben. Was steht da?«

Wieder hatte der Lehrling erst mit seinem Kloß im Hals zu kämpfen, bevor er mit vibrierender Stimme Antwort gab: »80 Pfennig.«

»Siehst du.« Ein kurzes Lächeln huschte über Robert Boschs Miene, als er die Verlegenheit bemerkte, die von Gottlob Honold Besitz ergriffen hatte. »Du brauchst dich deswegen nicht zu schämen, du bist ein guter, fleißiger Lehrling und ich bin stolz auf das, was du bisher bei uns gelernt hast. Genau darum geht es mir und auch dem Meister Zähringer. Dass wir alle unsere Leute sorgfältig ausbilden. Ich nehme es wesentlich genauer mit der Ausbildung als beispielsweise mein Meister damals in Ulm. Denn ich halte es für eine Verpflichtung, unser Wissen und unsere

Erfahrung an dich und die anderen weiterzugeben – es widerstrebt mir, junge Menschen als billige Arbeitskräfte auszubeuten. Das ist nicht meine Art. In Amerika gibt es das zuhauf, aber nicht beim Bosch in Stuttgart. Und jetzt lies den Brief ruhig laut vor, den ich an deinen Vater geschrieben habe.«

Gottlob las: »Sie werden nun aber sagen, entweder arbeitet Gottlob nicht oder Sie lehren ihn nichts. Es ist dem aber ganz anders. Wenn ich Gottlob arbeiten lassen wollte, dass er mir etwas verdient, so hätte ich ihn zum Beispiel die Kontakte aus Guss machen lassen, anstatt, wie ich es tat, aus Blech. Ich mache aber so und so oft die Erfahrung, dass die Mechaniker von heute wohl eine Arbeit machen können, wenn man ihnen ein Muster gibt und so und so viel Abgüsse. Gibt es nun aber etwas zu machen aus unvorbereitetem Material, also aus Blech oder einer Stange Messing, so weiß sich keiner zu helfen. Diesem suche ich zuvorzukommen dadurch, dass ich mit Rücksicht auf den Lehrling arbeiten lasse. Arbeiten wie Schraubenpolieren oder Schraubendrehen auf der Revolverbank dürfen meine Lehrlinge nur machen, bis sie es können. Wollte ich sie ausnutzen, so könnte ich zwei Hilfsarbeiter, wovon der eine zehn Mark, der andere zwölf Mark verdient, entlassen und statt derselben zwei Lehrlinge einstellen, so würde ich 22 Mark wöchentlich sparen. So wird es häufig gemacht. Auch ich hätte es mir also weiß Gott einfacher machen können, aber das ist nun einmal nicht meine Art und aus meiner Haut kann ich nicht heraus – und will es auch gar nicht. Das ist das Fundament, auf dem ich stehe. Ehrlichkeit, Verlässlichkeit, Miteinander.«

Gottlob Honold hatte verstanden. Es war schon so, wie sein Lehrherr gesagt hatte: Beim Bosch konnte man wirklich etwas lernen. Das war ein Rüstzeug fürs ganze Leben. Nicht nur in technischer Hinsicht. Auch im menschlichen und im sozialen Bereich. Es stimmte schon, er hätte es sich wirklich einfacher machen und die Lehrlinge als billige Arbeitskräfte ausnutzen können. Bei einer Belegschaft, die mittlerweile wieder 20 Arbeiter umfasste. Das bedeutete 20 Gesellenlöhne, die jede Woche bezahlt werden wollten.

Inzwischen hatte Bosch auch während der Existenzkrise seiner Firma weiterhin fleißig an Neuentwicklungen gearbeitet und im August 1893 einen Zündapparat an Carl Benz nach Mannheim geschickt – äußerst hoffnungsvoll, denn er wusste ja um den technischen Weitblick dieses hoch angesehenen Automobil-Konstrukteurs. Doch das Resultat war dann genauso ernüchternd ausgefallen wie einige Jahre zuvor bei Daimler. Auch der Mannheimer Autobauer schien sich nicht sonderlich für den von Bosch hergestellten Zündapparat begeistern zu können, jedenfalls kam weder ein weiterer Auftrag noch ein Brief, in dem Benz wenigstens die Präzision gelobt hätte, mit der sie in der »Feinmechanischen Werkstätte Bosch« den neuen Zündinduktor hergestellt hatten. Offensichtlich taugte der Apparat nach Meinung der führenden Konstrukteure also nicht für ein Automobil, auch wenn Bosch da ganz anderer Ansicht war. Aber was sollte er tun? Andererseits bestärkte es ihn ein weiteres Mal in seiner Einschätzung, nur ja nicht sein gesamtes Augenmerk auf die Herstellung von Zündapparaten konzentrieren zu dürfen.
Eine weitere bittere Erfahrung, die diesen Grundsatz nachdrücklich untermauerte, gesellte sich im Jahr 1894 noch dazu. Zunächst hatte es nämlich nach dem endgültigen Durchbruch ausgesehen, als sich eines Tages sogar der Konstrukteur Rudolf Diesel in Fragen einer Zündung an die Bosch-Werkstätte gewandt hatte. So schnell wie möglich war Robert Bosch daraufhin persönlich zu Diesel nach Augsburg gefahren, um dem bekannten Techniker bei der Montage des Zünders an einem von ihm ganz neu konstruierten Motor behilflich zu sein. Doch trotz allem Bemühen und allem vorhandenen Sachverstand wurde die Montage des Zünders ein Fehlschlag. Der Stachel der Niederlage – so empfand Bosch dieses Scheitern – saß tief. Schon auf der Rückreise von Augsburg hatte er sich voller

Lähmendes Entsetzen herrschte am 14. Oktober 1894 bei der Familie Bosch. Elisabeth, das kleine, noch nicht einmal zwei Jahre alte Liesele, war gestorben! Obwohl man sich auf das Schlimmste hatte gefasst machen müssen, war es dennoch vor allem für die völlig verzweifelte Mutter ein Schock, als die kürzlich erst düster vom Arzt vorhergesagte krisenhafte Zuspitzung im Gesundheitszustands der kleinen Elisabeth tatsächlich eingetreten war.
Ob womöglich der Sturz daran schuld war? Vor einigen Wochen war das Liesele beim Spielen der Kinder Paula, Gretel und Robert vom Sofa im Kinderzimmer gefallen. Frau Früh, die Kinderfrau, war darüber maßlos erschrocken – obwohl ihr niemand einen Vorwurf machte. »So etwas kommt eben vor, man kann bei kleinen Kindern seine Augen halt nicht ständig überall haben«, hatte Anna Bosch sogar noch versucht, ihr Kindermädchen fürsorglich zu beruhigen. »Das wird schon wieder! So ist das bei Kindern eben: Was heute schlimm aussieht, daran kann man sich am nächsten Morgen oft gar nicht mehr erinnern. Mach dir also keine Vorwürfe – und erst recht keine Sorgen.«
»Aber … die Kopfschmerzen«, hatte sich das Kindermädchen nach wie vor ziemlich beunruhigt gezeigt.
»Auch das geht vorbei. Vielleicht hat sie eine leichte Gehirnerschütterung, da wirken ein paar Tage Bettruhe wahre Wunder. Wir lassen das Liesele einfach zwei oder drei Tage lang das Bett hüten, dann wird sie schon wieder hergestellt sein.«
Aber ganz so rasch, wie es Anna Bosch vorhergesagt hatte, ging es mit der Genesung ihres kleinen Mädchens dann doch nicht voran. Mehrere Tage und Nächte lang lag das anderthalb Jahre alte Kind nahezu regungslos in seinem kleinen Bett, während in unregelmäßigen Abständen lei-

se, lang gezogene Klagelaute durch seine schmerzvoll zusammengepressten Lippen drangen.
Sie müsse wohl tatsächlich unter starken Kopfschmerzen leiden, meinte Dr. Heinrich Göhrum, der Hausarzt der Familie, den die jetzt allmählich doch stärker beunruhigte Mutter am nächsten Tag um einen Krankenbesuch gebeten hatte. Auch er vermutete eine Gehirnerschütterung, wohl eher von der mittelschweren Art – aber ansonsten hatte er beim Liesele ebenfalls keinerlei Hinweise auf eine ernstere Verletzung entdecken können. Folglich war auch er der Meinung, mit ein paar Tagen strenger Bettruhe sei es getan. Nach dieser beruhigenden Diagnose hatte sich Dr. Göhrum wieder verabschiedet. Seinem Urteil konnte man auf alle Fälle vertrauen, dieser Meinung ihres Mannes hatte sich Anna Bosch mit voller Überzeugung angeschlossen. Seit einigen Jahren schon war der junge Arzt, den Robert Bosch bei den Zusammenkünften des Gustav-Jäger-Kreises kennengelernt hatte, der Hausarzt der Familie. Genauso wie Bosch, mit dem ihn eine tiefe Freundschaft verband, war er ein überzeugter Anhänger der Jägerschen Wolle- und Hygienelehre und folgte gleichzeitig bei seiner medizinischen Tätigkeit den Grundsätzen der Homöopathie. Freilich ohne den Weg dieser völlig anders aufgebauten Behandlungsmethode einfach blindlings zu beschreiten. Vielmehr stellte er die eine oder andere konventionelle Heilmethode infrage und probierte im Interesse des Patienten andere, oft sanftere Therapien aus. Vor allem diese Eigenschaft an Göhrum war es, die Robert Bosch so besonders gut gefiel, denn auch er bildete sich immer gerne seine eigene Meinung, für die er – wie er sich später einmal ausdrückte – »keinen Vordenker brauchte«.
Dr. Göhrums Wort hatte also Gewicht in der Familie und aus diesem Grund wich die Sorge um den Gesundheitszustand des kleinen Nesthäkchens einem zuversichtlichen Optimismus, dass mit ihr schon bald wieder alles in Ordnung käme und sie zusammen mit ihren Geschwistern quicklebendig wie eh und je durch die Wohnung toben

Er nahm seine Kinder eng umschlungen in die Arme und drückte sie minutenlang. Eine solche Nähe zueinander haben sie später nie mehr in dieser Innigkeit zustande gebracht – auch wenn sie alle sich das oft genug gewünscht haben.
Erst lange nach Weihnachten schien sich die Mutter Anna Bosch wieder einigermaßen gefangen zu haben. Zumindest sahen die Kinder sie jetzt nicht mehr Abend für Abend im Lehnstuhl sitzen und stumm vor sich hin weinen. Auch der Vater verbrachte nun wieder deutlich mehr Zeit in seiner Werkstatt, denn trotz allen Kummers musste das Geschäft ja weitergehen und hart genug war es für die kleine Firma immer noch, sich im täglichen Existenzkampf zu behaupten. Im Nachhinein betrachtet war diese schwere Lebensphase womöglich der Beginn einer Entfremdung zwischen den beiden Eheleuten, die sich erst viele Jahre später, bei einer weiteren tödlichen Erkrankung eines ihrer Kinder, als nicht mehr reparabel erweisen sollte.

»Das ist ja eine Unverschämtheit!« Zornbebend stemmte die sechsjährige Margarete ihre Hände in die Hüften und schüttelte verdrießlich den Kopf.
»Aber was ist denn passiert, Gretel?« Irritiert blinzelten Paula und Robert in die Türöffnung des Kinderzimmers, wo sich ihnen die Schwester mit allen Anzeichen der tiefsten Erregung präsentierte.
»Was passiert ist? Die Kautskys haben ein Geschwisterchen bekommen! Das ist passiert!«
»Aber das ist doch schön …«, entgegnete Paula.
»… ja, genau. Dann haben wir doch bald wieder einen neuen Spielkameraden. Was ist es denn?«, erkundigte sich Robert neugierig.
»Ein Bub! Schon wieder!«
»Ach so. Schon wieder ein Bub. Na ja …« Enttäuscht zuckte Paula mit den Schultern, während sich die Miene ihres Bruder bei dieser Information sichtlich aufhellte.
»Wie heißt er denn? Weißt du das schon?«

»Benedikt«, presste Margarete zwischen den Lippen hervor.
»Ein Bendel also«, grinste Robert fröhlich. »Ja, das kann man sich gut merken. Das wird bestimmt lustig werden, denn wenn bald noch unser Schwesterchen dazukommt, da wird es hier aber zugehen …«
»Das ist es ja gerade«, unterbrach Margarete ihren Bruder harsch. »Der Zucker ist weg!«
»Wie … weg?« Als habe der Blitz mitten in der Stube eingeschlagen, schraken die beiden Kinder bei dieser Feststellung zusammen.
»Was soll das heißen«, krächzte Robert mit heiserer Stimme.
»Genau das, was ich gesagt habe: Der Zucker ist weg!«
Entgeistert und mit offenen Mündern starrten sie in die empörte Miene ihrer Schwester.
»Gestohlen – oder was weiß ich denn …«
Robert konnte es nicht fassen. »Aber … ich habe ihn gestern Abend doch selber auf den Fenstersims gelegt.«
»Und jetzt ist er weg. Ohne dass wir dafür ein Schwesterchen bekommen hätten!«
Es war unfassbar. Schon vor mehreren Tagen hatten die drei beschlossen, dass sie wieder ein Schwesterchen bekommen wollten. Als Ersatz für ihr so sehr vermisstes Liesele. Am besten sei es, man nehme die Sache selbst in die Hand, hatte Margarete gemeint und ihren jüngeren Geschwistern die Sache mit dem Zuckerstückchen und dem Storch erklärt. Dazu brauche man am Abend nur ein Stück Zucker auf den Fenstersims zu legen und müsse dann ein paar Tage lang geduldig warten, bis irgendwann der Storch vorbeikäme und ihnen, im Tausch mit dem Zuckerstückchen, ein kleines Schwesterlein bringen würde. Natürlich müsse man sich beim Auslegen des Zuckers aber auch ganz fest ein Schwesterchen wünschen.
Der Vorschlag stieß auf begeisterte Zustimmung. Sorgsam und mit erwartungsvoll klopfenden Herzen hatten sie den Zucker Abend für Abend auf den Sims gelegt, wobei ihre

Geduld freilich einer harten Probe unterzogen wurde, denn mit unschöner Regelmäßigkeit war der Zucker im feuchtkalten Regenwetter dieser Tage nass geworden und musste ausgetauscht werden. Dazu kam, dass der Vater davon nichts erfahren durfte, denn der hätte mit Sicherheit ein fürchterliches Donnerwetter losgelassen, wenn er als sparsamer Schwabe mitbekommen hätte, wie verschwenderisch seine Kinder mit teuren Nahrungsmitteln umgingen. Aber in diesem Fall waren sie das Risiko gerne eingegangen, denn – und das hatte ihnen ihr Vater selbst einmal gesagt – manchmal heiligte der Zweck auch die dafür eingesetzten Mittel.

Jetzt aber war der Zucker weg. Einfach weg!

Paula machte eine hilflose Geste. »Gestohlen! Aber von wem?«

Unwirsch blies Margarete Luft durch die Nase. »Von wegen gestohlen! So hoch droben wie wir wohnen. Das ist unmöglich!«

»Ja – aber was denn dann?« Für Robert war das ganze ein einziges unauflösbares Rätsel.

»Der Storch ist ein Blindgänger! Das ist es.« Missmutig tippte sich seine Schwester mit dem Zeigefinger gegen die Stirn. »Der hat sich den Zucker einfach geschnappt – und dann anschließend nicht nur einen Buben statt einem Schwesterchen gebracht, sondern sich auch noch im Stockwerk geirrt. Das ist es!«

In der Tat war das die einzig überzeugende Erklärung, die es für die Tatsache geben konnte, dass die in der zweiten Etage wohnenden Kautskybuben Carl und Felix noch einen kleinen Bruder bekommen hatten. Es war fürchterlich! Der Glaube der Boschkinder an die Fähigkeiten des Klapperstorchs war damit nachhaltig erschüttert, während ihr Vater schmunzelnd registrierte, dass zeitgleich mit dem Eintreffen des neuen Erdenbürgers namens Benedikt die Zuckerstückchen auf dem Fenstersims der Boschwohnung verschwunden waren. Auch wenn es ihm einen schmerzhaften Stich ins Herz versetzte, als er sich der Beweggründe bewusst wurde, die seine Kinder zu dieser Maßnahme hatten greifen lassen. Das Liesele! Ja, er vermisste es auch. Aber das Leben musste doch weitergehen. Und der tagtägliche Existenzkampf seiner Firma war hart genug.

mal doch recht lästigen Beaufsichtigung zu entgehen. Und so sangen sie weiter aus Leibeskräften – was in jeder Hinsicht dem Betriebsklima zugutekam.

Im Februar des Jahres 1895 war es plötzlich die sechsjährige Gretel, um deren Gesundheitszustand man sich in der Familie ernste Sorgen machen musste. Und das so kurz nach dem tragischen Tod des kleinen Liesele! Vor allem die Mutter war wieder völlig verzweifelt, als der Hausarzt Dr. Heinrich Göhrum bei einer seiner zweiwöchentlichen Routineuntersuchungen der Boschkinder plötzlich das Stethoskop beiseitelegte und besorgt die Stirn runzelte. Auf diese regelmäßigen Untersuchungen bestand Robert Bosch, egal wie prekär die finanzielle Lage auch sein mochte. Dieses Geld für die Gesundheit seiner Kinder auszugeben, war es ihm jederzeit wert. Das galt genauso für eine eventuelle homöopathische Behandlung, die zwar meist langwieriger und teurer war, aber nach Boschs fester Überzeugung eben auch gesundheitsförderlicher. Es stand für ihn ebenso außer Frage, wie er für seine Kinder grundsätzlich nur Maßschuhe anfertigen ließ, um ihre Füße nicht schon in der Jugend zu verderben – im Gegensatz zu den meisten anderen Stadtkindern. Auch das kostete eine Menge Geld, doch »unverdorbene Kinderfüße« waren ihm besonders wichtig. Aber trotz all dieser vorsorgenden Gesundheitspflege war die Gretel nun anscheinend schwer krank.
Es sei nicht vergleichbar mit der tödlichen Erkrankung des Liesele, versuchte Dr. Göhrum krampfhaft einen beschwichtigenden Tonfall anzuschlagen, um die Ängste der tief beunruhigten Eltern einigermaßen zu zerstreuen. Voller Erschrecken hatte er bemerkt, dass selbst der immer so resolut wirkende, stattliche Robert Bosch bei der ersten Andeutung einer ernsteren Erkrankung von Margarete aschfahl im Gesicht geworden war und dass seine Hände sogar leicht zu zittern begonnen hatten, genauso wie seine Stimme vor Aufregung bebte, als er sich nach der genauen Diagnose erkundigte.

Es handele sich um eine Erkrankung des Herzens, beziehungsweise um einen strapazierten Herzmuskel, der für die nächsten Tage und Wochen absolute Schonung benötige, erklärte Dr. Göhrum ausführlich. Wie gesagt, es handele sich nicht unbedingt um etwas Lebensbedrohendes, sofern man seine Ratschläge zur Genesung streng befolge. »Auf gar keinen Fall ist es so wie beim Liesele«, versuchte er die aufkeimende Verzweiflung zu zerstreuen. »Das kann ich definitiv ausschließen: Beim Liesele hatten wir Ärzte, egal von welcher medizinischen Richtung, keinerlei Möglichkeit, um ihr Leben zu retten. Das ist im Fall von Gretel ganz anders. Diese Erkrankung ist genauso heilbar, wie die Therapie dafür eindeutig feststeht.«
Es hänge wohl mit einem plötzlichen Wachstumsschub des Kindes zusammen, der unmittelbar bevorstünde und sich, aus medizinisch nicht hundertprozentig nachvollziehbaren Gründen, zuerst auf den Herzmuskel niedergeschlagen habe, schilderte Heinrich Göhrum. Und weil eben ein solch starkes Wachstum den kindlichen Körper gewaltig beanspruche, empfehle er deshalb vier Wochen strikte Bettruhe, während der die Kleine das Bett möglichst überhaupt nicht verlassen solle. Das sei dann eigentlich schon alles, zusätzliche Medikamente seien zur vollständigen Heilung gar nicht nötig.
Während Robert Bosch bei diesen Worten erleichtert aufatmete und mit einem festen, zuversichtlichen Griff die schweißnasse Hand seiner Frau drückte, die noch immer zwischen Zweifeln und Hoffnung zu schwanken schien, stieß Dr. Göhrums so verblüffend einfache Therapie-Empfehlung bei der Patientin selbst auf heftigen Widerstand.
»Vier Wochen!«, protestierte Gretel heftig. »Dann versäume ich ja vier Wochen Schule. Das mache ich auf keinen Fall. Ich bin ganz gesund. Das ist doch Blöd…«
»Du tust, was der Doktor Göhrum sagt«, fuhr ihr der Vater scharf ins Wort. »Du gehst jetzt sofort ins Bett und bleibst dort genau so lange, wie es der Herr Doktor sagt!«

»Aber die Schule …«, wagte Gretel einen weiteren Widerspruch. »Vier Wochen! Da komme ich doch gar nicht mehr mit!«
»Du wirst mitkommen – und wenn wir dir dann einen Privatlehrer besorgen. Ende der Diskussion! Marsch ins Bett jetzt.«
Gegen eine solche Anordnung des Vaters half kein Argument mehr.
Gretel, die sich bis auf zwei oder drei Müdigkeitsattacken in den vergangenen Wochen, die sie auf das frühe Aufstehen am kalten Wintermorgen zurückgeführt hatte, völlig gesund fühlte, senkte beleidigt den Kopf und stapfte mit trotzigen Schritten grußlos aus dem Raum.
Damit war alles gesprochen, was zu besprechen war. Der Vater achtete genauso wie die Mutter streng darauf, dass die Anweisung strikt eingehalten wurde und ging wieder von morgens früh bis spät am Abend seiner täglichen Arbeit nach. Seit der Gründung seiner Firma war Robert Bosch immer morgens der Erste, der die Tür aufschloss, und abends der Letzte in der Werkstatt. Wobei er es in den kommenden vier Wochen grundsätzlich so einrichtete, dass er in der Mittagszeit heimkommen konnte, um einen prüfenden Blick auf die mit missmutiger Miene in ihrem Bett liegende Margarete zu werfen.
Vor allem für Anna Bosch war es eine schwere Zeit, denn vor lauter Sorge um ihre Tochter war sie der Verzweiflung nahe. Sie bekam die Bilder von ihrem aufgebahrten Liesele einfach nicht aus dem Kopf. So vergingen die Tage und Wochen in einer beklemmenden Atmosphäre – erst als die vier Wochen vorüber waren und Gretel im Beisein des Arztes erstmals ihr Bett verlassen durfte, um auf wackeligen Beinen an der Hand ihrer Mutter durch das Zimmer zu tappen, schienen sich die dunklen Wolken zu verziehen. Und nachdem Dr. Göhrum sie abgehorcht und gründlich untersucht hatte und sie als wieder vollkommen geheilt beglückwünschte, da waren die Wolken endgültig wie weggeblasen. Endlich!

Gretel gluckste amüsiert, als sie bemerkte, dass in den vier Wochen ihr Kleid zu klein geworden war und dass es dringend verlängert werden musste. So stark war sie während ihres unfreiwilligen Krankenlagers gewachsen. Also hatte Dr. Göhrum recht behalten mit seiner Diagnose: Es war das Wachstum gewesen, und jetzt, jetzt war sie wieder kerngesund – der drohende Herzfehler war vermieden worden, auch dank der strengen Disziplin, die Vater und Mutter gegen ihren Willen eingefordert hatten.
Und dennoch: Seit dem Tod vom Liesele schien die Mutter irgendwie ängstlicher und beim geringsten Anlass besorgter, als sie das früher von ihr gekannt hatten. Nun, das war ja auch kein Wunder und schließlich war auch noch nicht allzu viel Zeit ins Land gegangen. Das würde schon noch dauern, bis die Zeit, die alle Wunden heilt, auch diesen Schmerz verschlossen hätte.

Mit der Firma ging es inzwischen erstaunlich gut voran, die Aufträge wurden zahlreicher. Gutes Geld war in diesen Jahren hauptsächlich mit Telefonanlagen und mit der elektrischen Beleuchtung zu verdienen. Unter Boschs Kundschaft befanden sich immerhin so renommierte Adressen wie das Hotel Marquardt und die Augenheilanstalt Dr. Königshöfer. Das waren wichtige Referenzen, die man damit vorweisen konnte.
Wenn sich nun also allmählich ein zaghafter Erfolg einstellte, der auf Dauer haltbar schien, dann sollten auch seine Leute, deren Fleiß und Qualitätsarbeit er diese Entwicklung ja in erster Linie zu verdanken hatte, etwas davon haben. Seine verlässlichen Arbeiter, darunter sein wichtigster Mitarbeiter, ganz eindeutig der treue Arnold Zähringer – vom sich bestens entwickelnden Lehrling Max Rall natürlich einmal abgesehen. Auf die Frage seiner Männer, ob man denn die tägliche Anwesenheitszeit nicht etwas reduzieren könne, weil sie sich durchaus zutrauen würden, die anfallenden Arbeiten ebenso auch in neun Stunden zu schaffen, senkte er die Arbeitszeit ohne jede

Diskussion unverzüglich von zehn auf jetzt neun Stunden täglich. Und mehr noch: Zum maßlosen Entsetzen der Stuttgarter Handwerker hörte man, dass dieser sonderbare Bosch seinen Leuten sogar einen Achtstundentag in Aussicht gestellt habe – und zwar für genau den Fall, wenn die anderen Unternehmen dann mit ihrer Arbeitszeit von zehn auf neun Stunden gingen. »Beim Bosch geht man nämlich immer gerne mit einem guten Beispiel voran – das bin ich der hohen Qualität meiner Produkte einfach schuldig!«, hatte der tollkühne Kerl anscheinend öffentlich verkündet. Welchen Schaden er mit diesen unbedachten Äußerungen bei seinen Unternehmerkollegen anrichtete, das schien ihm völlig gleichgültig zu sein. Insofern drückten ihm viele die Daumen, dass er mit seinem ihrer Ansicht nach maßlos übertriebenen sozialen Getue den im Grunde genommen unausweichlichen Schiffbruch möglichst rasch erleiden möge.

Auch an die Sache mit den heißen Sommertagen, wo er ja seinen Arbeitern wiederholt freigegeben hatte, erinnerten sich die Leute wieder. Unglaublich, als ob sich die Arbeit von selbst erledigen würde! Was waren denn das für Sitten, die der allein schon von seinem äußeren Erscheinungsbild her ziemlich komische Kauz da einführte, mit seinem gestutzten dunklen Vollbart und der seltsamen Wollkleidung, die er bei jedem Anlass zu tragen pflegte, egal ob Werk- oder Feiertag. In den Augen seiner Konkurrenten handelte es sich bei diesem Bosch um einen sozialistischen Querschläger, einen »Menschenfreund«, wie sie ihn verächtlich titulierten. Freilich einer von der ganz seltsamen Sorte, denn – auch davon hörte man immer wieder – der Mann konnte furchtbar in Rage geraten, wenn der Lehrling die Maschinen am Samstagmittag wieder einmal nicht ordentlich geputzt hatte. Die gewaltige Schimpfkanonade, die in solchen Fällen auf den Übeltäter niederprasselte, die war jedenfalls nicht von schlechten Eltern.

Aber trotz dieser absonderlichen Verhaltensweisen, die er an den Tag legte, musste es ihm der Neid lassen: Beim Einbau von elektrischen Klingelanlagen und vor allem auch bei der Installation von kompletten Telefonanlagen genossen Robert Bosch und seine Leute den besten Ruf in ganz Stuttgart. Als ebenso geschickt galten sie in Fragen der Reparatur.

Kein Wunder also, dass sich die ordentlich bezahlten Aufträge im Installationsgeschäft allmählich mehrten – ganz im Gegensatz zur Nachfrage nach Zündungsapparaten und all den anderen technisch komplizierten Produkten, die im Zusammenhang mit Verbrennungsmotoren standen. So reizvoll die Arbeit auf diesem Gebiet für einen ehrgeizigen und begabten Techniker vom Schlage Boschs auch sein mochte, so vorsichtig musste er in dieser Sparte also nach wie vor zu Werke gehen. Man brauchte sich ja nur die Umsatzzahlen anzuschauen, um zweifelsfrei zu erkennen, dass die absolute Haupteinnahmequelle der Firma Bosch das Installationsgeschäft war. »Auf zwei Beinen steht man besser als auf einem«, diese Devise galt es weiter streng zu beherzigen. Das eine tun, und das andere nicht aus dem Auge verlieren.

Erst kürzlich hatte er vom renommierten Stuttgarter Kaufhaus Conrad Merz einen bedeutenden Auftrag für den Einbau von Telefonen in den Kaufhausräumen bekommen. Das war ein richtig großer Auftrag, der natürlich eine dementsprechende Beachtung in der Stadt finden würde. Die beste Werbung, die man sich denken konnte.

Und dann so etwas!

»Was ist denn heute los? Wieso ist er denn jetzt schon wieder so fuchsteufelswild?«

Mit hochrotem Kopf war Robert Bosch am späten Vormittag plötzlich in die Werkstatt gestürmt und hatte kommentarlos eine ganze Menge elektrisches Installationsmaterial einfach in eine Ecke geworfen. Ganz gegen seine sonstige Art, wo er doch den Lehrlingen jedes Mal eine gewaltige Szene machte, wenn sie ihr Arbeitszeug nicht sofort ordentlich aufräumten, sondern es achtlos auf dem Boden verstreuten.

»Der rennt ja herum, als habe ihn eine Hummel gestochen!« Sie konnten sich das seltsame Verhalten beim besten Willen nicht erklären, nachdem ihr Chef am frühen Morgen doch noch in bester Laune und mit einem fröhlichen Lied auf den Lippen aufgebrochen war. Ihn selbst nach dem Grund zu fragen, das traute sich im Augenblick freilich keiner.

»Weißt du, was mit ihm los ist?«, stürzten sich die Arbeiter deshalb neugierig auf den Lehrling, kaum dass der wenige Minuten später mit betretener Miene zur Türe hereinkam.

Max Rall nickte unglücklich und spähte dabei vorsichtig in den hinteren Teil der Werkstatt, um sich erst noch zu vergewissern, dass sich Bosch auch wirklich außer Hörweite befand.

»Ja, das war vielleicht eine Szene. Er hat sich direkt mit dem Merz angelegt. Und zwar hatte ihn der Herr Merz gebeten, versuchsweise schon einmal eine Telefonverbindung ausprobieren zu können, die wir bereits in einen Raum in der zweiten Etage gelegt hatten. Ihr könnt euch denken, was der Chef da für ein Gesicht gemacht hat. Er hasst es ja, wenn man ihn mitten in der Arbeit stört und noch dazu, wenn er das Gefühl hat, dass da einer Zweifel an der Qualität seiner Anlagen hat.«

»Ja, das wissen wir alles selber. Was genau passiert ist, interessiert uns. Jetzt mach's halt nicht so spannend«, drängelte einer der Gesellen.

»Er hat dem Geschäftsführer ziemlich deutlich gesagt, dass ihm das jetzt eigentlich überhaupt nicht passen würde, sondern ihn nur in der Arbeit behindere. Aber der Herr Merz«, Max Rall grinste bei der Erinnerung an die eisig gewordene Miene des Auftraggebers und an dessen schneidenden Tonfall, mit dem er darauf bestanden hatte, unverzüglich ein Probegespräch über das Telefon zu führen, »das ist auch keiner von denen, die so schnell klein beigeben. Und dann … dann ist es genau so gekommen, wie es wohl hat kommen müssen …«

»Also? Wie?«

»Der Herr Merz ist wieder runtergekommen und hat gesagt, er höre mit dem Telefonapparat keinen Deut besser, als das vorher mit der Sprachrohrverbindung der Fall gewesen sei, die schon immer einwandfrei funktioniert habe. Aus welchem Grund er sich also um teures Geld eine Telefonleitung installieren lassen solle, wenn sich dadurch nichts verbessern würde.« Der Lehrling zuckte mit den Achseln. »Na ja, ihr könnt euch sicherlich vorstellen, wie es weitergegangen ist. Der Herr Bosch hat ihm ziemlich deutlich geantwortet, dass er grundsätzlich nur die besten Produkte einbauen würde, die sich auf dem neuesten Stand der Technik befinden, und dass er für die Qualität seiner Installationen persönlich geradestehe. Und natürlich hat er auch gesagt, die Qualität der Sprechverbindung sei einwandfrei gewesen, noch mehr Verständlichkeit sei mit diesen Apparaten nun wirklich nicht zu erreichen. Daraufhin hat der Herr Merz gesagt, das genüge ihm nicht, das sei unbefriedigend, das könne doch noch nicht alles gewesen sein, ja …« Rall tippte sich vielsagend an die Stirn. »Den Rest könnt ihr euch fast denken: Ein Wort hat das andere gegeben und die beiden haben sich jetzt so laut angebrüllt, dass die Wände gewackelt haben. Ganz am Schluss hat unser Chef noch geschrieen, dass ihm der Merz mit seinem ganzen Laden den Buckel runterrutschen könne, er verzichte hiermit auf den gesamten Auftrag! Dann hat er wieder alles abgebaut, was wir bereits installiert hatten. Und jetzt sind wir also wieder hier.«
»Und der schöne Auftrag?«
»Ist weg«, kommentierte der Werkstattmeister Arnold Zähringer die rhetorische Frage trocken. »Der Herr Bosch wird dafür schon wieder einen anderen Auftrag herbringen. Das ist nicht eure Aufgabe, euch darüber Gedanken zu machen. Eure Aufgabe ist es, eine gute Arbeit abzuliefern und deshalb wäre es gut, wenn ihr genau das jetzt auch wieder tun würdet.«
Manch einer unter den Gesellen rollte vielsagend mit den Augen, während sie sich achselzuckend ihrer zuvor so

plötzlich unterbrochenen Tätigkeit zuwandten. Ja, so war er halt, der Herr Bosch. Eine Seele von Mensch, aber manchmal halt eben auch wie ein Dampfkessel, der jederzeit explodieren konnte.

Auch Anna Bosch hatte vom Wohnzimmerfenster aus ihren Mann bemerkt, wie der zu einer ungewohnt frühen Stunde sein Fahrrad, das über und über mit dem Installationsmaterial beladen war, welches er doch erst am gestrigen Morgen zum Kaufhaus transportiert hatte, mit zornigen Schritten zurück zur Werkstätte geschoben hatte. Und ziemlich weit hinter ihm folgte der Lehrling, dem es aus offenbar guten Gründen geraten schien, einen gewissen Sicherheitsabstand zwischen sich und seinem Lehrherrn einzuhalten. Was sollte das alles nur wieder bedeuten? Die Installation konnte doch keinesfalls schon abgeschlossen sein. Und wieso hatte er das ganze Material wieder mit dabei? Anna ahnte nichts Gutes, dazu kannte sie die Eigenheiten ihres Mannes längst viel zu genau, als sie eilig der Werkstatt zustrebte, wo sie wenig später die ganze Geschichte erzählt bekam. Und das in Aussicht gestellte Geld?

»Das kann er sich sonst wohin stecken!«, knurrte der immer noch vor Zorn bebende Bosch.

»Aber wir hätten es doch so gut brauchen können!«

»Ich verzichte darauf! Wir werden andere Auftraggeber finden!«

Doch so leicht wollte sie ihn dieses Mal nicht davonkommen lassen. Diese Antwort war er ihr schon noch schuldig.

»Und in der Zwischenzeit?«

»... werden wir nicht verhungern – das sind wir ja bisher auch nicht!«

Anna schlug die Hände über dem Kopf zusammen und schickte einen hoffnungslosen Blick zum Himmel. »Oh, dieser Mann!«

»Hat halt schon immer seinen eigenen Kopf gehabt«, ergänzte er trotzig.

Die Folge war ein neuerlicher Blick, in dem sie ihren Mann mit gespieltem Tadel musterte. Der hielt der strengen Miene stand und am Ende mündete die leidige Angelegenheit in einem befreienden Gelächter – auch wenn die Werkstätte Robert Bosch gerade eben auf gewaltig viel Geld verzichtet hatte. Man schien es sich leisten zu können. Ein schönes Gefühl, nicht mehr alles um jeden Preis machen zu müssen. Endlich! Hoffentlich war der Erfolg von Dauer.

Immerhin nahmen sie von nun an sonntags endlich wieder die schon früher gepflegten ausgedehnten Familienausflüge über die Albhochfläche auf, was an manchen Tagen selbst für die Kinder sechs Stunden dauernde Fußmärsche bedeutete. Sportliche Höchstleistungen. Um diese Wanderungen zeitlich überhaupt bewältigen zu können, quälte man sich in Stuttgart nun beim sprichwörtlichen ersten Hahnenschrei aus dem Bett, in den Augen der Kinder war es beinahe noch Mitternacht. Der Einzige aus der ganze Familie, der dann bereits immer putzmunter und mit strahlender Miene am Küchentisch hockte und mit hastigen Schlucken seinen Tee trank, war der Vater, der es jedes Mal kaum erwarten konnte, bis es endlich losging.
Gegenüber solchen Gewalttouren galt ihnen der traditionelle Familienausflug an Peter und Paul – also am 29. Juni, dem sogenannten »Kirschenpeter« – als regelrechte Kleinigkeit, auch wenn die Wanderstrecke selbst ähnlich lang war wie eine der Touren über die Alb. Aber wenigstens wurde man vom Vater nicht in aller Herrgottsfrühe aus den Federn gescheucht, sondern konnte zwei Stunden länger im Bett verbringen.
Bei diesem Kirschenpeter-Ausflug handelte es sich um eine wunderschöne ausgedehnte Wanderung entlang der Rebhänge und Obstgärten zwischen Esslingen, dem Jägerhaus und Strümpfelbach. Und wenn dabei die Sonne schien und die reifen Kirschen an den Bäumen in ihrer roten Pracht glänzten, war es regelmäßig um den begeisterten Naturliebhaber Bosch geschehen. Aus Leibeskräften sin-

gend quollen die Verse geradezu aus seinem weit geöffneten Mund: »Wohlauf, die Luft geht frisch und rein, wer lange sitzt, muss rosten, den allerschönsten Sonnenschein lässt uns der Himmel kosten.« Fröhlich stimmten die anderen mit ein und warfen sich dabei amüsierte Blicke zu, denn Bosch sang wieder einmal »grottenfalsch« wie sich einer der Wanderbegleiter, der Professor Dölker, schmunzelnd äußerte. »Egal – Hauptsache es macht ihm Freude«, gab Anna lachend zurück. »Lieber ein lustiger Sänger, der stimmlich völlig daneben liegt, als ein Mann, der die ganze Zeit nur Trübsal bläst.«
Beim Kirschenpeterausflug im Jahr 1897 kam es wieder einmal zu einem Wechselbad der Gefühle, wie es für Robert Bosch so typisch war. Die neunjährige Margarete hatte sich beim Blumenpflücken verlaufen. Es dauerte eine gute Stunde, bis ihr Vater sie endlich wiedergefunden hatte, um ihr erst dann, als alle wieder beisammen waren, ganz bewusst vor aller Augen eine Ohrfeige zu geben. »Als Lektion, die du hoffentlich nie mehr vergisst!«, kommentierte er seine Tat. Gretel war über diese öffentliche Züchtigung natürlich alles andere als erbaut und trottete mit dementsprechend verdrossener Miene langsam hinter den anderen her, während ihr Vater mit wütenden Schritten der Gruppe vorauseilte. Anscheinend war die Szene auch ihrer Mutter peinlich gewesen. Mit einem entschuldigenden Lächeln wandte sie sich an Professor Dölker und erklärte ihm den Grund, weshalb ihr Mann den anderen jetzt mit so großem Abstand vorausmarschierte: »So ist er halt, mein Mann – er kann sehr aufbrausend und jähzornig sein, dabei hat er sich zu der Ohrfeige hinreißen lassen – und jetzt tut es ihm schon wieder leid. Aber geschehen ist halt geschehen.«

Im Jahr 1896 konnte die Firma Bosch die Herstellung des 1000. Zündapparates vermelden – und um dieser stolzen Tatsache gerecht zu werden, feierte man dieses Ereignis mit einem Betriebsausflug ins Remstal nach Geradstetten.

So bedeutend diese Zahl auch klingen mochte, Robert Bosch war noch lange nicht da, wo er eigentlich sein wollte. Im Installationsgeschäft vielleicht. Aber längst nicht in der Sparte Motoren und vor allem nicht bei den Zündapparaten. Das wurmte ihn kolossal.
Die Zündungen waren durch die höheren Stückzahlen sogar noch preiswerter geworden, doch die Aufträge stiegen nicht im selben Maße an.
Egal wie zufrieden sich die Kunden über die Qualität dieser Bosch-Produkte auch zeigten: Was nützte es der Firma, wenn dennoch keine gesteigerten Auftragseingänge zu verzeichnen waren?! Aber ohne zusätzliche Aufträge konnte er auch nicht an die technische Verbesserung der Zündungen gehen. Denn das würde eine ordentliche Stange Geld kosten, und außerdem würde er in diesem Fall sein zweites Standbein, die Installation, womöglich zu sehr vernachlässigen. Es war – wieder einmal – zum aus der Haut fahren.
Konnte, ja durfte es denn wirklich geschehen, dass der technische Fortschritt nur wegen ein paar fehlender Mark in der Firmenkasse ins Stocken geriet – und wegen des anhaltenden Widerstands einiger egoistischer Erfinder, wie beispielsweise dieser Gottlieb Daimler einer war, der lieber sein eigenes, nachweislich eindeutig schlechteres Produkt in die Motoren einbaute?!
Das konnte doch nicht möglich sein! Nein! Energisch hieb Robert Bosch nach der Rückkehr vom Betriebsausflug mit seiner Faust so heftig auf die Schreibtischplatte, dass ein stechender Schmerz durch seine Fingerknöchel fuhr. Aber in seiner ohnmächtigen Wut bemerkte er diese Schmerzen kaum. Erst einige Zeit später wurde er sich der Tatsache bewusst, dass er sich bei seinem Temperamentsausbruch um ein Haar die Finger gebrochen hätte. Das wäre so ziemlich das Letzte, was er gebrauchen konnte.

Ausgerechnet in dieser unbefriedigenden »Zwischenzeit« kam es eines Tages zu einer interessanten Anfrage. »Aus England! Es ist eine Anfrage aus England und sie betrifft ein französisches Produkt. Das ist ja … das wäre …« Bosch fehlten kurzzeitig die Worte, als er sich den Inhalt des Schreibens vergegenwärtigte: Eine eventuelle Bestellung aus England, aus dem Land, in dem trotz seiner aufgrund der stark veralteten Fabrikationsmethoden allmählich schwindenden Bedeutung immer noch die industriellen Fäden gezogen wurden! Und darüber hinaus wurde ihm in dem Schreiben die Frage gestellt, ob man eine solche Magnetozündung, wie sie bei Bosch ja schon für ortsfeste Motoren entwickelt worden sei, womöglich auch an ein Dreirad des französischen Automobilkonstrukteurs »de Dion-Bouton« anbringen könne. Ein weiteres Stichwort, das ihn förmlich elektrisierte. Der Graf de Dion! Einer der führenden französischen Konstrukteure. Der Hauptkonkurrent von Daimler in Frankreich. Wenn man mit dem womöglich in geschäftliche Kontakte treten könnte …

Doch ganz so einfach war die Sache natürlich nicht, denn die Anfrage stammte ja aus England und nicht aus Frankreich. Offenbar ging es dabei um ein mögliches Lizenzgeschäft mit dem französischen Produkt in England. Und anscheinend war der Interessent von der bisher verwendeten Motorzündung für das Dreirad, die über eine Trockenbatterie erfolgte, alles andere als überzeugt.

Beim Absender der Anfrage handelte es sich um einen Mann, dessen Name allein bei Robert Bosch den Herzschlag beschleunigt hatte. Er kannte den Mann – zwar nicht persönlich, aber er war ihm ein Begriff: Es war Frederick Simms! Der mächtige deutsch-englische Industrielle, der den jungen Automobilmarkt in England mit den dort von ihm exklusiv vertriebenen Daimlerprodukten beherrschte. Ein Mann, von dem es hieß, er sei gefährlich wie eine Schlange, wittere aber jedes gute Geschäft, das sich irgendwo am Horizont abzeichne. Innerhalb kürzester Zeit hatte Simms mit dem Erwerb von Lizenzen und Beteiligungen offenbar ein Vermögen gemacht. Mit diesem Mann in eine Geschäftbeziehung treten zu können – das wäre der Durchbruch, an den er nach all den niederschmetternden

Erfahrungen der vergangenen Jahre kaum noch zu hoffen gewagt hatte. Der Schritt in die Zukunft. Praktisch in allerletzter Minute.
Mit den englischen Geschäftsgepflogenheiten klarzukommen, das traute sich Bosch auf alle Fälle zu, ebenso, den ob seiner Raffinesse gefürchteten Engländer im Zaum zu halten. Wenn sie es nur schafften, ihr Produkt erfolgreich mit dem »de Dion-Motor» zu verbinden. Seltsam, dass der Daimler-Generalvertreter für England jetzt mit einem französischen Produkt liebäugelte, das er offenbar ausgerechnet auch noch mit der Zündung eines Daimler-Konkurrenten auszustatten gedachte. Mit einer Bosch-Zündung. Seltsam! Aufregend!
Bereits wenige Tage später war Bosch mit Frederick Simms übereingekommen, sich von diesem ein »de Dion-Bouton«-Dreirad direkt nach Stuttgart liefern zu lassen. Die von Simms angegebene Drehzahl des Motors betrug cirka 600 Umdrehungen pro Minute. 600 Umdrehungen: Das müsste also eigentlich problemlos zu schaffen sein. Und wenn das tatsächlich der Fall sein sollte, dann würde Simms – dieses Versprechen hatte er bereits abgegeben – künftig einer Magnetzündung von Bosch gegenüber der wesentlich unzuverlässigeren Daimlerschen Glührohrzündung auf alle Fälle grundsätzlich den Vorzug geben.
Doch als das Fahrzeug schließlich in Stuttgart eintraf und Arnold Zähringer den Motor nach einigem nervenaufreibendem Hin und Her endlich in Gang gesetzt hatte, da folgte die befürchtete Ernüchterung schon auf den Fuß. Kopfschüttelnd starrte der 19-jährige Lehrling Max Rall auf den qualmenden, lautstark knatternden Motor des Dreirads und schrie seinem Lehrmeister über den Lärm hinweg ins Ohr. »600 Umdrehungen sollen das sein? Niemals!«
Zähringer nickte. Dazu musste man kein Experte sein, um das herauszufinden, dass hier etwas nicht stimmte. Selbst der Lehrling hatte es gemerkt, die Drehzahl musste in Wahrheit wesentlich höher sein als angegeben. Aber wie hoch genau?

»Es hat ja keinen Sinn, etwas an den Motor anzubauen, wenn wir gar nicht wissen, wie hochtourig er läuft«, wandte sich Zähringer kopfschüttelnd an den genauso entgeisterten Bosch. Der schien gleichzeitig krampfhaft zu überlegen. Wieder einmal fühlte er sich genauso kurz vor dem Ziel wie direkt vor dem Abgrund stehend. Gestern noch hatte er der Ankunft des Motordreirads regelrecht entgegengefiebert und heute schon sollte alle Hoffnung wieder einmal vergebens gewesen sein? Nie und nimmer!

»Dann müssen wir eben herausfinden, wie hoch die Drehzahl des Motors wirklich ist«, erklärte er knapp und entschieden, während er die Maschine langsam wieder abstellte. Eine geradezu unnatürliche Stille breitete sich in der Werkstatt aus, nachdem der Motor fauchend und dröhnend allmählich zur Ruhe gekommen war. Ein beißender Abgasgestank zog sich bis in die hintersten Winkel der Werkstätte. »Also: Wir finden es heraus – und danach werden wir dann weitersehen«, bemühte er sich, einen möglichst sorglosen Tonfall in seine Stimme zu legen. Als ob das so einfach wäre, die exakte Drehzahl zu bestimmen. Auch Zähringer schien nämlich nach wie vor ratlos: »Und wie sollen wir das machen?«

»Also, ich schätze mal, dass das gut und gerne 1500 Umdrehungen sind«, meldete sich der Lehrling mit wichtiger Miene zu Wort.

»Was du glaubst oder schätzt, das interessiert hier niemanden«, wies ihn Zähringer postwendend streng zurecht. »Wir müssen es exakt herausfinden und nicht irgendwie irgendwas einfach über den Daumen peilen.«

Der Junge zuckte zusammen und senkte betroffen seinen Kopf.

»Also: Was brauchen wir für die Messung?« Bosch überlegte kurz. »Eine Stoppuhr und eine gewisse Fahrstrecke. Wenn wir die Zeit nehmen, mit der das Dreirad auf der vorher ganz genau abgemessenen Strecke von A nach B unterwegs ist, dann können wir daraus über die Fahrzeit die Geschwindigkeit errechnen. Und aus der Geschwindigkeit

wiederum können wir die Tourenzahl des Motors ermitteln. Es ist doch eigentlich ganz einfach.«
»Einfach«, schnaubte Zähringer und rollte dabei mit den Augen. »Dazu brauchen wir eine Strecke von mindestens zwei bis drei Kilometern. Und zwar in der Geraden.«
Während der Lehrling angesichts dieser für ihn völlig undurchschaubaren Rechenexempel ratlos von einem zum anderen guckte, quittierte Bosch die Einwendung mit einer wegwerfenden Handbewegung. »Wir werden dafür schon eine Strecke finden … Das heißt, eigentlich habe ich sie bereits gefunden. Ich kenne sie, in- und auswendig sogar. Immer dann nämlich, wenn ich mit meiner Frau die Schwiegereltern in Obertürkheim besuche, fahren wir auf einer schnurgeraden Straße von Gaisburg nach Wangen. Das ist die ideale Messstrecke. Lang genug müsste sie sein.«
Zähringer wiegte nachdenklich den Kopf. Dann nickte er zustimmend. »Ich kenne die Straße auch. Stimmt, das könnte sogar passen. Ich glaube, auch Daimler und Maybach haben da früher schon einmal Versuche mit einem Motorwagen angestellt. Aber: Wer fährt mit dem Fahrzeug? Ich mache das sicher nicht – und Sie, Sie müssen sich ja um die exakte Zeitmessung kümmern.«
»Das tue ich dann«, meldete sich Max Rall sofort zu Wort. »Ich mache das. Jawohl! Sehr gerne sogar«, fügte er nachdrücklich noch hinzu, als er in die zweifelnden Mienen der beiden Männer schaute. »Doch, das werde ich schon schaffen.«
Und tatsächlich: Nach einiger Diskussion war es ihm gelungen, die Bedenken seines Lehrherrn und des Meisters zu zerstreuen. Somit stand einer Messfahrt schon am nächsten Tag nichts mehr im Wege. Noch Jahre später schauderte es in der Rückschau selbst den tollkühnen Piloten des Motorvehikels, wenn er sich die Risiken vergegenwärtigte, die er dabei eingegangen war. Zwar hatte ihm Robert Bosch ja das Fahrradfahren beigebracht, aber so eine rasante Fahrt mit einem motorgetriebenen Wagen (bei

dem es sich überdies noch um ein ziemlich instabiles Dreirad handelte!) war schon etwas völlig anderes. Nicht auszudenken, was alles hätte passieren können. Wenn es ihm beispielsweise den Lenker verrissen hätte oder wenn ihm trotz des geringen Verkehrs, der an diesem Vormittag auf der noch nicht einmal extra abgesperrten Straße herrschte, eine Kutsche oder ein sonstiges Fuhrwerk in die Quere gekommen wäre!

Nun gut, es war ja nichts passiert. Der 19-jährige Max Rall hatte seinen rasanten Höllenritt zum guten Glück unversehrt überstanden und sie hatten es dabei auch tatsächlich geschafft, die Drehzahl des Motors ziemlich exakt bestimmen zu können. Um sich nun freilich mit einem neuen Problem konfrontiert zu sehen, eben jener tatsächlichen Drehzahl des Motors: 1800 Umdrehungen! Nicht, wie von Simms behauptet, nur 600. Sondern schlichtweg das Dreifache!

»Das ist ja unmöglich«, stöhnte Bosch, kaum dass er seine Berechnung sicherheitshalber ein zweites Mal überprüft hatte. »1800 Umdrehungen! In der Minute!«

»Genau das, was wir in etwa vermutet haben«, nickte der genauso konsterniert wirkende Zähringer.

»Nie und nimmer bekommen wir von unserem Magnetapparat die dafür erforderliche Anzahl von Zündfunken geliefert«, musste sich Bosch frustriert eingestehen.

Was also tun? Alle Hoffnung fahren lassen und aufgeben? Ganz und gar nicht! Diese Chance mussten sie jetzt einfach ergreifen. Nach einigem Überlegen schien es Robert Bosch sogar beinahe so, als habe ihm Frederick Simms ganz absichtlich die richtige Drehzahl des Motors verschwiegen. Denn in diesem Fall wäre sein Ansinnen wohl gleich von vornherein auf (wenn auch bedauernde) Ablehnung gestoßen. Gut möglich, dass es der gewiefte Geschäftsmann Simms folglich darauf angelegt hatte, den Ehrgeiz in der als fortschrittlich geltenden Stuttgarter Werkstätte weiter anzustacheln. Und wenn das also der Fall war, wenn ihm ein Mann wie Simms die Lösung dieses Problems zutraute,

nun, dann … dann konnte er gar nicht anders, als die Herausforderung anzunehmen. Sie mussten dafür lediglich einen mobilen Zündapparat entwickeln, der bis zu 2000 Zündfunken in der Minute abgeben konnte.
Was freilich viel leichter gesagt war als getan.
Mit der bisherigen Technik in Form einer sogenannten Abreißzündung würden sie die enorme Zündfolge auf gar keinen Fall schaffen, das wurde ihnen bald schon klar. Und rasch vernahmen sie nach ihren weiteren Erkundigungen in Frankreich auch die zweite niederschmetternde Aussage, dass nämlich genau die leidige Sache mit der Zündung der Grund dafür sei, weshalb dieses eigentlich faszinierende Gefährt mit der französischen Bezeichnung »Voiturette« samt seinem leistungsfähigen Motor den großen Durchbruch am Markt bisher einfach nicht erzielt hatte. Die Zündungen erfolgten viel zu unregelmäßig, als dass ernsthaft von einem zuverlässigen Fahrbetrieb die Rede sein konnte. Und nicht jeder Lenker eines Motorfahrzeugs war schließlich auch gleich sein eigener Monteur – oder gar ein tollkühner Fahrer vom Schlage eines Max Rall!
»Aber es muss doch einen Weg geben, irgendeinen Kniff, mit dem man sich aus dieser Zwangsjacke befreien kann.«
Vor allem Arnold Zähringer ließ das Problem jetzt keine Ruhe mehr. Nahezu Tag und Nacht verbrachte der talentierte Tüftler seither an der Werkbank, und die ganze Zeit über ließ ihn der Lehrling Max Rall dabei nicht aus den Augen. Ja mehr noch: Auch der junge Rall erwies sich wieder einmal als ein überaus begabter, hellwacher Bursche, der mit seinem im Grunde genommen simplen Vorschlag, für die Isolierung des Zündstifts künftig nicht mehr Asbest, sondern Emaille als Witterungs- und Feuerschutz zu verwenden, technische Maßstäbe setzte. Wieder einmal zeigte sich, dass oft die einfachsten Dinge die größte Wirkung erzielten. Man musste eben nur erst einmal darauf kommen. Das war das Entscheidende: Darauf zu kommen. Und für so etwas konnte man einen solchen findigen Kopf wie Max Rall besonders gut gebrauchen.

Zumal auch Zähringer, der sich vom Tatendrang und den Ideen seines Lehrlings regelrecht beflügelt sah, eines Tages ganz plötzlich auf die entscheidende Lösung des Problems stieß. Wenn man anstelle des schwer gewickelten Ankers einfach zwischen den Polschuhen eine Hülse pendeln ließ? Ob das wohl funktionieren könnte? Es funktionierte! Und wie! Der sogenannte Drehhülsen-Magneto war damit erfunden und wurde auch gleich zum Patent angemeldet. Und nicht nur das: Auch beim Einbau in das »de Dion«-Fahrzeug erwies sich die technische Neuerung als bestens geeignet, um die nötige Zahl von Zündfunken zu produzieren – im Dauerbetrieb sogar. Keine Eintagsfliege also. Selbst beim Härtetest, als Bosch plötzlich eine Gießkanne herbeischleppte und deren gesamten Inhalt vor den Augen seiner erschrockenen Mitarbeiter einfach auf den Motor regnen ließ, lief die Maschine problemlos weiter. Gerade so, als sei nichts geschehen. Der Robustheitstest war damit eindrucksvoll bestanden – was vor allem der vorzüglichen Isolierung zu verdanken war, die Max Rall ersonnen hatte. Im Januar des Jahres 1898 konnte der über die Maßen stolze Robert Bosch das mit der völlig neuartigen Drehhülsen-Magneto-Zündung ausgestattete Motorvehikel dem extra aus England angereisten Frederick Simms präsentieren: Eine neue Ära in der Zündungstechnik hatte damit begonnen. Wie in den folgenden Jahren noch so häufig bei der »Werkstätte Robert Bosch« hatte es sich wieder einmal um eine großartige Gemeinschaftsleistung gehandelt, die diesen gewaltigen technischen Fortschritt überhaupt erst möglich gemacht hatte. Da war zunächst der von einem findigen Kopf erteilte Auftrag – auch wenn es Bosch noch Jahrzehnte später gewaltig ärgerte, dass ihm ausgerechnet Simms den für sein Fortkommen wohl alles entscheidenden Impuls gegeben hatte. Ferner war da die von Robert Bosch als sachkundigem Unternehmer mit den richtigen Leuten besetzte Gruppe, die sich um die Lösung der gestellten Aufgabe kümmerte, sowie die Weitsicht, mit der er auch in späteren Jahren regelmäßig erkannte, wo sich das neu erworbene Patent seiner Firma am besten einsetzen ließ. Wohlgemerkt: Auf den Namen von Robert Bosch selbst war kein einziges dieser Patente jemals angemeldet worden, lediglich auf seine Firma. Die Urheber der Patente, das waren vielmehr all diese hervorragenden Leute, die er beschäftigte. Bosch hingegen durfte stolz auf die Tatsache sein, dass er es war, der diese Talente erkannt und an der richtigen Stelle eingesetzt hatte. Dass er die Anwendbarkeit und die technischen Möglichkeiten des jeweiligen Produkts mit einer Treffsicherheit vorausahnte, wie das sonst keinem Zweiten gelang. Aber unglaublich: Bis zum endgültigen Durchbruch war es noch ein gewaltig langer Weg. Denn wieder einmal ließ der wirtschaftliche Erfolg auf sich warten.

Umso respektabler war sein Handeln im Hinblick auf das Patent an der neu entwickelten Zündvorrichtung zu bewerten. Die Stuttgarter Unternehmer staunten nicht schlecht, als allmählich durchsickerte, wie sich »dieser Bosch« seinen Leuten gegenüber erkenntlich gezeigt hatte. Er, der Arbeitgeber, kaufte nämlich seinen Angestellten Zähringer und Rall die Erfindung nicht einfach um einen üblicherweise eher bescheidenen Betrag ab, sondern er beteiligte beide am späteren Umsatz, der mit dem Zündapparat erzielt werden würde. Jawohl, denn auch der »kleine« Lehrling Max Rall hatte ja einen nicht unmaßgeblichen Anteil am Gelingen des Patents und Robert Bosch wäre der Letzte gewesen, der diese Leistung nicht gewürdigt hätte. Max Rall durfte also die Versicherung seines Lehrherrn entgegennehmen, dass er für jedes verkaufte Exemplar sage und schreibe 20 Pfennig erhalten würde. Das war nicht gerade wenig, das war mehr als großzügig. In den Augen der verständnislosen Stuttgarter Unternehmerschaft hatte der eigentümliche Menschenfreund Bosch wieder einmal gewaltig übertrieben.
Zur heimlichen Freude dieser Unternehmer landete der wenig geschätzte Kollege jedoch rasch wieder auf seinen in

ihren Augen ziemlich wackligen Füßen. Denn der nunmehr erhoffte Großauftrag der DMG, der Daimler-Motoren-Gesellschaft blieb nach wie vor aus. Ausgerechnet Daimler selbst hielt, eigensinnig wie er war, weiterhin an der seiner Meinung nach bestens bewährten und von ihm selbst entwickelten Glührohrzündung für seine Motoren fest. Kein Wunder, dass nach dieser Beobachtung auch andere potenzielle Kunden äußerst zurückhaltend reagierten. Selbst dann noch, als Robert Bosch persönlich bei ihnen vorstellig wurde, blieben sie skeptisch und konterten mit der Feststellung, man habe schon so häufig unter angeblich wegweisenden Erfindungen zu leiden gehabt, dass man inzwischen vorsichtiger geworden sei. »Nicht jede Zimmerlösung taugt hinterher auch für die Landstraße« – solche und ähnlich Sätze musste sich der allmählich verzweifelnde Bosch anhören, verbunden mit der freundlichen Aufforderung, doch in ein bis zwei Jahren wieder vorstellig zu werden. Dann nämlich, wenn sich Leistungsfähigkeit und Robustheit seines Erzeugnisses im tagtäglichen Betrieb erwiesen hätten. Wie aber sollte man diese Alltagstauglichkeit unter Beweis stellen können, wenn das Produkt von niemand gekauft wurde?
Der Prophet im eigenen Land zählt bekanntlich nichts. Wieder einmal hatte auch Robert Bosch den bitteren Wahrheitsgehalt dieses Satzes am eigenen Leib erfahren müssen. Bis … ja bis die Dinge im Frühjahr 1898 endlich doch in Bewegung gerieten.
Mit Vehemenz trat nun Frederick Simms ein weiteres Mal auf den Plan. Als gewiefter Taktierer hatte er erst eine Zeit lang abgewartet, ob die gelieferte, ganz neuartige Zündung tatsächlich auch im Dauerbetrieb funktionieren würde und ob die Firma, über deren schmalen Etat er im Bilde war, sich überhaupt würde halten können. Jetzt aber zeigte er sich begeistert von der technischen Raffinesse, mit der die Boschleute ans Werk gegangen waren, und drängte mit aller Macht darauf, die Alleinvertretung von Boschzündern für England übertragen zu bekommen. Das war der Durch-

bruch! Denn die Stückzahlen, die für England im Gespräch waren, lagen im Vergleich zu den bisherigen Zahlen in geradezu astronomischer Höhe. Selbst wenn man Simms beim Preis stark entgegenkommen musste, war es für Robert Bosch der lang ersehnte Triumph.

Einerseits.

Andererseits jedoch …

Schon bei ihren ersten Treffen hatte Bosch den überaus eitlen Kerl nicht sonderlich sympathisch gefunden, aber er diente ihm nun einmal als Türöffner in England, diesem nach wie vor ungemein wichtigen Industrieland. Ohne einen solchen Kontaktmann bekäme er dort keinen Fuß in die Tür. Überdies war Simms als Generalvertreter der »Daimler Motor Syndicate« Marktführer im Absatz von Automobilen. Und eine Persönlichkeit, die womöglich auch bei der Daimler-Muttergesellschaft als Türöffner für Bosch fungieren konnte.

Denn der vorgebliche Engländer, bei dem es sich in Wirklichkeit um einen in Hamburg geborenen Deutschen mit englischem Pass handelte (eine wahrhaft in jeglicher Hinsicht schillernde Figur), musste einen mächtigen Einfluss besitzen, wenn er es im Jahr 1894 sogar geschafft hatte, die Rückkehr von Gottlieb Daimler in dessen »Daimler-Motoren-Gesellschaft« zu erzwingen, aus der er von seinen Mitgesellschaftern, vor allem vom mächtigen »Pulverkönig« Max Duttenhofer, bekanntlich herausgedrängt worden war. Wenn also Simms einen Mann wie Duttenhofer dermaßen in die Knie zwingen konnte, indem er Daimlers Rückkehr zur Bedingung für seinen Einstieg bei der Gesellschaft machte, dann sprach allein diese Tatsache Bände. Vielleicht war es also auch unter taktischen Gesichtspunkten kein Fehler, mit Hilfe von Simms den Umweg über England zu machen. Wenn die deutschen Motorenhersteller merkten, dass Bosch in England erfolgreich war, noch dazu bei der Partnergesellschaft eines deutschen Unternehmens, dann würden sie eines Tages ganz von alleine kommen. Hoffentlich.

Das musste man Frederick Simms lassen: Er hatte aus der Distanz heraus etwas begriffen, was zu Hause in Stuttgart anscheinend nicht zu akzeptieren war. Bosch war gut. Daimler war gut. Weshalb konnte man die beiden mit ihren jeweils besten Produkten nicht einfach zusammenspannen? Wenn das beim französischen »de Dion-Bouton« möglich war, dann musste das doch auch in Stuttgart gehen. Von Haustür zu Haustür sozusagen! Irgendwann musste das doch klappen! Aber wann?

Immerhin sorgten die Umsätze, die sie dank der England-Aufträge von Simms erzielten, jetzt endlich für eine wirtschaftliche Zukunftsperspektive. Erstmals schien es so, als brauche sich Robert Bosch keine Sorgen mehr um eine einigermaßen sichere Existenz seiner Firma zu machen. Auch persönlich verschaffte ihm dieser spürbare Aufwärtstrend gewisse Freiräume. Es war nun nicht mehr unbedingt nötig, quasi Tag und Nacht in der Werkstatt zu verbringen. Dafür hatte er jetzt seine bewährten Leute – samt den entsprechenden Produkten. Von der ebenfalls mit guten Arbeitern besetzten Installationssparte war damit ein Großteil des Drucks genommen, allein für eine ausgeglichene Bilanz sorgen zu müssen. Aufgeben würde er das Installationsgeschäft deshalb freilich nicht. Schließlich konnte man ja nie wissen.
Seit dem Sommer des Jahres 1898 pflegten die Boschs nun in der Ferienzeit ausgedehnte Touren ins Hochgebirge zu unternehmen. Der Beginn einer jahrzehntelangen Familientradition. Auch dabei hatte ausgerechnet wieder Frederick Simms als Wegbereiter fungiert, denn der pflegte schon seit langer Zeit eine ganz besondere Leidenschaft für die Tiroler Alpen. Dorthin zog es ihn immer wieder auf die Gamsjagd. Bei einer ihrer ersten Begegnungen hatte er Robert Bosch zu einer solchen Jagd eingeladen – mit gravierenden Folgen. Denn schlagartig war bei Bosch die über seinen Vater Servatius Bosch vererbte Jagdleidenschaft wieder zum Vorschein gekommen. »Erschwerend« hinzu kam

noch die herrliche Landschaft des Lechtals. Seit dieser Zeit also brach die Familie Bosch regelmäßig zu ihren geradezu legendären Touren in die Alpen auf: Eine Liebe war entflammt.
Besonders die erste Reise blieb für immer im Gedächtnis der Familienmitglieder haften. Wie sie zum ersten Mal in ihrem Leben staunend vor der grandiosen Kulisse der steil in den Himmel ragenden, selbst im Hochsommer noch schneebedeckten Alpengipfel standen, das waren magische Augenblicke, die weder die zehnjährige Gretel noch der siebenjährige Robert oder ihre neunjährige Schwester Paula jemals vergessen würden. Dazu gesellte sich der geradezu exotische Reiz einer Übernachtung auf den recht einfach ausgestatteten Schutzhütten, wo man oft genug mitten im Heu schlafen musste. Zunächst hatten die Kinder noch ziemlich verdutzt dreingeschaut – um dann eine herrliche Nacht in dem nach Sommer, Kräutern und freier Natur duftenden Heu zu verbringen. Und schlafen konnte man da: wie ein Murmeltier!
Selten hatten sie ihren Vater so unbeschwert und gelöst erlebt wie während ihrer ausgedehnten Wanderungen über Almen, durch Täler und Wälder der österreichischen Gebirgslandschaft. Auch wenn er es in seiner überschäumenden Naturbegeisterung mit den vom ihm ausgedachten Touren manchmal ziemlich übertrieb und eine Wanderung am Ende zwölf, wenn nicht gar dreizehn Stunden dauern konnte. Das sorgte vor allem zu Beginn der Wandersaison regelmäßig für Blasen an den Füßen und dementsprechende Kommentare seiner zunehmend unlustiger werdenden Mitwanderer. Da war es ganz wichtig, ab und zu für Abwechslung zu sorgen und die Kinder von der Tatsache abzulenken, dass schon noch gut und gerne zwanzig Kilometer vor ihnen lagen. Womöglich zum Großteil bergauf! Nach einem guten Dutzend solcher Wanderungen waren ihre Füße jedoch bestens »eingelaufen«, wie Robert Bosch zufrieden konstatierte. Mehr und mehr wurden die mürrischen Mienen nun von einer fröhlichen Stimmung ver-

drängt. Sogar die Kinder schwärmten inzwischen von der herrlichen Alpenlandschaft, die ihnen manchmal geradezu magische Momente einer ganz besonderen familiären Verbundenheit bescherte, wie das in ihrem Stuttgarter Alltag niemals der Fall war. Zum Beispiel wenn sie den Vater baten, doch wieder einmal »Älblerisch« zu schwätzen– das wurden dann echte Höhepunkte auf der langen Wanderung. Denn schlagartig huschte bei dieser Bitte ein warmes Lächeln über das sonst so ernst wirkende Gesicht von Robert Bosch. Schmunzelnd verlangsamte er seinen Schritt, um dann wie gewohnt zunächst sein übliches Frage-und-Antwort-Spiel zu zelebrieren: »Ihr wollt, dass ich Älblerisch mit euch spreche? Ganz und gar auf Älblerisch? Also so, wie früher bei mir daheim?«
Die Kinder nickten heftig. »Genau so!«
»Ganz und gar so?«
»Ja!«
»Also gut.« Nacheinander nahm er seine drei Kinder ins Visier, holte noch einmal mit bedeutungsvoller Miene Luft und dann konnte es losgehen: »Bischt au von dr Alb ra? – Habt ihr das verstanden?«, fragte er die begeistert in die Hände klatschenden Sprösslinge, die eifrig nickten.
»Klar!«
»Pescht und Kolera …«
»Ja, auch.«
»Und der Spruch: Pescht, Kolera, von dr Alb ra … Wer sagt's mir nach?«
Paula versuchte es zuerst: »Pest, Cholera – von der Alb ra.«
Lächelnd verdrehte ihr Vater die Augen: »Nein, so geht das nicht. Du musst das mit einem ganz harten, rollenden ›R‹ sprechen. Und auch sonst: keine weichen Laute, sondern harte. So, wie der Menschenschlag auf der Alb halt nun mal ist. Also, auf!«
Doch auch Gretel, die sich nun ebenfalls abmühte, den heimatlichen Dialekt ihres Vaters nachzuahmen, streckte schon bald die Waffen: »Das können wir einfach nicht, das kannst nur du!«

»Eine Schande ist das, wenn nicht einmal mehr die eigenen Kinder die Sprache ihrer Vorfahren beherrschen«, zuckte der Älbler in gespielter Resignation die Schultern. »Man müsste einmal mit euren Eltern ein ernstes Wort reden.«

So lustig das in diesem Fall auch gemeint war, steckte hinter dieser Aussage eine felsenfeste Überzeugung. Seine schwäbische Herkunft konnte und wollte er nämlich keinesfalls verleugnen. Er war nie ein großer Redner gewesen, schon sein Dialekt stellte sozusagen eine natürliche Hürde dar, aber sich deshalb zu verbiegen und sich womöglich einige gestelzte Formulierungen anzueignen? Nein, das kam für ihn nicht infrage. Er war nun einmal mitten im Schwäbischen geboren worden, weshalb also sollte er nicht zu seinem heimatlichen Dialekt stehen? Bei vielen hatte man den Eindruck, als schämten sie sich ihrer schwäbischen Herkunft. Eine Beobachtung, die Robert Bosch jedes Mal mit tiefem Verdruss erfüllte. Nun gut, die originale Umgangssprache seiner Albecker Heimat hatte auch er im Lauf der Jahre deutlich abgeschliffen. Üblicherweise schlug er im Familienkreis und in der Firma einen weniger hart klingenden Ton an als beispielsweise beim Zusammentreffen mit einem seiner Schulkameraden in Albeck. Dort freilich schaffte er es mühelos, von einem Augenblick auf den anderen »umzuschalten«. Das Schwäbisch von der Ulmer Alb galt für ihn sowieso als der schönste aller deutschen Dialekte. Da brauchte man ihm gar nicht erst mit anderen Mundarten zu kommen. Er kannte sich in dieser Hinsicht bestens aus. Denn Robert Bosch galt im Familienkreis als glänzender Imitator – was vor allem vor dem Hintergrund bemerkenswert war, dass es ihm nie gelang, ein lupenreines Hochdeutsch zu sprechen.

»Kannst du jetzt noch ein bisschen sächsisch reden?«, bat ihn sein kleiner Sohn.

»Ach, ich weiß nicht. Das mag ich ja nicht so arg …« Die Kinder erst mal ein bisschen zappeln zu lassen, auch das gehörte zum Ritual dazu.

»Aber du kannst das doch so gut.«
»Und wenn ich halt nicht will?«
Höchste Zeit, dass die beiden Mädchen ihrem Bruder zur Seite standen. »Papa, bitte – das wäre wirklich schön. Bitte Papa.«
»Nu gut – ei verbibbscht, en Sachse!«
Begeistert klatschten die drei in die Hände. »Ja, genau! Weiter Papa, das ist toll!«
Es waren herrliche Stunden, die sie in vollen Zügen genossen.

Das Jahr 1900. Ein neues Zeitalter beginnt, ein neues Jahrhundert ist angebrochen. Auch für die Firma Robert Bosch. Denn jetzt plötzlich scheint der Durchbruch im großen Stil gelungen zu sein.
Im vergangenen Jahr war die Werkstatt aufgrund der enormen Auftragszuwächse schon wieder zu klein geworden, sodass man weitere Räume in einem Hintergebäude in der Kasernenstraße anmieten musste. Und kaum waren diese Räumlichkeiten bezogen, wurde es der Firma mit ihren nunmehr 40 Mitarbeitern auch hier bereits zu eng.
Es half alles nichts: Ein Neubau musste her – was Robert Bosch auf Dauer auch lieber war, als Miete an jemanden zahlen zu müssen. Denn Miete, das war für ihn verlorenes Geld. Investitionskapital, das man nicht mehr in die Firma stecken konnte.
Am 2. März 1900 wurden mit dem Kauf eines großen Hauses in der Militärstraße 2 B die entsprechenden Weichen gestellt. Das dazugehörige Grundstück war üppig bemessen und reichte auf der Rückseite bis an die erst vor einigen Jahren neu erschlossene Hoppenlaustraße. Es war also groß genug, um später bei Bedarf einen Firmenneubau daraufzustellen, mit dem man dann nach wie vor nicht allzu weit von der Stuttgarter Innenstadt entfernt war. So konnten die Installationsaufträge, die immer noch mehr als ein Fünftel des Umsatzes ausmachten, auch weiterhin rasch und ohne lange Anfahrtswege ausgeführt werden. Dafür hatte das Haus samt Grundstück aber auch eine Menge Geld gekostet: 140 000 Mark! Das war eine Summe, die er noch vor Kurzem für völlig unerschwinglich gehalten hätte. Und die Tatsache, dass er davon 40 000 Mark in zwei Raten sozusagen direkt auf den Tisch legen konnte, während ihm die restlichen 100 000 Mark von der Bank problemlos als Darlehen bewilligt worden waren: Wer hät-

te das vor fünf oder sechs Jahren auch nur zu hoffen gewagt! Erstmals war Robert Bosch jetzt Hausbesitzer. Grundstückseigentümer in der württembergischen Landeshauptstadt! Er durfte zu Recht ein bisschen stolz darauf sein.

Auch in anderer Hinsicht handelte es sich um ein ganz besonderes Grundstück. Denn da war nur einen Steinwurf weit entfernt noch diese äußerst geschichtsträchtige Nachbarschaft: der Hoppenlaufriedhof, die Ruhestätte vieler bedeutender schwäbischer Dichter und Denker. Wilhelm Hauff und Gustav Schwab lagen hier begraben, genauso wie Christian Daniel Friedrich Schubart auf dem mittlerweile aufgelassenen, parkähnlichen Friedhof seine letzte Ruhe gefunden hatte. Vor allem Schubart! Dessen Lebenstragik als Erzieher des Herzogs Carl Eugen, der ihn später in die jahrelange Kerkerhaft auf dem Hohenasperg geworfen hatte, jagte Robert Bosch jedes Mal einen Schauder über den Rücken, wenn er am Grabmal dieses großen Freidenkers seine aus dem eigenen Garten mitgebrachten Blumen niederlegte.

Kaum hatte Robert Bosch den Grunderwerb getätigt, stand tatsächlich auch schon die nächste gewaltige Investition an: ein Neubau für seine Firma. Es ging nicht anders, denn die Aufträge strömten geradezu herein. Also ein Neubau. Aber wie sollte das Fabrikgebäude aussehen? Erstmals hatte er es selbst in der Hand, die ideale Fabrik zu planen, die den Arbeitsabläufen viel besser gerecht werden konnte, als das in bereits vorhandenen Räumen der Fall war. Doch kein Entwurf der zahlreichen von ihm mit einem Plan beauftragten Architekten war ihm gut genug, alles schien ihm viel zu konservativ, viel zu wenig an den Anforderungen einer modernen Firma ausgerichtet, die auch das Wohlergehen ihrer Arbeiter fest im Blick behielt.

Und so plante, diskutierte und entwarf der eigensinnige Firmeninhaber zur schieren Verzweiflung jener Architekten sein erstes, neu gebautes Fabrikgebäude nahezu im Alleingang.

Funktionale Räume, hell, lichtdurchflutet und vor allem mit viel Frischluftzufuhr. Das war es, was er verlangte, denn »das tut den Leuten gut – und wenn es meinen Leuten gut geht, dann geht es auch meiner Firma gut«. Wahrhaft revolutionäre Gedanken, ganz typisch wieder einmal dafür, wie fortschrittlich »beim Bosch« gedacht, gehandelt und gearbeitet wurde. Und so geriet dieser erste Firmenneubau der Firma Robert Bosch, der am 1. April 1901 bezogen werden konnte, auch äußerlich zu einer für alle Welt sichtbaren Wegmarke. Nicht nur wegen seiner atemberaubend kurzen Bauzeit und der völlig neuen Konzeption der Fabrikräume, sondern auch wegen der Bauweise an sich. Denn es handelte sich um das erste Gebäude in Stuttgart, wenn nicht gar im gesamten Königreich Württemberg, das nach einer neuen, geradezu spektakulären Methode errichtet worden war. Erstmals war hier die neue Bautechnik des Franzosen Monier zum Einsatz gekommen.

Es war ein Bau, der fast ausschließlich mit Beton und Eisen ausgeführt wurde. Dieser mit Eisenträgern verstärkte Beton, oder – wie Bosch sich ausdrückte – Stahlbeton, sollte die Stabilität der Werkshallen garantieren. Kein Wunder, dass die staunenden Stuttgarter in Scharen zu der Baustelle strömten und es sich bei diesem Gebäude in seinem Entstehungsjahr wahrscheinlich um die meistbestaunte und am heftigsten diskutierte Fabrikationshalle in ganz Stuttgart handelte. Noch viele Jahre nach seiner Einweihung kontrollierten Beamte der württembergischen Bauaufsicht das Werk voller Misstrauen auf seine Standfestigkeit. Doch der Anfang war damit gemacht und die neuartige Stahlbetonbauweise konnte ihren rasanten Siegeszug nun auch in den anderen Firmenbauten der rasch wachsenden Industriebetriebe antreten. Auch in dieser Hinsicht erwies sich der junge Robert Bosch wieder einmal als mutiger Pionier, der sich als Erster auf eine technische Neuerung eingelassen hatte. Ein Wagnis – aber nur in den Augen der anderen. Denn selbstverständlich hatte er sich, wie es eben seine Art war, zuvor ganz genau über diese neue Technik in-

formiert und sich nicht einfach blindlings in ein Abenteuer gestürzt.
Die Lage von Haus und Werkstatt erwies sich als geradezu ideal, denn allmählich schien sich an der Hoppenlaustraße auch das neue kulturelle Zentrum von Stuttgart herauszubilden: die viel bestaunte Liederhalle, die Garnisonskirche, das Gymnasium und die Gewerbehalle. Symbolträchtige Monumente der aufstrebenden württembergischen Landeshauptstadt.
Und mitten drin die aufstrebende Firma des noch nicht einmal 40 Jahre alten Robert Bosch.

Was für zwei turbulente Jahre jetzt hinter ihm lagen: der Grundstückskauf, der Firmenneubau – und zu allem Überfluss war mitten in die Bauarbeiten die angeblich technisch begründete Ablehnung der Firma Daimler gegen die Bosch-Magnetzündung hineingeplatzt. Man wolle bei den DMG-Motoren weiterhin lieber die eigene, vom inzwischen verstorbenen Gottlieb Daimler konstruierte Glührohrzündung beibehalten. Nicht zu fassen!
So sehr Robert Bosch auch grübelte und analysierte, es konnte keinen vernünftigen technischen Grund für diese kategorische Ablehnung geben. Es musste eher am persönlichen Verhältnis liegen, das auch noch nach dem Hinscheiden von Daimler einen dunklen Schatten warf. Denn diese seltsame Abneigung hatten die beiden Männer ja schon bei ihrer ersten Begegnung vor einigen Jahren verspürt. Vielleicht hatte es am deutlich höheren Alter Daimlers gelegen oder an der verschiedenartigen Herkunft der beiden – Bosch, der hochgewachsene, stattliche Gastwirtsohn von der rauen Alb, dagegen der eher schmächtige, inzwischen schwer herzkranke Unterländer Gottlieb Daimler. Eine richtige Freundschaft zwischen ihnen wäre auch unter günstigeren Bedingungen sicherlich niemals zustande kommen.
Wenn er nur an diese sonderbare Geschichte zurückdachte, die sich um das Jahresende 1898 zugetragen hatte. Auf

heftiges Drängen seines Gönners Frederick Simms hatte sich Gottlieb Daimler genötigt gesehen, zumindest testweise an einem seiner Automobile die neuartige Bosch-Zündung anzubringen. Diesen Versuch hatte er Simms versprechen müssen, und dann hatte er sich trotz seiner Krankheit selbst hinter das Lenkrad gesetzt und in aller Heimlichkeit eine Probefahrt unternommen. Erst später erfuhr Robert Bosch, dass Daimler bei dieser Testfahrt sogar bis nach Tirol und wieder zurück gefahren war. Problemlos, denn der Zündapparat hatte zu Daimlers wachsendem Verdruss bestens funktioniert.
Anschließend hatte er Simms zähneknirschend einräumen müssen, dass sich das Produkt als einwandfrei erwiesen habe. Und von hoher Qualität sei es noch dazu. Durch dieses widerwillige Eingeständnis des großen Skeptikers sah sich Simms bestätigt und setzte im Aufsichtsrat der »Daimler-Motoren-Gesellschaft« durch, dass man sich »sofort« in direkte Verhandlungen mit Bosch begeben wolle.
Dennoch verstrich geraume Zeit, bis das Treffen zwischen Bosch und den Daimler-Vorständen Vischer und Maybach (dazu hin der engste Weggefährte Daimlers!) dann endlich zustande kam. Robert Bosch spürte jedoch von Anfang an, dass es sich mehr um ein erzwungenes Scheingespräch handelte, mit dem man den lästigen Simms zur Ruhe bringen wollte, als um die wirkliche Bereitschaft, in ernsthafte Geschäftsbeziehungen zu treten. Von Gottlieb Daimler selbst war seltsamerweise nichts zu sehen. Merkwürdig.
Gleich zu Beginn war Robert Bosch von Maybach gefragt worden, ob er denn gewillt sei, seine Firma von der »Daimler-Motoren-Gesellschaft« eventuell in Gänze aufkaufen zu lassen.
»Das ist sicher denkbar – aber es ist eben auch eine Frage des Preises«, bemühte sich der perplexe Bosch um eine möglichst gelassene Antwort. Aufkaufen? Warum nicht. Mit einem Schlag wäre er sämtliche Geldsorgen los. Für immer.

Man wisse allerdings durchaus, dass es der junge Betrieb in den vergangenen Jahren nicht immer leicht gehabt habe, fuhr Maybach fort.

Aha, daher wehte also der Wind. Aber so leicht würde er sich nicht herunterhandeln lassen. Schon gar nicht jetzt und nicht von diesen Leuten, die sich nur gezwungenermaßen mit ihm an einen Tisch gesetzt hatten. »Das ist richtig«, gab er zur Antwort, »dennoch ist und bleibt es wie gesagt eine Preisfrage. Wobei ich gleich von Anfang an dazu sagen will, dass ich meine jetzt erreichte Unabhängigkeit eigentlich nicht gerne aufgeben würde. Denn ich möchte schon in der Lage sein, mich eines Tages ohne Bedauern wieder verabschieden zu können, falls es mit der Zusammenarbeit doch nicht klappen sollte.«

Es war ganz klar, sie erwarteten eine möglichst hohe finanzielle Forderung von ihm, die sie dann, mit allen Anzeichen des tiefen Bedauerns, leider würden zurückweisen müssen. Aber Maybach hatte inzwischen begriffen, dass sein Gegenüber zu schlau war, um ihm auf dieses Glatteis zu folgen. Also probierte er es anders herum: »Und was wäre, wenn wir einen Vertrag mit Ihnen schließen, der Sie dazu verpflichtet, Ihren Zündapparat exklusiv nur noch an die Daimler-Motoren-Gesellschaft zu liefern? Und wir übernehmen dann auch den Alleinverkauf dieses Erzeugnisses?«

»Und Sie können mir dann im Gegenzug die schriftliche Versicherung geben, dass in Ihre Wagen nur noch Bosch-Zündungen eingebaut werden?« Damit hatte er sie an genau dem Punkt, über den sie keinesfalls gehen konnten.

Mit Befriedigung registrierte Robert Bosch, wie es unmittelbar nach dieser Gegenfrage in Maybachs Gesicht tatsächlich kurz zuckte. »Entschuldigen Sie uns bitte einen Moment. Wir wollen uns kurz zur Beratung zurückziehen.«

Kaum hatten die beiden DMG-Leute den Raum verlassen, hörte Bosch ihre Stimmen aus dem Nebenraum. Und außerdem die Stimme eines weiteren Mannes, die er gut genug kannte, um sie gleich zuordnen zu können: Gottlieb

Daimler persönlich! Das war ja nicht zu fassen: Der berühmte Konstrukteur saß im Nebenzimmer und belauschte ganz offenkundig ihr Gespräch! Und Maybach musste sich jetzt bei Daimler rückversichern. Daimlers entschiedene Antwort war durch die dünne Wand gut zu verstehen. »Da wäre ich ein schlechter Erfinder oder Konstrukteur, wenn ich mich von einem Tag auf den anderen an eine solche Neuerung bände!« Mit anderen Worten: Nach wie vor würde Gottlieb Daimler alles daran setzen, seine längst veraltete Glührohrzündung auch weiterhin beizubehalten. Nie und nimmer würde er einer vollständigen Umrüstung auf das Bosch-Produkt zustimmen. Und damit war die Sache im Prinzip bereits gelaufen.

Mit ernsten Mienen betraten Vischer und Maybach wenig später wieder das Verhandlungszimmer und teilten ihrem nur mäßig überraschten Gesprächspartner ihre Entscheidung mit, dass man auf eine solche umfassende Verpflichtung leider nicht eingehen könne. Nach wie vor biete man ihm jedoch einen exklusiven Lieferungsvertrag für die Daimler-Gesellschaft an.

»Wenn Sie den Alleinverkauf meines Zündapparats übernehmen wollen, in welcher Größenordnung wird sich dann eine Abnahmegarantie bewegen?«, konterte Bosch postwendend, der sich ja längst auf diese Entwicklung hatte einstellen können.

Maybach schien zu überlegen. »Nun ja, im ersten Jahr natürlich nicht ganz so viel. Ich würde sagen zunächst einmal 100 Stück, im Jahr danach könnten wir uns dann vielleicht schon auf 150 Stück verständigen.«

»100 Stück!« Robert Bosch schenkte seinen beiden Verhandlungspartnern ein mitleidiges Lächeln. »Allein im letzten Jahr habe ich beinahe 1200 Zündapparate verkauft, da kann ich mich doch jetzt nicht auf eine Abnahmegarantie von 100 Stück einlassen – und dazu noch exklusiv.«

Das sahen die Herren natürlich genauso – und nach einigen bedauernden Worten über die somit nicht zustande gekommene Geschäftspartnerschaft verabschiedete man sich

voneinander mit der gegenseitigen Versicherung, den Kontakt zwischen den Firmen dennoch nicht abreißen zu lassen. Man könne ja nie wissen.
Wieder war es also nichts geworden mit einer engen Zusammenarbeit von Bosch und Daimler. Und so schien es wohl auch auf Dauer zu bleiben: Keine Aussicht, dass sich das jemals ändern sollte. Über einen unerwarteten Umweg kam es dann aber doch noch ganz anders.

Denn trotz der gescheiterten Verhandlungen war durch Frederick Simms ein Impuls gesetzt worden. Das konnten selbst Daimlers Vertraute auf Dauer kein zweites Mal durch taktische Finessen verhindern. Dank des entschlossenen Einsatzes von Simms, dessen besonderes Gespür für aufstrebende Firmen bekannt war, wurde nunmehr ein Mann namens Emil Jellinek auf Robert Bosch und seine Produkte aufmerksam. Der Deutsch-Österreicher galt als einer der wichtigsten Wegbereiter für die rasche Weiterentwicklung des Automobils, und tatsächlich sollte Jellinek auch für Bosch eine ganz besondere Bedeutung bekommen. Von ihrer Persönlichkeit her konnten die beiden kaum unterschiedlicher sein: Hier der schwäbisch-sparsame Tüftler Bosch, dort der weltgewandte Lebemann, Abenteurer, Diplomat und Kaufmann Jellinek. Als Geschäftsmann hatte sich der spätere österreichische Generalkonsul mittlerweile im mondänen Nizza niedergelassen, was seinem Naturell und Lebensstil am besten entsprach. Seit Jahren schon waren schnelle Autos sein liebstes Hobby, weshalb auch der Kontakt zur Daimler-Motoren-Gesellschaft zustande gekommen war. Vor allem die Zuverlässigkeit der Daimlerprodukte hatte es ihm angetan. Im Laufe der Jahre hatte er sich mit seiner Automobilbegeisterung in einen regelrechten Rausch hineingesteigert. Sein im Jahr 1897 gekaufter, immerhin schon sechs Pferdestärken starker Motorwagen genügte den rasant steigenden Ansprüchen des Konsuls bereits im folgenden Jahr bei Weitem nicht mehr. Im Hinblick auf ein eleganteres Aussehen und eine höhere Bequemlichkeit stellte er neue Ansprüche, ebenso an eine deutlich gesteigerte Höchstgeschwindigkeit, denn die bislang erreichten 24 km/h konnten seine Tempoleidenschaft nicht mehr befriedigen. Er wollte mehr. Immer mehr. Und vor allem: immer schneller – aber dennoch zuverlässig! Es war eine gewaltige Herausforderung für die Konstrukteure bei Daimler, andererseits winkte Jellinek mit dem größten Auftrag, der jemals bei der Motoren-Gesellschaft eingegangen war. Dass die neu konstruierten Wagen später dann auch noch, wie von ihm gewünscht, den Namen seiner Tochter »Mercedes« tragen sollten, stellte angesichts der gigantischen Summe, die er für die Automobile auszugeben bereit war, keinen Hinderungsgrund dar. Und tatsächlich konnte man dem anspruchsvollen Kunden schon im Jahr 1898 mit zwei stärkeren Wagen dienen, die bereits sage und schreibe acht PS unter der Haube hatten. Egal wie teuer diese Automobile auch waren, Jellinek zahlte den geforderten Preis ohne jedes Wenn und Aber – und dazu noch prompt. Schließlich verfügte er bekanntermaßen über eine äußerst potente Abnehmerschaft: die High Society an der Côte d'Azur, von der er mindestens den doppelten Kaufpreis kassierte. Wenn nicht noch wesentlich mehr, denn der Preis für die von ihm exklusiv gelieferten Wagen orientierte sich oft genug nicht nur an der Ausstattung des Gefährts, sondern auch am Vermögen des jeweiligen Kunden. Und so verlangte Jellinek, ohne mit der Wimper zu zucken, von dem schwerreichen Bankier Rothschild gleich das Sechsfache des Betrags, den er selbst an die Daimler-Motoren-Gesellschaft hatte bezahlen müssen. Dabei waren die 10 000 Francs, die ihn diese Lieferung gekostet hatte, ohnehin schon ein überaus stolzer Preis gewesen. Ein Klacks jedoch, verglichen mit dem Gewinn, den der mit allen Wassern gewaschene Geschäftsmann nunmehr erzielt hatte. Kein Wunder also, dass Jellinek selbst sich die allerschnellsten Wagen problemlos leisten konnte – angefertigt ganz genau so, wie es seinen höchst speziellen Wünschen entsprach.

Jellinek nahm jetzt mit seinem viel bestaunten »Mercedes« an zahlreichen Rennen teil, teils aus purer Rennbegeisterung, teils zur weiteren Steigerung seines Automobilabsatzes. Eine Rechnung, die bestens aufging: Vor allem nach der Teilnahme seines Wagens an der »Woche von Nizza« strömten die Kaufinteressenten in Scharen zu ihm und rissen ihm die Mercedes-Wagen geradezu aus der Hand.
Innerhalb kürzester Zeit war Emil Jellinek somit zum wichtigsten Kunden von Daimler geworden, dessen immense wirtschaftliche Bedeutung für die Daimler-Motoren-Gesellschaft es ihm gestattete, weitere Forderungen nach noch schnelleren Rennwagen zu stellen. Dabei ging es ihm vor allem um die Zündung, denn die bislang eingebaute schien ihm noch längst nicht der Weisheit letzter Schluss. Gemäß seinem absoluten Qualitätsanspruch stand für ihn fest, dass in die besten Wagen auch die beste Zündung gehörte und das war nun einmal, wie er von Simms gehört hatte, die Boschzündung – nicht die Daimlersche Glührohrzündung.
Nachdem er mit seiner Forderung erstaunlicherweise erstmals auf den vehementen Widerstand des Konstrukteurs Daimler gestoßen war, der weiterhin trotzig seine Glührohrzündung favorisierte, startete Jellinek eine sündhaft teure Zeitungskampagne, um seinen Wünschen auf diesem Weg den entsprechenden Nachdruck zu verleihen. »Die Glührohrzündung muss jeden Wagen einmal zum Brennen bringen«, stand da schwarz auf weiß vor den Augen der gewaltig entsetzten Daimler-Aufsichtsräte zu lesen. Und weiter: »Ich will damit nicht sagen, dass dadurch auch jeder Wagen verbrennen muss. Es ist nicht notwendig, dass ein Wagen umfällt, um das Benzin in Brand zu stecken, es genügt, dass eine heftige Erschütterung das Zuleitungsrohr zu den Brennern beschädigt, um den Brand hervorzubringen. Mir selbst sind in meiner langen Praxis unzählige Male meine Wagen in Brand geraten. Hoffentlich wird in kurzer Zeit die bessere Einsicht der Fabrikanten, oder, wenn es nicht anders geht, ein Gesetz die Verwendung je-

der Glührohrzündung bei Automobilwagen abschaffen, da bei der Ausbreitung dieses Verkehrsmittels die Folgen dieser gefährlichen Zündung gar nicht absehbar sind.«
Das war ja nicht zu fassen! Da bezeichnete also ausgerechnet der inzwischen mit Abstand wichtigste Kunde der Daimler-Motoren-Gesellschaft, des besten Automobilbauers der Welt, einen wichtigen Teil des von ihm selbst vertriebenen Produkts als brandgefährlich und forderte den Gesetzgeber dazu auf, den Verkauf der mit solchen Zündungen betriebenen Motorwagen zu verbieten. Es handelte sich sozusagen um die öffentliche Aufforderung, den Betrieb künftig nur noch mit Zündapparaten nach dem System Bosch zu genehmigen. Etwas Besseres hätte Robert Bosch gar nicht widerfahren können als diese messerscharfe Attacke des Generalkonsuls gegen seinen eigenen Vertragspartner. Den Daimler-Aufsichtsräten blieb nichts anderes übrig, als sofort zu handeln. Denn im schlimmsten Fall hätte man ansonsten Jellinek als unverzichtbaren Geschäftspartner verloren und auch einen gewaltigen Schaden bei der internationalen Reputation der Daimler-Wagen erlitten. Das aber konnte und durfte nicht sein, folglich würden Daimler und seine ihm vertrauten Leute, wie – an vorderster Stelle – dessen engster Mitarbeiter Wilhelm Maybach, dieser Forderung nun einfach nachkommen müssen. Da konnte der alte Konstrukteur wettern und schimpfen soviel er wollte: Zähneknirschend mussten Daimler und Maybach gegenüber Jellinek das Versprechen abgeben, in die aus Nizza bestellten Wagen künftig ausschließlich die Bosch-Zündung einzubauen. Egal, was das zusätzlich kosten sollte, es spielte für Jellinek und erst recht für seine Kundschaft der Reichen und Superreichen nicht die geringste Rolle. Hauptsache, es war das beste Produkt, das es auf dem Automobilmarkt zu kaufen gab. Die unglaublichen 1000 Mark, die Jellinek von der DMG für jeden Bosch-Zündapparat nun extra in Rechnung gestellt wurden, akzeptierte dieser mit einem gelassenen Lächeln. Für das Beste war kein Preis zu hoch.

Was vor einem guten Jahr also mit Frederick Simms gescheiterter Forderung an Daimler begonnen hatte, wurde dank Jellineks wahrhaft brachialer Durchschlagskraft erfolgreich in die Tat umgesetzt. Gegen alle Widerstände der innerlich zähneknirschenden Daimlerleute setzte sich die Bosch-Zündung bei der DMG endgültig durch.
Es war also alles andere als eine Liebesheirat gewesen und dennoch entwickelte sich ausgerechnet aus dieser Zwangsverbindung eine riesige Erfolgsgeschichte, deren Auswirkungen beide Seiten zu dieser Zeit freilich noch nicht einmal zu erahnen vermochten. Sowohl die Mercedes-Wagen als auch das Unternehmen Bosch, das die neuartigen Zündungen lieferte, gewannen dank dieser Zusammenarbeit beinahe über Nacht einen geradezu legendären Ruf.

Aber es wäre nicht die Geschichte des Robert Bosch und seiner Firma, wenn es nicht auch jetzt noch die eine oder andere Ernüchterung gegeben hätte. Denn exakt in diesem Jahr, als sich sein Ruf dank Jellineks mit Boschzündungen ausgestatteten Mercedes-Wagen in Automobilistenkreisen bereits in Windeseile zu verbreiten begann, nahm Robert Bosch an der Berliner Automobil-Fachausstellung teil, auf der er der interessierten Kundschaft sogar persönlich die Vorzüge seiner Zündung erläuterte. So etwas war eigentlich ganz und gar nicht nach seinem Geschmack, aber andererseits war ihm klar, dass er sich als aufstrebender Unternehmer dem Publikum zeigen musste. Erst recht mit einem neuen, Erfolg versprechenden Produkt. Er musste auch andere Auftraggeber an Land ziehen – eine zunehmende Abhängigkeit von der DMG, das schien ihm auf Dauer gesehen zu gefährlich. Schon wegen dieser ganzen überaus zähen Vorgeschichte.
Dass Bosch bei dieser Ausstellung mit der Bronzemedaille für sein Produkt ausgezeichnet wurde, darüber hat er sich hinterher jedoch mehr geärgert als gefreut. Wo es doch eigentlich bereits für jeden Laien eindeutig ersichtlich war, dass die Bosch-Zündung die beste Qualität von allen auf-

wies. Woran hatte es also gelegen, dass er nur den dritten Preis bekommen hatte und nicht die Goldmedaille? Sicherlich auch an seinen eher bescheidenen Verkaufstalenten, er war halt nun mal nicht der geborene Redner, dagegen stand schon seine eher spröde Art. Und vermutlich hatten auch die Konkurrenten im Stillen dafür gesorgt, bei den Jurymitgliedern die Überzeugung reifen zu lassen, dass der junge Mann mit diesem höchst ungewöhnlichen Äußeren besser daran täte, sich etwas mehr auf die gesellschaftlichen Konventionen zu besinnen – was ihm allein im Hinblick auf seine seltsame Wollkleidung nur zum Vorteil gereichen könnte. Da war so eine Bronzemedaille noch angemessen genug.

Ja, mit der Konkurrenz gab es immer wieder harte Kämpfe auszufechten. Kämpfe, die manchmal hinter seinem Rücken stattfanden und den ohnehin schon steinigen Weg mit weiteren Rückschlägen pflasterten. Dennoch wuchs in Robert Bosch in diesen Jahren eine Überzeugung, die er später mit Nachdruck betonte, nämlich jene, dass Konkurrenz immer wichtig sei. Wohlgemerkt: eine gesunde, kein »hinten herum«. Schon deshalb sei ein Konkurrent von Vorteil, weil er die beste Motivation darstelle und Trägheit in der Firma erst gar nicht aufkommen ließ. Im Gegensatz zu vielen anderen Unternehmern sah er in der Konkurrenz also einen Ansporn und keinen lästigen Gegner, den es möglichst rasch aufzukaufen galt. Oft genug versuchten es Konkurrenten auch in der Folgezeit, ihn so lange mit ihren absichtlich im Preis reduzierten Produkten zu ärgern, bis er sie hoffentlich bald übernehmen und dabei finanziell ordentlich etwas liegen lassen würde. Doch das war meistens ein Fehlschluss, er ist ihnen so gut wie nie auf den Leim gegangen. Konkurrenz als Triebfeder, es selbst noch besser zu machen und weitere neue, leistungsfähigere Produkte zu entwickeln – das war, im wahrsten Sinn des Wortes, der Motor, der ihn zeit seines langen Lebens voranbrachte.

Dass er im Jahr nach seinem ersten Berliner Auftritt auf zwei weiteren bedeutenden Automobilausstellungen jeweils

die Goldmedaille erhalten würde, das konnte Robert Bosch zu der Zeit natürlich noch nicht wissen. Aber mittlerweile machte man in der Firma um die entgangene Auszeichnung kein sonderliches Aufheben mehr, denn der endgültige Durchbruch war ja inzwischen geschafft.
Auch weiterhin blieb das Verhältnis zwischen Robert Bosch und der DMG ziemlich unterkühlt. Was noch verhältnismäßig vorsichtig ausgedrückt ist. Bosch selbst vertrat in späteren Jahren die Meinung, zu seinen Lebzeiten habe der alte Gottlieb Daimler ihm gegenüber sogar einen regelrechten Hass entwickelt. Das Gerücht, dass auch bei einem der großen technischen Wunderwerke dieser Zeit, dem von aller Welt bestaunten Luftschiff LZ 1 des Grafen Zeppelin, kein Daimler-Glührohr, sondern eine Bosch-Zündung zum Einsatz kommen sollte, ließ diese Abneigung nicht gerade kleiner werden. Aber Daimler war ja im März des Jahres 1900 gestorben und hatte folglich »nicht mehr erleben müssen«, wie sich das Luftschiff im Juli desselben Jahres vom Erdboden löste: Zwar mit einem Daimler-Motor als Antrieb, aber tatsächlich war der mit einer Magnetzündung von Bosch ausgestattet.

Spätestens mit der Verwendung im Zeppelin war der gute Ruf der Firma Robert Bosch als Lieferant von herausragender Qualität ein für alle Mal zementiert. Und auch der lang ersehnte wirtschaftliche Erfolg stellte sich nun endlich ein. Schade nur, dass es die Mutter nicht mehr erleben konnte, denn Margarete Bosch war im Jahr 1898 gestorben – ausgerechnet in jenem Jahr, in dem sich der Aufschwung allmählich abgezeichnet hatte. Für Robert Bosch bedeutete der Tod seiner Mutter einen herben Schlag, denn ohne die jahrelange großzügige Unterstützung dieser meist in sich gekehrten, stillen Frau hätte er den langen Weg nicht bewältigen können. Auf keinen Fall wäre es ihm möglich gewesen, so lange durchzuhalten, wenn ihm seine Mutter nicht immer wieder mit ihren buchstäblich letzten Groschen unter die Arme gegriffen hätte.

Im Nachhinein konnte er nur noch über die Zähigkeit staunen, mit der er all diese nervenaufreibenden Herausforderungen und herben Rückschläge bewältigt hatte. Wieder einmal bewahrheitete sich damit für ihn der alte Spruch, dass man das Eisen in seinen jungen Jahren schmieden musste. Und dennoch kam es ihm nach wie vor nicht in den Sinn, deswegen plötzlich die Zügel schleifen zu lassen. Von wegen! Selbst jetzt noch galt es bei seiner stetig wachsenden Belegschaft immer noch als ausgemacht, dass Bosch der Erste war, der frühmorgens die Tür aufschloss und sie spät am Abend als Letzter wieder zusperrte. Von Montag bis Samstag, an jedem Werktag. Nur nicht an den Sonntagen. Die waren ihm heilig, sie gehörten der Familie. Denn ein freier Tag in der Woche musste einfach sein. Und allein die Vorfreude auf diese gemeinsamen Ausflüge mit seiner Frau und den Kindern, oft genug noch in Begleitung einiger Freunde, half ihm an den Werktagen oft über die manchmal zähen Verhandlungen mit Abnehmern, Lieferanten und anderen Vertragspartnern hinweg, die seine sprichwörtliche Ungeduld gelegentlich auf eine überharte Probe stellten. Viel lieber betätigte er sich dagegen an der Werkbank oder diskutierte mit seinen Meistern und Konstrukteuren über technische Probleme. Doch ausgerechnet für solche Dinge blieb von Jahr zu Jahr weniger Zeit. So sehr er das auch bedauerte.

Umso intensiver genoss er die ausgedehnten Wanderungen im Neckartal, im Schwarzwald und erst recht natürlich auf seiner geliebten Schwäbischen Alb. Nichts und niemand würde ihm den geheiligten Familienausflug am Sonntag abspenstig machen können. Ebenso wenig wie die regelmäßigen Ferien mit der ganzen Familie an Weihnachten, Ostern und vor allem im Sommer, dann waren sie gleich mehrere Wochen unterwegs. Besser als bei ihren oft tagelangen Touren kreuz und quer durch die Allgäuer Alpen oder beim stundenlangen Ansitzen auf der Jagd im Hochgebirge konnte man gar nicht ausspannen.

Auch im August des Jahres 1902 brach die ganze Familie auf, um einen ausgedehnten Urlaub in Fischen zu verbringen. Für Robert Bosch stand von vornherein fest, dass diese Reise ein ganz außerordentlicher Genuss werden würde, denn er hatte sich inzwischen eine Jagd gekauft: die Jagd auf Rangiswang im oberen Illertal, einem der herrlichsten Fleckchen weit und breit.

Die Anreise führte sie vom Neckartal über die Schwäbische Alb nach Ulm. Natürlich durfte dabei ein Abstecher in Albeck nicht fehlen. Das war ein großer Menschenauflauf, der in dem kleinen Albdorf rasch zusammenkam, kaum dass der stattliche Panhard-Wagen vom Chauffeur Scholl zum Halten gebracht worden war. So etwas sah man in Albeck schließlich nicht jeden Tag: ein Automobil! Und dann sogar noch ein ausländischer Wagen! Das freilich hatte seinen guten Grund, denn Robert Bosch dachte in jenen Jahren nicht im Traum daran, sich etwa einen Daimler-Wagen anzuschaffen. »Grad zum Bossen nicht!«, pflegte er zur Begründung zu sagen, weshalb sich neben dem Panhard noch ein Renault in seinem Besitz befand. »So, wie die Daimlerleute mich seinerzeit behandelt haben …« Es sollte noch einige Jahre dauern, bis sich auch in dieser Hinsicht eine Annäherung zwischen Bosch und der DMG ergeben konnte.

Die Aufenthalte im Heimatort des Vaters dauerten erfahrungsgemäß ziemlich lange. Obwohl es die Kinder doch so sehr drängte, möglichst schnell in ihren Urlaubsort zu kommen. Aber wenn es um einen Besuch in Albeck ging, war jeder Widerspruch zwecklos, das wussten sie alle nur zu genau. Und so fügte sich der Rest der Familie seufzend ins Unvermeidliche, als ihnen im Lauf dieses Aufenthalts in Albeck allmählich dämmerte, dass sie Fischen am heutigen Tag nicht mehr erreichen würden. Denn voller Begeisterung war Robert Bosch nämlich vom Hof des einen alten Bekannten zum nächsten gestürmt, vom Scheererhof zum Linsenbauern und wie sie dort sonst alle hießen. Hier und da hatte er sentimentale Erinnerungen an frühere Zei-

ten ausgetauscht und schließlich sogar noch eine alte Magd seiner Mutter angetroffen, die er mit vor Rührung feuchten Augen umarmte. Und all diesen Leuten musste er natürlich auch Bericht erstatten, wie es im fernen Stuttgart mit seiner Firma inzwischen so lief. Wohlgemerkt: Gleich mehrfach hintereinander – wobei er eine Geduld an den Tag legte, die man nie bei ihm vermutet hätte. Zudem registrierten die Kinder voller Verwunderung, wie selbstverständlich ihr Vater von einem Satz auf den anderen plötzlich in den harten Dialekt der Ulmer Alb zurückgefallen war. Und dann zu allem Überfluss auch noch dieses permanente »Du«, das ihm im Gespräch mit den Albeckern wie selbstverständlich über die Lippen zu kommen schien. Schon rein äußerlich schien mit ihm eine atemberaubende Verwandlung vorgegangen zu sein: vom Stuttgarter Firmenbesitzer zum beinahe originalgetreuen Abbild des Gastwirts und Großbauern Servatius Bosch. Wenn sie es nicht besser gewusst hätten: Man hätte beinahe meinen können, es stünde ein größerer Bauer von der Ulmer Alb vor ihnen – und nicht ihr Vater, Robert Bosch.
Aufatmend kletterten sie schließlich, viel später als geplant, wieder zurück in den großen Panhard-Wagen und konnten es kaum noch erwarten, bis ihr Vater dem Chauffeur Scholl endlich die Anweisung zur Weiterfahrt erteilte. Robert Bosch hatte aufgrund der vorgerückten Tageszeit inzwischen beschlossen, die durch den überlangen Aufenthalt notwendig gewordene Übernachtung am besten in Augsburg einzuplanen. Das brachte zwar einen kleinen Umweg mit sich, aber darauf kam es jetzt auch nicht mehr an – und außerdem konnte es nicht schaden, eine Nacht in den Mauern dieser altehrwürdigen Stadt zu verbringen, die vor vielen Jahrhunderten, zur Zeit der Fugger, zu den reichsten Städten des ganzen Reiches gezählt hatte.
»Aber inzwischen ist Ulm ja sicherlich längst an Augsburg vorbeigezogen«, merkte Margarete an dieser Stelle trocken an.

Der Vater schien den leisen Spott in der Stimme seiner Tochter gar nicht bemerkt zu haben und bedachte sie mit einem anerkennenden Blick. »Ja, das dürfte stimmen, Gretel. Obwohl, mittlerweile gibt es einige Firmen in Augsburg, von denen ich in Zukunft noch viel erwarte. Vor allem die Maschinenfabrik Augsburg, in der sie mit besonders gut konstruierten Motoren inzwischen einen respektablen Erfolg erzielt haben. Und vor gerade einmal fünf Jahren hat dort ein Mann namens Rudolf Diesel einen ganz neuartigen Motor hergestellt, dessen Prinzip er schon vor längerer Zeit erfunden hat. Das ist ein Motor, der völlig anders funktioniert als die Motoren von Nikolaus Otto, die in Automobile eingebaut werden, wie auch in unseren Wagen hier. Ich bin mir dennoch sicher, dass wird in Zukunft auch von dieser Art Motor, die der Rudolf Diesel erfunden hat, noch viel hören werden. Ich denke, vor allem für die Bewegung von schweren Lasten könnte es sich bei diesem auch selbst besonders schweren Motor sogar um das Modell der Zukunft handeln. Zumal sie gerade heuer bei der Maschinenfabrik begonnen haben, den von Diesel nochmals überarbeiteten Motor in einer größeren Stückzahl herzustellen. Also schon von dieser Warte aus betrachtet, ist es für mich gar nicht uninteressant, auch selber wieder einmal nach Augsburg zu kommen. Denn da war ich schon seit einigen Jahren nicht mehr. Das letzte Mal war ich hier, als ich vergeblich versucht habe, meinen Zündapparat an den Dieselmotor zu montieren. Nun ja, ich bin gespannt, ob sich womöglich heute Abend noch ein Gespräch mit einem der Ingenieure von dort führen lässt.«

Still in sich hinein seufzend ergaben sich die Kinder ihrem Schicksal, das sie also für diese Nacht nach Augsburg führen würde.

»Aber gleich morgen früh fahren wir weiter, nicht wahr, Robert? Wir haben schließlich Ferien – und zwar wir alle zusammen«, traute sich immerhin Anna Bosch, der technischen Neugierde ihres Mannes einen kleinen Dämpfer zu versetzen.

Der stutzte kurz und machte dann ein ehrlich zerknirschtes Gesicht. »Ja, sicher. Du hast ja recht. Urlaub ist Urlaub – und Antrieb ist Antrieb. Ich habe mich halt wieder einmal ein bisschen zu arg von meiner eigenen Begeisterung treiben lassen. Aber macht euch keine Sorgen, morgen fahren wir weiter.«
»Versprochen?«
»Versprochen!«

Tatsächlich – Robert Bosch hielt sein Wort, wie sie es nicht anders von ihm gewohnt waren. Gleich nach einem recht zeitigen Frühstück startete er den Wagen und so erreichten sie um die Mittagszeit herum endlich das Ziel in Fischen, wo die freudestrahlende Familie Bosch ihr Ferienquartier im Haus des Bürgermeisters Marquart bezog.
Für die Kinder Gretel, Robert und Paula war es eine besondere Freude, dass sie hier auch wieder mit den Kautskys zusammentrafen. Denn die Familie Kautsky war mittlerweile nach Berlin umgezogen und nach einem intensiven Briefwechsel hatte man vereinbart, den Sommerurlaub gemeinsam in Fischen zu verbringen. Praktischerweise gleich in zwei nebeneinander gelegenen Häusern. So war also von Anfang an für einen unbeschwerten Zeitvertreib der Boschkinder gesorgt, die mit den drei etwas jüngeren Kautskybuben ausgelassen über die üppigen Wiesen an der Iller tollten.
Natürlich standen auch einige längere Ausflüge auf dem Ferienprogramm, meistens ebenfalls zusammen mit den Kautskys, worüber sich vor allem der elfjährige Robert freute. Denn gleich zu Beginn dieser Ferien hatte er sich von Karl Kautskys Leidenschaft, dem Käfersammeln, anstecken lassen. Während er das seiner Meinung nach etwas seltsame und ihm eher kindisch erscheinende Treiben des bald 50-jährigen Mannes zunächst noch voller Skepsis beäugt hatte, war er bald schon fasziniert von der unvorstellbaren Vielfalt der Käferwelt, auf die ihn Kautsky mit viel Geduld und einer ebenso großen Begeisterung aufmerksam mach-

te. Das hätte Robert ja nie für möglich gehalten, dass es so viele verschiedene Arten von Käfern gab! Noch vor wenigen Tagen hatten für ihn fast alle Käfer mehr oder weniger gleich ausgesehen, aber beim näheren Betrachten war das ganz und gar nicht so. Natürlich war es ein Glücksfall, dass Karl Kautsky – von dem die Leute sagten, er sei ein großer demokratischer Vordenker, ein Wegbereiter der sozialen Reformen (was immer das heißen mochte) – auch ein ausgezeichneter Maler war. In den kargen Anfangsjahren seiner beruflichen Laufbahn hatte sich Kautsky mit diesem Talent sogar einen zusätzlichen Verdienst verschafft. Mit wenigen Strichen schaffte er es, dem staunenden Robert die charakteristischen Unterschiede zwischen den einzelnen Käferfamilien zu skizzieren.
Als besonders angenehm empfand der Junge neben Kautskys warmer österreichischer Dialektfärbung, die schier unerschöpfliche Geduld, mit der er seine Beobachtungen weitergab. Seltsam. War das derselbe Mann, über den Roberts Eltern manchmal mit ehrlichem Bedauern in der Stimme meinten, dass ihn sein aufbrausendes Temperament in den Kreisen der Sozialdemokratischen Partei, deren Programm er doch maßgeblich mitgestaltet hatte, allmählich mehr und mehr zum Außenseiter machte?

Der Aufenthalt im Allgäu hatte für die Kinder seine ganz besonderen Vorzüge. Denn im Vergleich zu einer großen Stadt wie Stuttgart ging das Leben hier einen völlig anderen Gang. Keine Fabriken, nirgendwo breite Straßen, mehrstöckige Wohnhäuser oder gar Straßenbahnen. Bei den Spielkameraden in Fischen ernteten sie nur verwunderte Blicke, wenn sie von so etwas berichteten. Und je tiefer die Urlauber bei ihren ausgedehnten Wanderungen in die Alpentäler vordrangen, desto ursprünglicher und rustikaler ging es dort in den kleinen Dörfern zu, in denen die Touristen oft genug bestaunt wurden, als handele es sich um eine besonders seltene Tierart. Dass man einfach über Tage oder gar Wochen hinweg sein Haus (und somit ja auch

den Hof) verlassen konnte, um sich an einem anderen Ort dem Müßiggang hinzugeben, noch dazu um teures Geld, das wollte den Leuten einfach nicht in den Kopf.
Natürlich kam es deshalb auch zu Begegnungen, bei denen zwei völlig unterschiedliche Welten in ziemlicher Ratlosigkeit aufeinanderprallten. Beispielsweise an dem Tag, als Anna Bosch einmal zusammen mit der Frau Kautsky in einen kleinen Kaufladen gegangen war, um dort einige Rollen Klosettpapier zu kaufen. Die Inhaberin des Ladens bedachte die beiden Großstädterinnen mit einem verwunderten Blick und schien kurz zu überlegen, ob es wohl an der seltsamen Aussprache der Dame liegen mochte. Ja, genau so musste es sein – und siehe da, mit einem Mal breitete sich ein verstehendes Lächeln über die Miene der Frau aus. Es täte ihr leid, Klosettpapier befinde sich nicht in ihrem Sortiment, aber mit Glaspapier, da könne sie den Herrschaften gerne dienen.
Noch beim Abendessen machte diese Geschichte wieder und wieder die Runde, denn allein die Fragestellung, wie es sich wohl anfühlen würde, sich mit Schleifpapier den Allerwertesten zu säubern, besaß durchaus einen gewissen exotischen Reiz.

Ein besonders schöner Ausflug führte sie eines Tages das Illertal entlang bis hoch zum Nebelhorn. Und natürlich konnte es Robert Bosch wieder einmal nicht lassen, seine Mitwanderer dabei mit einem Querverweis auf seine eigene Heimat zu bedenken. »Weiß jemand von euch eigentlich, wie lang die Iller, also dieser Fluss hier, wohl ist?«, wandte er sich an die Kinder und stieß mit seiner Frage erwartungsgemäß auf ahnungsloses Schulterzucken.
»Das habe ich mir beinahe gedacht. Dann hört mir mal genau zu, ich habe mich nämlich extra beim Bürgermeister danach erkundigt. Also: In der Nähe münden ja drei kleinere Flüsse ineinander, dort ist der Ursprung der Iller. Und von da aus legt sie eine Strecke von immerhin beinahe 150 Kilometern zurück, bis sie in der Nähe von Ulm, ein biss-

chen südlich davon, in die Donau mündet. 150 Kilometer von den Alpen bis an den Rand der Schwäbischen Alb – also beinahe in die Gegend, in der ich geboren worden bin.«

Während die Kinder, dem Gesagten entsprechend, bedeutungsvolle Mienen an den Tag legten, es jedoch vorzogen, das Thema nicht weiter zu vertiefen, brach in diesem Moment die Sonne hinter einer blütenweißen Wolke hervor und Robert Bosch strahlte über das ganze Gesicht – wobei er zum guten Glück sein eigentliches Vorhaben vergaß, nämlich den Kindern vom Leben damals auf dem Land zu erzählen. Eine Geschichte, die sie längst in- und auswendig kannten. »Ach, was für einen herrlichen Tag wir heute erleben dürfen. Das wird eine schöne Wanderung!« Begeistert klatschte er in die Hände, um sich anschließend mit weit ausholenden Schritten an die Spitze der kleinen Gruppe zu setzen.

»… und eine lange Wanderung wird es noch dazu werden«, knurrte Margarete, während sie mit skeptisch zusammengekniffenen Augen die in der Ferne steil aufragenden Berggipfel betrachtete.

»Aber wenn wir es am Abend geschafft haben, dann werden alle sagen, dass es wieder ein schönes Erlebnis gewesen sei. Du wirst schon sehen.« Anna Bosch nickte ihrer Tochter zu und schenkte ihr ein aufmunterndes Lächeln.

Immerhin: Mit ihrem Vater war wieder einmal eine regelrechte Verwandlung vorgegangen. So fröhlich, unverkrampft und redselig war er in Stuttgart nie. Sogar zu spontanen Späßen war er aufgelegt. Und zum lautstarken Absingen von lustigen Liedern, die er in allen möglichen und oftmals auch unmöglichen Tonlagen in die bis dahin friedlich-ruhige Bergwelt hinein schmetterte. Unverkennbar war Robert Bosch in diesen glücklichen Momenten ein anderer Mensch, beinahe ein echter Naturbursche, wozu natürlich auch seine äußere Erscheinung ihren Teil beitrug.

Was die Kinder in diesen Tagen besonders genossen war, dass in den Ferien niemals über die Schule geredet wurde.

Ein wahrer Segen! Mit Schaudern dachte der junge Robert, der nur ein mittelmäßiger Schüler war (was nach Meinung seines Vaters einzig und allein auf seine Faulheit zurückgeführt werden musste), an die abendliche Kontrolle der Schularbeiten durch seinen Vater. Wehe, es hatte sich irgendwo ein Fehler eingeschlichen – sei er auch noch so klein. Selbst zu später Stunde bedeutete dies nämlich, dass Robert die gesamte Schulaufgabe noch einmal fehlerlos in sein Heft zu schreiben hatte, und wenn ihm dabei womöglich wieder ein Fehler passierte, dann ging das ganze Spiel von vorne los. So lange, bis die Hausaufgabe makellos im Heft stand. Das dauerte oft stundenlang und kostete viele Tränen. Aber es war nach Ansicht des Vaters die einzige Möglichkeit, aus seinem Robert doch noch einen einigermaßen guten Schüler zu machen. Ständige Prügel würden nichts bewirken und sie waren ihm auch zuwider. Die Methode des fehlerlosen Abschreibens hielt er dagegen für wesentlich nachhaltiger. So hart diese Vorgehensweise auch wirken mochte: Der Erfolg schien seinem Vater am Ende recht zu geben – auch wenn Robert das nur widerwillig zugeben mochte.

Nun denn, jetzt waren sie im Urlaub. Stuttgart war weit weg – und die Schule noch viel weiter. So gesehen war Gretel, Robert und Paula selbst die ausgedehnteste Wanderung lieber als das ewige Verbessern von irgendwelchen Hausaufgaben! Erst recht in der entspannten Atmosphäre mitten im Allgäu, wo die Wiesen so wunderbar dufteten und alles so ganz anders war als zu Hause.

Nach dem Mittagessen, das sie in der Nebelhornhütte einnahmen, schien es den Kindern, dass sie den schlimmsten Teil der Strecke bereits hinter sich gelassen hatten. Viel weiter aufwärts konnte der Weg nicht mehr führen. Und tatsächlich ging es schon bald hinunter nach Oberstdorf, was freilich nicht unbedingt ein reines Vergnügen sein musste. Darüber machten sich die wandererfahrenen Boschkinder keine Illusionen: Gerade bergab konnte es manchmal ganz schön in den Waden und vor allem in den Knien zwicken.

Kurz nach dem Aufbruch von der Hütte begegnete die Gruppe einem jungen Bauern mit einem großen Holzschlitten. Schon von Weitem war irgendwie zu sehen und zu spüren gewesen, dass den Burschen ein schwerer Verdruss plagen musste, denn er machte keinerlei Anstalten, seinen Schlitten von der Mitte an den Rand des Weges zu bugsieren, um die ihm entgegenkommenden Wanderer vorbeizulassen. Von wegen! Er blieb mitten auf dem Weg, sodass der gesamten Gruppe nichts anderes übrig blieb, als sich eng an den Hang zu drücken. Zu allem Überfluss schien der rücksichtslose Kerl auch noch grußlos vorüberziehen zu wollen, zumindest hielt er den Kopf tief gesenkt und starrte mit mürrischer Miene zu Boden. Damit war der sprichwörtliche Tropfen, der das Fass zum Überlaufen brachte, gefallen. Mit zornentbrannter Miene baute sich der hochgewachsene Robert Bosch vor dem eher kleinen, dafür aber stämmigen Burschen auf und stellte ihn wegen seines ungebührlichen Verhaltens scharf zur Rede. Ein Wort gab das andere und bald schon flogen verbal die Fetzen. Mitten im Wortgefecht hielt der zunehmend wütende Wanderer seinem trotzigen Gegenüber plötzlich den Zeigefinger vors Gesicht: »Man sollte dir eine ordentliche Tracht Prügel verabreichen, damit du künftig weißt, was sich gehört!«
Der Bursche wich einen Schritt zurück und lachte dabei höhnisch auf. »So weit kommt's noch, dass mir ein Städter Prügel androhen will! Sie hauen mir keine runter! Dass das klar ist!«
Er hatte den Mund noch nicht richtig geschlossen, da klatschte bereits eine dermaßen gewaltige Ohrfeige auf seine linke Wange, dass er kurz ins Taumeln geriet. Wie vom Blitz getroffen stand er da und rieb sich verdattert die schmerzende Backe. Damit hatte er nicht gerechnet, dass der Stadtmensch seine Drohung tatsächlich wahr machen würde! Mit einem zufriedenen Lächeln auf den Lippen nickte Robert Bosch den anderen zu: Die Aufforderung, den kurzzeitig unterbrochenen Marsch nun fortzusetzen.

Sollte der Bursche doch denken, was er wollte, es wäre nur vertane Zeit, sich weiter mit ihm abzugeben. Und so marschierten sie einfach weiter.
Wenig später hörten sie hinter sich ein wütendes Gebrüll. Es war der junge Bauer, der sich inzwischen mit einem mächtigen Stock bewaffnet hatte und mit raschen Schritten auf Bosch zustürmte. Unmittelbar vor seinem Gegner, den er damit ebenfalls zum Stehen brachte, machte er Halt und schwenkte den Stock drohend über seinem hochroten Kopf. Robert Bosch drückte den Rücken durch und musterte den Tobenden mit einem durchdringenden, messerscharfen Blick, der seine Wirkung nicht verfehlte: Das kurze Zucken im Gesicht des anderen war ein untrügliches Zeichen dafür. Mit einer wahren Donnerstimme schleuderte ihm Bosch auch noch eine eindeutige Warnung entgegen: »Das ist ja grade recht, dass du den Stecken hier mitbringst. Den kann ich dann gleich an dir ausprobieren.« Mehr sagte er nicht. Wieder nickte er seinen Begleitern einfach zu, worauf sie ihren Weg fortsetzten, ohne noch einmal von dem sonderbaren Jungbauern behelligt zu werden.

Auch ihre nächste Wanderung verlief alles andere als störungsfrei. Aus heiterem Himmel kam es zu einem plötzlichen Wettersturz, eine zähe feuchte Nebelwand zog auf und bereits wenige Minuten später sahen sich die Wanderer auf ihrer Bergtour im Kleinen Walsertal einem heftigen Schneetreiben ausgesetzt. Und das mitten im August! Eine Zeit lang war der Schneefall so dicht, dass man kaum noch die Hand vor Augen sehen konnte, und danach war der Pfad bis über die Knöchel mit pappigem nassem Schnee bedeckt, wozu sich dann zu allem Überfluss auch noch ein kalter Regen gesellte. Es war unmöglich, ihr Ziel oben auf dem Berg noch zu erreichen. Zum Glück kannte Robert Bosch die Gegend hier mittlerweile wie seine Westentasche. »Es hilft alles nichts, wir müssen einen anderen Weg einschlagen. Wir gehen nach Holzgau, das ist die schnellste Möglichkeit, von hier herunterzukommen. Lauft jetzt

bitte einfach hinter mir her – wenn möglich genau in meinen Fußstapfen.« Vorsichtig setzte er Schritt um Schritt und wäre im Zwielicht auf dem unsicher gewordenen Pfad mehrmals beinahe ausgerutscht. Doch dank seiner außergewöhnlich guten Konstitution, die er sich auf den ausgedehnten sonntäglichen Wanderungen bewahrt hatte, konnte er sich im letzten Moment immer noch fangen. Einige Stunden später hatten sie endlich das ersehnte Ausweichziel in Holzgau erreicht. Das Haus des Bauern Leo Hammerle, einem guten Bekannten von Robert Bosch, der ihn als ortskundiger Führer schon öfter bei Jagdausflügen in das hiesige Revier begleitet hatte.
»Hier sind wir!«
Anna Bosch stieß einen erleichterten Seufzer aus: »Gott sei Dank! Ich hätte nicht gedacht, dass wir das heute tatsächlich noch schaffen werden!« Und mit einem bewundernden Blick auf ihren Mann, der zwischenzeitlich schon ein etwas unwirsches »Aber wieso denn?« gegrummelt hatte, fuhr sie fort: »Also wie du in dieser Nebelsuppe den Weg gefunden hast, alle Achtung! Das ist schon eine respektable Leistung.«
Robert Bosch zuckte gleichmütig mit den Schultern. »Als Jäger muss man das können. Da kann man immer mal in eine solche Situation geraten. Dieses Gefühl für die Orientierung habe ich mir im Lauf der Jahre eben angeeignet.«
»Womit selbst ich anerkennen muss, dass die Jägerei ab und zu anscheinend doch zu etwas gut ist«, nickte Anna mit einem leisen Lächeln auf den Lippen. Und noch bevor sie, womit zweifelsfrei zu rechnen war, demnächst mit einer strengen Belehrung über die Vorzüge des Jagens konfrontiert werden würde, setzte sie schnell hinzu: »Aber jetzt ist mir fürchterlich kalt und ich bin nass bis auf die Knochen. Hat denn die Familie Hammerle einen schönen großen Ofen, den sie anheizen können – und womöglich noch ein paar trockene Kleider für uns?«
»Mit Sicherheit«, brummte Bosch, dem seine Frau in der Tat gerade noch rechtzeitig in die Parade gefahren war.

Zum guten Glück hatten auch die Hammerles gleich bei dem plötzlichen Wetterumschwung am heutigen Mittag beschlossen, ihren Kachelofen anzuheizen. Genügend Brennholz war in einem solchen Bauernhof ja immer vorhanden. Somit war es der erbärmlich durchgefrorenen Boschfamilie also möglich, sich mit ihren schlotternden Gliedern nahe an die wohlig warmen Ofenkacheln zu schmiegen und im Lauf der nächsten Stunde ganz allmählich wieder aufzutauen.
Die Ersatzwäsche reichte freilich nicht für alle, weshalb sich der elfjährige Robert in eine dicke Wolldecke hüllen musste, während er inbrünstig hoffte, dass seine tropfnasse Lederhose, die sie über den Ofen gehängt hatten, bis zum nächsten Morgen wieder trocken war. Aber besser eine Wolldecke um die Schultern als so eine Bauernkleidung am Leib. Es sah aber auch wirklich zu komisch aus, die Eltern und seine beiden Schwestern in der bäuerlichen Tracht der Walserfamilie Hammerle zu sehen. Der Vater mit seinem langen Rauschebart könnte glatt als Almhirte durchgehen – und selbst die sonst so vornehm gekleidete Mutter sah plötzlich aus wie eine Sennerin – von seinen missmutig aus ihren alpenländischen Kostümen starrenden Schwestern Gretel und Paula ganz zu schweigen. Nur schade, dass es nirgendwo einen Fotografenapparat gab, um dieses Bild festzuhalten. Das müssten sie in Stuttgart sehen. Sie würden sich kranklachen.
Also war es doch nicht so schlimm, dass für Robert kein Kleidungsstück übrig war – so sehr er sich anfangs auch geschämt hatte, denn unter der Wolldecke war er ja splitternackt. Aber besser eine Wolldecke … Und ob Foto oder nicht: Robert würde das witzige Bild sein Leben lang nicht mehr vergessen.
Schon früh am nächsten Morgen wurden sie wach, denn die Sonne schickte helle Strahlen durch die Ritzen der Fensterläden und erfüllte die Stube mit einem goldenen Leuchten. Einem ganz und gar anderen Licht als gestern, wo sie in der dicken Nebelsuppe herumgeirrt waren und dabei in-

ständig gehofft hatten, dass der Vater die Orientierung nicht verlieren möge.

Ein herrlicher Sonnentag war angebrochen, der sie für die vorangegangene Wetterunbill reichlich entschädigen würde. Unter Ächzen und Stöhnen rieb sich Robert sein vom Liegen auf der harten Ofenbank schmerzendes Kreuz. Nun gut, wenigstens war es am Ofen schön warm gewesen, sodass er trotz der unbequemen Lage in einen tiefen und erholsamen Schlaf gefallen war, der die gestrigen Strapazen schon wieder in einem wesentlich milderen Licht erscheinen ließ. Und auch sein Rücken würde sich auf der Wegstrecke rasch erholen, da war Robert sicher. Gott sei Dank konnte er auch die Lederhose wieder anziehen, obwohl es ziemlich merkwürdig war, in die vom Trocknen stocksteife Lederhose zu steigen. Es fühlte sich an, als stecke er fest in einer metallenen Ritterrüstung, so hart war das Leder über Nacht geworden. Doch genauso schnell, wie die Rückenschmerzen verflogen, erledigte sich auch dieses Problem: Schon nach dem ersten Kilometer lockerte sich das Leder spürbar. Bald war die Hose ihm wahrsten Sinn des Wortes wieder »eingelaufen« – wenngleich auch in einer anderen Bedeutung des Begriffs. Über das Mädelejoch ging es in einem flotten Marschtempo weiter nach Oberstdorf. Trotz des ständig am Wegesrand verharrenden Robert kamen sie ihrem Ziel rasch näher.

»Was macht der denn eigentlich die ganze Zeit mit seinem Stock da in den Kuhfladen?«, maulte die allmählich entnervte Paula, als sie ihren Bruder wieder einmal voller Interesse in einer dieser tierischen Hinterlassenschaften herumstochern sah.

»Der sucht irgendwelche Käfer, das hat ihm der Herr Kautsky als Floh ins Ohr gesetzt«, antwortete ihre Schwester Gretel achselzuckend.

»Käfer in Kuhfladen? Pfui Teufel«, angewidert spuckte Paula vor sich auf den Boden. »Hoffentlich findet er nichts, denn sonst bringt er uns die Viecher sicher mit in die Wohnung und stinkt uns damit heute Abend die Stube voll!«

Zum guten Glück für alle Beteiligten war Robert tatsächlich nicht fündig geworden. Irgendwann gab er die Suche schließlich auf, sodass es nun ohne Verzug weitergehen konnte – über Oberstdorf zurück nach Fischen, in ihr eigentliches Feriendomizil im Haus des Bürgermeisters, wo die gesamte Familie nach der strammen Wanderung schon am frühen Abend todmüde in die Betten fiel. Endlich wieder ein richtiges Bett: So eng die Betten der eher klein gewachsenen Bergbewohner auch sein mochten, es waren immerhin Betten.

Der darauffolgende Tag begann genauso sonnig wie der vorangegangene. Es war sogar ziemlich warmes Wetter vorhergesagt. Deshalb zogen es die Urlauber in seltener Einigkeit vor, sich ausnahmsweise einmal gründlich auszuruhen und den Tag in Fischen zu verbringen. Für den Vater Bosch bedeutete es eine wahre Freude, seine Kinder zu beobachten, die mit den Kautskybuben Carl, Felix und Benedikt ausgelassen auf den Wiesen hinter dem Haus herumtollten. Nach dem schweißtreibenden Fangerlesspiel stürzten sie sich laut aufheulend in den eiskalten Grundsbach und versuchten anschließend Groppen, also kleine Fische, zu fangen. Besonders Robert stellte sich dabei recht geschickt an: Nachdem unzählige Versuche der Kinder, die blitzschnellen Groppen vom Ufer aus mit der Hand zu fangen, kläglich gescheitert waren, war Robert auf die richtige Idee gekommen – auch wenn diese Technik sein Durchhaltevermögen auf eine harte Probe stellte. Der Junge hatte sich mit einer Küchengabel »bewaffnet« und stand nun mit nackten Füßen regungslos im kalten Bach, um die Lage im Wasser genau zu beobachten. Ganz plötzlich bückte er sich dann und hob mit der einen Hand einen der großen Flusskieselsteine hoch, unter denen sich die Groppen versteckten, während er mit der anderen, in der er die Gabel hielt, unvermittelt zustieß und die Fischchen aufspießte. Im Verlauf des Nachmittags fiel ihm dieser Fischfang immer leichter, er hatte es gar zu einer regelrechten Meister-

schaft gebracht, sodass sich auf einmal sogar eine richtige ausgewachsene Forelle in seinen Händen wand. »Die wirfst du aber gleich wieder hinein«, rief ihm sein Vater zu, der mit wachsendem Vergnügen den Jagdeifer und die Geschicklichkeit seines Sohnes vom Liegestuhl aus beobachtete.
»Aber wieso denn? Das gibt ein richtiges Festessen heute Abend! Seht doch nur«, präsentierte der stolze Petrijünger der staunenden Gemeinde seinen großen Fang.
»Ich habe gesagt, du sollst sie wieder in den Bach hineinwerfen! Auf der Stelle!« Der Tonfall des Vaters war deutlich schärfer geworden und Robert wusste nur allzu genau, dass ihm nichts anderes übrig bleiben würde, als die Anordnung zügig zu befolgen, bevor es ein richtiges Donnerwetter setzte.
»Von mir aus«, maulte er beleidigt und warf die Forelle in hohem Bogen zurück in den Grundsbach, wo sie mit einem klatschenden Geräusch ins Wasser platschte. Unglücklich verfolgte der verhinderte Forellenfänger die graue Silhouette des Fisches, der sich mit panischer Hast flussabwärts bewegte und schon Sekunden später war nichts mehr von ihm zu sehen.
Robert Bosch hatte sich inzwischen in dem Liegestuhl aufgerichtet und winkte seinen Sohn zu sich, der dieser Aufforderung mit mürrischer Miene Folge leistete.
»Ich will es dir erklären: Es ist nämlich so, dass dieser Bach von einem Angler gepachtet worden ist, das ist ähnlich wie bei der Jagd, die wir auf Rangiswang haben. Das heißt mit anderen Worten, dass die Fische hier nicht uns gehören und auch nicht der Allgemeinheit, sondern dem Pächter des Fischwassers. Und wenn man trotzdem eine Forelle fängt, dann ist das genauso Wilderei, wie wenn einer bei uns im Revier einen Rehbock schießt. Verstehst du mich jetzt?«
Robert nickte. »Das habe ich nicht gewusst, ehrlich. Aber«, mit kritisch gerunzelter Stirn blickte er seinem Vater nun direkt in die Augen, »wieso hast du mich dann nicht schon früher zurückgehalten? Wieso hast du einfach zugeschaut, wie ich die ganzen Groppen gefischt habe?«

»Weil die Groppen nicht dazugehören. So kleine Fischchen darf man schon noch aus dem Wasser ziehen. Da hat niemand etwas dagegen«, schenkte Robert Bosch seinem Sohn ein strahlendes Lächeln.
Dessen Miene erhellte sich schlagartig wieder. »Na, dann ist es ja gut. Dann können wir heute Abend also ein richtiges Fisch-Festessen veranstalten? Schön.«
Es wurde tatsächlich ein Festessen – auch wenn die kleinen Fische im Nu verzehrt waren. Aber sie schmeckten einfach himmlisch, denn die vom Vater empfohlene Zubereitungsart, erst panieren und dann in schwimmendem Fett ausbacken, erwies sich als goldrichtig.
»Das schmeckt ja fast genauso wunderbar wie Fasnetsküchle …«, mampfte die zwölfjährige Paula mit vollem Mund begeistert, die sich am liebsten mit der doppelten Portion der knusprigen Groppen versorgt hätte – was ihr Bruder Robert aber mit einem strengen Kontrollblick gerade noch zu verhindern wusste.
»Wie Fasnetsküchle, ja, nur ein bissle fischiger halt«, warf Gretel lachend ein. Es war eine herrliche Stimmung an diesem Abend in der Ferienwohnung.
Die Augen ihres Vaters funkelten begeistert, denn es gab noch eine weitere Delikatesse. Der Bürgermeister hatte ihnen am späten Nachmittag ein Glas Honig vorbeigebracht. Robert Bosch hatte den Honig mit einem Stück Butter durchgeknetet. Die so entstandene Masse strichen sie sich auf das frisch gebackene Bauernbrot – ein wahrhaft himmlischer Genuss. »Und praktisch noch dazu, denn weil der Honig jetzt ganz mit dem Butter verbunden ist, kann er nicht vom Brot heruntertropfen.«
»Tatsächlich, eine tolle Technik«, bedachte auch Anna Bosch ihren Mann mit einem anerkennenden Kopfnicken. »An dir ist ja ein Meisterkoch verloren gegangen. Auf diese Art der Zubereitung wäre ich im Leben nicht gekommen! Da zeigt sich wieder einmal ganz der Techniker.«
»Von wegen Techniker! Das habe ich von meinem Vater gelernt. Und der war kein Techniker, sondern Bauer, Gast-

wirt, Jäger und Imker. Als mir der Herr Marquardt vorhin den Honig gebracht hat, da ist es mir ganz plötzlich wieder eingefallen, wie mein Vater den Honig im Sommer auf der Alb immer mit dem Butter vermischt hat, damit er nicht hat wegfließen können.«

»Die Butter«, verbesserte Paula mit wichtiger Miene.

»Wieso?« Ihr Vater stutzte, dann ging ihm allmählich ein Licht auf und er musterte seine jüngste Tochter mit einem warmen Lächeln. »Der, die, das: Auf der Alb heißt es nun einmal der Butter, und weil ich ›von der Alb ra‹ komme, wie man so schön sagt, wird's bei mir auch immer der Butter bleiben, obwohl die Butter gemeint ist. Aber Hauptsache, es schmeckt uns allen, nicht wahr?«

Was ja wirklich der Fall war. Mit vollen Bäuchen, einem durch und durch zufriedenen Gefühl im Herzen sowie einem recht ordentlichen Sonnenbrand im Gesicht schliefen die Urlauber nach diesem Festmahl selig ein.

Als die Familie nach ihrem ausgedehnten Urlaub im Illertal wieder glücklich und gut erholt nach Stuttgart heimgekehrt war, sah sich Robert Bosch gleich an seinem ersten Arbeitstag mit einer für ihn ganz neuen Erfahrung konfrontiert. Voller Staunen konnte er feststellen, dass der Betrieb in der Firma reibungslos weitergelaufen war – erstmals ohne seine ständige Anwesenheit. Und das gleich über mehrere Wochen hinweg. Nicht nur die Produktion, sondern auch der Auftragseingang. Die Erkenntnis, seinen Betrieb also nunmehr endgültig »zum eigenständigen Laufen« gebracht zu haben, war genauso befriedigend, wie sie den Firmengründer seltsam verstörte. Denn er musste sich nun mit der Tatsache abfinden, dass man ihn nicht mehr unbedingt tagtäglich an jeder möglichen und unmöglichen Stelle in seinem Unternehmen brauchte. Es ging plötzlich auch ohne ihn. Ein komisches Gefühl!

Nach einiger Zeit des Überlegens schüttelte Robert Bosch schmunzelnd den Kopf über eine solche Empfindlichkeit: Das genau war es doch, was er sich immer gewünscht hatte. Mehr Zeit für sich und für die Familie zu haben. Jahrelang war es doch sein Ziel gewesen, dass die Firma irgendwann einmal »von ganz alleine laufen« möge. Und jetzt, wo es endlich so weit war, jetzt sollte es ihm auch wieder nicht recht sein? Es war zum Haare raufen!

Was ihn darüber hinaus jedoch mit einem ganz besonderen Stolz erfüllte, das war die sichere Überzeugung, offenbar auch die richtigen Leute gefunden zu haben, nämlich Männer, die sich sachkundig und zuverlässig an ihre Arbeit machten. Eine schöne Erfahrung. Und es war auch ein angenehmes Gefühl, endlich ganz ohne finanzielle Sorgen schlafen zu können.

Zur Feier dieser Erkenntnis würde er heute Abend eine gute Flasche Trollinger auf den Tisch stellen: »Untertürkheimer Gips«. Von einem solchen Wein würde sich sogar die Anna ein Viertele einschenken lassen – wenn nicht sogar noch ein weiteres Achtele …

Aber natürlich war Bosch klar, dass er sich auf diesen ersten Lorbeeren beileibe nicht ausruhen durfte. Auf Dauer gesehen war die Firma trotzdem noch lange nicht in einem sicheren Hafen angelandet. Und selbst dann wenn …

Denn die Konkurrenz schlief ja nicht, also galt es weiterhin, zukunftsfähige Produkte zu entwickeln und diese mit einer überzeugenden, immer gleich guten Qualität herzustellen. Innovation und Qualität. Dabei ging es für ihn auch nicht nur ums bloße Geldverdienen, vielmehr hieß es auch, sich der Verantwortung für die zahlreichen Arbeitsplätze bewusst zu sein. Die Existenz vieler Familien hing inzwischen von einem sicheren Arbeitsplatz »beim Bosch« ab. Und es war und blieb für Robert Bosch nach wie vor ein unerträglicher Gedanke, dass eines seiner Produkte mangelhaft sein könne. Das durfte auf keinen Fall passieren. Niemals!

Und dann noch seine geradezu legendäre Sparsamkeit! Die war und blieb das oberste Gebot in der Firma. Kopfschüttelnd erzählte Anna Bosch manchmal vom Besuch einer alten Frau aus Albeck bei ihnen in Stuttgart, der ihr nachdrücklich vor Augen geführt hatte, weshalb sich ihr Mann grundsätzlich nach jeder Büroklammer zu bücken pflegte, die irgendwo auf dem Boden lag. Es lag halt in seiner Art und an seiner Herkunft von der rauen Alb, wo man – wie er ja nicht müde wurde zu betonen – »sein Sach zusammenhalten musste«. Dem Älbler war die Sparsamkeit also schon in die Wiege gelegt worden.

Schon bei der Begrüßung dieser Frau, die jahrelang im Haushalt von Robert Boschs Mutter tätig gewesen war, hatte Anna Bosch gestutzt. Und auch ihr Mann schien zu rätseln, was ihm bei diesem Besuch seltsam vorkam. Irgendwann beim gemeinsamen Kaffeetrinken, als die Rede zwangsläufig wieder einmal auf »die guten alten Zeiten in Albeck« gekommen war, hatte Anna von der auffallenden Ähnlichkeit der Älbler untereinander gesprochen.

»Inzucht!«, warf Gretel fröhlich in den Raum, was ihr einen scharfen Verweis einbrachte.

Aber andererseits … Allein, wenn Anna die Kinnpartie ihrer Besucherin betrachtete. Genau! Das war es! »Sie haben eine Mundstellung wie meine verstorbene Schwiegermutter«, meinte sie zu der Besucherin.

Worauf die Frau verlegen in sich hinein murmelte, das sei kein Wunder, denn »als die Frau Bosch tot war und wir ihre Sachen geerbt haben, da haben wir auch ihr Gebiss gefunden. Das wollten sie in den Fluss werfen – aber ich habe nein gesagt, denn ich dachte, wer weiß, vielleicht kann ich es später einmal noch brauchen. Und tatsächlich: Jetzt kann ich es gut gebrauchen.«

Selbst Robert Bosch konnte nach dieser Erklärung ein Grinsen nicht unterdrücken: »So sind wir halt: Weggeschmissen wird nichts!«

Manche mochten ihn geizig nennen. Das sah er naturgemäß ganz anders. Und im Übrigen: Was wäre gewesen, wenn er nicht sein Leben lang so sorgsam gewirtschaftet hätte? Immerhin sah er sich in späteren Jahren dank dieser oft belächelten Eigenschaft in die Lage versetzt, einen nicht unerheblichen Teil seines Vermögens für mildtätige Zwecke auszugeben.

Sparsamkeit, Bescheidenheit und technische Neugier, verbunden mit dem Streben nach immer besseren, leistungsfähigeren Produkten und ein immens hoher Qualitätsanspruch – das war der Weg in eine langfristig gesicherte Zukunft. In dieser Hinsicht traf es sich vorzüglich, dass im Frühsommer des Jahres 1901 Gottlob Honold, der technisch überaus begabte junge Mann aus Langenau, der bei Bosch ja schon als Lehrling ein gutes Rüstzeug bekommen hatte, wieder in die Firma zurückgekehrt war. Was zu diesem Zeitpunkt natürlich noch niemand ahnen konnte: Nur anderthalb Jahre später sollte Honold zum wichtigsten Wegbereiter für die Zukunft der Firma Bosch werden.
Gottlob Honold hatte nach dem Ende seiner Lehrzeit auf starkes Zuraten von Robert Bosch zunächst einmal sein Bündel geschnürt, um in anderen Firmen in den verschiedensten Regionen Deutschlands Erfahrungen zu sammeln. Das habe ihm seinerzeit nicht geschadet, ganz im Gegenteil sogar, hatte Bosch seinem ehemaligen Lehrling dabei mit auf den Weg gegeben. Für seine berufliche Zukunft könne dies nur hilfreich sein, erst recht wenn er an ein technisches Studium denke, denn den meisten Studenten mangele es ja gerade an der Praxis. Auch die Tatsache, damit einmal eine Zeit lang aus dem Schwäbischen herausgekommen zu sein, konnte einem bodenständigen Älbler wie Honold keinesfalls schaden. Robert Bosch wusste ja nur allzu gut, wovon er sprach. Und sei es nur, um anschließend das Resümee ziehen zu können, dass es im Schwäbischen halt doch am besten sei …
Honold war daraufhin zunächst für ein Jahr in einem Frankfurter Betrieb untergekommen, der sich auf die Herstellung von elektrischen Messinstrumenten spezialisiert hatte. Danach leistete er in Ulm seinen Wehrdienst ab – ebenfalls bei den Pionieren, genau wie 20 Jahre vorher sein großes Vorbild Robert Bosch. An die Soldatenzeit schloss

sich eine kürzere Beschäftigung bei der Maschinenfabrik Esslingen, einem der fortschrittlichsten Betriebe im Königreich, an. Und schließlich, auch da beschritt er denselben Weg wie Bosch, besuchte er als außerordentlicher Studierender die Technische Hochschule in Stuttgart. Dass er dort die Fächer Maschinenbau und Elektrotechnik belegte, die Professor Wilhelm Dietrich lehrte, dessen Vorlesungen bereits schon Robert Bosch besucht hatte, das war natürlich ebenfalls kein Zufall.

Rasch hatte der Professor das herausragende Talent von Gottlob Honold erkannt, das sich zu dessen geradezu beispielhaftem Eifer gesellte. Aus diesem Grund unterbreitete er ihm im Frühjahr 1901 das Angebot, ihn zu seinem Assistenten am Lehrstuhl zu machen. Eine ganz besondere Auszeichnung für einen Studenten. Doch zur Überraschung des Professors winkte Honold mit der Begründung ab, er habe ja nur das »Einjährige« vorzuweisen, also kein Abitur. Das sei nun einmal eine Tatsache, die auf Dauer gesehen einer akademischen Laufbahn mit Sicherheit im Wege stehen werde. Es war ein erstaunlicher Weitblick, den der junge Mann da an den Tag legte. Und im Grunde genommen, das musste sich der Professor zu seinem Leidwesen eingestehen, war diese Einschätzung realistisch. Da konnte einer über noch so viele Fähigkeiten verfügen und den anderen Assistenten in jeglicher Hinsicht überlegen sein: Wenn ihm das für eine Hochschulkarriere so wichtige Reifezeugnis fehlte, würden die anderen in der Universitätsrangfolge eines Tages an ihm vorbeiziehen.

Wesentlich richtungweisender erwies sich für Gottlob Honold hingegen die Empfehlung von Professor Dietrich, er solle sich am besten mit der Firma Bosch in Verbindung setzen. Bosch könne einen solch fähigen Mann wie ihn sicher gut gebrauchen. Seit der Zeit, als Robert Bosch die ersten Seminare und Vorlesungen des damals noch recht jungen Dozenten Dietrich besuchte, hatten sie den Kontakt zueinander nicht abreißen lassen. Das lag schon an Boschs Interesse, der niemals vergessen würde, dass Professor Die-

trich seinen Studenten gegenüber beinahe zum väterlichen Freund und Wegbereiter geworden war. Von Anfang an hatte er sich ganz anders verhalten als die übrigen Professoren, denen die Sorgen und Nöte ihrer Schüler herzlich einerlei waren.
Professor Dietrichs Wort besaß bei Robert Bosch also großes Gewicht, und der Wiedereintritt von Gottlob Honold in die Firma kam ihm sowieso gleich mehrfach entgegen. Denn erstens schätzte er die Zuverlässigkeit und die technische Begabung seines ehemaligen Lehrlings nach wie vor, und zweitens steckte sein bewährter Meister Arnold Zähringer mit der Herstellung und der weiteren Verbesserung des von ihm entwickelten niedergespannten Drehhülsen-Zündapparats dermaßen in der Arbeit, dass ihm kaum noch Zeit für das Installationsgeschäft blieb. Für diese Aufgabe war Gottlob Honold sicher der geeignete Mann und so wurde er als Leiter der Installation eingestellt. Honolds Bitte, einen Teil seiner Arbeitszeit aber auch mit der Erforschung von modernen Zündapparaten verbringen zu dürfen, wurde ihm unter der klaren Maßgabe erfüllt, dass seine eigentliche Aufgabe dabei keinesfalls zu kurz kommen dürfe.

Die viel bestaunte und bei den Konkurrenten genauso oft kopfschüttelnd belächelte Tatsache, dass Gottlob Honold mit seinen erst 25 Lebensjahren jetzt als Erster Ingenieur in der jungen Firma Bosch beschäftigt wurde (noch dazu ohne Abitur, der Mann konnte ja nur das »Einjährige« aufweisen!), erwies sich im Nachhinein als ein echter Glücksgriff. Wieder einmal behielt Robert Bosch mit seiner Einschätzung recht, wonach Schulbildung gut und wichtig sei, dass man aber auch die individuellen Fähigkeiten eines Menschen erkennen müsse. Solche Potenziale bei seinen Mitarbeitern auch künftig zu fördern, betrachtete er für die Zukunft als eine seiner hauptsächlichen Aufgaben. Die richtigen Leute an den richtigen Platz zu stellen, um technische Erfindungen für den Alltag anwendbar zu machen.

Und das alles mit der Überzeugung, sich niemals mit dem Erreichten zufrieden geben zu dürfen, sondern bestrebt zu sein, die Technik beständig noch weiter zu verbessern. Vom Guten das Beste.

Dass die Bosch-Magnetzündungen den Daimlerschen Glührohrzündungen überlegen waren, hatte sich in der aufstrebenden Automobilindustrie nun endlich herumgesprochen. Doch sich auf diesen Lorbeeren auszuruhen, das war auf keinen Fall nach dem Geschmack von Robert Bosch und seinem Ingenieur Gottlob Honold. »Da muss noch mehr kommen!« Das konnte nicht bereits das Ende vom Lied sein. In dieser Einschätzung waren sich die beiden einig. Noch waren die Apparate in ihrer Handhabung viel zu kompliziert und erst recht viel zu groß. Außerdem musste es gelingen, die Zündvorrichtungen nicht wie bisher einfach am Motor anzubauen, sondern sie direkt in die Maschinen zu integrieren. Das war die Aufgabe für dieses Jahrzehnt. Freilich mussten sie dabei mit Augenmaß vorgehen, denn das von Zähringer und Rall entwickelte Produkt war ja noch verhältnismäßig neu auf dem Markt. Dafür könnte Gottlob Honold einmal der richtige Mann sein, wenngleich er zunächst ja hauptsächlich für das Installationsgeschäft zuständig war.

Zum wachsenden Verdruss von Robert Bosch kümmerte sich sein junger Ingenieur jedoch immer mehr um die Entwicklung eines neuen Zündapparats, anstatt um seine eigentliche Aufgabe. Aber wenn sich schon ein so erfahrener Mann wie Arnold Zähringer seit Monaten vergeblich um eine entscheidende Verbesserung bemühte, dann konnte es nicht angehen, dass sich nun auch Honold nur noch für die Zündungsproblematik zu interessieren schien. Mehr als einmal musste er deshalb eine scharfe Zurechtweisung von Bosch über sich ergehen lassen – um sich nach einem schuldbewussten Kopfnicken und einigen schnell verteilten Aufträgen an die Gesellen weiter seiner Lieblingsbeschäftigung zu widmen: der komplett neu konzipierten, womöglich sogar hochgespannten Motorenzündung.

Es war im Dezember 1901, anlässlich der Pariser Automobilausstellung, als Robert Bosch erstmals Zweifel daran kamen, ob er Honold nicht doch freie Hand hätte lassen sollen. Denn die immer schnelleren Drehzahlen der Motoren, die inzwischen zumeist mit mehreren Zylindern bestückt worden waren, hatten ganz neue Anforderungen der Automobilhersteller an die Zündapparate zur Folge. Ohne viele Worte zu verlieren, hatte Max Rall – der seit einem Jahr als Boschs Vertreter bei der französischen Bosch-Simms Gesellschaft fungierte – den Firmeninhaber an den Stand eines französischen Herstellers geführt, der unter dem Namen »La Comete« anstelle der bisherigen, niedergespannten Zünder jetzt einen vom Publikum viel bestaunten Hochspannungszündapparat präsentierte. Max Rall war sich darüber im Klaren, was sich im Kopf seines Chefs nun abspielte. Selbst wenn der von der Qualität französischer Erzeugnisse nur wenig hielt, wurde ihm damit deutlich vor Augen geführt: Da war ihm einer der Konkurrenten ganz plötzlich einen deutlichen Schritt vorausgeeilt. Man würde sich jetzt also mit allem Nachdruck an die Entwicklung eines Hochspannungszünders machen müssen, um den Vorsprung des Franzosen wieder aufzuholen. Zum guten Glück würden dessen ganz sicher vorhandene Qualitätsprobleme die Automobilbauer noch auf Jahre hinaus daran hindern, sich jetzt ausschließlich auf dieses neue Produkt zu stürzen, aber dennoch. Na, der Honold würde Augen machen, wenn er ihm erzählte, wie weit die anderen mit ihren Arbeiten an ein und demselben Problem schon gediehen waren …

Doch kaum war der nachdenklich gewordene Robert Bosch aus Paris wieder nach Stuttgart zurückgekehrt, da überraschte ihn Gottlob Honold bereits mit der Demonstration eines von ihm entwickelten Hochspannungsapparats. Bosch kam aus dem Staunen gar nicht mehr heraus – und selbst er, aus dessen Mund nur selten ein sparsames Lob zu vernehmen war, konnte nicht umhin, dem stolzen Konstrukteur mit der Bemerkung »Da haben Sie den Vo-

gel abgeschossen!« seinen höchsten Respekt zu zollen. Er war sich völlig sicher: Honold hatte den richtigen Weg beschritten. Sie waren – ohne das bisher an die große Glocke gehängt zu haben und ohne dass er selbst das so genau wusste – in der Entwicklungsarbeit mindestens genauso weit gediehen wie die französische Konkurrenz! Und im Hinblick auf die bei Bosch produzierte Qualität waren sie den Franzosen mit Sicherheit höchstwahrscheinlich sogar einen entscheidenden Schritt voraus.
Doch noch längst war die Erfindung, die sie später als »Lichtbogen-Zündung« bezeichnen würden, nicht auf dem Entwicklungsstand, wie ihn Honold anstrebte. Nach wie vor sah man sich vor das Problem gestellt, die Zündung direkt in die künftigen Hochleistungsmotoren zu integrieren. Dann erst, wenn dieser weitere, im Grunde entscheidende Schritt getan war, wollte man darangehen, das komplette Produkt den Autobauern anzubieten.

Es gingen noch viele Monate ins Land, bis der freudestrahlende Gottlob Honold im August 1902, unmittelbar nach Robert Boschs Rückkehr vom Sommerurlaub im Allgäu, endlich die Mitteilung machen konnte, dass es jetzt funktionierte. Eine Probefahrt mit der neuen, in den Motor integrierten Lichtbogenzündung von Stuttgart nach Leonberg war nach Honolds Aussage recht befriedigend verlaufen (was in Wirklichkeit heißen sollte, dass alles bestens funktioniert hatte) und somit würde man nun also daran gehen können, die Automobilindustrie zu informieren. Die Firma Robert Bosch – beziehungsweise Gottlob Honold, daran ließ der Firmeninhaber später nie auch nur den Hauch eines Zweifels aufkommen – hatte die Herausforderung bewältigt. Selbst der immer bescheiden auftretende Gottlob Honold vertrat stolz die Meinung, dass damit der Weg für wesentlich höhere Drehzahlen und für um ein Vielfaches stärkere Hochleistungsmotoren bereitet war.
Mit der von ihm gewohnten Zurückhaltung ließ sich Robert Bosch am Tag darauf die Neuentwicklung von Honold

persönlich vorführen – und siehe da: es funktionierte tatsächlich.
Einwandfrei.
Problemlos.
Während sich Boschs zunächst skeptisch gefurchte Stirn allmählich entspannte und sich sogar ein Lächeln auf seine Miene stahl, stieß einer der Lehrlinge, der die Erprobungsfahrt mitmachen durfte, plötzlich einen lauten Jubelschrei aus, während er begeistert in die Hände klatschte. Irritiert fuhren die beiden Männer herum und musterten den ausgelassenen Burschen kopfschüttelnd. Dem Jungen freilich blieb die offenkundige Missbilligung seiner Vorgesetzten vor lauter Freude verborgen. »Diese Erfindung wird künftig die Welt bewegen«, rief er voller Inbrunst und mit stolzgeschwellter Brust. »Robert Bosch bewegt die ganze Welt!«
Missmutig schüttelte der Firmeninhaber seinen Kopf und hob direkt vor dem Gesicht des erschrockenen Lehrlings mahnend den Zeigefinger. »Jetzt ist es aber genug mit dem ganzen Jubel! Das ist nicht die Art und Weise, wie man sich beim Bosch benimmt.«
Während der arme Junge bei dieser Zurechtweisung wie ein Häufchen Elend in sich zusammensackte, setzte sein Lehrherr zur Sicherheit gleich noch eine weitere Belehrung oben drauf: »Bescheidenheit ist eine Zier – merk dir das für alle Zeiten, dann kann vielleicht einmal noch etwas Gescheites aus dir werden.« Und zu Gottlob Honold gewandt, der die kurze Lehrstunde mit einem amüsierten Lächeln verfolgt hatte – er kannte »seinen Bosch« ja lange genug –, fuhr er mit anerkennendem Kopfnicken fort: »Doch, da haben Sie aber nun wirklich den Vogel abgeschossen.«
Damit hatte es dann auch schon wieder sein Bewenden und Gottlob Honold konnte zufrieden sein. Denn er hatte soeben das höchste Lob erfahren, das überhaupt aus dem Mund seines wortkargen Landsmannes kommen konnte. »Gut gemacht.« In der Tat hatten sie dem Ruf der Firma Bosch wieder einmal alle Ehre gemacht.

Dass an diesem Tag eine atemberaubende Erfolgsgeschichte ihren Anfang nahm, die sich schon bald über die ganze Welt verbreiten würde, das war natürlich weder dem Unternehmer selbst noch seinem genialen Ingenieur in diesem Ausmaß wirklich bewusst. So gesehen, war nur der Lehrling jener bedeutungsvollen Tatsache zumindest einigermaßen gerecht geworden, der seinen ausgelassenen Jubel jedoch mit einer scharfen Zurechtweisung hatte bezahlen müssen.

Und wieder einmal sollte diesem technischen Durchbruch noch lange nicht der psychologische und schon gar nicht der wirtschaftliche folgen. Voller Stolz stellte Bosch im Herbst 1902 auf der Pariser Automobilausstellung nun seinen eigenen, auf zuverlässigen Dauerbetrieb ausgelegten Hochspannungs-Lichtbogenzünder vor, doch die Skepsis wich seltsamerweise immer noch nicht aus den Mienen der zurückhaltenden Betrachter. Einem so kurzen und dermaßen dünnen Funken sollte man das Vertrauen schenken? So etwas sollte reibungslos funktionieren? Bei jeder noch so hohen Drehzahl des Motors? Selbst nach tausend oder noch mehr Kilometern? Sie konnten und sie wollten das einfach nicht glauben, egal wie eindrücklich die Demonstrationen Boschs und seiner Leute bei der Ausstellung auch waren. Die Aufträge von Daimler blieben aus, genauso wie die der anderen Kunden: Fiat, Horch, Poege, Presto, Skoda und wie sie alle hießen, die Bosch doch mittlerweile seit beinahe zwei Jahren zu seinem festen Kundenkreis zählen durfte. Sie alle setzten lieber weiterhin auf das alte, bewährte Niederspannungsprodukt. Es war zum Verzweifeln! Selbst Daimler – oder vielleicht wieder einmal gerade auch die DMG – ließ sich durch kein Argument der Welt von den doch unbestreitbaren Vorzügen des neuen Produkts überzeugen! Obwohl die DMG-Leute eine solche Zündvorrichtung inzwischen sogar bei sich im Betrieb erprobt hatten. Aber das war es dann auch schon gewesen. Keine weitere Bestellung. Die pure Ignoranz! Dementsprechend wütend und frustriert verließ Robert Bosch am Ende die Pariser Ausstellung und reiste mit einem nicht minder ernüchterten Ingenieur Gottlob Honold zurück nach Stuttgart.

»Und wir werden es trotzdem schaffen! So wahr ich hier vor dir stehe!«, ballte der noch immer zornbebende Bosch die Faust, als sie kommentarlos die Eingangstür der Firma hinter sich geschlossen hatten, wo sie von den Mitarbeitern mit erwartungsvollen Mienen begrüßt worden waren. Seine Geduld sollte noch auf eine harte Probe gestellt werden. Umso grandioser gestaltete sich dann der spätere weltweite Triumphzug der Lichtbogenzündung – wieder einmal über die offenbar unvermeidlichen Umwege über das Ausland.

Es war schließlich der Franzose Louis Renault, der über den nötigen Mut (oder zumindest die entsprechende technische Weitsicht) verfügte, einen seiner neu überarbeiteten Wagen mit dieser ebenfalls neuen Hochspannungszündung von Bosch auszustatten.

Klar: natürlich Renault. Denn der hatte ja schon einmal mit einer Boschzündung die besten Erfahrungen gemacht. Damals, als er sich mit einer von der Motorenleistung her den anderen Konkurrenten weit unterlegenen Voiturette zum renommiertesten internationalen Straßenrennen des Jahres 1902 anmeldete. Es sollte die Grand Prix-Teilnehmer vom 26. bis zum 28. Juni 1902 vom Start in Paris über die imposante Distanz von 990 Kilometern bis nach Wien führen. Die Renault-Voiturette hatte eigentlich nicht den Hauch einer Siegeschance gehabt. Doch das von keinem Experten für möglich gehaltene Wunder stellte sich ein: Louis Renaults Bruder Marcel lenkte den Wagen in Wien als Erster über die Ziellinie. Renault hatte den Grand Prix gewonnen! Unglaublich! Für die Marke Renault war es ein Durchbruch. Und im Nachhinein ebenso für die Firma Bosch, denn dieser Sieg markierte den Beginn einer jahrzehntelangen, vertrauensvollen Zusammenarbeit. Folgerichtig war es also Louis Renault, der seine Automobile schon im darauffolgenden Jahr erstmals mit der neuen Hochspannungszündung von Bosch ausstattete – wo sie bestens funktionierte. Und zwar reibungslos! Die Zweifler waren damit Lügen gestraft. Sensationell! Das war, im wahrsten Sinn des Wortes, der entscheidende Zündfunke für den nun rasch einsetzenden Welterfolg! Die Bestellungen von Bosch-Zündkerzen aus aller Welt nach dem System Honold kannten ab sofort keine Grenzen mehr. Jetzt war es geschafft! Endgültig geschafft.

»Robert?«
Robert Bosch wandte seinen Kopf und blinzelte überrascht in die fragende Miene seines Neffen Carl. Der schien ihm offenbar gerade eben eine Frage gestellt zu haben, doch er war dermaßen tief in seinen Gedanken versunken gewesen, dass er die Frage einfach überhört hatte.
»Ja? Entschuldige Carl. Ich war gerade wohl etwas abwesend. Was hast du gesagt?«
»Ach, es war eigentlich nichts Weltbewegendes.« Carl Bosch hob die Schultern. »Obwohl … es würde mich schon einmal interessieren, wie du manches aus einer gewissen Distanz heraus siehst. Ob es beispielsweise den Tatsachen entspricht, was manche deiner Unternehmerkollegen so sagen …«
Allein beim Stichwort »Unternehmerkollegen« zuckte Robert zusammen. »Was sagen denn die Leute? Worauf willst du hinaus?«
»Auf diesen Satz, den man immer wieder hört: ohne Simms kein Bosch. Würdest du das genauso sehen?«
»Simms!« Schlagartig war die Zornesader an Robert Boschs Schläfe kräftig angeschwollen. »Diese … diese Schandmäuler …«, keuchte er wütend und bedachte sogar den arglosen Fragesteller dabei mit einem vorwurfsvollen Blick, um sich nach einem tiefen Atemzug wieder einigermaßen zu beruhigen. »Es war nicht so gemeint, Carl, das war nicht gegen dich gerichtet. Aber schon bei der bloßen Erwähnung dieses Namens geht bei mir immer der Blutdruck hoch.« Allein sein Gesichtsausdruck sprach Bände. »Obwohl … ja, sicher: Ganz unberechtigt ist dieses Geschwätz natürlich nicht. So fürchterlich sich der Simms am Ende auch gebärdet hat … Nun gut, ich hatte damals sowieso keine andere Wahl, als mich mit ihm einzulassen, denn die Firma stand nicht nur vor einer gewaltigen Ausweitung ihrer Produktion, sondern auch vor ganz entscheidenden Fragen im Hin-

blick auf internationale Vertretungen. Und zu einer solchen Expansion braucht man Geld – aber wem sage ich das. Du weißt ja genauso gut, wovon ich spreche. Wer das internationale Parkett betreten will, benötigt auch internationale Partner. Möglichst Einheimische, die als eine Art Türöffner in ihrem Heimatland fungieren können. So einer war nun einmal dieser Halb-Engländer. Bei aller Abneigung, die ich persönlich mittlerweile gegen Simms hege, so muss ich doch anerkennen, dass er den richtigen Riecher besessen hat. Er hatte früh erkannt, dass wir zukunftsfähige Produkte herstellen, und genauso rasch hat er dann auch zugegriffen. Nun gut …« Nachdenklich kratzte sich Robert Bosch am Hinterkopf. »So gesehen war der Simms für die Firma schon Gold wert – auch wenn ich das nicht gerne sage. Schon deshalb nicht, weil mich der Kerl beinahe in den Wahnsinn getrieben hätte. Das ist allerdings auch schon wieder eine Leistung, denn das hat sonst keiner geschafft!«
»Worauf willst du hinaus?«
»Nun, vermutlich war das von dem ganz geschickt eingefädelt: Erst hat er mir ständig irgendwelche, völlig aus der Luft gegriffenen Vorhaltungen gemacht und von diesem oder jenem angeblichen Problem schwadroniert, das in England beim Betrieb meiner Zündapparate aufgetreten sei – und mit wie viel Mühe es ihm gelungen sei, die Kunden dennoch bei der Stange zu halten. Er hat mich mit diesen ständigen Problemen, die seltsamerweise sonst nirgendwo aufgetreten sind, anscheinend dermaßen zermürben wollen, bis ich ihm meine Anteile am englischen Markt nicht nur verkaufen, sondern praktisch schenken würde. Zu diesem unendlichen Zirkus ist dann noch seine persönliche Eitelkeit dazugekommen, das Ganze gepaart mit einer Intoleranz, die himmelschreiend war.«
»Dass er ein eitler Kerl ist, weiß man ja. Aber Intoleranz? Inwiefern?«
»Na, zum Beispiel im Hinblick auf meine Kleidung.« Mit der rechten Hand strich Robert Bosch langsam über den dicken Wollstoff seines Jackenärmels. »Was hat der Simms

mich wegen dieser Kleidung nicht schon gehänselt – interessanterweise erst nachdem wir bereits viele Jahre zusammengearbeitet hatten. Eine Zusammenarbeit, die für beide Seiten finanziell höchst gewinnbringend war, ganz im Gegensatz zum menschlichen Aspekt. Plötzlich ist der nämlich wieder mal dahergekommen und hat allen Ernstes gemeint, ich sei nicht salonfähig. Worauf ich ihm zur Antwort gegeben habe, dass ich auf solche Urteile keinen Wert lege. Du meine Güte! Ich habe diese Szenen seltsamerweise immer noch so im Gedächtnis, als sei das alles erst gestern gewesen.« Er schloss seine Augen. Es waren keine angenehmen Gefühle, die ihn bewegten. Allein die Erinnerung an diesen unerträglich arroganten Unterton, den Frederick Simms im Lauf der Jahre in seinen Gesprächen mit Bosch immer weiter verstärkt hatte.

»Denken Sie doch nur einmal an das Aufsehen, das Sie regelmäßig verursachen, wenn Sie mit einer solchen Kleidung einen Saal betreten!«, hatte Simms ihm allen Ernstes vorgehalten.

Bosch konterte augenblicklich. »Der Mann, der diese Kleidung erfunden hat, ist niemand anders als Professor Gustav Jäger. Das ist nicht irgendwer. Auch sie werden schon von ihm gehört haben.«

»Du meine Güte, ja. Aber muss er denn auch noch solche Gewänder herstellen, nur weil er so heißt. Genau so sehen Sie nämlich aus: Als würden sie in einer Jägerkluft stecken!«

»Und wenn schon«, gab Bosch immer erstaunlich gelassen zurück, »ich bin ja auch ein leidenschaftlicher Jäger. Sie doch auch, oder? Aber dennoch hat das alles mit der Kleidung eines Jägers natürlich nichts zu tun.«

»Wenn ich auf die Jagd gehe, dann kleide ich mich wie ein Jäger, das ist doch klar. Wenn ich aber wieder zu Hause bin und mich unter meinesgleichen bewege, dann kleide ich mich salonfähig«, beharrte Simms geradezu trotzig auf seinem Standpunkt.

»Ich gehe davon aus, dass die Leute an mir den Inhalt schätzen und nicht die Hülle – oder gar«, fügte Bosch mit einem

vielsagenden Blick auf den wie immer elegant in Schale geworfenen Simms hinzu, »die Verkleidung.«
Der zog es vor, Boschs giftige Bemerkung zu überhören. »Na ja … dazwischen ist schon noch eine gewisse Bandbreite möglich. Immerhin wollen wir ja diffizile technische Produkte an die Leute bringen und sie nicht schon durch unser Äußeres in die größten Zweifel stürzen.«
An der sich langsam rötenden Gesichtsfarbe von Robert Bosch war unschwer abzulesen, wie er allmählich einen wachsenden Verdruss an dieser seltsamen Unterhaltung empfand. »Wer die besten Produkte hat, muss sich weder von irgendeiner Übelkrähe kujonieren lassen noch sich vor jemandem verstecken. Zwei Dinge noch, Mr Simms, die Sie sich merken sollten: Erstens sind Sie der Verkäufer und nicht ich – und zweitens ist meine Kleidung nicht nur bequem, sondern dient auch der Gesundheit.«
»Der Gesundheit! Dass ich nicht lache!«
»Da können sie meinetwegen lachen, soviel und solange sie wollen. Mein Anzug ist seuchenfest!«
»Seuchenfest! Was soll das denn jetzt heißen?«
»Genau das, was ich sage.«
»Das ist doch alles Hokuspokus …«
»Nennen Sie es, wie Sie wollen. Mir und meiner Gesundheit ist es jedenfalls zuträglich. Die wollene Kleidung hat, wie von Professor Jäger vorhergesagt, in meinem Körper für das richtige Gleichgewicht gesorgt: für die Unterdrückung der Angststoffe und für die Förderung der leistungssteigernden Stoffe. Das ist schlichtweg eine Tatsache.«
»Wenn Sie so gesund leben wollen, dann müssten Sie das Rauchen aber auch aufgeben …«
»… da bin ich sowieso schon dran – die paar Zigarren, die ich in der Woche geraucht habe, sind kein Problem. Aber mir schmeckt es sowieso schon lange nimmer. Sie werden also schon noch erleben, dass ich ganz damit aufhöre.«
»Und das Trinken?«
»Trinken?!« Wieder musterte Bosch sein Gegenüber mit einem abschätzigen Blick. »Das habe ich noch nie über die

Maßen betrieben. Ein Glas Wein, das schätze ich, mehr aber auch nicht. Ein gutes Glas Wein kann kein Schaden sein – ich kann es aber auch jederzeit lassen.« Ausgerechnet in diesem Moment befiel ihn eine Niesattacke. Ausgiebig schnäuzte er sich in ein weißlich-graues Taschentuch.
»Und das da?!« Angeekelt deutete Simms auf das Taschentuch, das Robert Bosch gerade wieder sorgfältig zusammenfaltete, um es danach in die Hosentasche zurückzustecken.
»Was soll damit sein? Das ist ein Taschentuch. So etwas gibt es doch in England auch.«
»Aber diese Farbe! Ist das denn etwa auch aus Wolle?«
»Sie haben es erraten.«
Fassungslos tippte Simms sich an die Stirn. »Ein Taschentuch aus Wolle!«
»Das bestens seinen Zweck erfüllt. Im Übrigen ist das ganz allein meine Sache – und das wird es auch bleiben. Damit ist für mich das letzte Wort gesprochen.« Um seinen Verdruss an dieser Unterhaltung deutlich zu machen, pochte Bosch mit den Fingerknöcheln seiner rechten Hand auf die Schreibtischplatte, dann lehnte er sich zurück und verschränkte die Arme vor der Brust, während er sein Gegenüber mit einem grimmig entschlossenen Gesichtsausdruck fixierte.
Mit einer verächtlichen Geste gab sich der Engländer nach diesem barschen Schlussakkord geschlagen und verließ kopfschüttelnd den Raum, ohne Bosch noch mit einem Abschiedswort zu würdigen.

»Ja, so war er, der Frederick Simms: Zweifellos hätte ich mir ohne diesen Mann viel Ärger ersparen können – aber wer weiß, was dann aus der Firma geworden wäre. Vielleicht bin ich also nur undankbar, denn ich habe ihm ja wirklich einiges zu verdanken: Die Jagd in den Alpen genauso wie unsere Position auf dem englischen Markt. Aber entschuldige Carl, ich merke, wie in mir allein bei der Erinnerung an all diese nervenaufreibenden Auseinandersetzungen noch Jahrzehnte später der Ärger aufsteigt. Lass uns also lieber von etwas anderem reden und in angenehmeren Erinnerungen schwelgen.«

Carl nickte verständnisvoll. »Ich verstehe dich. Mir geht es manchmal ganz ähnlich, wenn sich ausgerechnet jener Teil der Vergangenheit plötzlich wieder in die Erinnerung schiebt, den man am liebsten für immer vergessen wollte – auch wenn das alles Erfahrungen sind, die einen irgendwie trotzdem vorangebracht haben. Wenngleich der persönliche Preis, den man dafür zu zahlen hatte, recht hoch war. Manchmal zu hoch.«

Eine Zeit lang herrschte Stille zwischen den beiden Männern. Aber so sehr er sich innerlich auch dagegen sträubte, immer wieder musste Robert Bosch jetzt an das Jahr 1905 zurückdenken. Das Jahr der Entscheidung zwischen ihm und Frederick Simms. Von der heutigen Warte aus gesehen, dürfte es sich um eines der wichtigsten Jahre in der Firmengeschichte gehandelt haben. Zumal auch im familiären Bereich – um es mit Robert Boschs Worten auszudrücken – »so einiges« geschehen war.

Am Karfreitag des Jahres 1905 war ein Teil der Familie zu einem großen Tagesausflug aufgebrochen. Schon ganz früh um 7 Uhr waren Robert Bosch, sein Sohn und die Tochter Paula zusammen mit zwei weiteren Bekannten in das von Robert Boschs persönlichem Fahrer, dem Chauffeur Wilhelm Scholl, gelenkte Automobil geklettert, und dann ging es los. Zunächst legte Bosch dabei noch genau dieselbe verdrießliche Miene an den Tag, die er schon am gestrigen Abend aufgesetzt hatte. Es passte ihm einfach nicht in den Kram, dass seine Frau Anna es vorgezogen hatte, gemeinsam mit der Tochter Margarete, die sich nach ihren eigenen Worten seit zwei Tagen »ein bisschen unpässlich fühlte«, zu Hause bleiben zu wollen.

»Die Gretel ist jetzt bald 17 Jahre alt, da wird sie doch auch einmal einen Tag lang alleine hier bleiben können«, hatte Bosch geknurrt und die Stirn in ärgerliche Falten gelegt,

aber er ahnte schon, dass sich Anna nicht würde umstimmen lassen. »Ich bleibe hier und passe auf die Gretel auf, dann könnt ihr einen schönen Ausflug machen – ohne ständig die Sorge im Gepäck tragen zu müssen, was wohl zu Hause mit unserer Gretel los ist. So etwas kann einem den schönsten Ausflug verderben.«
»Aber wenn ich den Heinrich Göhrum darum bitten würde, gegen Nachmittag einmal bei der Gretel vorbeizuschauen, dann müsstest du dir doch gar keine Sorgen machen und …«, unternahm Bosch noch einmal einen Überredungsversuch, wurde dabei aber durch eine entschiedene Handbewegung seiner Frau unterbrochen, die ihm klar und deutlich signalisierte, dass sie nicht gewillt war, ihren Entschluss noch einmal zu revidieren.
»Nein, nein – fahrt ihr nur ruhig und macht euch einen schönen Tag. So wie der Himmel heute aussieht, dürfte es morgen ja richtig warm werden und sonnig noch dazu. Das tut dem Robert sicher gut, da kann er sich umso rascher wieder ganz erholen, nicht wahr, Robert?«
Der vierzehnjährige Junge rollte vielsagend mit den Augen, während er unwillkürlich mit der Hand vorsichtig sein rechtes Ohr betastete und dabei einen gequälten Gesichtsausdruck machte. Anna hatte mit dieser Bemerkung auf einen Vorfall in Roberts Schule angespielt, der in der Familie Bosch für große Empörung gesorgt hatte.
Am vergangenen Samstag war Robert um die Mittagszeit weinend nach Hause gekommen und hatte sich sofort ins Bett gelegt. Selbst am Sonntagmorgen klagte er noch über starke Kopfschmerzen und fühlte sich nach wie vor außerstande, das Bett zu verlassen. Sorgenvoll nahm ihn sein Vater daraufhin in einen genaueren Augenschein und erkundigte sich nach der Ursache der anscheinend so plötzlich aufgetretenen Schmerzen, bekam aber zunächst keine Antwort von dem blassen Jungen, der mit tränennassen Wangen an die Decke starrte.
»Hängt es mit der Schule zusammen? Ist da irgendwas passiert? Jetzt sag schon: War da etwas in der Schule?«

Robert nickte matt.
»Und was?«
Der Junge zuckte unglücklich mit den Schultern, was bei seinem impulsiven Vater den Blutdruck wieder einmal deutlich nach oben schnellen ließ. »Jetzt rück endlich mit der Sprache heraus. Ich bin schließlich Mechaniker und kein Hellseher«, knurrte er verdrießlich. »Was genau hat sich also in der Schule abgespielt?«
Wieder verzog der Kranke erst schmerzhaft das Gesicht, dann öffnete er endlich den Mund und berichtete seinem Vater mit leiser Flüsterstimme, was passiert war.
»Der Lehrer hat mir eine Ohrfeige gegeben.«
Robert Bosch setzte sich kerzengerade auf. Körperliche Züchtigung! Das war so ziemlich das Letzte, was er im schulischen Alltag erwartete. »Eine Ohrfeige? Aber wieso denn?«
»Weil ich den ›Taucher‹ von Friedrich Schiller nicht richtig habe aufsagen können.«
»Wie bitte? Nur weil du ein Gedicht nicht kannst, hat er dir eine runtergehauen? Das ist doch nicht möglich!«
»Doch, das war so«, wisperte Robert und deutete mit dem Zeigefinger an sein rechtes Ohr, von dem die Kopfschmerzen durch seinen ganzen Schädel strahlten.
»Aber wegen einer einzigen Ohrfeige liegt man doch hinterher nicht einen ganzen Tag lang im Bett. Da muss doch noch mehr gewesen sein?«
»Na ja, bei einer Ohrfeige ist es auch nicht geblieben. Der war so wütend auf mich und die ganze Klasse, dass er richtig außer Rand und Band geraten ist. Kaum bin ich zum zweiten Mal bei dem Gedicht hängen geblieben, da hat er mich plötzlich an den Haaren gepackt und mich einfach auf den Kopf geschlagen. Das ist alles so blitzschnell gegangen, dass ich mich gar nicht habe wehren können. Und dann hat er zugehauen und zugehauen und noch mal zugehauen«, bekannte der Junge, dem alleine bei der Erinnerung an diese schmerzhafte Demütigung vor aller Augen schon wieder die Tränen über die Wangen rannen.

Zornentbrannt schoss Robert Bosch in die Höhe. »Das … das ist ja unglaublich! Wie heißt dieser Mensch? Den werde ich lehren, wehrlose Schüler windelweich zu prügeln!«
»Weller heißt er«, murmelte sein Sohn kraftlos, während sich seine Augenlider ganz langsam schlossen. »Aber jetzt muss ich schlafen, Vater. Ich bin so müde, die ganze Nacht über habe ich vor lauter Schmerzen kaum ein Auge zu getan … ich bin müde … so müde …«
Der lautstarke Protest, mit dem sich Robert Bosch senior am Montagmorgen gleich zu Schulbeginn bei dem sichtlich betroffenen Rektor des Karlsgymnasiums wegen der Prügelei des Lehrers Weller beschwerte, hallte durch das ganze Schulgebäude. Er hatte dabei dermaßen deutliche Worte gefunden, dass der Lehrer Weller die Schule an diesem Morgen mit aschfahler Miene durch den Nebeneingang verließ. Nie wieder wagte er es danach, einen Schüler noch einmal hart anzufassen.
Robert Bosch bezeichnete es als großes Glück, dass die Kopfschmerzen seines Sohnes nach zwei weiteren Tagen strikter Bettruhe abgeklungen waren. Nach eingehender Untersuchung konnte der Hausarzt Dr. Göhrum glücklicherweise vermelden, dass er trotz der rüden Schläge auf den Kopf keinerlei gesundheitliche Störungen habe feststellen können, die sich eventuell dauerhaft im Körper des Vierzehnjährigen festgesetzt hätten.
»Wenn ich nur daran denke, dass ich selbst ja seit einer jugendlichen Herumblödelei mit einem Gewehr in Albeck auf dem linken Ohr nur noch unzureichend hören kann … so schnell kann es nämlich gehen! Wir können wahrhaft von Glück sagen, dass bei dir nichts zurückgeblieben ist.«
Sein Sohn und Dr. Göhrum nickten ernst. »Gott sei Dank«, murmelte Göhrum und packte seine Untersuchungsinstrumente wieder in die große braune Ledertasche, die allen Boschkindern seit ihren frühesten Gehversuchen bekannt war. »Du solltest dich trotzdem jetzt halt noch einige Tage schonen und größere Anstrengungen vermeiden. Setz dich ab und zu – aber nicht allzu lange – in die Son-

ne, das tut gut. Zum Glück scheint das Wetter dafür günstig zu sein, ein Hauch von Frühling liegt ja schon in der Luft. Also: Glück gehabt. Bald wird alles vergessen sein – hoffentlich aber nicht bei diesem Berserker von Lehrer …«

»Nein, bei dem nicht, dafür habe ich in aller Deutlichkeit gesorgt, der wird das kein zweites Mal mehr wagen«, verschränkte Bosch die Arme vor der Brust und starrte mit grimmiger Miene auf das Krankenlager.

Viele Jahre später war es genau diese Episode, an die sowohl der Vater als auch sein Sohn immer wieder zurückdenken mussten und sich dabei vergeblich den Kopf darüber zerbrachen, ob hier wohl die entscheidende Ursache für Roberts spätere schwere Erkrankung liegen könnte. Kein Arzt konnte das mit Sicherheit bestätigen – aber genauso wenig das Gegenteil. Und so blieb ein schaler Nachgeschmack zurück. Hätte … könnte … was wäre, wenn? Im Grunde genommen führten diese Überlegungen auch nicht weiter. Längst hatte das Schicksal ja seinen gnadenlosen Lauf genommen.

Nach all diesen, genauso schmerzerfüllten wie turbulenten Tagen war es also für den langsam Genesenden, seine Schwester Paula und den Vater eine umso größere Freude, endlich einen schönen Ausflug mit dem vom Chauffeur Wilhelm Scholl gesteuerten Automobil zu unternehmen. Schade nur, dass die Mutter und Gretel nicht mit von der Partie waren – aber wenn sich diese beiden erst einmal etwas in den Kopf gesetzt hatten, dann blieben sie genauso stur bei ihrer Linie, wie das ja auch beim Herrn des Hauses der Fall war.

»Jetzt geht schon endlich und macht euch einen schönen Tag!«, lachte Anna und schob ihren zögernden Mann mit einem energischen Schubs zur Türe hinaus. »Erholt euch gut und kommt gesund und gut gelaunt wieder zurück! Eine gute Flasche Wein kannst du ja unterwegs noch einkaufen, falls das am Karfreitag im Unterland überhaupt möglich ist – und den Wein trinken wir dann heute Abend zusammen, wenn

du mir erzählst, was ich alles verpasst habe.« Mit einem Schmunzeln auf den Lippen schloss sie rasch die Tür, bevor der verdatterte Bosch in der Lage war, ihr zu antworten.
Dafür war es die fünfzehnjährige Paula, die ihrem Vater vorsichtshalber gleich zu Beginn des Ausflugs ihre Wünsche für diesen Tag unterbreitete. »Aber gell, Vater. Genau wie wir das vorgestern besprochen haben: Es wird heute ein ganz gemütlicher Ausflug werden. Der Robert kann sich größere Strapazen noch nicht zumuten. Wir müssen also nicht im Schweinsgalopp durch die Städte, Kirchen und Burgen hetzen.« Sie kannte ihn nämlich gut genug – und deshalb hatte ihr vorsorglich ausgesprochener Hinweis durchaus seine Berechtigung. Selbst auf die Gefahr hin, dass ihm diese Bitte gegen den Strich ging und er vermutlich gleich wieder seine berühmten »fünf Minuten« haben würde, in denen er verdrießlich die Lippen zusammenpresste und seine Tochter keines Blickes würdigte. Doch sein Zorn würde genauso rasch wieder verraucht sein, wie er gekommen war. Hauptsache, Paulas Bitte würde ihre Wirkung nicht verfehlen.
Tatsächlich erlebten sie einen schönen Ausflug an einem herrlichen Vorfrühlingstag. Die Fahrt führte über Cannstatt, immer weiter den Neckar entlang bis nach Heilbronn, wo sie in der ehemaligen Freien Reichsstadt die erste Rast einlegten und dabei die zahlreichen prächtigen Bürgerhäuser bestaunten, die ihnen den in vielen Jahrhunderten angehäuften Reichtum der dort ansässigen Weingärtner und Kaufleute überdeutlich vor Augen führten.
»Die Hauptstadt der Erbswurst! Carl Heinrich Knorr. Das war auch so eine geniale Erfindung, einen Erbsenbrei in einer Wursthülle zu verpacken. Die verkaufen ihre Erbswurst mittlerweile in der ganzen Welt – und viele andere Fertigwaren noch dazu. Riecht ihr das?« Neugierig hielt er seine Nase in den Wind. »Es riecht irgendwie nach Pilzen. Ganz Heilbronn scheint heute mal wieder besonders intensiv nach Knorrsuppe zu duften. Auch nicht schlecht – zumal sie ja mindestens drei Dutzend verschiedene Päcklessuppen im Programm haben.«

»Über 30 Stück! So viele Suppen gibt es doch gar nicht«, gab der staunende Robert zu bedenken.
»Anscheinend doch: Pilzsuppe, Tomatensuppe, Fleischbrühe … hm, jetzt weiß ich tatsächlich schon nicht mehr weiter.«
»Blumenkohlsuppe …«
»… Gelbe Rüben-Suppe.«
»Spinatsuppe …«
»Igitt.« Paula schüttelte sich. »Wie kann man so etwas bloß essen. Allerdings, diese Erbswurst – kann ich die wohl mal probieren?«
»Das schmeckt ganz für sich genommen nicht sonderlich gut, da muss erst einmal Wasser dazu, damit es eine Suppe gibt.«
»Suppe? Obwohl es Wurst heißt. Seltsam … Also, ich würde das schon mal gerne probieren.«
»Ich auch«, pflichtete Robert seiner Schwester bei. »Lass uns halt mal so eine Erbswurst kaufen – und wenn sie uns nicht schmeckt, dann können wir immer noch zu Hause eine Suppe daraus machen.«
»Na gut, von mir aus. Aber am Karfreitag sind die Läden geschlossen.«
»Vielleicht hat eine Wirtschaft geöffnet?«
Im Heilbronner Ratskeller, der glücklicherweise schon zu dieser frühen Vormittagstunde geöffnet hatte, erstand Robert Bosch also eine Erbswurst und zur Freude des Wirts auch gleich noch eine gute Flasche Wein, einen Trollinger natürlich. Für heute Abend. Wie er es der Anna versprochen hatte.
»So, also: Wer möchte ein Stück?«
»Ich!«
»Und ich auch!«
Mit genau derselben Geschwindigkeit, mit der die Finger der Kinder in die Höhe geschossen waren, um die seltsame Erbswurst zu probieren, erfolgte deren Reaktion.
»Pfui! Das schmeckt ja grässlich!«
»Das kann man doch nicht essen!«

»Wer kann denn so etwas mögen?«
»Ich habe es euch doch gesagt«, lachte ihr Vater. »Man muss erst Wasser dazugeben und es dann langsam warm machen. Kalt, da schmeckt es furchtbar – aber warm gibt es eine richtig gute Erbsensuppe.«
»Das kann ich mir nicht vorstellen!«
»Genauso wenig wie eine kalte Erbsensuppe, nicht wahr?«
»Da hast du auch wieder recht.«
»Na also!«
Weiter ging die fröhliche Fahrt nach Weinsberg zur Burg Weibertreu, die sich auf einem hochaufragenden Bergkegel, umringt von zahlreichen kleinen Weinbergen, ihren beeindruckten Betrachtern stolz präsentierte.
Robert Bosch streckte den Arm weit aus und beschrieb dabei einen Kreis. »Ja, das ist wirklich ein atemberaubender Anblick. Jedes Mal, wenn ich hierherkomme, gerate ich ins Schwärmen.«
»… und wahrscheinlich auch ins Schnaufen«, fiel ihm sein Sohn ins Wort, der mit skeptischer Miene bereits den steilen Pfad beäugte, der hoch zur Burganlage führte. »Du hast ja sicherlich vor, mit uns da hinaufzukraxeln, oder?«
»Allerdings. Das dürfte aber doch für euch kein Problem sein – im Vergleich zu den Alpen sind das ja nur ein paar Höhenmeter.«
»Aber was für welche! Das ist die reinste Eigernordwand!«, quengelte Robert.
Doch seinem Vater stand der Sinn nicht nach weiteren bergsteigerischen Erörterungen. »Jetzt kommt schon. In einer Viertelstunde sind wir oben – versprochen. Der Ausblick von dort ist phänomenal. Das muss man einfach einmal erlebt haben. Und außerdem: Als rechter Schwabe muss man wenigstens einmal im Leben auf der Weibertreu gewesen sein, genauso wie auf der Teck übrigens auch und auf dem Hohenneuffen …«
»… und auf der Achalm und auf der Burg Lichtenstein und dem Hohenstaufen, gell?« ergänzte Paula, während sie mit den anderen vieldeutige Blicke wechselte.

»Ja genau!« Bosch nickte zufrieden. Er schien den leisen Spott in der Stimme seiner Tochter folglich gar nicht bemerkt zu haben. »Aber die kommen ein anderes Mal an die Reihe. Heute steht erst einmal die Eroberung der Weibertreu auf unserem Programm.«

Am Ende waren keine zehn Minuten vergangen, bis sich die Boschs samt ihren Begleitern schon innerhalb der mächtigen Burganlage befanden. Wieder einmal hatte sich der Vater von seiner Begeisterung beflügeln lassen und war mit weit ausholenden Schritten als Erster vorausgestürmt. Schwer atmend machte er vor einer in die Mauer eingelassenen Gedenktafel halt, wischte sich mit seinem großen wollenen Taschentuch den Schweiß von der Stirn und schenkte seinen wesentlich weniger euphorisch dreinschauenden Mitwanderern ein glückliches Lächeln.

»Hier sind wir also! Willkommen auf der Weibertreu, dem Treffpunkt der schwäbischen Romantiker. Seit der Zeit von Justinus Kerner, der hier am Fuß der Burg gewohnt hat, zieht diese Ruine die schwäbischen Dichter geradezu magisch an: Gustav Schwab, Ludwig Uhland, Ottilie Wildermuth und viele andere, sogar Nikolaus Lenau ist hier gewesen.«

»Aber der ist doch gar kein Schwabe«, warf Robert ein.

Bosch stutzte kurz, kräuselte nachdenklich die Lippen, dann schenkte er seinem Sohn ein anerkennendes Lächeln. »Da hast Du recht. Sage noch einer, in der Schule würde man nichts Gescheites lernen. Das hätte den Justinus Kerner sicherlich gefreut, dass die Schüler auch heutzutage noch so gut über die Romantiker Bescheid wissen.«

Paula dagegen verzog ihr Gesicht zu einer wahren Leidensmiene: »Ach, der Kerner! Den haben wir im Deutschunterricht mehr als ausführlich durchgenommen.«

»Was sicherlich kein Schaden für euch gewesen ist, oder? Was kannst du eigentlich noch von seinen Gedichten?«

»Ehrlich gesagt keines so richtig«, bekannte Paula offen. »Nur ›Der reichste Fürst‹, also dieses ›preisend mit viel schönen Reden, ihrer Länder Wert und Zahl …‹«

»… saßen viele deutsche Fürsten, einst zu Worms im Kaisersaal«, fiel ihr Vater mit hörbarer Begeisterung in der Stimme ein. Und weiter deklamierte er:
»… Eberhard, der mit dem Barte,
Württembergs geliebter Herr,
sprach: ›Mein Land hat kleine Städte,
trägt nicht Berge silberschwer;

doch ein Kleinod hält's verborgen:
Dass in Wäldern, noch so groß,
ich mein Haupt kann kühnlich legen,
jedem Untertan in Schoß.‹

Und es rief der Herr von Sachsen,
der von Bayern, der vom Rhein:
›Graf im Bart! Ihr seid der reichste,
euer Land trägt Edelstein!‹«

Bewundernd klatschte Robert Bosch in die Hände, als er zum Ende des Gedichts gekommen war. »Ja! Das ist die echte württembergische Hymne! Von keinem anderen geschrieben als eben von Justinus Kerner, dem Retter der Burg Weibertreu. Ach übrigens, dort vorne, die Fensteröffnung im Burgturm, könnt ihr da die kleinen Metallstäbe sehen? Das sind sogenannte Äolsharfen. Auch die hat der Justinus Kerner damals hier einbauen lassen.«
»Und was soll das sein?«
»Das sind die Geräusche des Windes, die sich in den Metallstäben fangen, etwa so wie in einer Art Gitarrensaite. Ich weiß, das klingt seltsam, aber wenn man ganz leise ist, dann hört man das Lied des Himmels. So hat sich der Justinus Kerner ausgedrückt.«
Allein Roberts Miene sprach Bände: »Das Lied des Himmels! Also wirklich …«
»Es ist aber so.«
Bevor sich die Laune ihres Vaters angesichts dieser unverhohlen vorgebrachten Skepsis womöglich rapide ver-

schlechterten würde, lenkte ihn Paula mit einer geistesgegenwärtig gestellten Frage rasch wieder auf den Pfad seiner historischen Begeisterung zurück. »Und was hat es in Wahrheit nun eigentlich mit diesem eigenartigen Namen auf sich? Weibertreu. Stimmt denn diese Geschichte wirklich, dass da die Frauen ihre Ehemänner auf dem Rücken von der Burg getragen und ihnen damit das Leben gerettet haben?«

»Allerdings, das stimmt. Das ist eine wunderbare Geschichte aus der Zeit der Staufer, diesem großen schwäbischen Geschlecht, das so bedeutende Kaiser und Könige hervorgebracht hat.« Es hatte also funktioniert. Bosch war bereits wieder voll in seinem Element. »Es muss in der Mitte des 12. Jahrhunderts gewesen sein, als König Konrad von Staufen, der erste staufische König, die Burg belagert hat, die von den Welfen, den Erzfeinden der Staufer, besetzt war. Irgendwann war die entscheidende Schlacht geschlagen und die Burgbesatzung musste sich ergeben. Dabei hat der König den Frauen auf der Burg freies Geleit versprochen und ihnen erlaubt, soviel an eigenem Besitz mitzunehmen, wie sie auf ihrem Rücken tragen konnten. Die treuen Weiber haben dann ihre Männer mitgenommen, denen sonst der Tod gedroht hätte. Seitdem heißt die Burg im Volksmund ›die Weibertreu‹.«

»Was du alles weißt, Vater«, staunte Paula und bedachte ihren Vater mit einem ehrfürchtigen Kopfnicken.

Der hob abwehrend die Hand. »Aber das gehört doch zur Allgemeinbildung. Und Allgemeinbildung ist nun einmal das beste Rüstzeug fürs Leben: Wissen ist Macht, das hat schon mein Vater gesagt.«

»Unser Großvater. Der mit dem komischen Namen«, wandte sich Paula erklärend an ihre beiden Mitreisenden. »Servatius hat er geheißen. Servatius Bosch.«

»Er war ein selten guter Mann, euer Großvater. Von seinem Schlag dürfte es ruhig auch heute noch ein paar Menschen mehr auf dieser Welt geben.« Robert Bosch fuhr sich mit dem Handrücken kurz über die Augen. »Aber genug jetzt mit der Weibertreu und den Staufern – wir müssen weiter nach Öhringen. Dort wartet das Mittagessen …« Schmunzelnd beobachtete er, wie sich bei diesem Stichwort die Mienen seiner jugendlichen Begleiter deutlich aufhellten, um sich dann bei seinen nächsten Worten gleich wieder zu verdunkeln. »… und davor werden wir noch einmal eine Reise in die deutsche Geschichte unternehmen, die sogar noch über hundert Jahre weiter zurückgeht bis in die Zeit der Salier hinein.«

Nach einer weiteren guten halben Stunde Autofahrt durch die leicht hügelige, von Weinbergen geprägte liebliche Landschaft rückten allmählich die Türme der Öhringer Stiftskirche in das Blickfeld der kleinen Reisegesellschaft. Beinahe kreisförmig schien das Städtchen Öhringen um das erstaunlich große Kirchengebäude und das nahe Schloss herum angelegt zu sein – nur einen Steinwurf weit entfernt vom südlichen Rand des Schwäbischen Waldes. Während die steil aufragenden Hänge, die unten mit Weinreben, in der Mitte mit Obstgärten und weiter oben mit dichtem Wald bewachsen waren, dem Blick der Betrachter eine natürliche Grenze boten, erstreckte sich nach Osten und Norden hin eine gewaltige Ebene.
»Das ist die Hohenloher Ebene«, erläuterte Bosch. »Wobei es sich aber nur scheinbar um eine Ebene handelt, denn in Wirklichkeit geht es in Hohenlohe beständig auf und ab – das wirkt also nur aus der Ferne betrachtet wie eine glatte Fläche.«
»Hohenlohe, heißt so nicht auch irgendein Fürst, der sogar einmal Reichskanzler gewesen ist. Ich glaube, wir hatten da mal etwas in der Schule …«, rätselte Robert.
»Ich glaube … So, so! Wenn das alles ist, was man in der Schule lernt. Meine Güte! Der Fürst von Hohenlohe-Schillingsfürst war Nachfolger von Bismarck. Vor gar nicht allzu langer Zeit übrigens. Und in Hohenlohe gibt es tatsächlich immer noch Fürsten. Sie sitzen in ihren Schlössern in Öhringen, in Langenburg und in Waldenburg und ver-

walten einen riesigen Landbesitz – mir hat kürzlich sogar einer von ihnen, der alte Fürst von Hohenlohe-Öhringen, seine Jagd in den Alpen zum Kauf angeboten. Das sei die beste Möglichkeit gesund zu bleiben und ein so hohes Alter wie er zu erreichen. Er habe das nur dank der Jägerei geschafft.«

»Jägerei!« Paula verdrehte die Augen, doch bevor sie Gefahr lief, sich diesbezüglich in einen ernsteren Wortwechsel mit ihrem Vater zu verstricken, waren sie glücklicherweise am Ziel angelangt: der Stiftskirche von Öhringen.

»Hier liegt die Kaiserinmutter Adelheid begraben, die sogenannte Stammmutter der Salier. Die waren noch vor den Staufern. Also: Hier kann man mit Fug und Recht sagen, dass der Hauch der Geschichte durch diese Kirche weht.«

»Kann man denn das Grab noch sehen?«

»Natürlich, deswegen sind wir ja da. Es ist ein ziemlich beeindruckender Sarkophag, wenngleich ich den Verdacht nicht loswerde, dass die Öhringer gar nicht so richtig wissen, welchen historisch bedeutsamen Schatz sie da besitzen. Allein die Dunkelheit dort drinnen. Da könnte man auch andere Lösungen finden, um so ein Grabmal besser zu präsentieren!«

Selbst die ansonsten von solchen väterlichen »Geschichtsstunden«, wie sie es nannten, wenig begeisterten Kinder nickten zustimmend.

»Immerhin ist diese Stiftskirche an sich schon ein respektables Bauwerk. Und wisst ihr, wer an ihrer Vollendung mitgearbeitet hat?«

Natürlich wussten sie es nicht.

»Das war niemand anders als einer meiner Brüder, der Albert!«

»Also ein Onkel von uns?«

»Ja, ganz genau, euer Onkel Albert. Der übrigens, neben meinem Bruder Karl, der Schlaueste von uns allen war …« Ein wehmütiges Lächeln stahl sich auf die Miene von Robert Bosch. »Der hat sogar Architektur studiert und war dann in Ulm am Münster als Baumeister beschäftigt. Er

war dort mitverantwortlich für die Vollendung des höchsten Kirchturms der Christenheit.«
»Donnerwetter! Davon habe ich noch nie etwas gehört: Ein Bosch, der das Ulmer Münster fertig gebaut hat!«
»Na ja, er war nur einer von mehreren und auch nicht der Ober-Baumeister. Und er ist auch nicht bis zum Abschluss der Arbeiten geblieben, denn mit seinem Fortkommen in Ulm hat es nie so richtig geklappt. Einmal hat er zu mir gesagt, er komme mit dem Leiter der Münster-Bauhütte nicht zurecht. Deshalb ist er dann nach Öhringen gegangen und hat dort den Kirchenbau vollendet. Die waren natürlich froh, einen so erfahrenen Mann zu bekommen. Ebenso wie in Ulm hatten sie sich auch dort für einen Weiterbau im neugotischen Stil entschieden.«
»Und wieso haben wir deinen Bruder nie kennengelernt?«
In einer resignierten Geste hob Bosch die Hände in die Höhe. »Weil der Albert leider schon in frühen Jahren gestorben ist. Mit 33 Jahren. Ein typisches Opfer der berüchtigten Steinmetzkrankheit. Man sagt auch Staublunge dazu. Ich weiß noch aus meiner Soldatenzeit in Ulm, damals ist ja gerade das Münster fertig gebaut worden, dass Dutzende von Steinmetzen durch den feinen Staub in der Lunge krank geworden und gestorben sind.«
Schweigend verharrten sie eine Zeit lang in der dunklen Kirche, bis sich Paula schließlich leise zu Wort meldete: »Habt ihr das gerade gehört? Dieses knurrende Geräusch?«
»Hm – irgendetwas war da. Aber was?«
Paula hob den Zeigefinger: »Da, schon wieder.« Dann deutete sie auf ihren Bauch. »Das ist mein Magen. Ich habe nämlich Hunger, es ist ja auch schon bald ein Uhr. Hoffentlich gibt es um diese Uhrzeit in der Wirtschaft überhaupt noch was zu essen.«
Ihr Vater schüttelte lächelnd den Kopf. »Na, dann sollten wir uns aber beeilen. Nicht, dass du uns noch am Hunger stirbst!«
»Was isst du?«, erkundigte sich die aufatmende Paula neugierig bei ihrem Bruder.

»Schweinebraten mit Spätzle«, strahlte der Junge vor lauter Vorfreude über das ganze Gesicht, um gleich danach von seinem Vater mit einer ernüchternden Feststellung konfrontiert zu werden: »Falls es so etwas heute in Öhringen überhaupt gibt – denn immerhin ist ja Karfreitag.«
»Oh je! Da wird es doch hoffentlich nicht nur Fisch geben?«
»Gut möglich«, entgegnete sein Vater, »aber so eine schöne Forelle ist doch auch nicht zu verachten.«
»Na ja … aber Spätzle mit Soß`, das werden sie doch auch in Öhringen haben, oder?«
»Ich denke schon. Oder zumindest Maultaschen.«
Dem Himmel sei Dank, das Mittagessen war gerettet! »Na, dann ist es ja gut. Dann esse ich halt Maultaschen …«
»… am besten gebraten und mit viel Kartoffelsalat«, ergänzte Paula.
»Und noch ein bissle geschmälzte Zwiebeln dazu. Ja, genau, so machen wir's.« Robert schnalzte genießerisch mit der Zunge. »Mir läuft schon das Wasser im Mund zusammen. Auf geht's, ich habe einen Bärenhunger.«

Dieser eintägige Ausflug am Karfreitag 1905 ins württembergische Unterland sollte ein schönes Erlebnis bleiben, von dem Robert Bosch noch viele Wochen später zehrte.
Denn in der Zusammenarbeit mit Simms häuften sich nun die Probleme. Schon bei der bloßen Erwähnung von dessen Namen wurde es ihm plötzlich heiß im Nacken und schlagartig standen Schweißtropfen auf seiner Stirn. Diese ewigen, sinn- und nutzlosen Auseinandersetzungen, dieses nervenaufreibende Belauern, für das es keinerlei Grund gab – es sei denn, das gezielte »Fertigmachen« eines Menschen sei ein erstrebenswertes Ziel. Genau das schien Simms zu glauben.
Während sich der Beginn ihrer Zusammenarbeit noch als ideale Partnerschaft zweier unterschiedlicher Charaktere erwiesen hatte, war dieses Miteinander längst einem zerstörerischen Stellungskrieg gewichen. Dafür aber brachte

Robert Bosch weder den Willen noch die Nerven mit. Weshalb nur diese andauernde Nörgelei? Nachdem doch auch die neuen Weltrekordwagen von Daimler inzwischen mit einer Boschzündung ausgestattet worden waren, mit der sie eine Spitzengeschwindigkeit von 156 Kilometern in der Stunde erreicht hatten, war die Vorrangstellung von Bosch und Mercedes auf dem Automobilsektor noch zusätzlich untermauert.

Inzwischen hatte er den tagtäglichen Ärger mit Simms gründlich satt. Schon deshalb, weil sich plötzlich gesundheitliche Probleme bei ihm einstellten – trotz der Jägerschen Kleidung und seiner gesunden Lebensweise. Vor allem nervlich fühlte er sich ziemlich angeschlagen: »Ja, ich weiß, mit meinen Nerven bin ich ziemlich herunter«, gestand er eines Tages seinem Freund und Hausarzt Dr. Göhrum, der ihn nach einer eingehenden Untersuchung mit ernsten Augen gemustert und dabei gleichzeitig bedenklich gebrummt hatte, dass ihm sein Patient auf einmal gar nicht mehr gefalle. »Das sieht man auf hundert Meter Entfernung, dass es mit deinem Nervenkostüm nicht zum Besten steht«, meinte Heinrich Göhrum kopfschüttelnd. »Du zitterst ja wie Espenlaub oder vielmehr wie ein 60-jähriger Kohlenschipper. Dabei bist du noch nicht einmal 44 Jahre alt – ein Bauernbursche vom Land, der seine besten Jahre doch erst noch vor sich hat – falls er sie erlebt, was ich ehrlich gesagt nicht glaube, wenn du so weitermachst wie zur Zeit.«

»Ich weiß ja, ich weiß.« Mit einer hilflosen Geste hob der Patient kraftlos seine rechte Hand, um sie anschließend achselzuckend wieder sinken zu lassen. »Es geht mir weiß Gott nicht gut – irgendwie ist mir grade alles zu viel. Zu viel geworden vielmehr. Am liebsten würde ich auf das Angebot von Simms eingehen und einfach die ganze Firma an ihn verkaufen.«

Dr. Göhrums Antwort kam wie aus der Pistole geschossen. »Dann mach das doch!«

Überrascht hob Bosch den Kopf und starrte forschend in die Miene seines Freundes. Wollte der ihn etwa auf den

Arm nehmen? »Heinrich. Das meinst du doch nicht im Ernst, oder?«

»Und ob ich das ernst meine. Wieso denn nicht? Er soll dich auszahlen, dann hast du deine Ruhe vor ihm und bist ihn los. Mit deinen guten Leuten in der Firma kannst du dich ja darüber beraten, ob sie weiter bleiben wollen oder danach mit dir zusammen etwas ganz Neues anfangen.«

»Etwas ganz Neues anfangen. Hm …«

»Ja, das schon. Denn nur zum Jagen und zum Zeitunglesen, dazu bist du mir noch viel zu jung und auch viel zu unternehmungslustig. Also nur daheim herumhocken, das kommt für dich wohl eher nicht infrage.«

»Absolut nicht. Das könnte ich nicht. Mich mit 44 Jahren schon zur Ruhe setzen: Nein, das ist nichts für einen Bosch. Es hat ja auch meinem Vater nicht gut getan, als er unser Haus in Albeck verkauft hat und als Privatier mit der Familie nach Ulm gezogen ist – selbst wenn der Servatius damals bereits 53 Jahre alt war. Dieses Stadtleben, das war einfach zu bequem für ihn, obwohl er ja noch weiter auf die Jagd nach Albeck gegangen ist und auch die Imkerei fortgeführt hat. So ein Mann hätte noch mal eine richtige Aufgabe gebraucht, dann wäre er nicht schon elf Jahre später gestorben. Ja, Heinrich, du hast recht …«

Nachdenklich starrte er zum Fenster des Behandlungszimmers hinaus.

»Dann mach es auch«, holte ihn die Stimme seines Freundes in die Wirklichkeit zurück.

»Aber was ist dann mit meinen Leuten, für die habe ich doch auch eine Verantwortung?«

»Jetzt hast du erst einmal eine Verantwortung für dich selbst, für deine Familie und deine eigene Gesundheit – und dann sehen wir weiter. Jetzt lass den Simms doch erst einmal ganz konkret ein Angebot abgeben und dann schaust du, ob es dir zusagt oder nicht. Damit ist er erst einmal eine Weile beschäftigt – und du hast so lange Ruhe vor diesen ständigen Querelen. Und falls das Angebot tatsächlich interessant sein sollte, dann kannst du deiner Verantwortung ganz sicher damit gerecht werden, dass du ihn vertraglich auf Bosch-übliche, also gute Arbeitsbedingungen festlegst.«

»Um dann ganz neu anfangen zu können. Ohne den Simms. Das klingt gut.«

»Ja, dann tu es halt auch.«

Robert Bosch seufzte tief. »Wenn ich daran denke, dass ich jahrelang darauf hingearbeitet habe, um geschäftlich dort hin zu kommen, wo ich heute bin … Und kaum bin ich da, ist alles anders, als ich das eigentlich gewollt habe. Der Erfolg kann auch ein Fluch sein. Der Preis dafür ist hoch. Anscheinend zu hoch für meine Nerven.«

»Eben deshalb musst du etwas an deinem Leben ändern – auch um deiner Familie willen!« Heinrich Göhrum nahm seinen Patienten streng ins Visier. »Versprich mir, dass du es dir wenigstens einmal genau überlegen wirst.«

»Nun gut, dieses Versprechen kann ich dir geben. Damit du für heute Ruhe gibst – und …« ein schalkhaftes Funkeln blitzte in den Augen des endlich wieder lächelnden Robert Bosch auf, »auch um des lieben Friedens willen!«

Die Überlegungen erstreckten sich über eine ganze Woche, während ihr Mann auf Anna einen noch ernsteren Eindruck machte als sonst. Vor allem seine spontane Unternehmungslust, mit der er schon für manche Überraschung gesorgt hatte, blieb mit einem Mal aus. In sich gekehrt und schweigsam saß er Abend für Abend in seinem großen dunklen Ledersessel im Wohnzimmer und schien die Zeitung, die er vor sich aufgeschlagen hatte, gar nicht zu lesen. Vor allem fehlten seine mürrischen Kommentare, mit denen er die einzelnen Artikel normalerweise zu kommentieren pflegte. Es war an einem solchen Abend, die Kinder lagen längst in ihren Betten, als er die Zeitung plötzlich zusammenfaltete und beiseite legte. Mit ernster Miene beugte er sich vor und legte seine rechte Hand schwer auf den Arm seiner Frau, um Anna gegenüber erstmals zu bekennen, mit welchen Gedanken er in den vergangenen Tagen so schwer umgegangen war. »Anna, was würdest du davon halten, wenn ich dir sage, dass ich mich dazu entschlossen habe, mir ein Angebot vom Simms näher anzusehen …«

»Vom Simms?« Anna staunte nicht schlecht. »Ich dachte, allein den Namen kannst du nicht mehr hören. Und jetzt willst du also noch enger mit ihm zusammenarbeiten?«

»Nein, nein. Das genaue Gegenteil ist der Fall. Der Simms will alle Anteile an der Firma Bosch für sich aufkaufen. Er will mich draußen haben – genauso wie ich ihn ja auch lieber heute als morgen loshaben will. Also habe ich mich entschlossen, einen Verkauf der Firma an Simms ernsthaft zu erwägen.«

Tief durchatmend lehnte sich Bosch in seinem Sessel zurück und wartete gespannt auf die Reaktion seiner Frau. Die Antwort erhielt er unverzüglich: »Also meinen Segen hast du. Mehr brauche ich dazu gar nicht zu sagen. Die letzten Wochen und Monate waren schlimm genug – für dich, aber auch für die ganze Familie. Denn glaube mir, es ist für die Kinder genauso wenig wie für mich als Ehefrau schön, dich ständig mit einer Leidensmiene herumsitzen zu sehen und zu erkennen, wie du immer verdrossener wirst. Das muss tatsächlich bald ein Ende haben.«

»Es wird ein Ende haben, Anna.«

»Versprochen?«

»Versprochen!« Die Entscheidung war für ihn damit gefallen. Wenn sich Anna derart eindeutig äußerte. Und wenn er hörte, dass inzwischen die gesamte Familie unter seiner ständigen Schwermut zu leiden hatte! Das war ihm gar nie in den Sinn gekommen. Schon um seiner Familie willen musste sich also vieles ändern. Auch wenn das sicherlich nicht von heute auf morgen zu bewerkstelligen war. Aber es war möglich. Noch hatte er die Zügel in der Hand. Es lag folglich an ihm, die Dinge wieder ins Lot zu bringen. »Aber bis es soweit kommt, wird es noch eine ganze Weile dauern. Und so lange werde ich mit dem gewohnten Elan weiterarbeiten. Ich will mir später nicht nachsagen lassen, dass ich die Firma womöglich absichtlich heruntergewirtschaftet hätte.«

»Ausgerechnet du! Niemand, der dich kennt, würde es wagen, so etwas zu behaupten!«
»Der Simms schon«, gab ihr Mann mit einem resignierten Lächeln zurück. »Aber einerlei: Der Simms kann mir sowieso den Buckel runterrutschen.«
Anna schien vom schlussendlichen Erfolg dieses Vorhabens noch längst nicht überzeugt: »Ich hoffe nur, dass du den Verkauf der Firma noch erleben wirst. Denn, wenn du nicht gewaltig aufpasst, dann wird es gerade in dieser Phase endgültig um deine Gesundheit geschehen sein.«
»Nein, nein, das wird mir ganz sicher nicht passieren. Du kennst mich doch: Wenn ich erst einmal eine Entscheidung getroffen habe, dann kann ich bockelhart sein. Und damit du mir glaubst, dass ich wirklich begriffen habe, dass etwas anders werden muss, werde ich euch am Wochenende gleich als erste Maßnahme auf einen verlängerten Ausflug in den Schwarzwald mitnehmen. Die ganze Familie. Ich habe schon vor einiger Zeit einen guten Gasthof im Murgtal empfohlen bekommen, in Schönmünzach genau gesagt. Da könnten wir dann schon einmal üben, wie ich mir unser Leben in Zukunft gerne vorstellen würde: Indem wir das Angenehme mit dem Nützlichen verbinden.«
Aha, da war es schon wieder. Gerade eben hatte Anna Bosch begonnen, die innerliche Kehrtwendung zu bestaunen, die mit ihrem Mann vor sich gegangen war, da sorgte der schon wieder für den ersten leisen Zweifel. »Was soll das jetzt wieder heißen?«
»Dass am Wochenende durch das Murgtal die sogenannte Herkommer-Fahrt führen wird, also so eine Zuverlässigkeitsfahrt für Automobile …«
»Ja, darüber weiß ich natürlich Bescheid«, erwiderte Anna und runzelte ihre Stirn. »Die Zeitung war ja voll davon. Es ist auch erstaunlich, dass da ausgerechnet ein Kunstprofessor so eine Zuverlässigkeitsfahrt organisiert.«
»Das Geld dafür hat er ja. Und es geht dem Herkommer halt auch um die Freude am Fahren. Auf der Route von Baden-Baden nach Nürnberg werden gleich einige Dutzend

Wagen teilnehmen. Und deshalb will ich mich bei dieser Gelegenheit mit der Firma präsentieren. Wir werden den Teilnehmern bei ihrer Rast in Schönmünzach einen Sekt spendieren – zumindest denen, die mit der Boschzündung unterwegs sind. Aber das werden ja hoffentlich die meisten sein.«

Seine Ehefrau zuckte mit den Schultern. »Das ist ja alles schön und gut. Aber was hat das alles mit uns und mit einem schönen Wochenendausflug zu tun?«

»Ganz einfach: Die Wagenkolonne wird dort nur an einem Tag – und das auch nur für ein oder zwei Stunden – Rast machen und dann sind sie wieder weg. Davor und danach verbringen wir alle zusammen drei schöne Tage an der Murg, denn es soll am Wochenende ja sogar richtig warm und sonnig werden. So haben wir mehrere Fliegen mit einer Klappe geschlagen: Der Robert wird begeistert die vielen Automobile in Augenschein nehmen, wir können endlich wieder einmal eine schöne Wanderung unternehmen und vielleicht ist es sogar so warm, dass man in der Murg baden kann. Was sagst du dazu?«

Anna strahlte nun über das ganze Gesicht. »Das ist jetzt aber wirklich einmal eine schöne Idee, die du dir da ganz still und leise ausgedacht hast. Ja, so machen wir es. Sehr gerne sogar.« Begeistert umschlang sie ihren Mann mit beiden Armen und drückte dem verdutzten Robert Bosch einen schmatzenden Kuss auf die bärtige Wange.

Es wurde tatsächlich ein schönes Wochenende. Für die ganze Familie. Voller Staunen hatten sich die Kinder am Freitagnachmittag die Augen gerieben, als sie ihren Vater nicht in seiner üblichen dunklen Wollkleidung vor sich stehen sahen, sondern in einem weißen Leinenanzug. Und seinen Kopf schmückte – es war kaum zu glauben – eine sogenannte Helgoländer Lotsenmütze (die später in Prinz-Heinrich-Mütze umgetaufte Kopfbedeckung). Ausgerechnet so etwas! Das Symbol der norddeutschen »Fischköpfe« auf dem Haupt dieses überzeugten Schwaben. Was für eine seltsame Verwandlung war nur mit ihrem Vater vor sich gegangen?!

Fröhlich und so gut gelaunt, wie schon lange nicht mehr, plauderte der am nächsten Tag mit den zahlreichen Automobilisten, die sich am Stand der Firma Bosch versammelt hatten. Eigenhändig schenkte er ihnen den Sekt in die Gläser, den er in Schönmünzach als Willkommenstrunk kostenlos spendierte. Ja, mehr noch: Er fragte sogar allen Ernstes nach, ob er ihnen wohl noch ein weiteres Gläschen verehren dürfe. Ebenfalls kostenlos!

Auch im Anschluss an diese erstaunliche Episode, nachdem der Automobilkorso Schönmünzach schon längst wieder verlassen hatte, hielt seine ausgelassene Stimmung an. Voller Vergnügen hatte er vom sicheren Ufer aus die mutigen Schwimmversuche seiner Frau und der Tochter Gretel im trotz des Sonnenscheins noch eiskalten Murgwasser beobachtet und sich lauthals lachend mit Händen und Füßen gegen sämtliche Versuche zur Wehr gesetzt, auch ihn selbst – wenigstens mit den Zehenspitzen – mit dem Wasser in Berührung zu bringen. Es folgte eine kurze Wanderung, bis sich die Familie zu einer verspäteten Mittagsrast im Garten eines schönen Schwarzwälder Gasthauses niedersetzte, wo sie von einem neugierigen Huhn freudig begrüßt wurden. Die Henne schien nicht die geringste Scheu vor den Besuchern zu empfinden, sondern wurde im Lauf der Zeit immer zutraulicher. Vor allem als das Essen auf dem Tisch stand, wich sie nicht mehr von ihrer Seite. Nur allzu bereitwillig ließ sie sich die Spätzle und Kartoffelstücke schmecken, die ihr die Kinder direkt vor den Schnabel hielten. Ein weiterer Wanderer, der im selben Gasthof wie die Boschs übernachtete und mit dem sie schon am gestrigen Abend eine nette Unterhaltung geführt hatten, kam zufällig des Wegs und setzte sich nach Robert Boschs entsprechender Aufforderung gerne zu der munteren Familie an den Tisch. Als Dank für diese freundliche Einladung, davon wollte er sich partout nicht abbringen lassen, spendierte er den beiden Erwachsenen ein Gläschen Kirschwasser, obwohl ihm Anna Bosch klar zu verstehen gab, dass sie noch nie einen Schnaps getrunken habe und es dabei eigentlich auch belassen wolle. »Und was machen wir jetzt damit?«, fragte ihr Mann, dem der ebenfalls ungewohnte Schnaps rasch in den Kopf gestiegen war, und betrachtete das immer noch volle Glas seiner Frau. Verhängnisvollerweise machte nun genau in diesem Moment das Huhn wieder auf sich aufmerksam, was bei Bosch ein schelmisches Lächeln hervorrief.

»Da schaut, die Henne hat anscheinend auch Durst.« Er ergriff das Schnapsglas und beugte sich damit zu dem aufgeregt gackernden Federvieh hinunter.

»Aber Robert. Das ist doch Schnaps. Das trinken Hühner doch nicht.«

»Abwarten. Da, schau!« Tatsächlich: Das neugierige Huhn stauchte seinen Schnabel in das Glas und fegte daraufhin nicht etwa laut protestierend um die Ecke, sondern wiederholte die Bewegung noch ein zweites und ein drittes Mal! »Na bitte!«, triumphierend hob Robert Bosch das Glas vor sich in die Höhe, »zur Hälfte ausgetrunken.«

»Das gibt's ja gar nicht«, staunte auch der Tischnachbar und betrachtete das Schnapsglas mit seinem deutlich reduzierten Inhalt. »Der Schnaps scheint der Henne ja wirklich zu schmecken. Das muss ich auch einmal probieren! Bedienung, noch ein Kirschwasser für mich bitte.«

Das Resultat war dasselbe: Voller Dankbarkeit stürzte sich das Huhn auch auf dieses neuerliche Angebot – sodass am Ende der Inhalt von beiden Gläsern restlos im Hühnermagen verschwunden war, wo der Alkohol nun freilich rasch seine Wirkung zeigte. Aufgeregt gackernd rannte die Henne im Kreis herum und beschrieb dabei immer engere Bögen, bis sie sich mit einer nahezu perfekten Pirouette um sich selbst drehte, umstürzte und nicht mehr auf die Beine kam. Was dem Huhn jedoch keine größere Pein zu bereiten schien, ganz im Gegenteil sogar: Völlig entspannt blieb es neben der Wandergruppe auf dem Boden liegen und starrte mit einem beinahe glückseligen Blick (falls beim gemeinen Haushuhn davon überhaupt die Rede sein kann) hinauf in den strahlend blauen Schwarzwälder Som-

merhimmel. »Wenn das morgen früh nur kein Rührei gibt«, lachte Paula, während ihre Mutter fassungslos den Kopf schüttelte.
»Also, wenn ich das nicht selbst gesehen hätte, dann hätte ich es nicht geglaubt, dass so etwas möglich ist.«
Auch ihr Mann betrachtete das alkoholisierte Huhn vergnügt und legte seinen Arm um Annas Schultern. »Da siehst du, was man mit mir alles erleben kann!«

Im Rückblick der späteren Jahre betrachtet, haben die Kinder ihren Vater selten in einer dermaßen befreiten Stimmung erlebt wie an diesen herrlichen Tagen im Schwarzwald. Ja, Robert Bosch hatte damals wirklich den ernsthaften Versuch unternommen, sich aus den Zwängen seines bisherigen Unternehmerdaseins zu befreien und für sich und seine Familie einen neuen Weg zu finden. Der erste Schritt war also getan, und bald darauf würde es zu detaillierten Übernahmeverhandlungen kommen. Simms hatte sein Interesse inzwischen bekräftigt: Er wollte seinem bisherigen Partner die Firma tatsächlich abkaufen und würde ihm ein lukratives Angebot machen.
Gottlob Honold, Arnold Zähringer und all den anderen engen Vertrauten von Robert Bosch schien es, als sei die Welt aus den Angeln gehoben worden. Denn mit hundertprozentiger Überzeugung waren sie davon ausgegangen, dass der Firmengründer dieses unglaubliche Ansinnen mit Entrüstung zurückweisen würde. Keiner von ihnen hätte es jemals für möglich gehalten, dass Simms nach einem solchen Vorschlag nicht sofort aus dem Büro geworfen worden wäre. Und zwar in hohem Bogen! Aber nichts dergleichen war geschehen – ganz im Gegenteil sogar!
Immer öfter sprach Robert Bosch jetzt davon, sich künftig in verstärktem Maße der Jagd widmen zu wollen, seiner wieder neu erwachten Leidenschaft, die er auf Anraten seines Arztes vor einigen Jahren aufgenommen hatte. Zunächst noch ganz bescheiden, mit der Pacht eines kleinen Jagdreviers bei Magstadt – wo er sich an nahezu jedem Wo-

chenende aufhielt, um sich den Verdruss über Simms regelrecht von der Seele zu schießen. Doch mittlerweile bewegte er im Hinblick auf das Jagen sogar größere Pläne. Und das, obwohl ihn die Jagd in Magstadt damals im Oktober 1904 beinahe das Leben gekostet hätte. Nur einem glücklichen Zufall war es zu verdanken, dass der Zwischenfall einigermaßen glimpflich abgelaufen war. Er hatte sich an diesem Wochenende »nur« auf die Damhirschjagd begeben – eigentlich eine Art von Jagd, die er nicht sonderlich schätzte. Sich in einem umzäunten Gehege anzupirschen statt in freier Natur, das war nicht nach seinem Geschmack. Zeitlebens galt er als ein hervorragender Schütze. Andererseits war er etwas aus der Übung gekommen, weshalb es ihm sinnvoll schien, sich über die Damwildjagd behutsam wieder an die späteren Anforderungen einer »richtigen« Jagd« heranzuführen. Ehrgeizig wie er nun einmal war und um ganz sicher gehen zu können, dass auch gleich der erste Schuss richtig saß (alles andere war diesem überzeugten Waidmann ein Gräuel), probierte er seine Büchse vorsichtshalber erst einmal aus. Die ersten beiden Schüsse hatten ihr Ziel nicht zu seiner hundertprozentigen Zufriedenheit getroffen, sodass er einen dritten Schuss abgab, bei dem aus ungeklärten Gründen der Gewehrlauf platzte. Weil Robert Bosch ausgerechnet zu diesem Zeitpunkt mit der linken Hand sehr weit nach vorne an den Vorderschaft gegriffen hatte, riss ihm die Explosion die ersten beiden Glieder des Mittelfingers weg und auch die Hand selbst wurde schwer in Mitleidenschaft gezogen. Vor Schmerzen stöhnend machte sich der stark blutende Bosch aus dem Ärmel seiner Jacke einen Notverband und eilte, so rasch es eben ging, zum Arzt nach Magstadt, der fatalerweise nicht zu Hause war. Damit gingen Stunden ins Land, bis der Verunglückte, der mittlerweile einen starken Blutverlust erlitten hatte, endlich ärztlich versorgt werden konnte. Nach dieser ersten Notmaßnahme ließ ihn der Arzt so rasch wie möglich zur Operation ins Stuttgarter Karl-Olga-Krankenhaus bringen. Dort dauerte es noch

einen ganzen Tag, bis endgültig feststand, dass die Verletzung zwar gravierend war, sie jedoch nicht mehr das Leben bedrohte – und bis man Anna endlich ans Krankenbett ihres Mannes ließ.
Gut zwei Wochen würde der Patient, der sich bei den Krankenschwestern bald als ungeduldiger Quälgeist erwies, nach Angaben der Ärzte im Krankenhaus bleiben müssen. Einige Tage später bekam er dort Besuch von seinem Sohn, dessen rechte Augenbraue seltsam kahl und entzündet war. Nach einigem Fragen und Herumdrucksen gestand der 13-Jährige, dass er mit zwei Freunden auf der Feuerbacher Heide, wo sie eigentlich hatten Käfer suchen wollen, geraucht hatte. Unglückseligerweise war dabei eine ganze Zündholzschachtel in Flammen geraten und hatte Roberts Augenbrauen versengt.
Eigenartig, dass auf dieses Geständnis kein Donnerwetter folgte, noch nicht einmal ein scharfer Verweis oder eine strenge Verwarnung. Nein, sein Vater, der wohl noch mit seinem eigenen Ungeschick haderte, gab ihm nur eine fürsorgliche Ermahnung mit auf den Weg, die sich der erleichtert aufatmende Junge für die Zukunft gerne zu Herzen nehmen wollte: »Das Rauchen ist ja kein besonderes Vergnügen und da es keinen Wert hat, rate ich dir, es zu unterlassen.«
Was Robert junior dann in der Tat beherzigte. Auch sein Vater griff seitdem nie wieder zu einer Zigarre – und zu Zigaretten gleich gar nicht, denn diesen »Glimmstängeln« hatte er noch nie etwas abgewinnen können.
Waren die Boschs von der Nikotinsucht also schon kuriert, bevor sie richtig ausgebrochen war, verhielt es sich mit dem Jagen ganz anders.
Denn gleich nach seinem Unfall – noch im Krankenhaus – hatte Robert Bosch beschlossen, sich eine weitere Jagd in den Alpen zu kaufen. Ein herrliches Jagdgebiet in der Nähe von Pfronten, auf das er schon lange ein Auge geworfen hatte.
Warum auch nicht, wo ihm Simms doch inzwischen die gewaltige Summe von fünf Millionen Mark für die Über-

nahme der Firma geboten hatte. Noch viele Jahre später war sich Robert Bosch ganz sicher, dass er tatsächlich bereit gewesen war auf dieses Angebot einzugehen. »Beinahe wäre ich schwach geworden«, pflegte er kopfschüttelnd zu sagen. »Doch dann, als es zum Schwur kommen sollte, da hatte der Simms das Geld nicht in bar, sondern vielmehr wollte er es praktisch scheibchenweise bei mir abstottern durch Aktien und andere Beteiligungsmodelle. Mit anderen Worten: Ich hätte in der eigenen Firma nichts mehr zu sagen gehabt – aber Geld hätte ich auch keines bekommen, sondern womöglich hätte ich sehenden Auges miterleben müssen, wie der Simms die von mir gegründete Firma zugrunde richtet.«
Im Nachhinein musste er dem Frederick Simms also fast dankbar sein, dass es nun so gekommen war. Freilich zogen sich die Verhandlungen quälend in die Länge – über Wochen hinweg. Ausgerechnet jetzt, wo er gleichzeitig stundenlange Therapien und gymnastische Übungen zu absolvieren hatte, damit seine linke Hand wieder so bewegungsfähig würde wie früher. Nur eben leider ohne den halbierten Mittelfinger.

Noch eine zweite Geschichte hat Robert in diesen Tagen nach dem Unfall von seinem Vater erzählt bekommen. Offenbar befand der sich momentan in einer recht melancholischen Grundstimmung: Kein Wunder angesichts der wirklichen Lebensgefahr, in der er sich bei dem Jagdunfall befunden hatte. Und seinen Sohn hielt er inzwischen wohl auch für reif genug, um ihm einfach manchen Ratschlag mit in das Leben zu geben. Dieses Mal ging es um eine Episode aus der Kindheit seines Vaters. »Es war noch in Albeck, als ich auf unserem Bauernhof in den Brunnen gefallen bin, obwohl es mir als Kind natürlich bei Strafe verboten war, überhaupt in der Nähe des Brunnens zu spielen. Du kannst dir vorstellen, wie wütend mein Vater, der alte Servatius, auf mich gewesen ist, nachdem sie zunächst alle erleichtert waren, dass sie mich überhaupt lebend aus dem Brunnen haben befreien können. Ich habe dann vor lauter Angst behauptet, ich könne nichts dafür, denn mich habe jemand hineingestoßen. Die Lüge hatte natürlich kurze Beine und bald schon war klar, dass ich selber daran schuld war. Den Blick, den mir mein Vater zugeworfen hat, den vergesse ich mein Lebtag nicht, die ganze Enttäuschung darin. Und dann haben sie mich ohne Nachtessen ins Bett gesteckt. Das war für mich eine schlimmere Strafe, als wenn er mir eine Ohrfeige verpasst hätte. Und damals habe ich meine Lektion gelernt – ein für alle Mal: Es ist besser die Wahrheit zu sagen und die Folgen seines Handelns auf sich zu nehmen, als nahestehende Menschen von sich zu enttäuschen, indem man lügt. Vertrauen ist ein hohes Gut. Und einem Lügner vertraut man nicht.« Auch der heranwachsende Robert hat diese Lektion nie vergessen.

Das Jahr 1906. Es war das Jahr des 20-jährigen Firmenjubiläums. Die Firma Bosch befand sich endlich in einem sicheren Fahrwasser. Und am Ende sogar ganz ohne Simms. Denn mithilfe seiner Vertrauten (vor allem dem recht neu in die Firma gekommenen Gustav Klein war das zu verdanken gewesen) hatten sie den Spieß einfach umgedreht und Frederick Simms aus der Firma hinauskomplimentiert. Der hatte sich zwar mit allen möglichen und unmöglichen Tricks und Drohungen dagegen zu stemmen versucht – aber ob aus tatsächlichem Verdruss oder eher um den Preis für sein Ausscheiden in die Höhe zu schrauben, das blieb unklar. Der Preis war in der Tat ordentlich, im Hinblick auf die von Simms behaupteten Lagerwerte in England war die Summe sogar maßlos überzogen. Simms hatte damit seine ursprüngliche Einlage von 1000 Pfund bei seinem Ausscheiden nach nicht einmal zehn Jahren auf geradezu sagenhafte 1,2 Millionen Franken vervielfachen können. Nun denn: Bosch war in der Lage zu zahlen und damit endgültig von Frederick Simms und dessen Launen befreit. Es war gut angelegtes Geld. Zumal sich die Aufwärtsentwicklung im Unternehmen in ein geradezu atemberaubendes Tempo steigerte.

Vor allem Gottlob Honolds Empfehlung, sich doch einmal seinen Bundesbruder aus Studentenzeiten anzusehen, den 30-jährigen Kaufmann Gustav Klein, war regelrecht Gold wert gewesen. Der Mann war ein echter Glücksgriff. Denn der quirlige Junggeselle besaß trotz seiner jungen Jahre schon eine Menge Erfahrung im In- und Ausland, war wissbegierig, scheute keine Arbeit und verfügte über eine messerscharfe Intelligenz, die einherging mit einer geradezu traumwandlerisch sicheren Entscheidungsfähigkeit. Absolut integer und über jeden Zweifel erhaben war er noch dazu. Ja, Gustav Klein war endlich der richtige Mann für eine Mitarbeit in der Unternehmensspitze, der seinen Chef in ganz entscheidender Weise entlasten konnte und die Expansion der Firma kräftig vorantrieb.

Natürlich war es für Robert Bosch eine Selbstverständlichkeit, anlässlich des 20-jährigen Firmenjubiläums auch seine Arbeiter am Erfolg teilhaben zu lassen. Weshalb Bosch, begleitet von heftigen Missfallensäußerungen seiner Unternehmerkollegen, ab dem 1. August 1906 als erste Firma im Königreich Württemberg den Achtstundentag einführte. Die Arbeitszeit wurde also neu festgesetzt von 8 Uhr morgens bis 6 Uhr abends – einschließlich einer zweistündigen Mittagspause, damit sich die Leute am Mittag auch wirklich erholen konnten. Außerdem galt der 1. Mai künftig als arbeitsfreier Feiertag. Der Arbeiterkampftag. Ausgerechnet! Der »rote Bosch« hatte seinem Namen wieder einmal alle Ehre gemacht! Und er schien sich über dieses Attribut noch nicht einmal zu ärgern. Eher im Gegenteil. Was aber noch schlimmer war: Er bekannte sich in Gesprächen offen zu seinen Sympathien für die Sozialdemokraten und deren Gedankengut, und gab überdies zu, dass er am Bürgertum und dessen unerträglicher Starrheit allmählich zu verzweifeln beginne. Das sagte er wirklich! Und öffentlich! Wahrhaftige Ungeheuerlichkeiten, die dieser Bosch völlig ungeniert ins betroffene Antlitz seines Gegenübers zu schleudern pflegte! Aber wieso sollte er mit seiner Meinung hinter dem Berg halten? Es war doch seiner Meinung nach nichts Unrechtes, wenn man dafür Sorge trug, dass ein Mensch auch menschenwürdige Arbeitsbedingungen vorfand. Das durfte man ruhig sagen. Und das tat er, wenn es ihm geboten erschien. Er konnte halt nicht aus seiner Haut – und wollte das auch gar nicht.
Auch nicht bei seiner nach wie vor legendären Sparsamkeit, von der es hieß, der »rote Bosch«, bei dem es sich inzwischen ja um einen millionenschweren Firmenbesitzer handelte, bücke sich weiterhin nach jeder Büroklammer, die irgendwo auf dem Boden liege.

Eine Eigenschaft, die mehr als einmal zu Komplikationen führte. Vor allem dann, wenn er sich von neu eingestellten Mitarbeitern die Bemerkung anhören musste: »Das kann doch auch der Hausmeister oder die Putzfrau machen.« Das war eine Aussage, die ihm regelmäßig eine jähe Zornesröte ins Gesicht trieb: »Wer in unserer Firma glaubt, wichtiger als der andere zu sein, der täuscht sich«. Ein zweites Mal wagte dann keiner mehr zu sagen, »das doch die Putzfrau machen zu lassen«. Das hatte für Robert Bosch nichts mit Kleinlichkeit zu tun, sondern mit der Wertschätzung auch für die kleinsten, scheinbar unbedeutendsten Dinge. Wie er das auch seinen Kindern immer wieder mit deutlichem Nachdruck in der Stimme einzuschärfen pflegte: »Alle Arbeit, wenn man sie recht tut, ist ehrenhaft und wertvoll. Man darf kein Erzeugnis der menschlichen Arbeit mutwillig beschädigen oder verludern.« Und so reparierte er, der zigfache Millionär, sogar noch im hohen Alter von über 75 Jahren eigenhändig das Spielzeug, wenn wieder einmal die Puppe oder das Steckenpferd kaputtgegangen waren.
Eine solche Sorgfalt im Umgang mit den Dingen, das musste ja nichts Schlechtes sein! Davon war und blieb er felsenfest überzeugt, und so konnte es in der Firma jederzeit geschehen, dass man auf einen fuchsteufelswilden Robert Bosch prallte, wenn der irgendwann in irgendeinem Gebäude seines Unternehmens in einem leeren Büro noch ein Licht hatte brennen sehen. Wenn also der Alarmruf zu spät erschallt war: »Achtung: Dr Vadder kommt – löscht schnell die unnötigen Lichter aus!« Da kannte der große Menschenfreund dann kein Pardon mehr. Das folgende Donnerwetter musste jeder über sich ergehen lassen, ob Angestellter, Meister, Arbeiter oder Putzfrau – da machte er keinerlei Unterschiede. Aber sie alle wussten ja: Fünf Minuten später würde sein Zorn bereits wieder verraucht sein.

Dichter Nebel lag an diesem Morgen Anfang Oktober des Jahres 1906 über Stuttgart. Paula blickte kopfschüttelnd aus

dem Fenster: »Wenn man auf die Straße schaut, dann kann man kaum den Gehsteig erkennen.«
»Trotzdem wird es heute einen schönen Tag geben.« Dessen war sich ihr Bruder sicher.
Man konnte es nämlich irgendwie schon erahnen: Diese Helligkeit über dem Nebel war für einen inzwischen so erfahrenen Naturbeobachter wie Robert ein eindeutiges Anzeichen für den demnächst durchbrechenden Sonnenschein. »Es muss jetzt nur ein bisschen Wind aufkommen, der den Nebel wegbläst, dann wird das ein herrlicher Spätsommertag.«
Sein Vater war derselben Meinung: »Falls der Wind wirklich kommt … Falls nicht, dann werden wir den lieben langen Tag im Nebel herumstolpern müssen, während anderswo die Sonne scheint. Das wäre nicht zum ersten Mal so.«
»Das liegt an der Stuttgarter Kessellage – und am Neckar natürlich«, erklärte der 15-jährige Robert seiner ein gutes Jahr älteren Schwester und setzte dabei eine wichtige Miene auf.
Paulas Anerkennung hielt sich freilich in engen Grenzen. »Woran das liegt, das ist mir ziemlich egal. Ich möchte halt nur, dass es schön wird.«
»Bei so einem Wetter müsste man eigentlich in den Alpen sein …«, warf Robert Bosch ein.
»… oder zumindest auf der Alb, das wolltest du doch sagen, oder?« Anna Bosch musterte ihren sehnsüchtig dreinschauenden Mann mit einem belustigten Blick. »Sag es ruhig«, fuhr sie schmunzelnd fort. »Ich glaube nämlich, heute wird dir niemand widersprechen, wenn du ins Schwärmen gerätst.«
»Du hast mich durchschaut, aber was bringt das schon.« Mit einem resignierten Schulterzucken bestätigte er die Vermutung seiner Frau. »Heute geht es leider nicht. Vielleicht hätte ich die Firma doch lieber an den Simms verkaufen sollen. Dann hätte ich jetzt wenigstens Zeit für eine schöne Albwanderung. Allein wenn ich daran denke,

dass ich den ganzen Tag am Schreibtisch zubringen soll, bis an den Hemdkragen hinauf beschäftigt mit Finanzierungen, Patentsicherungen und dem ganzen anderen Zeugs, anstatt den Sonnenschein auf der Albhochfläche zu genießen … Ach ja«, er seufzte tief, »ich darf gar nicht an den Blick denken, den man heute Nachmittag von Albeck über die Talaue in Richtung Osterstetten haben wird. Wie farbenprächtig die Buchenwälder in der Sonne strahlen werden und dabei diesen herrlichen Kontrast zum blauen Himmel bilden, wenn sich dann noch dieser erdige Duft der abgeernteten Kartoffelfelder dazugesellt, und man womöglich als Wanderer dort sogar noch ein paar vergessene Kartoffeln findet, die man in einem kleinen Lagerfeuer garen könnte … Für diesen himmlischen Genuss lasse ich jeden Feinschmeckerteller gerne stehen.« Genießerisch fuhr er sich mit der Zunge über die Lippen, um damit den Ausdruck tiefen Bedauerns in seiner Stimme noch zu untermalen. »Allein, wenn ich an die Anreise denke, in Richtung auf den Albtrauf zu, wo die weißen Kalkfelsen bei einem solchen Wetter leuchten, als wären sie aus Alabaster. Ach Anna, komm, ich habe mich umentschieden: Lassen wir heute einfach mal alles stehen und liegen und fahren munter drauf los.«

»Das wäre schön«, lachte Anna kopfschüttelnd, »aber es geht halt nicht.«

Bosch stutzte. »Und weshalb nicht?«

»Wegen einem Mann …«

»Was für ein Mann denn?« Er musterte seine Frau mit einem verdutzten Blick.

»Wegen einem Mann, der einen unglaublichen Dickkopf hat – und ein noch größeres Pflichtgefühl. Ich meine einen Menschen, dem diese Pflicht über alles andere geht.«

Immer noch ahnungslos strich sich Robert Bosch gedankenverloren über seinen mit grauen Strähnen durchzogenen Vollbart, während seine rund um den Tisch versammelten Kinder inzwischen längst schon zu grinsen begonnen hatten: »Wer soll denn das sein?«

»Ja also wer wohl? Er heißt Robert mit Vornamen und Bosch mit Nachnamen. Und damit«, sie deutete mit dem Zeigefinger der rechten Hand von ihrem Sohn auf dessen gleichnamigen Vater, »damit meine ich nicht diesen Robert, sondern jenen, der jetzt im Augenblick gerade ganz und gar verdattert vor mir sitzt.«
»Ach«, ein leiser Anflug von Ärger huschte über das Gesicht des so charakterisierten Familienoberhaupts, »aber ganz so bin ich dann auch wieder nicht.«
»Doch, genau so bist du«, beharrte Anna nachdrücklich auf ihrem Standpunkt. »Und im Grunde genommen ist es ja auch recht so, denn sonst würde die Firma nicht das sein, was sie heute ist und deine Arbeiter würden dich längst nicht so ins Herz geschlossen haben, wie das nun einmal der Fall ist. Wenn du also heute tatsächlich die Arbeit einfach Arbeit sein ließest und schwänzen würdest, dann würdest du den ganzen Tag lang ein schlechtes Gewissen mit dir herumschleppen – und ich: Ich müsste dich ertragen. Nun gut …« Mit einer absichtlich resignierten Geste lehnte sich Anna in ihrem Stuhl zurück. »So ist es halt. Aber weißt du was? Heute ist ja schon Freitag. Und das Wetter soll – wie es den Anschein hat und wie mir unser Sohn, der Wetterexperte, angedeutet hat – auch die nächsten Tage stabil bleiben. Was also hindert uns daran, dass wir am Sonntag einen schönen Ausflug auf die herbstlich bunte Alb machen? Dann holen wir all die Naturgenüsse nach, auf die wir heute eben verzichten müssen. Einverstanden?«
»Einverstanden!« Begeistert griff Robert Bosch nach der ausgestreckten Hand seiner Ehefrau und drückte sie innig. »Und nach Kartoffeln könnten wir dann auch gleich wieder schauen.«
Eine Aussage, die bei Anna eine eindeutige Reaktion hervorrief. Und auch die Kinder schickten einen leidenden Blick zum Himmel: »Oh je, das hätte wir uns ja eigentlich denken können.«
Es ging dabei um eine ganz besondere Eigenart ihres Mannes und Vaters: Denn »gescheite Kartoffeln« für den Jah-

resbedarf einer so großen und auf ihre gesunde Ernährung bedachten Familie konnten nach der festen Überzeugung von Robert Bosch grundsätzlich nur von der Alb kommen – das seien einfach die allerbesten, die man weit und breit bekommen könne. Niemals sei die besondere Qualität von Albkartoffeln mit der Unterländer Ware vergleichbar. Die Kartoffeln aus der Gegend um Stuttgart hätten es schon aufgrund der klimatischen Gegebenheiten und erst recht von den tiefen, satten Böden her »viel zu leicht gehabt zum Wachsen« und seien deswegen längst nicht so kernig und geschmackvoll wie die Älbler Kartoffeln. Diese Überzeugung vertrat er vehement – und in jedem Herbst mit den dementsprechenden Folgen.

»So knorrig und überzwerch wie die Leute von dort oben«, pflegte Anna diese Marotte ihres Mannes genauso regelmäßig wie vernehmlich seufzend zu kommentieren. Denn mit dem grundsätzlichen Beschluss, nur Kartoffeln von der Albhochfläche kaufen zu wollen, hatte es noch längst nicht sein Bewenden. Zunächst war nämlich noch eine ausgiebige Erprobungsphase zu absolvieren, und das bedeutete, dass man beim nächsten Albausflug in den verschiedensten Bauernhöfen erst einmal ein bis zwei Pfund Kartoffeln testweise besorgte. Zurück in Stuttgart wurden diese dann gekocht und bewertet. Erst danach konnte die endgültige Entscheidung darüber fallen, von welchem Bauern sie dann mehrere Zentner Kartoffeln beziehen würden. Auf alle Fälle mussten sie schön mehlig sein, das war zunächst die grundsätzliche Anforderung des Kartoffelliebhabers Bosch. Und dann brauchte man natürlich schon noch welche, die zu einem richtig guten Kartoffelsalat taugten. Meistens mussten diese Knollengewächse deshalb von einem anderen Bauernhof kommen. Anna verzog schicksalsergeben ihre Miene. Die jährliche Kartoffelodyssee stand ihnen also auch in diesem Jahr bevor. Und zwar unmittelbar.

»Da habe ich im Übrigen erst kürzlich einen herrlichen Spruch gelesen, den ich mir gemerkt habe«, meinte Robert Bosch.

»Lass mich raten: Er ist von Heinrich Heine. Stimmt's?«, erwiderte Anna.
Ihr Mann machte ein verblüfftes Gesicht. »Wie hast du denn das erraten?«
Anna zuckte mit den Achseln: »Na ja, allzu schwer war das nicht. Mein Ehemann und Heinrich Heine, das ist ja schon eine spezielle Geistesverbindung …«
»… und nicht unbedingt die Verkehrteste«, gab der zurück. »Also, willst du den Spruch nun hören?«
Der Anflug eines Lächeln zuckte um Annas Mundwinkel. »Was wird mir anderes übrig bleiben … Natürlich«, entgegnete sie.
»›Luther erschütterte Deutschland – aber Francis Drake beruhigte es wieder. Er gab uns die Kartoffel.‹ Das ist von Heinrich Heine. Schön, nicht wahr?«
Selbst die dem Lieblingsdichter ihres Mannes ansonsten wenig zugetane Anna konnte sich ein amüsiertes Grinsen nicht verkneifen. »Doch, schon. Das ist ein netter Vergleich – zumal er auf dich zu hundert Prozent zutrifft. Mein Mann und die Kartoffel. Aber nur die von der Alb und von ausgesuchten Bauernhöfen. Also gut, dann werden wir uns schon mal innerlich auf die Kartoffelwanderung vorbereiten. Und am besten wird es sein, wenn wir am Sonntag gleich nach Sonnenaufgang losfahren, damit wir nicht zu spät wieder nach Hause kommen.« Die vielsagende Miene, die Anna dabei an den Tag legte, sprach Bände: Einem ausgedehnten sonntäglichen Kartoffelausflug stand also nichts mehr im Wege.
Die pure Vorfreude auf das kommende Ereignis ließ ihren Ehemann über das ganze Gesicht strahlen. »Genau so wird's gemacht! Und falls das Wetter über einen längeren Zeitraum stabil bleiben sollte, dann schaue ich, ob ich in der Firma nicht doch ein paar freie Tage am Stück einschieben kann, an denen wir ins Gebirge fahren können, wo sich jetzt sicherlich die Lärchen gerade so wunderschön golden verfärben. Ja, das machen wir, auch um unserer Gesundheit willen. Die vergangenen Jahre waren schließlich

mühsam genug. Jetzt ist es mir gleich wieder viel leichter ums Herz und die Arbeit, die auf mich wartet, die macht mir jetzt gar nichts mehr aus!«
Er drückte seiner Frau einen langen Kuss auf die Wange, griff nach seinem schwarzen Zylinderhut und stürmte wenige Augenblicke später voller Elan die ausladende Treppe hinunter.
Was für ein Mann!

Im selben Jahr war in Robert Bosch auch sein endgültiger Entschluss gereift, demnächst aus der Kirche auszutreten. Er war halt einfach kein Mann, der an höhere Mächte glauben wollte – diese Überzeugung war ja schon vor vielen Jahren während seines Amerika-Aufenthalts in ihm gereift. Vielleicht war das der Grund, weshalb er sich gerade jetzt in dieser enorm bedeutsamen Phase der gravierenden Entscheidungen im Hinblick auf die weitere Geschäftspolitik seiner Firma wieder an den Inhalt der langen Briefe erinnerte, die er an seine damalige Verlobte Anna Kayser geschrieben hatte. Tatsächlich: Auf dem Fundament dieser früher formulierten Überzeugungen fühlte er sich auch heute noch fest verankert: »Meine Religion gipfelt in einem Wahlspruch: ›Sei gerecht‹. Mein Gott ist die Menschheit beziehungsweise das ganze Weltall. Beleidige ich in irgendeiner Beziehung einen meiner Mitmenschen, so sündige ich. Den Vorwurf, dass ich dem Armen seinen Gott und die Vergeltung der Sünden sowie die Belohnung nach dem Tode nehme, weise ich zurück. Das erste und größte Unrecht in der Welt ist, dass es Arme und Reiche gibt. Jeder Mensch, der geboren wurde, hat damit das Anrecht auf alle Erdengüter erlangt, ob er das Kind eines Bettlers oder eines Millionärs ist. Schon damit, dass es heißt, ich nehme dem Armen seinen ganzen Trost, zeigen die, die den Vorwurf machen, dass er hinfällig ist, da ja demnach der Reiche keinen Trost braucht, um glücklich auf Erden zu sein.«
Solche Äußerungen, die Robert Bosch manchmal auch in der Firma fallen ließ, machten allmählich ihre Runde durch

ganz Stuttgart. Und natürlich wurden sie auch in den Kreisen der Stuttgarter Unternehmerschaft heftig diskutiert. Da zeigte er sich wieder einmal in aller skandalösen Deutlichkeit, dieser unangenehme Sozialromantiker.
Andere Gruppierungen hingegen witterten eine reiche Ernte, als sie von der Einstellung eines der mittlerweile reichsten Männer im Königreich Württemberg erfuhren. Umso größer war ihre spätere Enttäuschung, nachdem die Atheisten vom sogenannten »Gottlosenbund« eines Tages unangemeldet vor Robert Boschs Haustür aufgetaucht waren. Sie hatten den vermeintlichen Bruder im Geiste freudig als »einen der Ihren« begrüßt, dann aber rasch erkennen müssen, dass es sich bei dem Mann offenbar um einen ziemlich eigensinnigen Kopf handelte. Denn Robert Bosch schien trotz seiner in den Ohren der Pfarrer ja so ungeheuerlich klingenden und dennoch ganz offen ausgesprochenen Sätze anscheinend in einem ganz speziellen Boden zu wurzeln. Allein die Art und Weise sprach Bände, wie er sie nach ihrer freundlich gemeinten Begrüßung, »Wir sind uns ja einig Bruder, dass es keinen Gott gibt«, ganz brüsk mit der völlig unerwarteten Gegenfrage zurückgewiesen hatte: »Seid ihr euch da wirklich ganz sicher?«
Betreten hatten sie die Köpfe gesenkt, während Bosch in die so entstandene unbehagliche Stille hinein mit lauter Stimme deklamierte: »Die Kunst des schönen Gebens wird in unserer Zeit immer seltener, in demselben Maße, wie die Kunst des plumpen Nehmens, des rohen Zugreifens täglich allgemeiner gedeiht.«
Noch bevor einer von ihnen dazu kam, sich nach dem Urheber dieser wenig schmeichelhaften Verse zu erkundigen, erhielten sie schon die Antwort: »Das war ein Zitat von Heinrich Heine, der sich schon vor Jahrzehnten mit genau denselben Auswüchsen und Kumpaneibegehren konfrontiert gesehen hat. Und nun entschuldigen mich die Herren bitte, ich habe nämlich zu arbeiten.« Kaum hatte er ausgesprochen, war die schwere Eichentür vor den verdatterten Spendensammlern auch schon ins Schloss ge-

fallen. Und Robert Bosch hatte keinen einzigen Pfennig gespendet.
Noch Tage später erinnerte er sich mit verdrießlicher Miene an diese Episode, die ihm wieder einmal deutlich vor Augen geführt hatte, wie dramatisch sich sein Bild in den Augen seiner Mitmenschen inzwischen gewandelt hatte. »Hat man kein Geld, dann beachten sie einen nicht, da ist man Luft für die meisten. Und kaum hat man ein bisschen was verdient, umschwirren sie einen schon wie die Mücken das Licht. Wie die Schmeißfliegen. Plötzlich bin ich vom Niemand zum Goldesel geworden, alle Welt versucht mich auszunehmen wie eine Weihnachtsgans. Diese elende Bettelei. Das wird immer mehr zur Plage. Von daher ist es schon auch eine Belastung, Geld zu besitzen.«
Anna bedachte ihn mit einem verständnisvollen Blick: »Schon. Aber dennoch ist es besser, Geld zu haben als keines zu haben. Das haben wir andersherum ja lange genug erleben müssen, da ist es nur gerecht, dass sich das Blatt jetzt gewendet hat.«
»Aber man ist deshalb noch lange kein besserer Mensch, wenn man mehr Geld besitzt. Mir geht es vor allem darum, dass wir nie dem Hochmut anheimfallen. Wir nicht und auch die Kinder nicht. Das ist mir ganz wichtig.«
Seine Frau lachte. »Da habe ich bei dir keinerlei Bedenken. So bodenständig, wie du bist. Du würdest dein Geld doch lieber in irgendwelchen Äckern auf den Fildern vergraben«, spielte sie auf eine neu entflammte Leidenschaft ihres Mannes an, die sie seit einiger Zeit mit wachsendem Staunen und auch mit einer gehörigen Portion Unverständnis verfolgte.
»Was du ja erfolgreich verhindert hast«, brummelte der in seinen noch immer stattlichen Vollbart hinein. »Das hätte ich schon gerne gemacht, so einen eigenen Bauernhof zu besitzen …«
»Einen Bauernhof!« Anna schüttelte, immer noch ungläubig den Kopf. »Das ist aber schon ein bisschen mehr, als nur so ein x-beliebiger Bauernhof, den du da im Auge gehabt hast. Dieses ›Klein-Hohenheim‹ ist eine Domäne, ein

riesiges herrschaftliches Schlossgut. Da ist nicht nur der Kauf eine ziemlich teure Angelegenheit, sondern auch der tagtägliche Betrieb. All die ganzen Knechte, Mägde und Verwalter, die man dafür braucht. Womöglich wäre es am Ende so weit gekommen, dass ich selbst hätte die Kühe melken müssen!« Anna rieb sich schaudernd die Unterarme, auf denen sich beim bloßen Gedanken an eine solche Zumutung eine Gänsehaut ausgebreitet hatte.

»… und ich hätte inzwischen den Anbau der richtigen Kartoffeln für den Filderboden testen können«, ergänzte ihr Mann mit leuchtenden Augen.

»Das hätte dir wohl gefallen, ich weiß. Aber ich finde einfach, dass man den alten Spruch beherzigen sollte: ›Schuster bleib bei deinen Leisten‹ – und du bist nun einmal ein Unternehmer in der Elektro- und Metallbranche und kein Bauer. Das hätte Unsummen verschlungen. Man hört ja immer wieder, wie das ist, wenn sich einer auf ein solches Abenteuer einlässt. Da ist ruck, zuck ein ordentlicher Batzen Geld buchstäblich im Boden vergraben, bis man endlich merkt, was alles schiefgegangen ist. Ich hätte ja noch verstanden, wenn du eine finanzielle Beteiligung an der Domäne angestrebt hättest. Zusammen mit anderen Geldgebern – aber eben nicht mit der alleinigen Verantwortung und dem alleinigen Risiko.«

»Zusammen mit anderen. Nein, das kommt für mich ja gar nicht infrage!« Robert Bosch verzog das Gesicht. »Eben das will ich gerade nicht. Kleckerlesbeteiligungen. Hier ein Brocken, da ein Brocken. Das ist es ja, womit sie mich auch in der Industrie ständig behelligen: Ob ich mich nicht bei diesem oder jenem Unternehmen mit ein paar Tausend Mark beteiligen wolle. So etwas mache ich aber nicht, das widerstrebt mir. Für mich heißt es entweder – oder. Entweder ich mache etwas richtig – oder ich lasse es bleiben. Denn erstens habe ich mit dem Simms als Partner Erfahrungen gemacht, die mir für den Rest von meinem Leben reichen, und zweitens wäre da schnell ein unübersehbarer Haufen zusammengekommen, bei dem dann am Ende keiner mehr den Überblick hat. Nein – was für die Industrie gilt, das gilt auch für die Landwirtschaft. Entweder man macht es selber, und zwar richtig, oder man lässt es bleiben. Deshalb habe ich es jetzt halt bleiben lassen. Dir zuliebe«, setzte er mit einem bedauernden Seitenblick auf seine Frau noch hinzu.

Anna schenkte ihrem Mann ein warmherziges Lächeln und umarmte ihn zärtlich. »Und das war richtig so. Glaube mir: Aus mir wäre nie eine richtige Bäuerin geworden. Und aus dir kein Bauer. Nur weil einer von der Alb runter kommt, muss er nämlich noch lange kein Meister im Züchten von Rindviechern sein.«

Robert konnte sich bei dieser Bemerkung ein amüsiertes Schmunzeln nicht verkneifen. »Na ja, Rindviecher kenne ich auch so schon mehr als genug. Die treffe ich täglich bei der Arbeit in Stuttgart.«

»Eben drum. Weshalb du ja getrost auf deine Landwirtschaft hast verzichten können.«

Für den Augenblick hatte er sich also geschlagen geben müssen. Was nicht heißen sollte, dass er nicht irgendwann einmal einen neuen Anlauf unternehmen würde. Spätestens dann, wenn er die Firma an seinen Sohn übergeben hatte. Dann würde ihm tatsächlich genügend Zeit bleiben, um seine Aufmerksamkeit endlich einer ganz neuen Herausforderung zu widmen. So ein Bauernhof … doch, für das Alter wäre das eine schöne Sache. Natürlich musste die Größe stimmen. Auf keinen Fall wollte er so einen kleinen Flickenteppich bewirtschaften, wie er das von der Alb her kannte. Unter 100 Hektar war kaum etwas Sinnvolles zu machen. Eher mehr. Die Zeit würde kommen. Und wenn er dann, gleich nach der Firmenübergabe an seinen Robert, in einem günstigen Moment das richtige Anwesen präsentieren konnte, dann würde auch Anna nichts mehr dagegen haben können. Später eben. In zehn oder vielleicht 15 Jahren. So lange konnte er schon noch warten. Hauptsache, er blieb gesund und verlor das Ziel nicht aus den Augen.

Genau in diesem Augenblick kam der auserkorene Firmennachfolger um die Ecke geschossen. Der 15-jährige Robert, der seinen überraschten Eltern voller Stolz ein merkwürdiges kleines Ding präsentierte, das an einer Pinzette baumelte. »Da, schaut einmal. Ich habe es tatsächlich geschafft. Ich habe mit dieser sonderbaren Larve wirklich eine Entdeckung gemacht. Gerade habe ich Antwort von dem Zoologieprofessor in Stuttgart bekommen, dem ich es zur Begutachtung geschickt habe: Es hat sich als bislang einmalige Entdeckung herausgestellt«, jubelte Robert mit verständlicher Euphorie. Sein Vater nickte anerkennend. »Also wirklich: In der Zoologie, da nimmt es so schnell keiner mit dir auf. Das muss man schon sagen.«
Bei allem Stolz, den auch Anna Bosch über die Entdeckung ihres Sohnes hegte, rollte sie dennoch in gespielter Verzweiflung die Augen. »Noch so ein Naturbursche. Was habe ich da nur zur Welt gebracht? Wo ist da eigentlich mein Erbteil geblieben? Ich bin umzingelt von lauter Bauern, Zoologen und Botanikern!«
»Das sind nicht die schlechtesten Berufe. Außerdem: Zoologe wäre ich auch gerne geworden, aber dann haben es das Schicksal und mein Vater anders gewollt.«
»Zum guten Glück«, kommentierte Anna trocken.
Ihr Sohn kniff verständnislos die Augen zusammen. »Was willst du damit sagen, Mutter?«
»Dass mir – zu gegebener Zeit natürlich – ein Firmennachfolger lieber wäre als ein Zoologe.«
»Aber wenn ich lieber Zoologe oder Botaniker würde?«
»Also …«
Bei diesem Stand der Meinungsverschiedenheit sprang Robert Bosch geistesgegenwärtig in die Bresche. »Abwarten. Bis dahin fließt noch viel Wasser den Neckar hinunter. Wer weiß, was dir noch so alles an interessanten Berufen begegnen wird. Und bei aller verständlichen Begeisterung: Vielleicht ist es gar nicht schlecht gewesen, dass ich diesen Weg gegangen bin, den mir mein Vater gewiesen hat. Denn so ist mir die Freude an der Natur bis heute erhalten ge-

blieben. Sie gibt mir die richtige Entspannung vom nervenaufreibenden Alltag. Das wäre vielleicht nicht der Fall, wenn ich die Zoologie oder die Botanik zum Beruf gemacht hätte. Umso mehr genieße ich deswegen unsere herrlichen Ausflüge in die Alpen.«

»Na ja. Schon …«

»Oder denke einmal an meinen Neffen Carl, deinen Cousin. Auch der ist inzwischen ein sehr erfolgreicher Mann, der es auf vielen Gebieten zu etwas gebracht hat. Er ist nicht nur ein fleißiger Chemiker, sondern auch ein visionärer Techniker, dazu ein genialer Abteilungsleiter in seiner Firma – und dazu in seiner knappen Freizeit trotzdem noch ein großartiger Botaniker und Zoologe, das brauche ich dir ja nicht zu sagen. Du hast dich ja schon oft genug mit dem Carl ausgetauscht. Was ich also damit ausdrücken will: Man kann durchaus viele Talente und Vorlieben in seinem Leben unter einen Hut bringen.«

»Das mag ja alles stimmen …«, dennoch zeigte sich der Jugendliche höchstens ansatzweise überzeugt. »Aber ich weiß halt nicht …«

»Noch einmal: Lass dir Zeit. Du musst dich doch nicht schon jetzt unter Druck setzen. Es wird wie gesagt noch eine ganze Menge Wasser den Neckar hinunterfließen, bis du dich dann wirklich für eine Richtung entscheiden musst. Glaube mir!«

Doch das Schicksal hatte für den jungen Robert Bosch bereits eine andere Weiche gestellt. Das konnte zum jetzigen Zeitpunkt noch niemand ahnen. Die Tatsache, dass ihnen diese Entscheidung wenige Jahre später einfach aus der Hand gerissen wurde, sollte sich für die Boschs zu einer familiären Tragödie von einer niemals für möglich gehaltenen Tragweite entwickeln.

An einem sonnigen Morgen im Frühsommer des Jahres 1907 herrschte dicke Luft im Hause Bosch. »Ja, wie kann man sich denn im Alter von 16 Jahren noch Läuse holen?!«

Laut und vorwurfsvoll tönte eine ärgerliche Stimme durch das Haus der Familie. Es war die Stimme von Paula, die mit in die Hüften gestemmten Armen ihren todunglücklich dreinschauenden Bruder mit einem wütenden Blick durchbohrte. »Wehe dir, wenn deinetwegen das Ölgemälde nicht zustande kommt – nur wegen deiner blöden Läuse!«

Die Porträts! Während ihr Bruder bei diesem Stichwort gleich ein zweites Mal zusammenzuckte, war es seiner Schwester Paula ernst. Bitterernst sogar. Und nicht nur ihr, sondern ebenso seiner Mutter. Denn es war schon lange der Wunsch von Anna Bosch gewesen, dass jedes ihrer Kinder von einem guten Maler in einem Ölbild porträtiert werden sollte. Ihr Mann hatte bei diesem Vorschlag zwar kurz gestutzt, dann aber eingewilligt, denn auch er war der Malerei durchaus zugetan und hatte in den letzten Jahren, seitdem die finanziellen Sorgen verschwunden waren, das eine oder andere Bild gekauft. Meistens handelte es sich dabei um Gemälde von schwäbischen oder oberschwäbischen Künstlern, aber niemals von berühmten Namen, denn schließlich wollte er das so erstandene Bild als Kunstwerk genießen und nicht als schiere Geldverschwendungsmaschine betrachten müssen. Falls sich der Wert des Gemäldes im Laufe der Zeit dann steigern sollte, was bei einem noch relativ unbekannten Maler wahrscheinlicher sei, als bei einem bereits arrivierten Künstler, dann wäre das natürlich ein durchaus willkommener Nebeneffekt.

Den geeigneten Maler für die Porträts ihrer Kinder hatten die Boschs rasch gefunden: Es handelte sich um den mit seinen 32 Jahren noch recht jungen Fritz Zundel. Einen Künstler, der mit seiner sozialistischen Grundeinstellung niemals hinter dem Berg hielt und dennoch in den Kreisen der konservativ bürgerlichen Gesellschaft schon höchste Anerkennung genoss.

Zundels Verpflichtung würde mit Sicherheit nicht ganz billig werden, spätestens seit seiner im vergangenen Jahr triumphal gefeierten Ausstellung im Stuttgarter Kunstverein hatten seine Bilder ihren Preis. Aber seltsamerweise schien

der sonst so schwäbisch-sparsame Bosch im Falle Zundel keinen Gedanken an die Kosten verschwenden zu wollen. Zundels Stil gefiel den beiden einfach, sodass sie schon bei der Ausstellung im Kunstverein kürzlich ein großes Landschaftsgemälde von ihm erworben hatten. Von dem beachtlichen Kaufpreis hatte sich Zundel ein Automobil samt einem dauerhaft angestellten Fahrer leisten können, wodurch er sich endlich in die Lage versetzt sah, wesentlich bequemer als bisher von seinem doch recht weit entfernten Wohnsitz in Sillenbuch ins Stuttgarter Zentrum zu gelangen.
Seit dieser Zeit pflegten die Boschs mit Zundel und seiner Frau eine gute Bekanntschaft, die sich allmählich zu einer richtigen Freundschaft entwickelte.
Auch diese Frau war eine höchst bemerkenswerte Persönlichkeit, denn es handelte sich um die in ganz Deutschland als »rote Agitatorin« bekannte und wegen ihrer messerscharfen Argumentation gefürchtete Sozialistin Klara Zetkin, mit der die Boschs ja schon seit vielen Jahren – seit der Zeit von Klaras Rückkehr aus dem Exil – eine sorgsam gepflegte Bekanntschaft verband.
Robert Bosch, der sich den Sozialisten nach wie vor wesentlich näher fühlte als den von den übrigen Unternehmern vertretenen zumeist höchst reaktionären Meinungen, genoss diese Beinahe-Freundschaft und die sich daraus oft entwickelnden Gespräche aus vollem Herzen. Stundenlang konnte er mit der blitzgescheiten Analytikerin über die richtige Strategie zum endgültigen Siegeszug des Sozialismus diskutieren. Denn immerhin betrachtete er die abschätzige Bezeichnung vom »roten Bosch« ja keinesfalls als Schimpfwort, sondern als einen Ehrentitel. Ja, im Lauf der Jahre schien er sogar radikaler geworden zu sein, denn immer weniger tendierte er zu der deutlich konservativeren Einstellung des alten Weggefährten Karl Kautsky, sondern favorisierte eher die Ideen von Leuten wie Rosa Luxemburg und eben Klara Zetkin.
Handelte es sich nicht sogar um eine Ironie des Schicksals, dass man seinerzeit im Jahr 1891 auf einer Einladung bei

den Kautskys, als sie noch im selben Haus in der Rotebühlstraße gewohnt hatten, die gerade eben von Paris nach Stuttgart umgezogene politische Redakteurin Klara Eißner-Zetkin kennengelernt hatte? Klara Eißner, die sich nach dem Tod ihres in Paris verstorbenen Lebensgefährten Ossip Zetkin nun Zetkin nannte, hatte dank Karl Kautskys Vermittlung mit ihren beiden Buben eine Wohnung im Nachbarhaus beziehen können und – ebenfalls aufgrund der Bemühungen von Karl – eine Anstellung als politische Redakteurin beim Dietz-Verlag bekommen, in dem Kautsky ja als Herausgeber tätig war.
Zum guten Glück hatten sich Klara Zetkins beinahe gleichaltrigen Söhne Maxim und Kostja (die aus ihrer nichtehelichen Verbindung mit Ossip Zetkin stammten) von Anfang an problemlos in das bunte Treiben mit den Boschkindern und den Kautskybuben eingefügt. Auch deshalb waren die Begegnungen zwischen den jungen Familien rasch häufiger geworden. Später hatte sich an manchen Tagen dann auch Klaras zukünftiger Mann Fritz Zundel dazugesellt, mit dem die Boschs seit jener Zeit ebenfalls flüchtig bekannt waren. Höchst angenehme Begegnungen, die immer wie im Fluge vergangen waren!
Leider war Klara mit den beiden Buben dann bald zu ihrem jetzigen Mann Fritz Zundel hoch nach Sillenbuch gezogen, doch den freundschaftlichen Kontakt hatten die Familien nicht mehr abreißen lassen. Sogar gemeinsame Urlaubsfahrten in Robert Boschs Jagdreviere in die Alpen hatten sie später unternommen. Eine solche Einladung stieß besonders bei Fritz Zundel regelmäßig auf begeisterte Zustimmung, denn der Maler galt seit jeher als ein großer Naturfreund, der oft zu tagelangen Wanderungen aufbrach, um den Stimmungen der Natur nachzuspüren, die auf die eine oder andere Art und Weise auch in seine Gemälde einfließen würden.
Und jetzt also war an Georg Friedrich »Fritz« Zundel der sozusagen offizielle Auftrag ergangen, die drei Bosch-Kinder zu porträtieren. Was besonders bei der 17-jährigen

Paula auf begeisterte Zustimmung gestoßen war, denn schon seit mehr als einem Jahr schwärmte sie – in aller Heimlichkeit natürlich – für den legeren Mann mit seinem eleganten Wesen und diesem bewundernswerten malerischen Genie. Jawohl: ein Genie. Das war er in ihren Augen. Zweifelsfrei. Es schien ihr übrigens so, als beruhe diese Zuneigung eventuell sogar auf Gegenseitigkeit. Zumindest hegte Paula diese Hoffnung.

Und nun so etwas! »Du kannst doch nicht einfach Läuse kriegen!«, herrschte sie ihren Bruder an.

»Ja, aber …«

»Und wir werden jetzt womöglich in Sippenhaft genommen und müssen auch in Quarantäne!«, stieß sie panisch hervor.

»Aber ich kann doch …«

»Und wie soll es jetzt mit den Gemälden weitergehen?!«

Allmählich wurde Robert der vorwurfsvolle Ton seiner Schwester zu viel: »Jetzt beruhige dich doch endlich wieder.«

»Beruhigen? Wie kann ich mich beruhigen, wenn du die ganze schöne Malerei gefährdest?«

»Ach was, ich muss halt eine Weile warten – ich komme jetzt eben als Letzter an die Reihe. Der Fritz soll eure Bilder halt fertig malen und eine oder zwei Wochen warten, bis ich wieder unter die Leute darf.«

Paula verdrehte indigniert die Augen. »Mit Glatze oder wie?«

Abwehrend streckte Robert die Hände von sich: »Nein, auf keinen Fall: Kahl scheren lasse ich mich nicht. Selbst dann nicht, wenn es dadurch noch länger dauert, bis ich wieder raus darf.« Im Prinzip musste er seiner Schwester und deren lautstarker Entrüstung ja beipflichten. Kopfläuse! Es war aber auch zu peinlich.

Wie er sich dieses Ungeziefer nur eingefangen hatte? Robert überlegte fieberhaft und kam nach einiger Zeit auf die richtige Spur, was ihm freilich auch nichts mehr nützte. Die Läuse waren schlichtweg da und tummelten sich munter auf seiner Kopfhaut. Es handelte sich wohl um das Resultat eines mehrere Wochen zurückliegenden Jagdausflugs,

den er mit seinem Vater in den Alpen unternommen hatte. Dabei war die Ansteckung erfolgt.
Oh, diese Jagd!
Wieder einmal hatte er doch nur seinem Vater einen Gefallen tun wollen und war auf dessen Vorschlag mit ins Gebirge gefahren. Dabei lag ihm die Jagdleidenschaft wesentlich weniger im Blut als dem Vater. Selbst wenn er sich inzwischen durchaus als immerhin mittelprächtiger Schütze bezeichnen lassen konnte, mit seinem Vater konnte er es in puncto Treffsicherheit niemals aufnehmen. Und mit dessen wahrem Feuereifer, mit dem der durchs Gelände zu pirschen pflegte, schon gleich gar nicht.
Und jetzt diese Peinlichkeit, die ihm leidvoll ins Gedächtnis rief, dass sich nicht jede Gefälligkeit auszahlte, die man den Eltern erwies. Es musste die Episode damals in der Jagdhütte gewesen sein. Am frühen Abend, als sie schon beim Vesper gesessen hatten, weil es morgen in aller Frühe, noch vor dem ersten Morgengrauen, wieder auf die Pirsch gehen sollte. Gerade hatte er sich zu seinem Vater an den Tisch gesetzt und nach dem Löffel gegriffen, als er bemerkte, wie ihm irgendein kleiner Käfer, ein Krabbeltier, vom Kopf gefallen war. Eine Laus! Und ausgerechnet mitten im Milchteller war das zappelnde Insekt gelandet!
Auch der Vater hatte es sofort bemerkt – und genauso schnell als das identifiziert, was es war: »Eine Laus – hoffentlich hast du dich nicht mit Läusen angesteckt.«
»Ach was.«
»Ich sollte dir sicherheitshalber den Kopf absuchen.«
»Da ist aber nichts«, lautete Roberts trotzige Antwort, worauf sein Vater gleichmütig mit den Achseln zuckte. »Nun gut, du wirst es ja hoffentlich wissen. Nicht, dass sonst womöglich ich als Nächster dran bin. Nein danke, auf Läuse habe ich nun wirklich keinen Appetit.«
Das herzliche Lachen der beiden beendete die Unterhaltung und im Verlauf der nächsten Tage war die peinliche Episode, bei der es sich also wohl um einen seltsamen Zufall gehandelt hatte, rasch vergessen.

Bis … ja, bis es einige Wochen später doch nicht mehr zu verleugnen war. Zugegeben: Ab und zu war da so ein komisches Jucken an der Kopfhaut gewesen – aber bevor er sich Gedanken darüber hätte machen können, war es auch schon wieder verschwunden. Doch jetzt …
Nach dem Abendessen hatte sich Robert im Kinderzimmer an den Tisch gesetzt, um noch ein bisschen in der Zeitung zu lesen. Ein seltsames Geräusch ließ ihn die Ohren spitzen. Ein Ton, als wäre eine Stecknadel auf das Zeitungspapier gefallen.
Dieser kleine dunkle Punkt da.
Der sich …
Tatsächlich bewegte! Das schien nicht nur so. Das Ding bewegte sich wirklich!
Von wegen Stecknadel!
Eine Laus!
Und noch eine!
Da! Die dritte. Und vierte und …
»Hilfe!« Mit beiden Händen fuhr er sich wirr in seinem verstrubbelten Haar herum, als ihr von dem Hilferuf aufgeschrecktes Dienstmädchen Luise in das Zimmer stürmte.
»Was ist denn los?«
»Läuse! Ich habe Läuse!«
Erschrocken schlug das Dienstmädchen die Hände vor den Mund, während sie unwillkürlich einen Schritt zurück wich: »Igitt! Läuse! Das ist ja fürchterlich …«
»Du sollst hier nicht nutzlos in der Gegend herumstehen und dich vor mir ekeln, sondern du sollst mir helfen«, schleuderte Robert voller Verdruss ins Gesicht der nach wie vor auf Abstand bedachten Luise.
»Aber wie denn? Ich … ich glaube, ich werde am besten gleich die Frau Bosch holen.« Bevor sie womöglich von Robert eine gefährlichere Anweisung hätte erhalten können, machte das Dienstmädchen auf dem Absatz kehrt und alarmierte unverzüglich die nicht minder entsetzte Mutter.
Auf der Stelle beorderte Anna Bosch ihren Sohn in das Badezimmer, während Luise inzwischen eine Flasche mit Spi-

ritus herbeischleppte. Und dann ging es los: Gleich mehrere Male hintereinander wusch die Mutter Roberts Kopf mit einem in den Spiritus getränkten Waschlappen kräftig ab und brachte auf diese Weise immerhin 13 weitere Läuse zur Strecke. Ganz egal, ob Robert des Gestanks wegen auch heftig zeterte und protestierte. Das musste nun einmal sein. Erst nachdem sich bei der vierten Kopfwäsche keine weitere Laus mehr im Waschbecken entdeckten ließ, war die Prozedur fürs Erste überstanden.
Der Übelkeit erregende Gestank des Spiritus blieb Robert freilich die ganze Nacht und selbst noch in den folgenden Tagen irgendwie in der Nase haften. Kein Wunder, nachdem sie zu allem Überfluss ja auch noch seine vom Spiritus völlig durchnässten Haare in ein großes Kopftuch eingebunden hatten. Dann war der Junge, versehen mit einer genauso scharfen wie unmissverständlichen Anweisung ins Bett gesteckt worden, die folglich jedes Aufbegehren schon im Ansatz unterband.
Auch sein Vater stellte eine verdrießliche Miene zur Schau und damit nicht genug: Er machte ihm sogar auch noch Vorwürfe. Das war ja … gerade so, als könne Robert etwas dafür! Dabei hatte er sich die Läuse ja eindeutig auf dem Jagdausflug seines Vaters geholt. Wäre er damals doch nur zu Hause geblieben! Und jetzt durfte er sich auch noch dessen Vorhaltungen anhören. Das war ja ungeheuerlich.
»Dabei habe ich dir schon in der Hütte gesagt, du sollst mich mal nachschauen lassen. Wenn du dich nicht geweigert hättest, dann wäre die Sache halb so schlimm geworden. Aber so … Das habe ich nun von meinem Einlenken! Jetzt müssen wir uns alle auf Läuse untersuchen lassen. Die ganze Familie. Wenn das einer mitbekommt, dann bin ich das Gespött von ganz Stuttgart: Der Bosch hat Läuse – ist halt ein lausiger Betrieb. Und so weiter. Ich kann sie schon richtig hören, diese Lästermäuler.«
»Du gibst doch sonst nichts auf das Geschwätz von anderen, sagst du immer«, hielt Robert dagegen.

Bosch kräuselte unwirsch die Nase. »Das ist auch nach wie vor der Fall, aber das hätte nun mal wirklich nicht sein müssen. Es ist ganz und gar unnütz – das ist es, was mich zornig macht.«

Zum Glück war das Donnerwetter damit vorbei. Nach Ansicht seiner Eltern war ihr Robert mit seinem Kopftuch schon genug gestraft. Ein Anblick, für den sich der Junge schämte bis auf die Knochen.

Immerhin zeitigte die recht rigide Behandlungsmethode einen raschen Erfolg. Schon nach einigen Tagen konnte Entwarnung gegeben werden: Sie hatten die Läuseplage in den Griff bekommen. Gerade noch rechtzeitig. Denn niemand in der Familie hatte sich angesteckt. Auch nicht das Familienoberhaupt.

Das Läusemalheur war also der Grund dafür, dass Robert als Letzter an die Reihe kam, um von Fritz Zundel in Öl gemalt zu werden. Glücklicherweise ohne vorher geschoren worden zu sein. Und so sehr ihm das stundenlange Modellstehen auch widerstrebte, es war allemal besser, als mit einem stinkenden Kopftuch im Bett liegen zu müssen. Während der Läusebefall somit ein glimpfliches Ende gefunden hatte, war es im Laufe des Porträtmalens jedoch zu einer Ansteckung ganz anderer Art gekommen. Mit wesentlich gravierenderen Folgen.

Denn der Maler verliebte sich dabei unsterblich in eines seiner Modelle. Ausgerechnet in die 17-jährige Paula, die ja selbst schon seit Langem eine geradezu schwärmerische Verehrung für den viel bewunderten Künstler hegte! Ein bald 32 Jahre alter Mann verliebte sich plötzlich in die 14 Jahre jüngere Tochter eines Freundes! Das hätte niemand in der Familie auch nur im Entferntesten für möglich gehalten. Und deshalb schenkte zunächst auch keiner im Umkreis der beiden den im Nachhinein betrachtet zahlreich vorhandenen Verdachtsmomenten jemals irgendeine Beachtung. Weshalb auch. Das war doch völlig undenkbar. ›So etwas‹ doch nicht.

Noch jahrelang blieb ihnen die Affäre verborgen.

Umso härter sollten sie eines Tages von der Wahrheit getroffen werden.

Es war ein heller, warmer Sommerabend im August 1907. Die Fenster des Wohnhauses der Familie Bosch waren weit geöffnet, sodass ein angenehmes Lüftchen durch die Zimmer wehte. Die friedliche Abendstimmung draußen stand freilich im krassen Gegensatz zu der hörbar verdrießlichen Stimmung des Hausherrn. »Was die sich schon wieder aufregen! Tagelang geht das nun schon so. Und was diese Zeitungsschreiber so alles daher schmieren: du meine Güte!«
»Was meinst du denn?« Neugierig hob Anna Bosch den Kopf und legte ihre Stickarbeit beiseite, während sie ihren Mann mit einem fragenden Blick musterte.
»Na das da, diese ganze Hetze gegen die Sozialisten.«
»Ist es wegen dem Kongress, der jetzt in Stuttgart stattfinden soll?«
»Ja, genau. ›Man müsse die staatsfeindlichen Subjekte auf das Genaueste beobachten …‹« Zornig klopfte er mit den Knöcheln seiner rechten Hand auf die Titelseite der Zeitung, wo in großer Aufmachung über die Besorgnis berichtet wurde, die der unmittelbar bevorstehende Sozialistenkongress in den Kreisen der württembergischen Regierung anscheinend verursachte. »Die tun gerade so, als ob es sich bei einem Sozialisten gleich um einen Umstürzler handeln muss.«
»Das ist ja nun wirklich übertrieben«, kommentierte Anna und runzelte die Stirn. Mit einem Mal zuckte ein Lächeln um ihre Lippen: »Dann wärst du ja auch ein Staatsfeind: der rote Bosch ein Umstürzler.«
Doch ihrem Mann stand der Sinn nicht nach Scherzen. Viel zu heftig hatte er sich bereits über die seiner Meinung nach maßlos überzogene, noch dazu völlig einseitige Berichterstattung geärgert. »Da stecken wieder einmal die Preußen dahinter! Denen ist es sowieso ein Dorn im Auge, dass die württembergische Regierung den Internationalen Sozialistenkongress überhaupt zugelassen hat – und unsere dum-

men Schwaben, die stehen wieder einmal gleich stramm und nehmen Haltung an. Wie üblich: Wenn der Preuße nur hustet.«

»Na ja, ganz so kannst du das nicht sagen. Denn immerhin lassen sie es zu, dass parallel zu der Sozialistenversammlung auch gleich noch der große Internationale Frauenkongress hier stattfindet. Das ist doch eine gute Sache. Wobei ich mich schon ein bisschen wundere, dass das alles ausgerechnet hier in Stuttgart veranstaltet wird.« Anna wiegte nachdenklich den Kopf. »Also kann man schon davon ausgehen, dass im Württembergischen ein etwas freierer Wind weht als anderswo. Die Leute hier sind toleranter ...«

»... und bleiben es hoffentlich auch. Aber wenn ich das hier lese«, knurrte Bosch, »dann hege ich ernsthafte Zweifel daran, dass es auch in Zukunft so bleiben wird.«

»Was genau steht denn da?«

»Na zum Beispiel, dass die Regierung ganz ausdrücklich verbietet, irgendwelche roten Fahnen zu zeigen. Generell will man keine roten Tücher dulden – und so weiter. Das ist maßlos übertrieben.«

»Eben wieder der übliche vorauseilende Gehorsam vor den Preußen, nicht wahr?«

Die Preußen! Allein bei diesem Stichwort drehe es ihm den Magen um, pflegte Robert Bosch oft zu sagen. Ganz offen stellte er inzwischen eine deutliche Abneigung gegen diese »kodderschnäuzigen Militaristen« zur Schau, von deren übersteigert zackigem Auftreten er sich in seinen frühen Jahren viel zu sehr habe beeindrucken lassen. Leider immer erst dann, wenn sie ihn wegen seines Dialekts hänselten, hatte er es den arroganten Lästermäulern zurückgegeben. Nein, mit dem Preußentum habe er wirklich nichts am Hut! Was ja bekanntlich auch schon bei seinem Vater Servatius in der Albecker »Krone« so gewesen sei.

»Diese Preußen! Sofort verfallen wir wieder in unser typisch schwäbisches Minderwertigkeitsgefühl, wenn die hochmütigen Herrschaften aus der großen Hauptstadt auf den Plan treten – als wenn wir es nicht jederzeit mit die-

sen Großmäulern aufnehmen könnten!«, redete sich Bosch weiter in Rage.
Dann plötzlich klatschte er entschlossen in die Hände: »Weißt du was, Anna: Wir gehen auch auf die Kundgebung!«
»Auf die Kundgebung? Du meinst doch nicht etwa die große Veranstaltung auf dem Wasen?«
»Ja, genau die meine ich. Da sollen mehrere Zehntausend Menschen hinkommen …«
Anna wollte es noch immer nicht wahrhaben, was ihr Mann da sagte. »Und wir beide mitten drin in dem ganzen Gewühle?«
»Ja sicher. Warum auch nicht? Das sind ja schließlich keine Unmenschen, die hier zusammenkommen, sondern Menschen wie du und ich …«
»Menschen wie du und ich«, echote Anna alles andere als überzeugt. »Na ja. Ich weiß nicht so recht …«
»Aber wieso denn nicht?« Robert Bosch hatte sich mittlerweile regelrecht warm geredet. Eine Situation, die Anna nur allzu vertraut war. Und so ließ sie den nun folgenden Wortschwall des altbekannten »Sozialfabrikanten« eine Zeit lang geduldig über sich ergehen. Denn an seiner Einstellung zeigte sich ja, was für eine ehrliche Haut hinter seiner oft ziemlich rauen Fassade steckte. Genau das schätzte sie schließlich an ihrem Mann. Selbst wenn sie manchmal insgeheim einer anderen Sichtweise den Vorzug gab. Was dieser oft so grobschlächtig wirkende Menschenfreund andererseits nicht unbedingt zu wissen brauchte …
»Wenn ich nur daran denke, was da immer zusammen konstruiert wird an angeblichen Gegensätzen. Ein Unternehmer könne halt kein Freund der Arbeiter sein. Seltsamerweise sind sich da beide Seiten einig. Ich habe das, wie du weißt, schon immer völlig anders gesehen – und auch anders gehandhabt. Selbst um den Preis, dass ich deswegen oft zwischen allen Stühlen sitze. Aber wieso um alles in der Welt sollen Arbeitgeber und Arbeitnehmer miteinander verfeindet sein? Sind wir beide und die Kinder denn

etwas Besseres, nur weil ich eine Firma besitze und wir keine Geldsorgen mehr haben? Ein Mensch ist ein Mensch – und alle Menschen sind gleich. Das ist es!« Voller Inbrunst klatschte er sich mit beiden Händen auf die Oberschenkel.
»Da hat wieder einmal der wahre Sozialist gesprochen.«
»Allerdings – und zwar mit einiger Überzeugung.«
Anna Bosch war plötzlich ein Verdacht gekommen. Sie beugte sich vor und nahm ihren Mann in einen ganz genauen Augenschein: »Sag einmal: Du hast doch sicher auch für diese Zusammenkunft gespendet?«
Huschte da etwa eine leichte Röte über das Gesicht ihres Mannes? Ziemlich verlegen wiegte der seinen Kopf. »Na ja … wieso denn auch nicht?«
»Womit du dem ›roten Bosch‹ also mal wieder alle Ehre gemacht hast.«
Der »rote Bosch« richtete sich kerzengerade auf. »Weder die Tatsache noch die Bezeichnung als solche sehe ich dabei als Schande an«, entgegnete er mit fester Stimme.
»Und vermutlich war es wieder die Klara, die dich angebettelt hat?«
»Angebettelt … Also nein, so kann man das nicht nennen. Sie hat mich nur um eine gewisse finanzielle Unterstützung für die Unterbringung der ganzen Teilnehmer gebeten.«
»Und du hast gleich Ja gesagt?«
»Natürlich!«
Anna seufzte und deutete mit einem kaum wahrnehmbaren flüchtigen Kopfschütteln an, wie sie über die Sache dachte. »Also genauso, wie kürzlich bei diesem Drucker aus Offenbach, der behauptet hat, er kriege kein Geld mehr von der Bank, weil denen seine rote Gesinnung nicht passen würde.«
»Ach der! Das ist doch etwas ganz anderes.« Robert Bosch winkte ab und machte dabei ein mürrisches Gesicht. »Dem habe ich ja inzwischen durch einen Rechtsanwalt mitteilen lassen, dass ich auf Vermittlung von Klara Zetkin anstelle der Banken nur deswegen eingesprungen bin, weil ich es einfach nicht leiden kann, wenn ein Mensch nur wegen sei-

ner politischen Ansichten in die Knie gezwungen werden soll. Ich habe ihm noch einmal klipp und klar übermitteln lassen, dass ich ihm das Geld nur geliehen aber keinesfalls geschenkt habe. Anstelle der Bank eben. Er scheint offenbar nicht begreifen zu wollen, dass ich deshalb genauso Zinsen wie die Bank verlange. Obwohl ich daran von Anfang an nie einen Zweifel gelassen habe. Wirklich schade, aber der hat anscheinend gedacht, er könne mich nach Belieben ausnehmen, bei mir käme es auf ein paar Mark hin oder her ja nicht an.«
»Aber trotzdem – auch wenn die Klara natürlich nichts für das Verhalten dieses Mannes kann –, hast du nicht auch den Eindruck, dass sie in letzter Zeit immer radikaler wird?«
Bosch überlegte kurz, dann schüttelte er entschieden den Kopf. »Nein, das finde ich nicht. Sie ist halt überall zu finden, wo es um die sozialistische Sache geht. Das ist aber schon in Ordnung – und wenn es noch ein paar mehr von ihrer Sorte gäbe, dann sähe die Welt ganz anders aus.«
»Auch besser?« Es war eine für ihre Verhältnisse ungewöhnlich offene Skepsis, die Anna da an den Tag legte. Dementsprechend überrascht war der Blick, mit dem ihr Mann sie auf diese Worte hin musterte. »Ja, auch besser. Davon bin ich überzeugt.«
Anna ließ ein neuerliches Seufzen hören. »Also, wenn ich daran denke, was du schon alles für die Sozialisten getan hast. Wie du zum Beispiel damals – auch wieder auf Bitten von der Klara, so lange ist das übrigens noch gar nicht her – diese ganzen russischen Arbeiter bei dir in der Firma aufgenommen hast, die nach dem Moskauer Aufstand geflohen sind …«
»Ja, eben darum: Kein Mensch hat den armen Leuten eine Arbeit geben wollen!«
»Und da hast du dich halt erweichen lassen.«
»Natürlich! Das sind gute und fleißige Männer, wieso soll ich denen also nicht eine Arbeit geben, wenn es bei mir im Betrieb Arbeit gibt?«
»Ich hoffe nur, sie vergessen es dir nie, die Sozialisten.«

»Wie auch immer. Ich habe es jedenfalls gerne getan. Jeder soll dort helfen, wo er helfen kann. Und wenn ich diesen Menschen und ihren Familien eine Zukunftsperspektive habe geben können, dann ist das doch eine schöne Sache, bei so etwas helfen zu können.«
»Genau wie es früher dein Großvater mit seiner großen Mittagstafel in den Hungerjahren getan hat!«
Robert nickte. »Ja, auf diese Tat von meinem Großvater bin ich nach wie vor wirklich stolz – und versuche deswegen auch, diesem Erbe nun eben mit meinen Mitteln gerecht zu werden.«
Wieder huschte ein kaum wahrnehmbares Zucken um Annas Mundwinkel, als sie ihrem Mann die nächste Frage stellte: »Und wie viel hast du nun für den Kongress gespendet?«
Der machte eine wegwerfende Handbewegung. »Nur eine Kleinigkeit – uns tut das nicht weh und die Sozialisten bringt es voran.«
»... alles im Dienst der guten Sache.«
»Das zumindest hoffe ich.«
»Mein Mann, der Weltverbesserer!«
»Es gibt schlimmere Sünden auf dieser Welt, als sie besser machen zu wollen!«
»Da hast du allerdings auch wieder recht.« Damit war alles gesagt. Und so mündete die Diskussion der beiden Eheleute in einer versöhnlichen Umarmung.

Es war an einem nasskalten Februartag des Jahres 1908.
»Guten Morgen, Robert.« Schwungvoll und energiestrotzend, ganz wie es eben seiner Art entsprach, stürmte sein Schwager Eugen Kayser am heutigen Morgen in das Büro und baute sich lächelnd vor Robert Boschs wie üblich ordentlich sortiertem Schreibtisch auf. »Ich habe da etwas für dich: Es gibt nämlich wieder mal Neuigkeiten von Simms.«
»Simms!« Bosch verzog angewidert sein Gesicht. »Der Kerl scheint mich bis ins Grab hinein zu verfolgen. Was hat er denn dieses Mal wieder angestellt?«

Eugen Kayser zuckte mit den Achseln. »Ausnahmsweise nichts Schlimmes. Ich dachte nur, du solltest es trotzdem wissen. Ein Bekannter aus Obertürkheim, der Mitglied im Alpenverein ist, der hat es mir gesagt.«
»Was denn? Hat sich der Simms bei der Gämsenjagd das Genick gebrochen? So unbekümmert, wie der früher manchmal über die Pfade gehüpft ist, würde mich das nicht wundern.«
»Nein, nein! Er hat vielmehr im Lechtal in der Nähe von Stockach eine Unterstandshütte bauen lassen und sie jetzt den Stuttgarter Alpenvereinsmitgliedern zur Verfügung gestellt, die sie dafür natürlich im Gegenzug«, Kayser rollte vielsagend mit den Augen, »aus Dankbarkeit dem uneigennützigen Spender gegenüber ›Frederick-Simms-Hütte‹ genannt haben. Vermutlich nicht ohne diesbezüglich einen sanftem Wink von Simms bekommen zu haben. So gesehen hast du also schon recht gehabt mit deiner Vermutung: Der Simms wird dich auf immer und ewig begleiten …«
»Das mit den Stuttgartern hat der natürlich mit voller Absicht gemacht. Ganz in der Nähe von meiner eigenen Jagd in Scharnitz! Der weiß ganz genau, dass es bei denen im Stuttgarter Alpenverein einige Leute gibt, die mir gerne eins auswischen wollen. Nun ja, zum guten Glück liegen zwischen seiner Hütte und meiner Jagd noch einige Berge und eine ordentliche Zahl Höhenmeter.«
»Der scheint übrigens darauf abzuzielen, dass sie ihn irgendwann zum Ehrenbürger von ganz Tirol machen. Allein die Geschichte mit dem Wasserfall …« Eugen Kayser ließ das Ende seines Satzes bewusst offen, denn seinem Gesprächspartner war längst klar geworden, worauf er anspielte: Auf die Sache mit einer von Frederick Simms vor einigen Jahren finanzierten, ziemlich teuren Sprengung mitten im Gebirge, in der Nähe der Tiroler Gemeinde Holzgau, wodurch ein mächtiger Wasserfall entstanden war. Schon lange wurde gemunkelt, dass dieser Wasserfall bald die Bezeichnung »Frederick-Simms-Wasserfall« tragen würde.

Kopfschüttelnd kräuselte Robert Bosch seine Nase. »Am besten, sie benennen gleich die ganzen Alpen in Simms-Berge um. Das wäre so recht nach seinem Sinn. Der würde das glatt annehmen … Na ja, er scheint es halt irgendwie einfach nötig zu haben – und ehrenkäsig war er eh schon immer. Wehe, wenn er einmal nicht im Mittelpunkt gestanden hat. Ich bin froh und dankbar, dass ich nichts mehr mit ihm zu tun haben muss. Sollen sie die Hütte und den Wasserfall nennen, wie sie wollen: Es gibt wichtigere Dinge im Leben. Also Eugen, kümmern wir uns folglich besser um die Zukunft der Firma und nicht mehr um die Vergangenheit. Was steht in dieser Woche alles auf der Liste? Und wie geht es eigentlich mit dem Neubau voran?«

Während Eugen Kayser den von ihm mitgebrachten Bauplan eifrig auf dem Schreibtisch ausbreitete, musterte Bosch seinen alten Freund, Weggefährten und Schwager mit einem zufriedenen Blick. Ja, doch: Es war absolut die richtige Entscheidung gewesen, den Eugen in diesem Jahr in die Firmenleitung zu holen. Denn schon nach wenigen Wochen war der ihm zu einer wichtigen Stütze herangewachsen. Die zahlreichen Erfahrungen aufgrund von Eugens vielfältigen Tätigkeiten in der Berliner Industrie erwiesen sich für die wichtigen Weichenstellungen, die bei Bosch wieder einmal anstanden, von unschätzbarem Wert. Sowohl bei der AEG als auch bei Loewe und beim Daimlerwerk in Marienfelde hatte Eugen Kayser in leitenden Positionen gearbeitet: Es war der richtige Mann am richtigen Platz, um nun unter seiner Leitung das große Bosch-Metallwerk in Feuerbach aufzubauen.

Schon immer hatte Robert Bosch nach Möglichkeiten zu einer engeren Zusammenarbeit mit dem Bruder seiner Frau gesucht. Für den Fall, dass er damals an Frederick Simms verkauft hätte, hatte er sogar die Gründung einer neuen Firma zusammen mit Eugen erwogen. Doch glücklicherweise war es ja nicht zu dem Verkauf gekommen. Seltsam, der Eugen hatte ihm ja schon nach seinem Aufenthalt

in Amerika eine solche Kooperation vorgeschlagen. Damals hatte Robert noch dankend abgelehnt.
Inzwischen hatten sich die Dinge jedoch gewaltig verändert. Allerdings hatte es nun einen anderen Hinderungsgrund gegeben. Und zwar einen recht gravierenden. Denn so sehr Eugen Kaysers technische, planerische und strategische Fähigkeiten völlig außer Frage standen – so schwer ging jetzt vor allem Eugen Kayser mit der Tatsache um, dass sie eng miteinander verwandt waren. Und auch für Robert roch es irgendwie stark nach Vetternwirtschaft, wenn er sich einen Seiteneinsteiger gleich direkt in seine oberste Führungsebene holte. Einen Mann also, der dazu nicht den »Stallgeruch« seiner im Übrigen wesentlich jüngeren Vertrauten besaß, die seit Beginn ihrer Berufslaufbahn zusammen mit der Firma Bosch gewachsen waren. Solche Kungeleien waren ja noch nie nach seinem Geschmack gewesen. Und ob das so unverzichtbare Mitarbeiter wie Gustav Klein, Gottlob Honold und Arnold Zähringer schätzten, schien ihm äußerst fraglich. Was also tun? Auf keinen Fall wollte er die Sache im Alleingang entscheiden, dafür war ihm ein enges Vertrauensverhältnis mit seinen Führungsleuten viel zu wichtig.
Und so fasste Robert Bosch nach langem Überlegen seinen Entschluss: Gustav Klein, der weltgewandte Junggeselle, sollte ihm die Meinung sagen – ganz offen und ehrlich. Schwager hin oder her. In einem ausführlichen Gespräch setzte er Gustav Klein seine Überlegungen auseinander, weshalb er Eugen Kayser in die Firma zu holen gedachte, und verschwieg dabei auch nicht den Makel, der dieser Berufung anhaften könnte: Eben die Tatsache, dass es sich bei Kayser um den Bruder seiner Frau handelte. »Und innerhalb einer Familie sollte man ja eigentlich nie solche Geschäfte machen. Das führt selten zu etwas Gutem«, schloss Robert Bosch, allein durch dieses Fazit schon wieder mit neuer Skepsis erfüllt, seine Betrachtung ab. Also schien es wohl doch am besten, gleich von vornherein auf eine Einstellung zu verzichten. Doch gerade als er Klein davon in

Kenntnis setzen wollte, nickte dieser nachdrücklich und überraschte den Firmenbesitzer mit einem ziemlich zuversichtlich klingenden Resümee: »Das hört sich alles gar nicht schlecht an – und der arme Kerl kann ja nun wirklich nichts dafür, dass er das Pech hat, zufällig Ihr Schwager zu sein. Also, wenn er wirklich so gut ist … dann sollten wir ihn nehmen. Eine Entlastung mit einem guten strategischen Kopf, die könnten wir schon gerne gebrauchen. Man müsste sich halt nur wirklich zu 100 Prozent auf ihn verlassen können …«

»Das ist im persönlichen Umgang zwischen uns bisher keinerlei Problem gewesen«, beteuerte Bosch. »Aber wie es im normalen Betriebsablauf aussehen wird …«

Ganz plötzlich war Klein eine Idee gekommen, sodass er seinen Chef mitten im Satz unterbrach: »Wissen Sie was? Ich werde mich mit ihm treffen und ihm an einem der nächsten Abende einfach mal ganz nachdrücklich auf den Zahn fühlen. Spätestens in der nächsten Woche sage ich Ihnen dann Bescheid. Sobald ich ein Treffen mit ihm ausgemacht habe. Wäre das in Ordnung für Sie?«

Das war für Robert Bosch natürlich in Ordnung, und nach nicht einmal einer halben Woche lag bereits Gustav Kleins eindeutige Antwort vor. Wenngleich diese Antwort unter recht seltsam anmutenden Begleitumständen erfolgte.

Es war am Donnerstagmorgen, früh um acht Uhr, als Gustav Klein das Büro des Firmenchefs betrat. Ohne vorher anzuklopfen! Was waren denn das für neue Sitten?! Anklopfen, das war doch das Mindeste, bevor man einfach in einen Raum hineinstolperte. Selbst als Chef hielt er sich eisern an diesen Grundsatz. Dementsprechend verwundert sah Robert Bosch von seinem Schreibtisch auf und nahm den Eintretenden vorwurfsvoll ins Visier. Seltsam. Konnte es sein, dass Klein womöglich schwankte? Und dass er gerade eher etwas Unverständliches vor sich hin lallte, als ein anständiges »Guten Morgen« über die Lippen zu bringen? War … war Gustav Klein etwa betrunken? Morgens um acht Uhr? Das hatte es ja noch nie gegeben! Er musterte seinen engen Vertrauten, der sich nun schlaff in den ledernen Besuchersessel sinken ließ, mit einem prüfenden Blick.

»Was ist denn mit Ihnen los?«

»Was mit mir los ist«, brabbelte der blasse Klein mit schwerer Zunge. »Ich habe die ganze Nacht durchgezecht, um zu einem Resultat zu kommen. Und jetzt bin ich schnurstracks zu Ihnen gekommen, um Ihnen mein Ergebnis mitzuteilen …«

Bosch meinte, sich verhört zu haben. »Waas bitte haben Sie?« Angewidert hielt er sich die Nase zu. »Die ganze Nacht in einer Kneipe gehockt? Und durchgesoffen? Und dann haben Sie die Stirn, auch noch auf direktem Weg von der Kneipe hierherzukommen und mich mit diesem unsäglichen Kneipengeruch zu belästigen? Klein! Was um Himmels willen ist denn in Sie gefahren?«

»In mich gefahren …«, kicherte Klein blöde. »Nichts ist in mich gefahren. Ich habe schließlich in Ihrem Auftrag gehandelt!«

»In meinem Auftrag!«, entrüstete sich Bosch. »Das wird ja immer besser! Klein! Was soll das alles?!«

»Aber …« Ein heftiger Rülpser unterbrach Kleins Gegenrede kurzzeitig. Dann endlich, während sich sein schockiertes Gegenüber bereits ernsthaft überlegte, den betrunkenen Kerl in hohem Bogen aus dem Büro zu werfen, schien er in Lage fortzufahren. Zwar stockend – aber immerhin: Man konnte sogar einigermaßen verstehen, was er da als Begründung für seinen wenig würdevollen Zustand lallte. »Aber ich … ich habe doch gesagt, dass ich Ihrem Schwager … dem … dem Eugen … Kayser Eugen … jawohl, genau … dem Kayser Eugen einmal auf den Zahn fühlen werde. Mit Ihrer Zustimmung. Und genau das habe ich in der vergangenen Nacht getan.«

»Die ganze Nacht lang?« Boschs verdrießliche Miene entspannte sich deutlich, als ihm nun endlich zu dämmern begann, was es mit dem seltsamen Auftritt von Gustav Klein auf sich haben konnte.

»Die ganze Nacht lang …«
»… waren Sie mit ihm in einer Wirtschaft?«
»… und wir haben einen Wein nach dem anderen getrunken. Ich kann Ihnen vielleicht sagen … also: Ihr Schwager ist keiner von der Sorte, die nichts verträgt!«
Robert Bosch lachte aus vollem Herzen. »Ja, das hätte ich Ihnen schon vorher sagen können, wenn Sie mich gefragt hätten. Der Eugen kommt ja aus Obertürkheim, wo überall Wein angebaut wird. Dort sind die Kinder praktisch schon seit dem Säuglingsalter Trollinger erfahren. Der Trollinger ist bei denen ja fast so etwas wie eine Blutgruppe! Ich sag's Ihnen: Das war dann aber eine wirklich harte Prüfung.«
»Aber es hat sich gelohnt! Hicks!« Wieder wurde er kurzzeitig unterbrochen und kämpfte die aufsteigende Übelkeit in seiner Kehle tapfer hinunter, bevor er nun allmählich zu seinem Fazit kam. »Ja, es hat sich gelohnt mit dem … mit dem … Wie heißt er doch gleich wieder? Eugen … genau … mit dem Kayser Eugen … Nicht dass mir der Wein am Schluss noch sonderlich gut geschmeckt hätte«, Klein verzog das Gesicht zu einer leidvollen Grimasse. »Ich glaube, im nächsten halben Jahr kann ich auf Wein gerne verzichten. Aber das war es wert, denn immerhin habe ich herausgefunden: Den Kayser … also den Eugen … den Kayser Eugen, den können wir gut brauchen. Ich habe ihn ausprobiert.«
Bosch atmete zufrieden auf. »Na, dann ist ja alles gut. Und Sie, Sie gehen jetzt aber besser nach Hause und erholen sich von dieser anstrengenden Nacht. Das heißt, warten Sie, ich lasse Sie lieber von einem Fahrer nach Hause bringen. Am besten von meinem Scholl, der kann den Mund halten. In diesem Zustand kommen Sie mir jedenfalls nicht auf die Straße – und schon gar nicht unter die Leute. Und dann schlafen Sie erst einmal ordentlich Ihren Rausch aus und bringen den Kater gut hinter sich. Hier in der Firma möchte ich Sie erst wieder auftauchen sehen, wenn auch der letzte Rest vom Wein aus Ihrem Schädel gewichen ist. Haben wir uns verstanden?«

»Verstanden«, lallte Klein und quälte sich mit sichtlicher Mühe aus dem Besuchersessel.
»Ach ja. Noch etwas, Klein …«
Der bedauernswerte Klein, der sich vor lauter Müdigkeit und Alkoholkonsum kaum noch auf den Beinen halten konnte, wandte sich schwankend um. »Ja?«
»Vielen Dank auch! Sie haben sich um die Firma in höchstem Maße verdient gemacht. Danke sehr!«
»Gerne geschehen«, murmelte der mit einer dieser so seltenen Bosch-Lobesworte hoch Dekorierte und schlurfte matt aus dem Büro. Draußen nahm ihn sogleich der Fahrer Wilhelm Scholl in Empfang, dessen Auftrag lautete, das Vorstandsmitglied Gustav Klein möglichst diskret aus der Firma zu schleusen und ihn dann zu Hause in seiner Junggesellenwohnung auch sicher ins Bett zu bringen.
Schmunzelnd erzählte Robert Bosch an diesem Abend im Kreis seiner Familie von der bevorstehenden Neueinstellung des Schwagers, die aufgrund des positiven Urteils von Gustav Klein also möglich geworden sei. »Sogar um den Preis der eigenen Gesundheit fühlen meine Leute ihren künftigen Kollegen auf den Zahn. Das nenne ich wahrhaft vorbildlich! Da sieht man, was für gute Leute wir in der Firma haben. Und so wird es hoffentlich auch immer bleiben – auch dann noch, wenn längst schon du die Firma Bosch übernommen hast«, nickte er seinem Sohn Robert vielsagend zu, der am gegenüberliegenden Tischende saß. »Aber dafür musst du ja erst einmal ein Studium absolviert haben – das wird schon noch ein paar Jährchen dauern. Bis dahin haben wir noch Zeit für andere Dinge. Auch ich. Denn sobald sich der Eugen einigermaßen eingearbeitet hat und mir einen Teil der Arbeit vom Hals halten kann, werden wir endlich all die schönen Ausflüge machen können, die wir schon so lange vorhaben. Ich hätte ja nicht gedacht, wie schnell mich die Arbeit wieder einholen würde, trotz der Entlastung durch Gustav Klein und Co. Aber nachdem die Firma derart rasant gewachsen ist … Nun gut, jetzt wird ja der Eugen in die Bresche springen. Und wir –

wir könnten schon in diesem Frühjahr unseren Osterausflug vielleicht etwas üppiger ausfallen lassen. Wir könnten ja beispielsweise mit dem Automobil eine Fahrt nach Paris unternehmen. Was meint ihr dazu? Also ich träume ja schon seit meiner Jugend davon, dort endlich einmal das Grab von Heinrich Heine zu besuchen. Auf den beiden Geschäftsreisen nach Paris hat das bisher nie geklappt, aber jetzt vielleicht – und dann gleich mit der ganzen Familie. Wäre das nicht schön?«

Anna Bosch schüttelte lächelnd den Kopf. »Heinrich Heine! Wir fahren wegen Heinrich Heine nach Paris. Das ist wieder einmal typisch für dich und deine ganze Art.«

Ihr Mann machte ein verwundertes Gesicht. »Aber sicherlich nichts Schlechtes, oder? Und den Heinrich Heine, den verehre ich halt nach wie vor. Genauso wie mein Vater. Heinrich Heine ist und bleibt für mich einer der größten deutschen Dichter. Im Land der Dichter und Denker ist das ja durchaus angemessen. Was meinst du dazu, Robert?«

»Nein, das heißt: ja, Papa«, stotterte der 17-Jährige – bei dem es sich um einen eher mittelprächtigen Schüler handelte, dem vor allem die deutschen Klassiker nicht sonderlich das Herz wärmten – mit wenig begeisterter Miene. Was seinem Vater in dessen Überschwang freilich verborgen blieb.

»Na siehst du. Und deshalb werden wir dem Heinrich Heine einen Kranz auf sein Grab legen, wie sich das gehört. Was kennst du eigentlich von Heine, Robert?«

Genau das hatte er befürchtet. Dass er ein Gedicht rezitieren sollte! Und dann ausgerechnet Heine. Doch mit einem Mal blitzte es schalkhaft in den Augen des Jungen, als er die gewünschte Antwort gab: »Die Deutschen sind ein gemeingefährliches Volk: Sie ziehen unerwartet ein Gedicht aus der Tasche und beginnen ein Gespräch über Philosophie.«

Sein Vater stutzte. Sollte er sich über dieses Zitat freuen oder versuchte der Junge etwa, ihn damit auf den Arm zu nehmen? Nun denn, was auch immer dahinter stecken mochte: Immerhin war wenigstens etwas aus dem Deutschunterricht hängen geblieben. »Bravo! Ein wahrhaft schöner Satz, den ich mit einem weiteren Heinrich-Heine-Vers nur nachdrücklich bestätigen kann: ›Diejenigen fürchten das Pulver am meisten, die es nicht erfunden haben.‹ Den Wahrheitsgehalt dieser Erkenntnis erlebe ich beinahe jeden Tag. Also dann: Freuen wir uns auf eine schöne Fahrt nach Paris!«

Die Vorfreude auf die Reise blieb in der Familie freilich auch weiterhin nicht gleichmäßig verteilt. Vor allem Robert junior zeigte sich weitaus weniger begeistert als seine beiden Schwestern. Er schien zu ahnen, dass sie auf der langen Fahrt im Automobil noch mit so manchem Zitat des Lieblingsdichters ihres Vaters konfrontiert werden würden und mit genauso vielen eindringlichen Belehrungen über die Notwendigkeit, sich diese Verse fürs spätere Leben merken zu müssen. Aber die Fahrt würde stattfinden, jedes Gegenargument war folglich zwecklos. Denn wenn sich der Vater so etwas erst einmal in seinen Kopf gesetzt hatte, dann war es besser, sich in das Unvermeidliche zu fügen. Man musste eben das Beste daraus machen. Zumal es hoffentlich nicht ganz so schlimm kommen würde, denn Paris war ja eine große Stadt. Eine richtige Weltstadt, die sicher auch noch andere Attraktionen zu bieten hatte als nur das Grabmal eines deutschen Dichters. Und immerhin stellte ja allein schon die Fahrt mit dem Automobil über so eine lange Strecke für sich genommen bereits ein echtes Abenteuer dar.

Erst recht für den Vater, der sich ja seit einigen Monaten mit wachsender Begeisterung an seinen arbeitsfreien Tagen selbst hinter das Steuer des Wagens setzte, nachdem er für sich bereits im vergangenen Jahr eine öffentliche Fahrerlaubnis beantragt und auch bekommen hatte. Wilhelm Scholl hatte seinem Chef in kürzester Zeit die nötigen Grundkenntnisse zum Lenken eines Automobils beibringen können – denn Bosch hatte sich als gelehriger Schüler erwiesen. Und so war es ihm jedes Mal ein riesiges Vergnügen, einen seiner großen Panhard- oder Renaultwagen, oder womöglich gar den kraftvollen neuen Mercedes-Tonneau, eigenhändig zu steuern. Womit er sich, wieder einmal, ganz im Gegensatz zu den anderen Unternehmern befand, die schon aus Gründen ihres übersteigerten Standesdünkels (allein der Begriff blieb für Robert Bosch zeitlebens ein Gräuel) den allergrößten Wert darauf legten, mit stolz in die Höhe gereckter Nase vom eigenen Fahrer an den staunenden Passanten vorbei chauffiert zu werden. So etwas kam für Bosch gar nicht in Betracht. Und außerdem: Neben dem unbeschreiblichen Vergnügen, das ihn beim Fahren regelmäßig überkam, konnte er sich ja auf keine bessere Weise ein Bild von der Zuverlässigkeit seiner Produkte verschaffen. Von dem einen oder anderen Hinweis auf wünschenswerte technische Verbesserungen einmal ganz abgesehen.

Am Karfreitag 1908 ging es also zeitig am Morgen los, sodass sie bereits um die Mittagszeit die Stadt Landau erreicht hatten. Das Mittagessen, das an diesem Tag in den dortigen Lokalen serviert wurde, geriet jedoch zu einer merkwürdigen Angelegenheit: gebratene Möwen! Ja, doch. Möwen! Es handele sich hierzulande um eine traditionelle Fastenspeise, betonte der Wirt auf die Nachfrage seiner einigermaßen irritierten Gäste, was deren Irritation freilich eher noch steigerte. »Wie kann man denn eine Möwe als Fastenspeise bezeichnen«, bemerkte Margarete, tippte sich vielsagend mit dem Zeigefinger an die Stirn und schob den Teller weit von sich. »Das wäre ja genauso, wie wenn ich sagen würde, ich esse ein Hähnchen, weil Karfreitag ist.«
»Da hast du recht, Gretel«, pflichtete Anna Bosch ihrer ältesten Tochter bei. »Das verstehe ich auch nicht. Fleisch ist Fleisch, ob Möwe oder Hähnchen. Das hat doch am Karfreitag nichts auf dem Teller verloren. Was meinst du dazu, Robert?«, wandte sie sich an ihren Sohn, der ebenfalls keinerlei Anstalten machte, nach Messer und Gabel zu greifen.
»Ich weiß es ehrlich gesagt auch nicht«, starrte er achselzuckend auf die gebratene Möwe vor sich. »Ich hätte auch

lieber einen Fisch gegessen, eine Forelle etwa – oder Maultaschen. Das wäre mir ehrlich gesagt am allerliebsten gewesen. Ja, Maultaschen, aber das scheinen sie hier in der Pfalz offenbar nicht zu kennen.«

»Leider«, murrte nun auch Paula und tat es ihrer Schwester gleich. »Also, ich habe ja so einen Hunger gehabt, aber eine Möwe … Nein, danke!«

Mit gebremster Begeisterung griff nun immerhin ihr tapferer Vater nach dem Besteck. »Da kann man halt nichts machen. Andere Länder, andere Sitten. Dann essen wir eben eine gebratene Möwe, wenn das hier so der Brauch ist. Bevor wir sonst mit leerem Magen weiterfahren. Nun kommt schon, gebt euch einen Ruck. Es wird schon nicht unser Untergang sein – und wer weiß, vielleicht schmeckt es ja sogar ganz gut.«

Am Ende war und blieb er dennoch der Einzige, der seinen Teller einigermaßen leer gegessen hatte. Mit einem bedauernden Blick auf die restlichen, völlig unberührt gebliebenen Möwen beglich er die Rechnung bei dem seinerseits verwundert dreinschauenden Wirt, der sich die seltsame Appetitlosigkeit seiner schwäbischen Gäste nicht im Geringsten erklären konnte. »Was der Bauer nicht kennt …«, unternahm Robert Bosch den erfolglosen Versuch einer Erklärung. Und natürlich konnte er es hinterher auch nicht unterlassen, seine Familie darauf aufmerksam zu machen, wie schade es nicht nur um das Essen an sich gewesen sei – das im Übrigen gar nicht so schlecht geschmeckt habe –, sondern vor allem um das ganze schöne Geld, das er unnötigerweise für die verschmähte Mittagsmahlzeit habe ausgeben müssen.

»Ja, so ist es jetzt halt«, setzte Anna der nun drohenden Diskussion über das Gebot der Sparsamkeit mit fester Stimme ein rasches Ende. Mit vernehmlich knurrenden Mägen setzte die Familie Bosch also ihre Parisfahrt fort, die sie über die steilen Vogesenhänge zu ihrem Nachtquartier nach Metz führte, wo es im Hotel dann endlich »etwas Gescheites« zu essen gab.

Durch Frankreich ging es am nächsten Tag weiter, und zwar beinahe ausschließlich über Straßen mit Kopfsteinpflaster! Solchermaßen bis auf den letzten Knochen durchgeschüttelt und in einem ziemlich erschöpften Zustand erreichten sie am Spätnachmittag dann endlich Paris. Wo sie freilich die nächste Überraschung erlebten: Es war nämlich alles andere als einfach, das Hotel zu erreichen. Auf der Karte hatten sie es zwar rasch gefunden und der Weg dorthin schien ganz leicht zu sein. Doch manchmal trügt der Schein eben. Schuld daran waren die vielen Automobile, die sämtliche Straßen der Pariser Innenstadt heillos verstopften, sodass an ein zügiges Durchkommen zum Hotel Continental nicht zu denken war. Mehrfach hatte sich Robert Bosch sogar gezwungen gesehen, in eine Seitenstraße abzubiegen, doch auch hier ging es nur im Schritttempo vorwärts. Dazu gesellten sich jetzt in zunehmendem Maße die Orientierungsschwierigkeiten des eben doch noch relativ unerfahrenen Automobillenkers in einer solch großen Stadt, in der man nicht einfach überall nur geradeaus fahren konnte. »Das ist aber schon ein ziemlicher Unterschied zu Stuttgart!« Die 18-jährige Paula kam aus dem Staunen über den dichten Pariser Straßenverkehr gar nicht mehr heraus. »Automobile, wohin man nur schaut!«
»Und alle mit einer Bosch-Zündung, nicht wahr, Vater?«
»Das will ich doch sehr hoffen«, lächelte Robert Bosch matt, auf dessen Stirn inzwischen dicke Schweißperlen standen. »Bis auf den hier vermutlich«, deutete er mit der rechten Hand auf einen schräg am Straßenrand abgestellten Wagen, in dessen weit geöffnete Kühlerhaube zwei Männer mit ratlosen Gesichtern hineinstarrten.
»Ja, Qualität ist eben Qualität«, nickte sein Sohn mit stolzer Miene, während er für das Pannenfahrzeug nur noch einen bestenfalls mitleidigen Blick erübrigen konnte.
»Hochmut ist aller Laster Anfang, vergesst das bitte nicht«, mischte sich nun aber Anna Bosch in das Gespräch. »Selbst eine Bosch-Zündung kann einmal den Dienst versagen – auch wenn dir das ein unerträglicher Gedanke ist.«

Ihr Mann machte ein schuldbewusstes Gesicht. »Du hast ja recht, Anna. Hochmut kommt vor dem Fall – was wir freilich nicht hoffen wollen. Die anderen wissen auch, wie man gute Zündungen herstellt. Was mir im Übrigen bekanntlich ja gar nicht so unrecht ist, denn Konkurrenz belebt bekanntlich das Geschäft. Eine gesunde Konkurrenz ist wichtig und auch notwendig. Wenngleich ich natürlich immer danach strebe, das bessere Produkt hergestellt zu haben«, setzte er mit einem bedeutungsvollen Seitenblick auf seine Ehefrau noch hinzu, was diese mit einem schicksalsergebenen Seufzer quittierte.

»Wer rastet, der rostet. Ich weiß, ich weiß. Ohne Arbeit geht es bei dir einfach nicht. Sonst hättest du die Firma ja auch wirklich an den Simms verkauft …«

Robert Bosch rollte mit den Augen. »Wenn ich nur den Namen höre, merke ich schon, wie mein Blutdruck steigt.«

Anna zuckte unbeeindruckt mit den Schultern. »Und selbst wenn du verkauft hättest, bin ich mir sicher, dass du spätestens nach ein paar Wochen wieder etwas Neues angefangen hättest.«

»Schon möglich«, brummelte ihr Mann in seinen Vollbart hinein. »Ich denke, da liegst du richtig. Aber wie auch immer: Jetzt haben wir ja eine viel bessere Lösung gefunden. Ich glaube, dass mir der Eugen eine große Stütze sein wird.«

»Davon gehe ich aus. Solange ich denken kann, habe ich meinen Bruder nur als fleißigen, durch und durch pflichtbewussten Menschen erlebt, auf den man sich voll und ganz verlassen kann. Es war wirklich eine gute Idee von dir, dass du ihn in die Firma geholt hast – und das sage ich nicht deshalb, weil der Eugen mein Bruder ist, sondern weil ich davon überzeugt bin.«

»Ich auch, denn immerhin bin ich ja schon länger mit ihm befreundet, als ich dich überhaupt kenne.«

»Sag doch gleich, dass mein Bruder schuld daran ist, dass wir uns überhaupt kennengelernt haben.«

»Ja, dein Bruder ist schuld daran, dass wir uns kennengelernt haben«, wiederholte Bosch grinsend.

»Dieser Mann!« Anna genoss diese zähe Fahrt durch die von den vielen Automobilen immer hoffnungsloser verstopften Pariser Straßen in vollen Zügen. Denn so gelöst und heiter – trotz des chaotischen Automobilverkehrs – hatte sie ihren Mann schon seit Wochen nicht mehr erlebt. Bereits bei der Abfahrt in Stuttgart war er ganz entspannt in den Wagen gestiegen. Und auch seine gesundheitlichen Probleme, die ihn in den vergangenen Jahren schwer belastet hatten, schienen wie weggeblasen. Vielleicht lag das also wirklich auch am Auto fahren selbst. Er hatte ihr gegenüber ja oft genug betont, welch ein enormes Vergnügen ihm das eigenhändige Lenken eines Automobils bereitete! Die an technischen Dingen wenig interessierte Anna hatte nie verstehen können, weshalb es nach Meinung ihres Mannes höchste Zeit gewesen war, endlich das Autofahren zu lernen. Stundenlang konnte er seitdem mit seinem Mercedes Tonneau unterwegs sein. Es war für ihn einfach wie ein Lebenselixier, wenn er die 28 Pferdestärken des Motors unter der Frontverkleidung kraftvoll brummen höre, hatte er der verständnislosen Anna danach euphorisch ein ums andere Mal beteuert. Aber anscheinend war das wirklich der Fall. Ja, doch: Auch das selbstständige Autofahren hatte einen wesentlichen Teil zu seiner spürbaren Gesundung beigetragen. Dessen war sich Robert Bosch schon seit längerer Zeit ganz sicher. Sobald er hinter dem Lenkrad auf dem Fahrersitz Platz genommen hatte, fühlte er sich wie ein neuer Mensch. Dann konnte ihm nichts und niemand seine gute Laune verderben. Auch heute nicht, ganz egal wie kompliziert die Fahrt durch die Pariser Straßen noch werden mochte.

»Schau mal, ich glaube, da vorne ist ein Wegweiser«, deutete Paula mit dem ausgestreckten Arm ein Stück weit die Straße hoch, wo sich an einer Kreuzung ein riesiges Schild mit der Aufschrift »Hotel Continental« befand. »Der Pfeil zeigt nach rechts – 500 Meter noch …«

»Na Gott sei Dank!« Ihr Vater schnaufte tief durch. »Ich habe schon gedacht, wir müssten heute im Wagen übernachten. Was vielleicht auch einmal eine interessante Ge-

schichte wäre.« Der eindeutige Blick, mit dem ihn seine Frau bedachte, ließ ihn diese Geschichte besser nicht mehr weiterspinnen.
Wenig später hatten sie das Ziel ihrer langen Reise tatsächlich erreicht – und vor allem die drei Jugendlichen kamen aus dem Staunen gar nicht mehr heraus.
»Du meine Güte ist das ein protziger Bau!« Mit offenem Mund starrte Robert an der prächtigen Fassade des riesigen Hotels hinauf, während seine Schwestern vor Entzücken begeistert in die Hände klatschten.
»Und tatsächlich mitten in Paris!«
»Schau doch mal, das ganze Gold an den Türen und der dicke rote Teppich vor dem Eingang!«
»Meinst du, sie haben den für einen besonderen Ehrengast ausgelegt, der heute ankommt? Womöglich ein König oder eine Prinzessin?«
»Nein Gretel, das haben sie für uns gemacht …«
Margarete bedachte ihre Schwester mit einem genervten Blick. »Also auf den Arm nehmen brauchst du mich nicht, Paula. Dass das nicht für uns ist, das sehe ich auch so.«
»Es ist aber für uns«, beharrte die Gemaßregelte trotzig auf ihrem Standpunkt.
Bevor sich Gretel womöglich zu einer schärferen Entgegnung hinreißen ließ, legte Robert Bosch den Arm um ihre Schulter und drückte sie fürsorglich an sich. »Du brauchst dich deswegen nicht aufzuregen, denn die Paula hat schon recht – egal, wie das vielleicht von ihr gemeint war«, nahm er seine jüngere Tochter gleichzeitig mahnend ins Visier. »Dieser Teppich liegt immer da, der ist für alle Gäste. Sie wollen damit halt unterstreichen, wie vornehm ihre Besucher sind. Also mir persönlich ist so etwas ja immer ein Gräuel, für mich ist jeder gleich wichtig: egal ob König, Fabrikant oder Laufbursche. Aber gut, es ist hier halt nun einmal so und deswegen machen wir jetzt auch gute Miene zum seltsamen Spiel …«
»… und müssen uns vorher noch nicht einmal die Schuhe putzen«, grinste Robert fröhlich, während er den anderen

seine vom Straßenstaub bedeckten Schuhe präsentierte. »Aber wie der Papa ja gesagt hat: Das macht nichts. Kommt, lasst uns reingehen. Ich bin mal gespannt, wie es mit dem ganzen Prunk und Protz da drinnen weitergeht.«

»Also dann!« Robert Bosch griff nach der Hand seiner Ehefrau und bedeutete seinen Kindern mit einem kurzen Nicken, ihren Eltern getrost vorangehen zu können. Mit stolz erhobenen Häuptern durchschritten sie nun das Eingangsportal des Hotels Continental, in dem sie nun also bis zur nächsten Woche logieren würden. Natürlich entgingen ihm die verwunderten Blicke der Hotelbediensteten nicht, mit denen diese seine ungewöhnliche Kleidung musterten. Solche Blicke war er ja gewohnt. Sie machten ihm schon lange nichts mehr aus. Sollten die anderen denken, was sie wollten: Seiner Gesundheit war diese Kleidung förderlich und das war schließlich die Hauptsache.

Ob seine Kleidung der Grund war, weshalb die Familie am folgenden Tag von ihren luxuriösen Zimmern auf der ersten Etage in bescheidenere Räumlichkeiten im dritten Stock umquartiert wurde oder ob es am Trinkgeld lag, das der sparsame Schwabe Bosch nur äußerst spärlich verteilte (schließlich musste man doch erst einmal sehen, ob der Service wirklich gut funktionierte, da konnte man sein Pulver doch nicht schon vorher verschießen, um sich dann hinterher womöglich darüber zu ärgern), blieb ungeklärt. Aber auch in der dritten Etage ging es noch wesentlich vornehmer zu als in irgendeinem anderen Hotel, in dem sie bis dahin genächtigt hatten. Gut schlafen, das konnte man auch im dritten Stock.

Todmüde fielen sie abends in ihre Betten. Kein Wunder, denn das Paris-Besuchsprogramm kostete Kraft: Da war zunächst einmal der Louvre samt dem berühmten Bild der Mona Lisa, für das sich die Boschs allerdings viel weniger begeistern konnten, als für so manches andere schöne Gemälde, das hier präsentiert wurde. Auch ein Ausflug nach Versailles durfte genauso wenig fehlen, wie ein ausgedehnter Spaziergang durch die Tuilerien gleich neben dem

Hotel. Und auch den Eiffelturm wollten sie sich natürlich nicht entgehen lassen. Kaum zu glauben, dass dieses stählerne Wunderwerk der Konstrukteurskunst im kommenden Jahr eigentlich wieder hätte abgerissen werden sollen, wie Robert Bosch seiner ungläubig dreinschauenden Familie erklärte. »Aber es ist tatsächlich so geplant gewesen: Gustave Eiffel hat den Turm zunächst nur aus Anlass des hundertjährigen Jubiläums der Französischen Revolution gebaut – und für die im Jahr 1889 gleichzeitig veranstaltete Weltausstellung. Nach 20 Jahren wollte er ihn wieder abreißen lassen – danach hat es anfangs auch ausgesehen, weil die Pariser regelrecht Sturm gelaufen sind gegen diesen ›Schandfleck, der das Herz der Stadt verunstaltet‹, wie sie gesagt haben. Unglaublich, nicht wahr?«
»Allerdings. Ich weiß gar nicht, was an diesem Turm hässlich sein soll«, entgegnete Paula kopfschüttelnd.
»Natürlich nichts! Aber so geht es halt manchmal, wenn man seiner Zeit voraus ist. Das war bei Gustave Eiffel der Fall, und das ist auch immer wieder den Malern passiert. Denkt doch nur einmal an den Vincent van Gogh: Zu seinen Lebzeiten hat er nur ganz selten einmal ein Bild verkaufen können – und kaum war er tot, da haben sich die Käufer seine Gemälde geradezu aus den Händen gerissen. Ihr habt ja neulich im Louvre selber sehen können, mit welcher Ehrfurcht sie jetzt auf die van Gogh-Bilder starren, die sie vor ein paar Jahren noch nicht einmal geschenkt genommen hätten.«
»Die sind übrigens nichts geworden.«
Robert Bosch kniff die Augen zusammen und musterte seinen Sohn mit einem verwunderten Blick. »Was ist nichts geworden? Die van Gogh-Bilder?«
»Ja, genau!« Begleitet von einem hilflosen Schulterzucken breitete der Junge die Arme aus. »Es war viel zu dunkel da drinnen, da hätte ich ein Stativ gebraucht, bei so einer großen Belichtungszeit. Aber das war ja nicht möglich.«
»Ach so!« Erst jetzt begriff er, worauf sein Sohn anspielte. Den hatte inzwischen nämlich die Fotografierleidenschaft

ergriffen und deshalb versuchte er sich nun mit seinem Fotoapparat, den er kürzlich zum Geburtstag geschenkt bekommen hatte, nun an allen möglichen und manchmal eben auch an unmöglichen Motiven. Selbst im Louvre hatte er dem Drang nicht widerstehen können, obwohl dort das Fotografieren doch strengstens verboten war. Aber der findige Robert hatte den arglosen Wächtern einfach die Hülle des Fotoapparats samt einer Wechselkassette übergeben, während er den richtigen Apparat in seiner Hosentasche versteckt hatte. Trotz der ziemlich ausgebeulten Tasche hatte er sich geschickt an den Aufsehern vorbeischleichen können – und dennoch waren ihm die Fotos aufgrund der schlechten Lichtverhältnisse im wahrsten Sinn des Wortes in die Hose gegangen.

»Ich verstehe ja sowieso nicht, weshalb du diese Bilder unbedingt selber fotografieren wolltest. Da ist doch jede Postkarte besser – davon hat es vorne am Museumseingang ja jede Menge gegeben. Noch dazu um einen einigermaßen günstigen Preis. Jetzt hast du das Foto gemacht und wahrscheinlich ist es verwackelt. Das ist doch zum Fenster hinausgeworfenes Geld.«

Zähneknirschend musste Robert seinem sparsamen Vater recht geben – für heute …

»Aber morgen, wenn wir ans Heine-Grab gehen, da könnte ich mit dem Fotoapparat vielleicht doch ein gutes Bild hinbekommen. Wenn du am Grab von Heinrich Heine stehst. Das gibt es nämlich auf keiner Postkarte.« Eine gute Ablenkung war ihm da gelungen, denn allein die Erwähnung von Heine zauberte ein strahlendes Lächeln auf das Gesicht seines Vaters.

Der nächste Morgen begann jedoch mit einer Enttäuschung. Die dunkelgrauen Wolken am Himmel würden eine gute Qualität der Aufnahme verhindern. »Selbst wenn ich mir noch ein Stativ besorge, so lange kannst du gar nicht still stehen, dass es nicht doch verwackeln würde. Nein, Papa«, versuchte er dessen Protest schon im Keim zu ersti-

cken, »das schaffst noch nicht einmal du. Ganz egal, wie stocksteif du dich auch hinstellen magst: So ruhig kannst du nicht bleiben. Schade, aber so ist es halt nun mal.«
Weshalb die beiden Boschs nun eben ohne den Fotoapparat zum Friedhof auf den Montmartre pilgerten, während es die Damen der Familie vorzogen, sich in den Kleidergeschäften der französischen Hauptstadt mit den neuesten Kreationen der Pariser Modemacher vertraut zu machen. Ein Zeitvertreib, bei dem Vater und Sohn liebend gerne ihre eigenen Wege gingen.
Erstaunlich rasch hatte Robert Bosch das erst vor einigen Jahren neu errichtete Grabmal von Heinrich Heine gefunden und nahm anerkennend die große, aus weißem Marmor gefertigte Büste des Dichters in einen ganz genauen Augenschein. Dann bückte er sich langsam und platzierte den Kranz, den er zur maßlosen Verwunderung seines Sohnes in einem der teuren Blumengeschäfte neben dem Eingang des Friedhofs erstanden hatte, direkt am Sockel des Grabmals. Mit vor Rührung bebender Stimme zitierte er die Inschrift: »Wo wird einst des Wandermüden letzte Ruhestätte sein? Unter Palmen in dem Süden? Unter Linden an dem Rhein? Werd ich in einer Wüste eingescharrt von fremder Hand? Oder ruh ich an der Küste eines Meeres in dem Sand? Immerhin wird mich umgeben Gotteshimmel, dort wie hier, und als Totenlampen schweben nachts die Sterne über mir.«
Robert Bosch nickte ernst, während er sich mit dem Handrücken verstohlen eine Träne aus dem Augenwinkel wischte: »Ein wirklich schönes, ein würdevolles Grabmal. Ja, das hat der Heinrich Heine auch wahrhaft verdient.« Mit feierlicher Miene wandte er sich an seinen weitaus weniger euphorischen Sohn. »Das ist ein ganz besonderer Tag für mich. Hier am Grab dieses großen Dichters stehen zu dürfen und ihm meinen Respekt zu erweisen. Auch wenn er für dich und auch für deine Schwestern vielleicht nicht mehr dieselbe Bedeutung haben mag, wie das in meinen Jugendtagen in einer anderen Zeit noch für mich der Fall

war: Ich denke aber, selbst ihr werdet noch verstehen, wie zeitlos richtig all das ist, was Heinrich Heine in seinem ›Deutschland, ein Wintermärchen‹ gedichtet hat. Auch wenn wir hoffen wollen, dass es niemals wieder so weit kommen wird, dass ein deutscher Dichter wegen seiner Gesinnung ins Ausland fliehen muss und seine Bücher in Deutschland verboten werden. Lasst uns also zuversichtlich beherzigen, wozu Heine uns auffordert: ›Ein neues Lied, ein besseres Lied, oh Freunde, will ich euch dichten! Wir wollen hier auf Erden schon, das Himmelreich errichten. Wir wollen auf Erden glücklich sein, und wollen nicht mehr darben, verschlemmen soll nicht der faule Bauch, was fleißige Hände erwarben …‹ Ja, es wäre schön, wenn es uns gelänge, dieses große Ziel zu verwirklichen.« Wieder so eine rasche Handbewegung zu den Augen, über die sich Robert nicht genug verwundern konnte. Was war denn heute nur mit seinem Vater los? So rührselig und sentimental hatte er ihn ja noch nie erlebt. Lediglich seine Mutter lächelte verständnisvoll in sich hinein, als er ihr am Abend flüsternd von den seltsamen Gefühlsregungen berichtete, die seinen Vater anscheinend überfallen hatten. So war er halt, ihr Mann. Außen hart und scheinbar unverletzlich, in seinem Umgangston und Wesen manchmal beinahe schon grob, aber innen drin, in seinem Kern, weich, einfühlsam und anteilnehmend. Sogar verwundbar. Menschlich halt. Ja, genau: Das charakterisierte ihren Mann wohl am besten. Trotz der rauen Schale außen herum steckte darin ein wahrer Menschenfreund.

Auch die Monate, die auf ihren Parisurlaub folgten, verliefen in erstaunlich ruhigen Bahnen. Verwundert wischte sich Robert Bosch so manches Mal über die Augen, als wolle er sich damit vergewissern, ob er das alles nicht nur träumte. Ein kleines Schnipsen mit den Fingern und schon würde der schöne Traum zerplatzen wie eine Seifenblase … Doch nichts dergleichen geschah. Wie schön! Es tat einfach gut, einmal ein bisschen verschnaufen zu können.

»Luft holen für den nächsten Dauerlauf«, wie er es nannte. In vollen Zügen genoss er die Tatsache, endlich mal ein gutes Buch zur Hand nehmen zu können oder sich in eine technische Abhandlung zu vertiefen, in der es nicht um die Themen Automobil, Motor oder gar Zündung ging. Einfach nur den Gedanken ihren freien Lauf lassen, so wie früher, das war schön. Einfach nur schön.

In diesen Tagen nahmen auch erste Pläne für den Bau eines neuen Hauses allmählich Gestalt an. So entschieden sich Bosch diesem Ansinnen seiner Frau und seiner Töchter auch zu widersetzen versuchte. »Schon wieder ein Hausbau! Schon wieder ein Umzug! Der wievielte wäre das dann eigentlich seit unserer Hochzeit?«, wehrte er regelmäßig ab, wenn Anna wieder einmal versuchte, das Thema beim Mittagessen vorsichtig ins Gespräch zu bringen.

»Aber es wäre schon langsam an der Zeit, dass wir uns nach einem standesgemäßen Wohnsitz umsehen.«

»Standesgemäß! Allein schon der Begriff ist mir ein richtiger Gräuel!«

»Aber wir brauchen ja wirklich mehr Platz für uns – und für die Familie. Die Kinder werden schließlich auch nicht kleiner«, argumentierte Anna. Ein großes Haus mit den entsprechenden Räumlichkeiten für den Empfang von lieben Gästen, das war schon immer ihr Traum gewesen. Aber es mussten noch mehrere Monate ins Land gehen, in denen Robert Bosch beharrlich mit dem Thema konfrontiert wurde, bis er endlich – wenngleich alles andere als begeistert – in einen Hausneubau einwilligte.

Zugegeben, dieses Grundstück auf der Gänsheide – mitten in einer Stuttgarter Halbhöhenlage gelegen – auf das die Töchter Gretel und Paula ihren zunächst ahnungslosen Vater an einem wunderbar milden Frühsommerabend geführt hatten, das war wirklich bezaubernd. Vor allem die zahlreichen prächtigen alten Bäume darin. Und so war ihm unversehens ein dementsprechend begeisterter Kommentar herausgerutscht, als er die atemberaubende Rundumsicht genoss, die es gestattete, einen ungehinderten Blick weit über das Neckartal hinaus schweifen zu lassen. »Das ist ja wirklich ein herrliches Fleckchen Erde. Ich hätte gar nicht gedacht, dass es so etwas hier gibt. Mitten in Stuttgart!« Spätestens mit diesem Ausruf war er in die Falle seiner beiden Töchter getappt, die tagelang geduldig auf die geeigneten Witterungsverhältnisse für diesen Besuch gewartet hatten.

»Das kannst du schon bald jeden Abend genießen«, flötete Gretel mit sanfter Stimme, während Paula einen Arm auf die Schulter ihres Vaters legte und ihm leise ins Ohr flüsterte: »Du brauchst es nur noch zu kaufen. Es wäre momentan nämlich zu haben – und ein Haus darf man auch darauf bauen.«

Am diesem Abend war Robert Boschs Widerstand gegen einen Hausbau wie ein Kartenhaus in sich zusammengebrochen. Auch wenn sich im Hinblick auf die Dimensionen, die das Haus einmal annehmen sollte, in den kommenden Monaten noch manch harter Disput zwischen ihm und dem Rest der Familie ergeben sollte: Die Grundsatzentscheidung für das neue Domizil in der Stuttgarter Heidehofstraße war damit gefallen.

Und noch ein weiteres Vorhaben wurde im Sommer des Jahres 1908 nun weiterverfolgt: die Ölporträts der Kinder. Nachdem die beiden Schwestern schon längst Modell gestanden hatten – wenngleich die Bilder von Fritz Zundel noch immer nicht zu Ende gemalt worden waren, was der mit dem einheitlichen Stil erklärte, den er ja für alle drei Porträts anwenden wolle – konnte auch der widerstrebende Robert keinen weiteren Aufschub mehr für sich herausschlagen. Die unangenehme Läuseepisode war längst zur lästigen Erinnerung geworden, also war er nun an der Reihe. Hoffentlich dauerte es nicht so lange wie bei Paula, denn bei der schien Zundel seltsamerweise ja gar nicht vorangekommen zu sein.

Am besten sei es, so hatte der Maler vorgeschlagen, wenn Robert gleich für ein paar Tage hoch nach Sillenbuch käme. Er könne während dieser Zeit im Haus der Zundels ein eigenes Zimmer beziehen – was ihm eine zeitraubende Hin- und Herfahrerei ersparen würde. Vor Langeweile brauche er keine Angst zu haben, denn auch Zundels Stiefsöhne Kostja und Maxim kämen während ihrer Semesterferien nach Hause. Der Besuch ihres Freundes, den sie schon lange nicht mehr gesehen hatten, sei ihnen eine ganz besondere Freude.

»Na ja, wenigstens sind Kostja und Maxim da«, knurrte Robert und fügte sich damit in sein unabänderliches Schicksal als Modell des Kunstmalers.

Immerhin: Sein Aufenthalt in Sillenbuch verlief – abgesehen von den langweiligen Sitzungen – viel lebendiger und kurzweiliger, als es Robert befürchtet hatte. Denn in dem großen Haus herrschte ein reges Kommen und Gehen. Interessanterweise waren zur selben Zeit auch einige junge Damen zu Gast, mit denen er erste nette Kontakte knüpfen konnte, und wer weiß, ob sich daraus nicht sogar eine Freundschaft entwickelt hätte, wenn da nicht Kostja Zetkin gewesen wäre. Ausgerechnet der, ein mittlerweile immerhin schon 23 Jahre alter Medizinstudent, erwies sich als regelrechter Kindskopf, dem es anscheinend ein diebisches Vergnügen bereitete, die jungen Fräulein mit den unreifen Birnen, die er im Garten von den Bäumen gepflückt hatte, zu bewerfen. Aus welchen Gründen sich ausgerechnet Robert von diesem sonderbaren Zeitvertreib anstecken ließ, das blieb ihm später ein ewiges Rätsel. Was sollte daran eigentlich so sonderlich lustig sein, die Mädchen mit den Birnengeschossen durch den ganzen Garten bis ins Haus hineinzutreiben? Eigenartig. Zumal die beiden außer Rand und Band geratenen Gesellen die Birnen sogar noch durch das geöffnete Fenster mitten in das Zimmer hinein warfen. Mit einem satten Klatschen prallten die Birnengeschosse gegen die Wand, wo sie dementsprechende Obstflecken hinterließen …

Aber solche Umtriebe schienen Klara Zetkin, die sich sowieso meistens auf längeren Reisen befand, nicht sonderlich zu stören. Und schon gar nicht Fritz Zundel. Ganz im Gegenteil sogar. Denn am folgenden Sonntag war er plötzlich mit von der seltsamen Partie, nur dass es sich dieses Mal nicht um eine Birnen-, sondern um eine Apfelschlacht handelte, in deren Verlauf sie sich mit einer Unzahl von Äpfeln regelrecht bombardierten. Und dabei schreckte ausgerechnet der renommierte Kunstmaler vor nichts zurück: Als sich Robert nämlich schon so nahe an den nichtsahnenden Mann herangeschlichen hatte, dass ihm bereits ernste Zweifel kamen, ob er seinen Gegner aus einer dermaßen kurzen Distanz überhaupt noch mit einem harten Apfel bewerfen könne, hatte ihn Zundel plötzlich bemerkt und ihm das Kernobst ohne jedes Zögern so heftig direkt unter die Achsel geschossen, dass Robert einen mächtigen blauen Fleck davontrug, der ihn beinahe zwei Wochen lang an das Gefecht im Obstgarten erinnern sollte.

Schließlich war die Arbeit an dem Gemälde so weit gediehen, dass Zundel auch ohne Modell zurechtkam – und so konnte es nun endlich in den lang ersehnten Sommerurlaub gehen, den die Familie wieder einmal im »Kasten« in der Nähe von Scharnitz, dem herrlich gelegenen Jagdrevier des Vaters, verbringen wollte. Ursprünglich hätten auch die Kautskys dabei sein sollen, doch kurz zuvor war es während eines Besuchs in Stuttgart zu einem seltsamen Streit zwischen Anna Bosch und Luise Kautsky gekommen, dessen eigentliche Ursprünge im Dunkeln blieben. Es drehte sich um ein angeblich von Anna verhängtes Beerenpflückverbot für die Kautskybuben. Anna freilich wollte ein solches Verbot nie ausgesprochen haben. Dazu gesellten sich weitere Kleinigkeiten. Eine Behauptung gab die andere. Und dann schlugen sich auch noch Klara Zetkin und Fritz Zundel auf die Boschseite! Das war für Luise zu viel – obwohl es eigentlich kein Wunder darstellte, denn allein die Tatsache, dass Karl Kautsky in Kreisen der radikaleren Sozialisten, denen auch Klara Zetkin angehörte, inzwischen als »Revisionist« galt, beförderte die gegenseitige Abneigung zusätzlich. Nach einem scharfen Briefwechsel, den

Robert Bosch auf Drängen seiner Frau mit Luise Kautsky zu führen hatte, wurde das einst so freundschaftliche Verhältnis für beendet erklärt. Der gemeinsame Urlaub im Scharnitzer Kasten konnte folglich nicht mehr stattfinden. Womit Platz genug für andere Gäste frei war. Beispielsweise für Fritz Zundel.

Die Mutter war mit ihren beiden Töchtern schon in das Ferienhaus vorausgefahren, während Robert Bosch seinem Sohn versprochen hatte, so lange auf ihn zu warten, bis es mit den Modellsitzungen vorbei war, um dann gemeinsam mit dem Auto in Richtung Alpen aufzubrechen. Das war eine ganz besondere Auszeichnung, wenn der Vater den Beginn seines Urlaubs extra für Robert hinausschob. Wo er seinen geliebten Jagdausflügen doch immer so entgegenfieberte.

Im Auto gab es noch genügend Platz, um auch Kostja Zetkin und Fritz Zundel mitzunehmen. Während Kostja nur bis nach Augsburg mitfahren wollte, war sein Stiefvater mit großer Freude auf Boschs Angebot eingegangen, doch ebenfalls ein paar Tage im »Kasten« zu verbringen. »Platz genug gibt es da ja wirklich«, hatte der nichtsahnende Bosch seine Einladung bekräftigt. Erst viele Jahre später sollte er begreifen, weshalb sich ausgerechnet seine Tochter Paula so über diesen Gast freute. Aber da hatten die Dinge schon längst ihren unumkehrbaren Lauf genommen. Natürlich handelte es sich bei Fritz Zundel auch um einen großen Naturliebhaber! Und ebenso um einen ausdauernden Wanderer, der sich gerne in den Alpen aufhielt. Dass in Wahrheit aber ganz andere Motive hinter diesem Besuch steckten, wer hätte das damals ahnen können? Robert Bosch jedenfalls nicht.

Schon die Anfahrt in den Urlaub sollte so entspannt wie möglich vonstattengehen und deshalb wurde auf halber Strecke eine Übernachtung eingeschoben, damit man »auch etwas von Land und Leuten in Süddeutschland mitbekomme«. In einem Gasthof, der einen guten Eindruck auf sie machte, waren zum Glück noch drei Zimmer frei. Anscheinend hatte der Gastwirt gleich erkannt, um wen es sich bei seinen Gästen handelte, denn mit ausgewählt freundlichen (für Boschs Empfinden fürchterlich gestelzten) Worten wurde Robert Bosch von dem Mann gebeten, sich in das Fremdenbuch des Gasthofs einzutragen. Und genau in diesem Moment blitzte wieder einmal sein sprichwörtlicher, mit einer gehörigen Portion Schalkhaftigkeit gepaarter Mutterwitz in ihm auf. Erst recht als er las, wie die Spalte mit den Berufsbezeichnungen früherer Gäste von honorigen Titeln nur so strotzte. Da wimmelte es von Konsuln, Kommerzienräten, Gerichtspräsidenten und hochrangigen Offizieren. Nicht so im Fall von Robert Bosch, der hinter seine Adresse eine ganz andere Berufsbezeichnung setzte: »Mensch«.

Mit einem zufriedenen Lächeln, das dabei um seine Mundwinkel zuckte, verriet er dem peinlich berührten Gastwirt seine Motivation, die ihm die Feder bei diesem seltsamen Eintrag geführt hatte: »Ich bin nämlich einer von jenen Geschäftsleuten, denen ein guter Arbeitnehmer mehr wert ist als ein schlechter Lieferant.«

Die Urlaubstage vergingen wie im Flug. Nach vielen herrlichen Wanderungen, manchmal hatten sie sogar in einer einfachen Schutzhütte übernachtet, verabschiedete Zundel sich schließlich wieder von der Familie Bosch, um den Heimweg anzutreten.

»Zu Fuß etwa? Ganz alleine? So eine lange Strecke?« Anna Bosch musterte den Maler mit einem genauso ungläubigen wie bewundernden Blick.

»Ja, sicher. Das mache ich öfters. Es tut mir einfach gut, in der reinen frischen Natur zu sein. Ich genieße jeden Schritt auf diesem Weg – und hole mir dabei so manche Inspiration, die sich dann wiederum auf die eine oder andere Art und Weise in meiner Malerei niederschlägt.«

Und so verabschiedete sich Fritz Zundel eines Morgens in aller Frühe von seinen Gastgebern und schritt, verfolgt von Paulas traurigen Blicken, zügig voran – zunächst in Richtung Starnberger See. Von dort aus sollte es in direkter Linie über die Alb nach Stuttgart gehen, wo er beinahe zeitgleich mit den Boschs zum Ende der Schulferien auch tatsächlich wieder eintraf. Doch so sehr er sich auf diesem langen Marsch auch bemüht haben mochte, das Bild von Paula aus seinem Kopf zu bekommen, es wollte ihm einfach nicht gelingen. Eher das Gegenteil war der Fall. Und genauso erging es der mittlerweile 19-jährigen Paula.

Selbst im Winter pflegte Robert Bosch von nun an ausgedehnte Jagdausflüge in sein Scharnitzer Revier zu unternehmen. Manchmal auch in Begleitung seines Sohnes, während es »der Rest der Familie« bei solchen Witterungsbedingungen vorzog, lieber zu Hause am warmen Ofen zu sitzen. Es war halt nicht jedermanns Sache, bei Temperaturen unter dem Gefrierpunkt nahezu täglich auf die Pirsch zu gehen.

Robert Bosch dagegen genoss diese Tage in vollen Zügen. Besser als beim Ansitzen auf der Jagd konnte man gar nicht entspannen! Auch die alljährliche Hirschbrunst ließ er sich so gut wie nie mehr entgehen. Und sein im Lauf der Jahre vertrauter Freund, der Oberjäger Franz Schöll, durfte dabei niemals fehlen. Franz Schöll, das war ein typischer bayerischer Jager, ein Kerl wie aus dem Bilderbuch: wortkarg, hager und mit einem noch längeren Vollbart ausgestattet als sein Jagdpartner. Der Bosch und sein Schöll! Ja, das waren schon zwei durch und durch eigene Charaktere, die auch immer wieder einmal wie eine hochexplosive Pulverladung aneinander hochgehen konnten, sich aber genauso rasch wieder versöhnten. Zwei Männer auf Augenhöhe, die sich zeitlebens respektierten und sich dabei genau der Tatsache bewusst waren, welch seltenes Band von gegenseitigem Vertrauen und Wertschätzung sie mehr oder minder zufällig zusammengeführt hatte. Dieses Jagdrevier ohne seinen Schöll – das war für Robert Bosch schlichtweg unvorstellbar. Der Oberjäger hatte ihm noch jedes Mal die richtige Fährte gewiesen.

Wenn nur die Anreise halt nicht immer so arg lange gewesen wäre: Für einen kurzen Wochenendausflug war der zeitliche Aufwand einfach zu groß. Deshalb hatte er ja bisher seine Jagd in Magstadt immer noch behalten, doch das alte Revier mit seinem abnehmenden Wildbestand stellte ihn schon lange nicht mehr zufrieden. Dazu gesellte sich die wachsende Unruhe durch Spaziergänger aus der nahen Großstadt, die von Jahr zu Jahr anwuchs. Aus diesem Grund kaufte er sich noch eine weitere Jagd auf der Schwäbischen Alb dazu, im sogenannten Wespental bei Urach. Das konnte man von Stuttgart aus immerhin bereits in einer guten Stunde erreichen. Aber dennoch: Es war halt nicht dasselbe wie im Allgäu – erst recht nicht ohne den Schöll.

Natürlich ging es ihm beileibe nicht nur um Trophäen. Das durfte in seinen Augen nie das Wichtigste sein. Und diese wild herumballernden Trophäenjäger, die waren ihm ja sowieso schon immer ein wahrer Gräuel. Ihm ging es vielmehr um einen gesunden Wildbestand, den er dementsprechend hegte und pflegte. Die Freude an der Natur – das stand für Robert Bosch eindeutig im Vordergrund.

Für seine Töchter dagegen, vor allem für Gretel, die Älteste, handelte es sich bei der zunehmenden Jagdleidenschaft ihres Vaters um eine eher befremdliche Tatsache. Und so war es kein Wunder, dass sie bei einem der Familienurlaube einen immer größer werdenden Missmut darüber empfand, als Bosch innerhalb von zwei Wochen tagtäglich einen neuen Gamsbock erlegte. Einmal wolle auch sie Gämsen sehen – aber lebendige, meldete sich Gretel eines Tages unvermittelt zu Wort. Sehr zur Freude ihres Vaters natürlich, der also am folgenden Tag zusammen mit der Tochter und einem Jagdgehilfen noch ganz früh am Morgen aufbrach, bis sie die Stelle erreicht hatten, von der aus sie ganz sicher die Gämsen sehen würden. »Wir müssen jetzt einfach noch eine Weile absolut ruhig sein und warten, dann werden sie dort drüben über den Hang kommen.« Schon eine gute Viertelstunde später kam Bewegung

in das Bild. Tatsächlich: Ein ganzes Rudel Gämsen, das sich langsam äsend über die Lichtung bewegte. Behutsam griff der Vater zu seinem Gewehr und zielte sorgfältig, während seine Tochter die Augen schloss, um das folgende Spektakel nicht mitansehen zu müssen. Gleich würde er eine der armen Gämsen totschießen! Gretel erstarrte. Musste das denn unbedingt sein? Regungslos und mit fest geschlossenen Augen verharrte sie in der Hoffnung, er möge bitte sein Ziel verfehlen. Da knallte auch schon ein lauter Schuss. Jetzt war es also passiert. Oder etwa doch nicht? Denn es gab doch keinen Grund zu fluchen, wenn man getroffen hatte. Und tatsächlich: Kaum hatte sie die Augen wieder geöffnet, da sah sie das Rudel in wilder Hast davonjagen – und zwar vollständig. Keines der Tiere war zurückgeblieben und zum Glück schien auch keines von ihnen durch einen Streifschuss verletzt zu sein. Die höchst verdrießliche Miene ihres Vaters sprach Bände: Der Schuss war ihm gründlich missraten. Ausgerechnet ihm, dem Meisterschützen. Und dann noch im Beisein seiner Tochter! Schweigend machten sie kehrt. Gämsen würden sie heute keine mehr zu Gesicht bekommen.
Als sie nach geraumer Zeit wieder unten im Tal angelangt waren, wagte sich Gretel endlich an die Erklärung, weshalb ihr Vater danebengeschossen hatte: »Weißt du, weshalb du nicht getroffen hast?«
Bosch machte ein verwundertes Gesicht: »Nein, außer dass ich halt nicht richtig gezielt habe. Oder weißt du das besser?«
Gretel nickte: »Ja. Das waren nämlich meine Gedanken. Ich habe so inständig gehofft, dass du danebenschießt und mich derart darauf konzentriert, dass die Kugel vorbeifliegen soll … anscheinend hat es geholfen. Du musst entschuldigen, aber die schönen Tiere haben mir einfach so leid getan.«
Wider Erwarten zeigte sich ihr Vater nicht etwa verstimmt über dieses offene Bekenntnis, sondern ganz im Gegenteil. Er lachte sogar: »Na, dann hast du ja deine Freude gehabt

– und mir war es im Grunde genommen sowieso langweilig, jeden Tag einen Gamsbock zu schießen.« Er drückte seine Tochter liebevoll an sich, worauf sie umso beschwingter ausschritten, denn im Kasten wartete längst das Mittagessen auf sie.

Ja, die Kraft der Gedanken …

❧

Und wie verhielt es sich bei seinem Sohn und späteren Nachfolger? Na ja, der junge Robert war nicht gerade der treffsicherste Jäger, längst nicht so schusssicher wie der Vater! Weshalb er sich des Öfteren ziemlich harsche Worte anhören musste. Den Grund für diese in den Augen seines Vaters so merkwürdige Schussschwäche würden sie jedoch in wenigen Monaten erfahren. Voller Schmerz würde Robert Bosch begreifen, dass es nicht an seinem Sohn gelegen hatte. Der Junge konnte nichts dafür – jede einzelne Zurechtweisung, die er ihm wegen seiner angeblich mangelnden Konzentration an den Kopf geworfen hatte, zerriss ihm beinahe das Herz. Es tat ihm so leid. Doch geschehen war geschehen, und bei Weitem schlimmer waren die unabänderlichen Tatsachen und Konsequenzen, mit denen sich die schockierte Familie plötzlich konfrontiert sah.

Im Herbst des Jahres 1909, nachdem sie ihren Sommerurlaub wieder im Kasten verbracht hatten, trat der nun 18 Jahre alte Robert nach dem glücklich bestandenen Abitur als Lehrling in die Firma ein. Das schien seinem Vater ein guter Weg zu sein, wenn der Robert sich vor dem späteren Maschinenbaustudium erst einmal praktische Fertigkeiten erwerben würde. Und die Ausbildung beim Bosch war ja bekanntermaßen sorgfältig und genau – ohne dass man freilich Extrawürste braten würde, nur weil jetzt der Sohn des Chefs mit der Ausbildung begann. »Der Meister Dürr wird ein sorgsames Auge auf dich haben. Aber glaube ja nicht, du könntest dir eine Sonderbehandlung erwarten, nur weil du der Sohn vom Bosch bist.«
Die Antwort seines Sohnes klang verstimmt: »So etwas habe ich nie erwartet – und will es auch gar nicht! Außerdem bin ich ja schließlich in den Ferien schon ein paarmal als

Helfer in der Firma gewesen, und da habe ich auch nie den großen Mann gespielt!«
»Dann ist es ja gut.« Sein Vater hob beschwichtigend die Hände und legte eine versöhnliche Miene an den Tag, während ein zufriedenes Lächeln um seine Mundwinkel zuckte. Und wo er gerade schon einmal dabei war, dann konnte er dem Junior gleich noch ein bisschen auf den Zahn fühlen.
»Wenn du mit der Lehre anfängst, bedeutet das natürlich, dass du in diesem Jahr nur einen kürzeren Winterurlaub machen kannst als sonst.«
Robert schnipste wegwerfend mit den Fingern. »Das macht mir nichts aus. Ich hab vorsorglich schon mal den Onkel Eugen gefragt, ob wir dafür wieder am 3. Weihnachtstag nach Gemmrigheim zur Hasenjagd gehen wollen. Er hat zugesagt. Und dann, hat er gemeint, könne ich ja wieder ein paar Tage zum Arbeiten in die Firma, bis wir an Neujahr ans Bödele zum Schneeschuhfahren gehen.«
Donnerwetter! Der Junge hatte sich das alles wirklich bestens zurechtgelegt. Und die wenigen freien Tagen über Weihnachten und Neujahr ganz hervorragend geplant. Das musste gewürdigt werden. Und schon deshalb stand für Robert Bosch senior fest, seinen Aufenthalt in Scharnitz in diesem Jahr eben etwas nach hinten zu verschieben. Im Interesse einer gemeinsamen Silvesterfeier. »Schön, dann kommen wir auch dorthin und treffen uns alle am Bödele.«
»Macht dir dieses Schneeschuhfahren denn wirklich so einen Spaß«, fragte die Mutter ihren Sohn mit sorgenvoller Miene. »Ich habe dich damals am Kniebis doch meistens nur im Schnee liegen, anstatt fahren sehen. Und: Wie schnell hat man sich da etwas gebrochen!«
»Du brauchst dir keine Sorgen zu machen, Mutter«, zerstreute Robert lächelnd deren Bedenken. »Ich habe nämlich ordentliche Fortschritte gemach. Inzwischen fahre ich sogar den Kayserbuben weit voraus. Wenn an Neujahr am Bödele ordentlich Schnee liegt, dann kann ich es dir gerne zeigen.«

Anna Bosch schien noch immer wenig begeistert von der Wintersportleidenschaft ihres Sohnes, aber was sollte sie einem 18-Jährigen schon sagen? »Nun gut. Wenn du mir versprichst, dass du vorsichtig bist …«
Schon in den vergangenen beiden Jahren war Robert häufig bei guter Schneelage mit seinem Onkel Eugen Kayser und dessen Söhnen nach Freudenstadt an den Kniebis gefahren, um dort das Schneeschuhfahren zu lernen. Die Reise in den Nordschwarzwald hatte den unbestreitbaren Vorteil, dass die Fahrt »nicht so ewig dauerte« wie die stundenlange Anreise in die Alpen. Auch wenn die Abfahrten am Kniebis kürzer waren als in den Bergen, in einer vertrauten fröhlichen Runde machte es fast genauso viel Spaß.

Jetzt also hatte Robert seine Lehrlingszeit begonnen. Das schien ihm weiter nichts Besonderes, denn schon früher hatte er in den Schulferien manchmal bei der Inventur im Lager mitgeholfen und sich damit ein kleines Taschengeld dazuverdient. Der Betrieb in der Firma und die Gesichter der Leute waren ihm also nicht fremd. Jetzt war er halt kein Gehilfe mehr, sondern ein Lehrling. Natürlich kein besonderer, nur weil er »der Junge vom Alten« war. Das war ja ohnehin klar. Da hätte es der unnötigen Belehrung durch seinen Vater gar nicht erst bedurft. Sich ja nichts einbilden. Bloß nicht!
Und so bestanden seine ersten Arbeiten in der Herstellung eines Würfels, eines Winkels und noch verschiedener Messinstrumente. Alles ließ sich gut an – Robert fühlte sich wohl bei der Arbeit und auch zusammen mit den anderen Lehrlingen, mit denen er sich bestens verstand.
Bis es dann zu diesem Vorfall kam, der sich wie ein düsterer Schatten über das Glück der gesamten Familie legen würde.

Es geschah an einem Wintertag des Jahres 1910 in der Lehrwerkstatt. »Was um alles in der Welt soll das denn?« Mit vor Wut bebender Stimme baute sich der Firmeninhaber vor seinem betreten dreinschauenden Ausbildungsmeister Kneller auf und deutete dabei aufgebracht zu der schwer malträtierten Drehbank hinüber, deren Reparatur eine ordentliche Stange Geld kosten würde. Allein diese schusselige Unachtsamkeit, die einer der Lehrlinge unmittelbar unter Knellers Aufsicht begangen haben musste, ließ Bosch vor lauter Ärger beinahe den Kragen platzen.

»Können Sie denn nicht aufpassen, bevor es zu so einer Katastrophe kommt«, donnerte der hochgewachsene Mann, den sein Zorn noch größer wirken ließ, dem Meister direkt ins Gesicht. »Man macht so etwas doch nicht einfach aus Übermut kaputt!« Mit Unheil verkündendem Blick musterte er jetzt die Runde der Lehrlinge, unter denen sich bekanntlich auch sein eigener Sohn befand.

Allerdings war die demolierte Bank nicht der Grund dafür gewesen, dass Bosch gerade eben unvermittelt in der Lehrlingswerkstatt aufgetaucht war – das pflegte er nämlich schon immer genauso regelmäßig wie liebend gerne zu tun. Es machte ihm einfach Vergnügen, sich mit den angehenden Facharbeitern zu unterhalten und die jungen Leute dabei zu beobachten, wie sie unter Anleitung ihres umsichtigen Ausbildungsleiters Kneller mit großer Begeisterung und Wissbegierde an ihre Arbeit gingen. Aber so etwas wie am heutigen Mittag, das war ihm dort noch nie begegnet. Das passte doch nicht zu Knellers Lehrmethoden, dass er einen unerfahrenen Jungen an die Spindelbank setzte, wenn der nicht zuvor sorgfältig in den Umgang mit der Maschine eingewiesen worden war – aber genau das schien der Fall gewesen zu sein. Unglaublich.

»Herr Kneller! Was ist denn nur in Sie gefahren?«

»Na ja …« Krampfhaft schien der Meister um die richtigen Worte zu ringen, während er unglücklich mit den Schultern zuckte.

Doch dem wütenden Bosch stand der Sinn nicht nach Warten. »Was heißt hier na ja«, donnerte er barsch. In seinem grenzenlosen Ärger war ihm sogar die sichtliche Verlegenheit des ansonsten von ihm hoch geschätzten Mannes

herzlich gleichgültig. Genauso wie die Tatsache, dass er ihn unmittelbar vor den Augen und Ohren all seiner Lehrlinge abkanzelte wie einen Schulbuben. »Ich will jetzt auf der Stelle wissen, was das sollte und wer es war. Wer hat diesen Schlamassel da angerichtet?« Erst den Meister und dann wieder die Lehrlinge nahm er einen nach dem anderen streng in sein Visier, während aus seinen Augen nach wie vor zornige Blitze zu sprühen schienen. »Nun, wird's bald?«
»Herr Bosch …«, druckste Kneller unglücklich herum. »Es ist … es ist nicht so, wie sie vielleicht denken …«
Doch mit diesem zaghaften Beschwichtigungsversuch scheiterte er bei dem Firmeninhaber kläglich. »Denken! Da muss ich mir gar nichts dazu denken. Ich sehe ja die Bescherung vor mir, das reicht! Und wie mir das reicht! Also: Wer war es – und vor allem, warum?«
»Ich!«
Robert Bosch vermeinte, seinen Augen und Ohren nicht trauen zu können, als sich in diesem Moment ein leichenblasser junger Mann durch die Reihe seiner betreten auf den Boden starrenden Lehrlingskollegen schob und seinem völlig überraschten Vater, der unwillkürlich einen Schritt zurückwich, mit zerknirschter Miene zunickte.
»Was soll das heißen: ›ich‹? Was genau willst du damit sagen?« Das konnte doch gar nicht sein. Auf gar keinen Fall. Sicherlich handelte es sich bei dieser Wortmeldung seines Sohnes lediglich um einen Akt falsch verstandener Solidarität mit dem wahren Übeltäter, den Robert damit vor dem Zorn des Chefs schützen wollte. »Als wenn ausgerechnet du nicht darüber Bescheid wüsstest, wie man korrekt mit einer Drehbank umgeht. Also wirklich …« Mit einer knappen Handbewegung tippte er sich an die Stirn, um seinem Sohn unmissverständlich zu bedeuten, dass er den Schwindel schnell durchschaut hatte und sich nun aber nicht mehr länger zum Narren halten lassen wollte. »Also … wer war es?«
Trotz dieser eindeutigen Aufforderung machte Robert aber keinerlei Anstalten, zur Seite zu treten, sondern schüttelte

nur langsam seinen Kopf. Dann wiederholte er mit belegter Stimme diese unglaubliche Aussage von gerade eben: »Ich! Ich war es tatsächlich, Vater.«

»Aber …« Was sollte das alles denn bloß bedeuten? Was ging nur in dem Jungen vor? Wieso stellte sich sein eigener Sohn gleich zweimal hintereinander gegen ihn? Obwohl er ihm doch klipp und klar erklärt hatte, dieses Schauspiel durchblickt zu haben. Aus welchem Grund also verharrte Robert weiter in dieser sonderbaren Widerborstigkeit. Dazu noch in aller Öffentlichkeit! Welcher Teufel ritt seinen Jungen? Das konnte doch alles nicht wahr sein! Tausend ärgerliche Gedanken jagten durch seinen Kopf und erst jetzt, als sich Meister Kneller, dem inzwischen dicke Schweißtropfen auf der Stirn standen, mit einem plötzlich entschlossenen Gesichtsausdruck zwischen ihn und seinen Sohn schob, begann die Ahnung in ihm zu dämmern, dass Robert womöglich tatsächlich die Wahrheit gesagt haben könnte.

Aber … das war ja … Nein! Das war doch gar nicht möglich. Denn, wie gesagt, Robert war den Umgang mit einer solchen Maschine doch schon lange gewohnt. Er beherrschte die Arbeit an der Spindelbank, davon hatte sich sein Vater längst ein Bild machen können. Aber dass Robert die Maschine im Übermut beschädigen würde, einfach aus einer Laune heraus, sozusagen aus purer Lust am Kaputtmachen, das konnte nie und nimmer der Fall sein. Was aber war es dann?

»Doch Herr Bosch, es ist wirklich so, wie der Robert sagt. Er ist es gewesen. Aber da war keine Absicht dabei …«

»Mir ist einfach ganz plötzlich schlecht geworden, Vater. Von einer Sekunde auf die andere. Alles war schlagartig dunkel im Kopf – und ich habe es nicht geschafft, die Maschine abzuschalten, denn mein Arm … er war wie gelähmt.«

Deshalb also diese ungesunde, beinahe wächserne Farbe im Gesicht seines Sohnes, die ihm trotz seiner Wut schon vorher aufgefallen war. Dem Jungen ging es sichtlich schlecht, das war leicht zu erkennen. Trotzdem: Konnte es

einem so plötzlich dermaßen übel werden, dass man nicht mehr in der Lage war, rasch eine Maschine abzuschalten? Was doch mit einer einzigen Handbewegung möglich war. So einen Hebel umzulegen, dazu brauchte es keiner besonderen Kraftanstrengung. Eigenartig …
Aber solche Gedanken waren im Augenblick fehl am Platze. Erschrocken bemerkte er, dass Robert mittlerweile am ganzen Leib zitterte wie Espenlaub. Geistesgegenwärtig streckte er den rechten Arm aus und zog den Kranken sicherheitshalber fest an sich. Nicht, dass der Junge sonst womöglich noch auf den Boden stürzte. »Komm mit, Robert. Ich nehme dich jetzt erst mal mit zu mir ins Büro rüber und dann lasse ich dich vom Wilhelm Scholl nach Hause fahren.«
Normalerweise, wenn es sich also um nichts Ernstes handelte, müsste unmittelbar nach dieser Ankündigung ein lautstarker Widerspruch einsetzen. Das hoffte er zumindest. Doch nichts dergleichen geschah – was Boschs Sorgen um den Gesundheitszustand seines Sohnes nur noch steigerte. Denn wenn sich Robert auch nur einigermaßen dazu in der Lage gesehen hätte, den Tag in der Lehrwerkstätte durchzustehen, hätte er sich standhaft geweigert, von seinem Vater weggebracht zu werden. Schon deswegen, weil ja auch er immer betont hatte, »keine Extrawurst bekommen zu wollen«. Diese Blöße hätte er sich als Gesunder niemals gegeben.
Aber der Protest blieb aus.
Die kommenden Wochen sollten die Sorgen in der Familie noch um ein Vielfaches wachsen lassen. Denn nachdem sich Robert am folgenden Tag noch nicht einmal in der Lage sah, sein Bett selbstständig zu verlassen, und außerdem mehrfach von seltsamen Sehstörungen berichtete, wobei es ihm – wie bei der Sache mit der Drehbank – plötzlich völlig schwarz vor Augen wurde, hatte seine schwer beunruhigte Mutter telefonisch den Hausarzt Dr. Heinrich Göhrum alarmiert und ihn gebeten, so rasch wie möglich zu ihnen zu kommen.

Schon kurze Zeit später war Dr. Göhrum eingetroffen und hatte dann beinahe eine ganze Stunde im Zimmer des Patienten verbracht, das er nun mit einem sonderbar sorgenvollen Gesichtsausdruck wieder verließ.
»Jetzt sag schon, Heinrich, was hat er? Und wieso hat die Untersuchung denn so lange gedauert? Es ist doch nichts Ernstes, oder?« Ängstlich forschend musterte Anna Bosch die Miene des Arztes, die ihr ganz und gar nicht gefallen wollte.
Hilflos breitete der seine Arme aus. »Ich weiß es nicht, Anna ...« Er unterbrach sich und schien zu überlegen, wie er wohl die richtigen Worte finden könne, um die besorgte Mutter nicht noch zusätzlich zu verstören. »Es tut mir leid, Anna, aber ich weiß wirklich nicht, was ich sagen soll. Ich habe die Ursache für diesen Schwächeanfall nicht finden können – und ich kann mir genauso wenig erklären, was es mit diesen sonderbaren Sehstörungen auf sich hat, von denen der Robert spricht. Ich kenne ihn ja schon sein Leben lang und kann deshalb mit Fug und Recht sagen, dass er eigentlich eine gute Gesundheit besitzt. Er lebt gesund, bewegt sich in seiner freien Zeit viel an der frischen Luft und sein Körper ist in den vergangenen Wochen auch nicht über Gebühr belastet worden. Also kann ich einen totalen Erschöpfungszustand mit absoluter Gewissheit ausschließen, obwohl der diese Symptome erklären würde. Tja, ich weiß da im Moment wirklich nicht weiter ... Am besten ist es, er lässt sich demnächst, wenn er in ein bis zwei Tagen wieder auf den Beinen steht – woran ich eigentlich nicht zweifle – an der Universitätsaugenklinik in Tübingen untersuchen. Der Professor von Schleich dort ist eine echte Kapazität, führend auf seinem Gebiet, der wird auf jeden Fall herausbekommen, was die Ursache für diese Sehstörungen war. Ich gebe dem Robert eine Empfehlung an den Professor mit und dann haben wir Gewissheit. Du wirst sehen, höchstwahrscheinlich ist es ein ganz harmloser Anlass gewesen und du hast dir ganz umsonst so große Sorgen gemacht.«

Doch egal, wie zuversichtlich der Tonfall klingen mochte, den der Arzt da anzustimmen versuchte, die spürbare Verunsicherung, die in seinen Worten und Gesten mitschwang, entging Anna Bosch dennoch nicht. In den folgenden Jahren würde sie noch häufig an diese beklemmende Unterhaltung zurückdenken, bei der sie ständig zwischen Hoffen und Bangen schwankte.

Wenige Wochen später stand das Ergebnis der eingehenden Untersuchung fest, die in der Tübinger Augenklinik bei Professor Gustav von Schleich vorgenommen worden war. Robert Bosch hatte es sich nicht nehmen lassen, seinen Sohn bei dessen Entlassung persönlich mit dem Automobil in Tübingen abzuholen – ein deutliches Anzeichen für die Sorgen, die ihn seit dem Zwischenfall in der Firma keine Nacht mehr richtig hatten schlafen lassen. So beruhigend die Diagnose des renommierten Augenheilkundlers schlussendlich auch ausfiel, ein richtiges erleichtertes Aufatmen wollte sich bei den Eltern dennoch nicht einstellen, als Dr. Göhrum am Abend eintraf, um der vollständig versammelten Familie die medizinischen Formulierungen noch einmal ganz genau zu erläutern, die sich in dem Untersuchungsbericht für den Hausarzt befanden, der Robert gleich mitgegeben worden war.
»Also, der Professor von Schleich meint, es sei nichts sonderlich Ernstes, was dem Robert da widerfahren ist. Es handele sich um eine recht seltene Ausnahmeerscheinung, und zwar um eine zweite Stelle innerhalb des Auges, die kein Licht erkennen kann. Unter gewissen Umständen und Konstellationen, so meint er in seiner Diagnose, könne es nun möglich sein, dass der Lichteinfall ins Auge in einem besonders ungünstigen Winkel erfolgt – und genau das war wohl bei dir der Fall. Deshalb sei dir übel geworden und vor lauter Schreck über diese plötzliche Blindheit sei dann auch dein übriges Empfinden kurzzeitig wie gelähmt gewesen. Wir dürfen also insofern voller Dankbarkeit und Erleichterung zur Kenntnis nehmen, dass Professor von

Schleich eine lebensbedrohliche Krankheit damit eindeutig ausgeschlossen hat.«

»Das ist ja wunderbar«, klatschte Paula begeistert in die Hände, als Dr. Göhrum das eng beschriebene Arztformular mit dem Briefkopf der Universitätsaugenklinik Tübingen wieder auf den Tisch legte.

»Unser Robert: Er muss halt unbedingt immer etwas Besonderes sein«, fiel auch Gretel in den Jubel ihrer jüngeren Schwester ein.

Während sich die vor Anspannung ineinander verkrampften Finger der Mutter allmählich lösten und sie Dr. Göhrum mit einem erleichterten Blick bedachte, wirkten die beiden männlichen Mitglieder der Familie Bosch weitaus weniger euphorisch. Klar, denn sie hatten ja schon in Tübingen vom Assistenten des Professors in mündlicher Form eine Kurzfassung des Untersuchungsergebnisses erhalten und deshalb die Diagnose, so gut es ihnen als medizinische Laien eben möglich war, bereits auf der Rückfahrt überdenken können. »Nun gut, bei aller Erleichterung sollten wir aber dennoch auf dem Teppich bleiben«, versuchte Robert Bosch die Begeisterung seiner Töchter etwas zu dämpfen. »Denn es heißt ja in dem Schreiben eindeutig, dass sich der Robert damit abfinden muss, an einer gewissen Sehschwäche zu leiden. Einer ganz seltenen Form offenbar, aber selten oder nicht: Das nützt ihm ja nichts, denn eine Sehschwäche ist nun einmal eine Sehschwäche.«

»Und deswegen dürfte das auch gewisse Konsequenzen für mich haben, oder?« Sein Sohn hatte sich in der Zwischenzeit entschieden, der Sache vollständig auf den Grund zu gehen. Deshalb hakte er direkt bei Dr. Göhrum nach, der die Frage einerseits natürlich erwartet hatte, sich aber dennoch unbehaglich wand, bis er sich endlich zu einer weiteren Erklärung durchrang.

»Sicherlich, eine Konsequenz hat das auf alle Fälle. Zum Beispiel diejenige, dass es jetzt einigermaßen erklärbar ist, weshalb du beim Jagen im Vergleich mit deinem Vater meistens nur der zweite Sieger geblieben bist. Das lag folglich nicht an dir, sondern an dieser eigenartigen Sehschwäche. Da kannst du zielen und machen, solange du willst, deine Treffsicherheit wird dennoch nie dieselbe sein.«

»Aber wenn er nicht richtig schießen kann …«, Paula rieb sich mit dem Zeigefinger nachdenklich die Nasenspitze, bevor sie ihre Schlussfolgerung aussprach, »dann heißt das doch auch, dass er nicht zum Militärdienst eingezogen werden kann, oder?«

Der Arzt nickte. »Das ist tatsächlich der Fall. Eine Abschrift dieser Diagnose müsste eigentlich ausreichen und dann werden sie Robert vom Militärdienst freistellen müssen.«

»Na wunderbar, ich gratuliere dir herzlich, Robert«, grinste Gretel. »Das war ja wohl sowieso nie dein großes Ziel, zu den Soldaten zu gehen. Also, so eine Krankheit kann manchmal auch etwas sehr Nützliches sein.«

»Das schon, aber ich fürchte, sie hat noch eine weitere Konsequenz«, fuhr Dr. Göhrum mit ernster Stimme fort.

Anna Bosch streifte ihn mit einem überraschten Blick, während sie misstrauisch die Stirn runzelte. Gerade eben hatte er doch noch von einem ganz harmlosen Befund gesprochen. Wie passte das jetzt zusammen? »Was für eine Konsequenz? Jetzt sag halt schon, Heinrich – und zwar alles. Bitte!«

»Nun, wenn er wegen dieser Sehschwäche vom Militärdienst befreit werden muss, dann wird man ihm andererseits wohl auch das Lenken eines Automobils nicht erlauben können. Das dürfte ebenso klar sein.«

Anna winkte erleichtert ab. Wenn es nur das war! »Das ist nicht so wichtig, finde ich. Denn dafür haben wir ja zum Glück unsere Fahrer, nicht wahr, Robert?«

Ihr Sohn nickte mit einem gequälten Lächeln. »Ja. Natürlich. Andererseits ist das dann aber schon ein komisches Gefühl, wenn man in einer Firma arbeitet, die so stark mit der Automobilbranche zusammenhängt wie die unsere. Und dann darf man so ein Fahrzeug nicht einmal selber fahren.«

»Wobei wir abschließend – aber das ist dann hoffentlich alles – den Tatsachen noch deutlicher in die Augen blicken sollten«, ergriff nun sein Vater das Wort. »Denn damit wird dir eine Weiterarbeit als Lehrling wohl nicht mehr möglich sein. An der Drehbank geht es ja sowieso nicht mehr, das haben wir ja bereits erleben müssen – und manche andere Tätigkeit wäre darüber hinaus womöglich sogar gefährlich für dich. Allein wenn ich mir vorstelle, was an der Drehbank alles hätte passieren können …«

Robert nickte müde. »Das habe ich auf der Herfahrt von Tübingen auch schon überlegt. So gerne ich die Lehre abgeschlossen hätte, es geht offensichtlich tatsächlich nicht. So bleibt mir jetzt halt nichts anderes übrig, als dafür mein Studium an der Technischen Hochschule so bald wie möglich zu beginnen. Daran hindert mich der komische schwarze Fleck im Auge nämlich nicht. Das ist aber auch das einzig Gute daran: Dass ich jetzt schneller Ingenieur werden kann …«

»… und dass du nicht zu den Soldaten musst, vergiss das nicht«, fiel Paula ihrem Bruder bedeutungsvoll ins Wort.

»Ja, auch das. Du hast recht. Immerhin bleibt trotz dieses Flecks im Auge der Fortbestand der Firma Bosch gesichert. Und das ist ja eine erfreuliche Tatsache, nicht wahr, Vater? Aus diesem erfreulichen Anlass könntest du ruhig mal in den Weinkeller gehen und nachschauen, ob sich nicht ein guter Tropfen finden lässt, mit dem wir auf unsere Zukunft anstoßen können.«

Der Wein war bald gefunden und die anfängliche Anspannung war doch noch einer munteren Gesprächsatmosphäre gewichen, in die sich nur einer nicht so recht einfinden konnte: Heinrich Göhrum. Mit dem Hinweis auf weitere dringende Patientenbesuche, die an diesem Abend von ihm noch zu absolvieren seien, verabschiedete er sich rasch. Denn nach wie vor fühlte er sich von einer seiner Meinung nach entscheidenden Stelle in der Diagnose eher beunruhigt: Weshalb hatte noch nicht einmal der angesehene Augenarzt herausfinden können, wie es zu der Sehstörung gekommen war. Dass sie angeboren sei, wie das im Attest der Universitätsklinik zu lesen war, hielt Göhrum nämlich für ausgeschlossen. Als Hausarzt kannte er den Robert ja schon seit dessen Geburt und hatte ihn alle paar Wochen gründlich untersucht. Mit höchster Wahrscheinlichkeit wäre es ihm folglich nicht entgangen, dass Robert seit seiner frühesten Kindheit schon an einer Sehschwäche litt. Aber er hatte nie etwas bemerkt. Hoffentlich steckte also nicht Schlimmeres dahinter … Düstere Vermutungen … Hoffentlich waren sie unbegründet. Doch wenige Monate später sollte sich herausstellen, dass die Hoffnung getrogen hatte.

Zunächst jedoch wurde die Aufmerksamkeit der Familie durch andere Ereignisse abgelenkt. Da war beispielsweise der Baubeginn des neuen Hauses, das im Stuttgarter Osten entstehen sollte. In Halbhöhenlage über Stuttgart, die eine atemberaubende Sicht über den ganzen mittleren Neckarraum ermöglichte. Die Töchter hatten sich bei ihrem Vater also durchgesetzt. Nicht nur was den Baubeschluss als solchen betraf, auch die Dimensionen des Hauses wurden maßgeblich von Gretel und Paula bestimmt. Was bei ihrem Vater nicht immer auf begeisterte Zustimmung stieß. Ganz im Gegenteil sogar. Irgendwie schien ihm das ganze Haus viel zu groß und bei Weitem zu protzig. Aber wo sollte er die Zeit hernehmen, sich auch noch darum zu kümmern? Hauptsache, die schönen großen Bäume im Park blieben erhalten. Das war seine Bedingung gewesen. Sollten sich in erster Linie seine Töchter, die sich so ein Haus unbedingt gewünscht hatten, jetzt auch um die Ausführung kümmern. Ihm selber war es viel wichtiger, in seiner freien Zeit wenigstens ab und an zum Jagen ins Hochgebirge fliehen zu können. Nur dort fand er die dringend benötigte Entspannung, während ihm der tagtägliche Ärger mit den Handwerkern zusätzlich auf die Nerven gegangen wäre.
Das konnte er nicht auch noch brauchen. Zumal die Neuerungen, die er in diesem Jahr 1910 in seiner Firma einge-

führt hatte, seine gesamte Konzentration beanspruchten. Der arbeitsfreie Samstagnachmittag! Besondere Urlaubsregelungen, die es nur beim Bosch gab – sonst nirgendwo im Königreich Württemberg. Und dann noch die Tatsache, dass er seinen Arbeitern jetzt sogar den Arbeiterbeitrag zur Sozialversicherung zahlte. Zusätzlich zu seinen nach Meinung der Stuttgarter Unternehmer ja sowieso schon viel zu hohen Löhnen! Der »rote Bosch«! Wieder einmal. Schlimme Vorhaltungen musste er sich seitdem anhören. Vom Verfall der sogenannten »guten Sitten« war da die Rede. Nur, weil er mittlerweile buchstäblich im Geld schwimme, könne er mit diesen wahnwitzig hohen Löhnen doch nicht das ganze Stuttgarter Lohngefüge kaputt schlagen! Boschs Rechtfertigung zu diesen Vorwürfen war harsch ausgefallen. Irgendwann, während einer Versammlung der Handelskammer, die er ausnahmsweise besucht hatte, war ihm der Kragen geplatzt: Er wollte es sich einfach nicht mehr anhören müssen, dieses ewige Gemaule und Gejammere. Und so hatte er ihnen an diesem Tag in aller Deutlichkeit seinen Grundsatz ins Gesicht geschleudert: »Ich zahle nicht gute Löhne, weil ich viel Geld habe, sondern ich habe viel Geld, weil ich gute Löhne bezahle!«
Den versammelten Raffzähnen war bei diesen Worten buchstäblich der Bissen im Hals stecken geblieben. Aber egal. Das hätte er denen schon viel früher einmal sagen sollen – und zwar laut und bestimmt. Verstanden hatten sie ihn dabei wohl, seine Stimme war ja laut genug gewesen. Ob sie es allerdings auch begriffen hatten, das schien ihm ziemlich zweifelhaft.
Es war eher nicht der Fall. Das wurde Robert Bosch bereits wenige Tage später überdeutlich vor Augen geführt. Wieder einmal war es nämlich zu einem harschen Aufeinandertreffen zwischen ihm und einem seiner Unternehmer-»Kollegen« gekommen. Und wieder hatte der scharfe Wortwechsel, den sie sich dabei lieferten, beiden Seiten überdeutlich vor Augen geführt, dass ihre Überzeugungen auf zwei völlig verschiedenen Fundamenten ruhten, die

nicht das Geringste miteinander gemein hatten. Boschs Kontrahent hatte sich zu der Äußerung verstiegen, dass die momentane Zunahme der Arbeitslosigkeit aufgrund der schlechten Wirtschaftslage ein Segen sei. Denn dank dieser Tatsache, (ja, genau so hatte der sich ausgedrückt: »Dank der Tatsache der zunehmenden Arbeitslosigkeit«) sehe man sich als Unternehmer endlich in die einmalige Gelegenheit versetzt, seine bisher viel zu gut bezahlten Arbeiter entlassen zu können, um nun für einen wesentlich geringeren Lohn die Arbeitslosen einzustellen. Denen sei jeder Lohn recht und sei es auch ein noch so bescheidener. Noch nicht einmal einen Arbeitskampf müsse man deswegen befürchten, »weil sich die Arbeiter in diesem Fall dann höchstens gegenseitig an die Gurgel gehen«.

Kein Wunder, dass Robert Bosch bei solchen Reden der sprichwörtliche Kragen geplatzt war. Wutentbrannt und mit hochrotem Gesicht war er gegangen. Zum guten Glück hatte er in seinem sprachlosen Zorn dieses Mal darauf verzichtet, seinem unverschämten Gegenüber die in diesem Fall eigentlich angebrachten Worte ins feiste Gesicht zu schleudern. Denn die Begriffe, die ihm dabei über die Lippen gekommen wären, hätten unweigerlich zu einer Gerichtsverhandlung wegen schwerer Beleidigung geführt – samt einer damit verbundenen Unterlassungserklärung. Eine solche Ehre und ein derartiger Triumph für das ausbeuterische Lästermaul wären jedoch mehr gewesen, als seine Nerven hätten ertragen können.

Zu einer großen Enttäuschung in seinem Kampf gegen die Arbeitslosigkeit wurde für ihn in diesem Jahr erstmals die Zusammenarbeit mit dem »anderen Lager«, mit den Gewerkschaften, denen er sich doch viel enger verbunden fühlte als den Unternehmern.

Die Tatsache, dass er gute Löhne zahlte, war ja allgemein bekannt, »aber ich allein kann ja nicht sämtliche Arbeitslosen einstellen, da müssen sich halt auch die anderen Firmen bewegen«, hatte er bei zahlreichen Gesprächen mit seinen Betriebsräten und den Vorstandsmitgliedern immer wieder angemerkt und von den großen Sorgen gesprochen, die er sich um die elende Lage vieler Familien machte. Es sei ein schlimmes Problem, vor dem die Gesellschaft nicht die Augen verschließen dürfe, und deshalb gelte es jetzt, sich solidarisch mit denen zu zeigen, die gar keine Arbeit besaßen. Aus diesem Grund empfahl er eine Überlegung anzustellen, mit der er freilich schon vor vielen Jahren in Amerika gescheitert war, damals, während seiner Mitgliedschaft beim Arbeiterverband »knights of labour«. Seinerzeit hatte er ja vorgeschlagen, dass die in Arbeit Stehenden einfach einen Teil ihres Verdienstes abgeben sollten, um damit den Arbeitslosen eine Arbeit zu verschaffen. Die Reaktion der Gewerkschafter fiel im Württemberg des Jahres 1910 exakt gleich aus wie ein Vierteljahrhundert zuvor in New York: Sie wiesen den Vorschlag sofort zurück. Schlimmer noch: Manche taten gerade so, als handele es sich auch bei Robert Bosch, der es mit diesem Vorschlag doch nur gut gemeint hatte, um einen der üblichen Ausbeuter. Wenn ein reicher Mann von den Arbeitern so etwas fordere, anstatt selbst einen größeren Teil von seinem eigenen Vermögen für das Wohlergehen der Arbeiterklasse zur Verfügung zu stellen, dann spreche das doch Bände. Einige der Gewerkschaftsfunktionäre schienen in ihm nur den Kapitalisten sehen zu wollen. Ausgerechnet Robert Bosch! Seltsame Zeitgenossen waren das, denen die ungewohnte soziale Ader dieses eigenartigen Unternehmers, der in keines ihrer Klischees hineinpassen wollte, schon immer suspekt gewesen war. Im Nachhinein war es also kein Wunder, dass auch Boschs zweiter Vorschlag mit einer sofortigen Bruchlandung endete, und zwar sein Angebot, mehr Geld für die Bildung der einfachen Arbeiter bereitstellen zu wollen. Denn Weiterbildung, das sei der beste Schutz vor Arbeitslosigkeit, argumentierte er, und überdies der Weg dazu, dass sich auch für Menschen, die bislang keine Chance gehabt hatten, eine Perspektive eröffnete. Von wegen! Das sei auf gar keinen Fall notwendig, dafür Geld auszugeben, hatte er sich von einem ihm bis dahin unbekannten Gewerkschafter ins Gesicht werfen lassen müssen: »Es langt, wenn unsere Arbeiter wissen, wie sie bei den Kundgebungen eine rote Fahne in die Hand nehmen sollen.« Zu allem Überfluss hatte der Kerl dabei auch noch höhnisch gelacht!

Der völlig entgeisterte Robert Bosch meinte zunächst, seinen Ohren nicht trauen zu können. Doch dann wandte er sich wortlos um und verließ den Raum, ohne die Tür hinter sich zu schließen.

Noch Tage später sah ihn seine Frau am Abend ernst und nachdenklich in seinem großen Ledersessel sitzen und dabei ein ums andere Mal fassungslos den Kopf schütteln. »Was sind das nur für Leute, die so etwas sagen können«, murmelte er verständnislos. »Und wieso lassen die anderen zu, dass sie so etwas sagen. Das verstehe ich erst recht nicht!«

In dieser Zeit erhielt Robert Bosch auch Kenntnis von der ihm ebenfalls unverständlichen Tatsache, dass die Technische Hochschule Stuttgart über viel zu knappe Finanzmittel verfügte. Das war ja unglaublich! Zumal in dieser Zeit des Aufbruchs, wo es galt intensiv zu forschen, um auf dem sich rasch verändernden Techniksektor den Anschluss an die anderen Länder zu halten und die Studierenden optimal auszubilden – was ja auch besonders im Interesse der immer mehr an Bedeutung gewinnenden Industrie in Württemberg liegen musste, die für ihre neuen Produkte dringend gut ausgebildete Ingenieure brauchte. Besonders lächerlich schienen ihm die Etatmittel auf dem Sektor der Materialprüfung: 1800 Mark pro Jahr. Das war ja kaum zu glauben! Doch als ihm auch noch sein ehemaliger Lehrer, Professor Wilhelm Dietrich, in einem Brief seine Sorgen schilderte, dass das von ihm geleitete Institut für Elektrotechnik angesichts der knappen Finanzen bald hoffnungslos ins Hintertreffen geraten würde, da galt es, rasch zu handeln. Am 20. November 1910 teilte Robert Bosch dem Rektor der Technischen Hochschule schriftlich seine Entscheidung mit, der Universität Stuttgart eine Million Mark als sogenannte Robert Bosch-Stiftung zu spenden. Die Verwendung der Mittel definierte er vorsichtshalber sehr genau: »Zweck der Stiftung soll sein, Pflege und Förderung der physikalischen Grundlagen der ausführenden Technik, insbesondere des Maschinen-Ingenieurwesens einschließlich der Elektrotechnik und des Bauwesens in erster Linie durch Forschung und sodann durch Unterricht.« Und weil er das staatliche Schlupfloch nur allzu genau witterte, mit dem die Beamten dann an anderer Stelle der Hochschule womöglich die Leistungen kürzen würden, setzte er als Bedingung für die Spende noch ganz deutlich hinzu: »Durch die Gabe dürfen die staatlichen Leistungen nicht vermindert werden.« Auch die Besetzung des Stiftungsrats, der die Gelder zu vergeben hatte, wurde bis ins Detail geregelt: Es waren der Rektor, die Institutsleiter und der Stifter selbst beziehungsweise nach seinem Ableben sein Sohn, wenn er das 25. Lebensjahr erreicht hätte. Das Geld aus den anfallenden Zinsen durften die Institute in eigener Hoheit verwenden, nur bei Zugriff auf das Stiftungskapital musste die Zustimmung des Stifters eingeholt werden.

Und noch etwas anderes war ihm bei der Zuwendung wichtig, nämlich »dass die Sache für mich möglichst schmerzlos über die Bühne geht. Auf akademische Ehrungen, Fackelzüge, Ehrendoktor und dergleichen verzichte ich gerne, denn man würdigt solch einen Titel nur herab, wenn man ihn mit einer reinen Finanzaktion in Zusammenhang bringt.« Viel zu oft sei das seiner Meinung nach schon passiert, teilte er dem Rektor mahnend im Begleitschreiben mit, dass sich Leute von eher zweifelhaftem Ruf einen Doktortitel quasi gekauft hätten. In die Nähe solcher Leute wolle er keinesfalls geraten. »In einer solchen Nachbarschaft ist es mir nicht wohl«.

Der Rektor nahm das Schreiben zunächst kommentarlos zur Kenntnis, doch kaum war die Stiftungsurkunde for-

mal unterzeichnet, da beschloss der Senat der Technischen Hochschule Stuttgart auch schon, Robert Bosch den Ehrendoktortitel Dr. Ing. e.h. zu verleihen. Und zwar einstimmig! Bosch selbst zeigte sich zunächst höchst erbost darüber, dass seine klar formulierten Wünsche einfach in den Wind geschlagen worden waren – und befand sich jetzt gleichzeitig in einer peinlichen Zwickmühle, denn die Stiftung konnte und wollte er nicht zurücknehmen. Was zur Folge hatte, dass er seinen Ehrendoktortitel eben zähneknirschend in Empfang nahm.
Kaum war die Sache über die Bühne gegangen, betrat Bosch am nächsten Morgen seine Firma, wo er schon am Eingangstor vom strahlenden Pförtner mit einem freudigen »Guten Morgen, Herr Dr. Bosch!«, begrüßt wurde.
»Lassen Sie das«, fuhr Bosch dem erschrocken zusammenzuckenden Mann grob in die Parade. »Gestern war ich noch der Herr Bosch für Sie, das bin ich auch heute – und so soll es bleiben. Ein für allemal ›Herr Bosch‹. Mehr nicht!«

Kurz danach erreichte eine ganz andere Anfrage den privaten Haushalt der Familie Bosch. Dieses Mal kam sie vom Stuttgarter Hof! Aufgeregt stürmte Anna Bosch an diesem Mittag in das Arbeitszimmer ihres Mannes und präsentierte ihm mit zitternden Fingern den Brief, der ihr gerade eben von einem persönlichen Boten überreicht worden war. Sozusagen direkt vom Sekretär des persönlichen Sekretärs des Königs Wilhelm!
Bosch stieß ein ungehaltenes Lachen aus: »Da schau an! Schon wieder!«
Anna stutzte: »Was heißt hier schon wieder?«
Ihr Mann zuckte gleichmütig die Achseln. War er wirklich so ruhig oder spielte er ihr diese Gleichmütigkeit nur vor? »Na, der Kultusminister Fleischhauer hat doch schon ein paar Mal – direkt und indirekt – bei mir anfragen lassen, ob man mir wohl einen Orden oder einen sonstigen Titel verleihen dürfe. Einen Kommerzienrat zum Beispiel oder

den Friedrich-Orden. Und er ist anscheinend ganz verzweifelt darüber gewesen, dass ich ihm jedes Mal meine deutliche Abneigung signalisiert habe. Egal, welche Register er auch immer gezogen hat.«

»Du hast was …?«, stotterte die völlig perplexe Anna.

»Ich habe abgelehnt! So etwas brauche ich nicht.«

»Aber … aber das ist ja … Das darf man doch nicht machen. Das geht doch nicht!«

»Wie du siehst, geht es doch. Das ist meine Einstellung zu solchen unnützen und eitlen Dingen. Früher, als ich jung war und als es der Firma alles andere als gut gegangen ist, da hätte ich dringend eine Hilfe vom Hof oder von einem der Ministerien benötigt. Aber was glaubst du, was man mir geantwortet hätte? Damals hätten sie es in der Hand gehabt, die Zukunft des eigenen Landes mitzugestalten – aber da hat niemand etwas von mir wissen wollen. Heutzutage daherzukommen und sich sozusagen auf einen fahrenden Zug mit draufzusetzen, um sich damit einen Teil des Ruhms an die eigenen Fahnen zu heften, das ist mir zu billig. Auch wenn sich der Herr Kultusminister sehr darüber verwundert und gemeint hat, das sei ihm in seiner ganzen Amtszeit noch nicht vorgekommen. Andere gieren auf solche Titel wie die Gans auf den Apfelbutzen und würden vor Freude Luftsprünge machen, während ich es einfach abgelehnt habe. Das haben sie bis heute nicht verwunden, der Herr Minister und unser armer König. Wo er mir doch so gerne einen Orden verleihen würde.«

»Aber Robert! So kannst du doch nicht vom König sprechen!«

»Aber wieso denn nicht? Das ist doch auch nur ein Mensch.«

»Er ist der König«, beharrte Anna mit nachdrücklicher Strenge auf ihrem Standpunkt. »Und jetzt, bitte versprich mir, bevor du den Brief öffnest, dass du unvoreingenommen an die Sache herangehen wirst und nicht schon eine Ablehnung über die Lippen bringst, bevor du das Schreiben überhaupt gelesen hast.« Sie kannte ihren Mann gut

genug, um zu wissen, dass sie vorbeugen musste. Denn wenn er erst einmal seinen Standpunkt bezogen hatte, dann war es beinahe unmöglich, ihn wieder davon abzubringen. »Also, was schreiben sie dir?«
Rasch überflog Bosch die wohlformulierten Zeilen aus dem Königshaus. »Na ja, das ist bislang noch ganz harmlos. Es ist nur ein ganz vorsichtiges erstes Abtasten – aber immerhin, dieses Mal scheint es nicht um einen Orden zu gehen, sondern der König ist offenbar neugierig auf mich geworden und will also den umtriebigen roten Bosch einmal mit seinen eigenen Augen betrachten. Da steht, er wolle uns seine Aufwartung machen.«
Anna schlug entsetzt die Hände vor den Mund. »Um Gottes Willen! Er kommt zu uns nach Hause?«
»Nein, nein, er kommt nicht hierher. Das wäre wohl zu viel der hochwohlgeborenen Herablassung – ein königlicher Besuch in einem bürgerlichen Haushalt. Nein, der Herr König will vielmehr eine Art Staatsbesuch in den Bosch-Werken machen.«
»Um dich dabei genauer unter die Lupe zu nehmen? Ausgerechnet dich?«
Bosch zog mit demonstrativer Gelassenheit die Nase hoch. »Ja, klar. Es hat sich ja wohl inzwischen auch bei Hofe herumgesprochen, dass bei mir in der Firma die Dinge etwas anders laufen als anderswo. Und jetzt wollen sie halt sehen, was das denn für einer ist, der so viel Geld für die Allgemeinheit spendet. Das ist vermutlich völlig außerhalb ihrer Vorstellungswelt, dass man die Verpflichtung fühlt, sein Geld, wenn man so viel verdient hat, wie ich in den vergangenen Jahren, auch wieder der Allgemeinheit und seinem Volk zur weiteren Wohlfahrt zur Verfügung zu stellen. Das gehört sich einfach so. Aber das können die hohen Herrschaften wahrscheinlich kaum verstehen – doch immerhin: Sie wollen sich die ganze Sache mal ganz genau anschauen. Weil sie sich aber bei mir nicht ganz sicher sein können, wie ich darauf reagieren werde, lässt der Herr König erst einmal über einen Mittelsmann sondieren. Sodass

im Fall des Falles dieser Beamte dann meine Ablehnung erhält, und nicht der König. Das ist insofern ganz elegant eingefädelt.«

»So so …«, zweifelnd runzelte Anna die Stirn und musterte ihren Mann mit einem skeptischen Blick. »Und wie denkst du selbst nun darüber? Wirst du in ein Treffen einwilligen?«

Ein schalkhaftes Lächeln blitzte aus Robert Boschs Augen, als er sich spontan erhob und Anna beschwichtigend seine rechte Hand auf die Schulter legte. »Nun, ein ganz so radikaler Roter bin ich dann auch wieder nicht. Wieso sollte ich dem König auch eine Audienz mit mir verweigern. Das kann ich schon allein deswegen nicht machen, weil ich ansonsten wohl eine ernsthafte Verstimmung mit meiner Ehefrau zu befürchten hätte, nicht wahr?« Aus dem Lächeln war ein breites Grinsen geworden. »Und weshalb sollten wir dich und den ganzen Hof verprellen? Das muss ja nun wirklich nicht sein. Ich werde also dem Mittelsmann schreiben, dass wir durchaus geneigt wären, den König zu einem von mir persönlich geführten Rundgang durch die Bosch-Werke in Feuerbach empfangen zu wollen. Auch wenn es für mich einige Stunden vertane Zeit bedeuten wird, denn worüber soll man sich mit so einem Menschen schon unterhalten. Viel Neues und Anregendes wird dabei für mich nicht herauskommen. Aber nun gut – halt um des lieben Familienfriedens willen …«

»Also Robert, bitte! Noch einmal: Es ist der König, von dem du so respektlos sprichst! Der aber ist für mich schon als Persönlichkeit etwas ganz Besonderes. Und wenn das erst meine Mutter erfährt, die wird vor Freude ohnmächtig werden! Welche Ehre für unsere ganze Familie.«

»Hmm … also, wenn du meinst, dass es unbedingt sein muss. Ach je …«, seufzte ihr Mann schicksalsergeben. Da war wohl nichts mehr zu machen. Im Hinblick auf das württembergische Königshaus würden sie wahrscheinlich niemals in ihrer Ehe übereinstimmen. Aber nun gut. So war es halt. »Also werde ich mitteilen, dass sich Frau Anna und Herr Robert Bosch die Ehre geben werden, seine Majestät zu empfangen. Aber dass eines jetzt schon klar ist: Einen Frack ziehe ich nicht an!«

»Robert!«

Da hatte er es schon!

»Nein wirklich nicht! Du weißt genau, dass ich mich nicht verbiegen lasse – meine Kleidung hat mich den Großteil meines Lebens gut beschützt und war mir immer lieb und teuer. So wird es auch bleiben. Deswegen: Der König soll gerne kommen, zu dem Menschen Robert Bosch. Er will ja schließlich meine Firma und mich besuchen und nicht meinen Frack.«

»Also wirklich … Robert!«

»Nichts da – so machen wir es und ich werde das mit der Kleidung auch in meinem Antwortschreiben gleich einmal andeuten.«

Anna sandte einen verzweifelten Blick hoch zur Decke. »Dieser Mann!«

Robert Bosch zog es vor, die Debatte damit abzuschließen, um des lieben häuslichen Friedens willen! Gleichzeitig begann er erstmals zu ahnen, welchen Erdrutsch er mit seiner großzügigen Spende an die Technische Hochschule wohl ausgelöst hatte. Die Anfragen des Kultusministeriums und des württembergischen Hofes schienen ihm dabei noch geradezu harmlos, sogar selbst dieser ungeliebte Doktortitel. In Zukunft würde sich wohl eine wahre Sintflut von Bittstellern und Spendensammlern über ihn ergießen. Und er selbst würde erst lernen müssen, damit in geeigneter Form umzugehen. Wahrscheinlich würde es nicht mehr anders gehen, als dass er sich endlich einen Privatsekretär suchte, um in dieser Flut nicht unterzugehen. Um die Spreu überhaupt noch irgendwie vom Weizen trennen zu können. Denn zwischen den üblichen Bettelbriefen konnten tatsächlich ja auch Schreiben mit wirklich wertvollen Anregungen stecken. Diese mussten herausgefiltert werden. Keine leichte Aufgabe. Es waren hohe Anforderungen an einen Mann, der folglich viel mehr für ihn sein musste als ein Sekretär, eher ein umsichtiger Berater. Dazu einer, dem er blindlings vertrauen konnte. Ausgerechnet er, Robert Bosch, der sich noch nie blindlings jemandem an den Hals geworfen hatte. So einer war er nicht. Davor bewahrte ihn zum guten Glück schon seine Herkunft.

Wie auch immer. Jetzt galt es erst einmal, die Antwort des Hofes auf seine grundsätzliche Bereitschaft abzuwarten, dem König Wilhelm also die Firma Robert Bosch vorstellen zu sollen. Und diese Antwort traf postwendend bei ihm ein – in einer Art und Weise, die sein Nervenkostüm freilich schon wieder auf eine harte Probe stellte.
Wutentbrannt hieb Robert Bosch mit der Faust auf die Schreibtischplatte, nachdem er den Brief heute persönlich in Empfang genommen und gelesen hatte. Mit zornigen Schritten stürmte er in die Küche, wo er vor der Nase seiner erschrockenen Frau das schwere Büttenpapier hin und her schwenkte, auf dem das königliche Antwortschreiben formuliert war. Man freue sich bei Hofe sehr über die freundliche Einladung, stand da zu lesen, man könne allerdings nicht umhin, gleich zu Beginn der näheren Planung auf ein gewisses Problem hinzuweisen, das sich beim Umgang mit seiner Majestät eventuell ergeben könne. Es gehe dabei um das Tragen der korrekten Bekleidung, bei der man nämlich auf einem Frack bestehen müsse. Denn wenn seine Majestät …
»Das mache ich auf gar keinen Fall!«, donnerte Bosch in einer Lautstärke, die bis hinauf in das Dachgeschoss des Hauses zu hören war.
»Aber Robert, einmal im Leben kann man doch auch eine Ausnahme …«
Ihr Mann unterbrach sie mitten im Satz: »Auf keinen Fall! Kannst du dir vorstellen, was meine Leute sagen werden, wenn ihr ›Vadder Bosch‹ im Frack durch seinen Betrieb läuft – die werden sich kranklachen und sich nur noch über mich wundern, wie ich in so einer seltsamen Maskerade vor ihnen auftauchen kann. Also: Ein Frack kommt gar

nicht infrage. Das lasse ich die Herrschaften vom Hof jetzt klipp und klar wissen – und dann sollen sie sich halt entscheiden, denn schließlich will der König ja mich kennenlernen und nicht umgekehrt.«

Jede Widerrede war zwecklos. Auch dieser Brief wurde also genau so geschrieben, wie es der stark ergrimmte Hausherr zuvor angekündigt hatte.

Nur einen Tag später klingelte das Telefon. Und kaum hatte Anna den Hörer abgenommen, rief sie mit vor Aufregung vibrierender Stimme nach ihrem Mann: »Robert, da ist ein Telefonanruf für dich …«

Die Antwort bestand aus einer verdrießlichen Entgegnung: »Ich habe dir doch gesagt, dass ich keine Zeit habe und für niemanden zu sprechen bin.«

»Aber das ist ein Anruf vom Herrn Präsidenten Mosthaf persönlich. Den musst du annehmen.«

»Ich kenne keinen Mosthaf.«

»Freilich: Das ist doch der Leiter des Protokolls.«

»Protokoll von wem?«

Inzwischen war Anna an der Tür zum Arbeitszimmer ihres Mannes erschienen und warf ihm einen zornigen Blick zu, den sie mit einem strengen Tonfall in ihrer Stimme untermalte. »Jetzt tu doch nicht so – das weißt du doch ganz genau, dass es das Sekretariat vom König ist. Auf jetzt, es hat schon lange genug gedauert! Komm endlich, du kannst den Mann doch nicht einfach am Telefon warten lassen!«

»Und ob ich das kann. Der ist auch nichts Besseres als andere Menschen«, blieb der solchermaßen Getadelte trotzig bei seiner Ansicht.

»Robert!«

Sie würde keine Ruhe geben … Also kam es aufgrund von Annas Vermittlung zu dem folgenden, wenig ersprießlichen Telefongespräch. Wobei Robert Bosch gleich zu Beginn klar und deutliche seine Stellung bezog: »Ich hatte es Ihnen doch schon geschrieben – ein Frack kommt für mich nicht infrage.«

Die Gegenargumentation verpuffte wirkungslos.

»Nein – und wenn es anders nicht geht, dann muss der König eben auf meine Bekanntschaft verzichten.«

Noch ein Versuch. Ebenfalls vergeblich.

»Wie?! Also Herr Präsident, mir reicht diese ganze Diplomatisiererei nun wirklich. Wenn es wegen meiner Kleidung nicht geht, dann geht es halt nicht. Sie stehlen mir mit dieser eigenartigen Debatte nur meine Zeit. Wie? Einen schwarzen Rock als Kompromissvorschlag? Über meine normale Hose?«

Irritiert zog er seine Stirn in Falten. Darauf war er nun seinerseits nicht vorbereitet gewesen. Und dann auch noch Anna, die bei dieser Bemerkung Morgenluft zu wittern schien und ihn dementsprechend massiv bedrängte: »Auf Robert, komm. Jetzt gib dir halt auch mal einen Ruck, wenn sie schon so auf dich zugehen!«

Wieder also um des lieben Friedens willen! »Einen schwarzen Rock? Und dann wohl auch noch über meine normale Hose? Nun gut, wenn es dem Seelenfrieden des Königs dient! Meinetwegen. Ja … von mir aus eben … Nähere Einzelheiten im Hinblick auf den Termin können wir dann demnächst regeln. Ja, genau, in cirka drei Wochen wäre es möglich, denn momentan ist bei mir keine größere Auslands- oder Geschäftsreise geplant, da müsste ich mich eigentlich in Stuttgart befinden. Gut … Ihnen auch. Auf Wiedersehen Herr Mosthaf!«

Anna klatschte ihrem Mann anerkennend Beifall. »Robert! Das ist ja großartig! Der König gibt uns die Ehre! Und du bist tatsächlich über deinen Schatten gesprungen! Vielen Dank!« Ehe er sich's versah, hatte ihm seine Frau in ihrer überschwänglichen Begeisterung einen dicken Kuss auf die bärtige Wange gedrückt.

Diese Begeisterung war freilich ganz und gar einseitig. »Wenn ich das nur schon hinter mir hätte und der hohe Herr wieder fort wäre«, brummelte Bosch in einem alles andere als euphorischen Tonfall.

Zu dem königlichen Besuch ist es dann aber doch nicht gekommen – denn Robert Bosch war kurzfristig erkrankt.

Ob es sich um eine wirkliche Bronchitis gehandelt hat oder nur um eine Art taktischen Schnupfen, diese Frage konnte am Hofe aber niemals abschließend geklärt werden.

Was ihm viel wichtiger war, als so ein Königsbesuch, das war für ihn die Tatsache, dass er im Verlauf seiner monatelangen Suche nach einem geeigneten, charakterfesten und vertrauenswürdigen Privatsekretär inzwischen fündig geworden war. Der 28 Jahre alte Kaufmann Hans Walz, ein Lehrersohn aus Stuttgart, war ihm von der Obertürkheimer Verwandtschaft seiner Ehefrau empfohlen worden – und der schien selbst dem in solchen Dingen eher misstrauischen Bosch der richtige Mann für diese verantwortungsvolle Aufgabe zu sein. So wurde Hans Walz also eingestellt und entwickelte sich im Lauf der folgenden Jahre rasch zu dessen wichtigstem Berater.
Natürlich kam es im Hinblick auf die schier unüberblickbare Flut von Bettelbriefen genau so, wie es Bosch vorausgeahnt hatte. Und tatsächlich versteckte sich darunter auch so manches Anliegen, dem er durchaus wohlgesonnen gegenüberstand. Mit einem bewundernswerten Spürsinn und viel Geschick gelang Hans Walz das Kunststück, genau diese Schreiben aus dieser schier unüberblickbaren Menge herauszufiltern. Sehr zur Freude von Robert Bosch natürlich.
Beispielsweise war da eine Anfrage aus seinem Heimatdorf Albeck gekommen, ob er sich eventuell vorstellen könne, das finanziell nicht gerade auf Rosen gebettete, ehemalige Städtchen beim Bau eines neuen Schulhauses mit einer Spende unterstützen zu wollen. Robert Bosch sagte seine Förderung für dieses Vorhaben gerne zu, und das sogar gleich mit einem Betrag von 10 000 Mark, also in einer dermaßen üppigen Größenordnung, wie sie von den Albeckern selbst wohl nur in ihren kühnsten Träumen für möglich gehalten worden wäre.
Das alles geschah jedoch unter einer strengen Bedingung: Es dürfe nämlich nicht das Geringste über den Spender in der Zeitung stehen. Der Schultheiß samt Gemeinderat und

Schulrat mussten sich folglich zu völligem Stillschweigen verpflichteten. Ganz klar, denn Robert Bosch befürchtete natürlich nicht ohne Grund, dass sich die Zahl der Bittsteller rasant vergrößern würde, wenn es sich erst einmal herumgesprochen hatte, dass er neben den Spenden für technische Einrichtungen so manche Dörfer anscheinend also auch anderweitig unterstützte. »Eine bloße Verpflichtungserklärung wird aber sicher nicht ausreichen«, hatte der skeptische Hans Walz daraufhin gemeint, als ihm Bosch seine Bedingungen für die Förderung des Albecker Schulneubaus skizzierte. »Da müsste man schon noch einen stärkeren Riegel vorschieben. Aber wie der aussehen könnte, das weiß ich freilich auch noch nicht …«

»Sie haben recht«, nickte Bosch und rieb sich nachdenklich mit dem Zeigefinger an der Nasenspitze. »Manche Menschen können einfach nicht den Mund halten. Selbst unter den normalerweise ziemlich maulfaulen Älblern findet sich immer wieder einer von dieser Sorte. Hm, was könnte man also dagegen tun?« Wenige Augenblicke später hatte er die Lösung gefunden. »Ich weiß es. Es ist ganz einfach. Am besten wir verpflichten sie zu einer Art Geldstrafe, falls es dennoch bekannt wird. Und zwar alle zusammen. Mitgefangen, mitgehangen sozusagen. Wenn also irgendetwas über den Namen des Spenders in der Zeitung erscheinen sollte, dann müssen Schulrat und Gemeinderat jeweils 500 Mark Strafe zahlen. Was glauben Sie: Die werden schweigen wie ein Grab! Ich kenne ja meine Älbler: Wenn es an den eigenen Geldbeutel geht, da hört der Spaß dann auf – und zwar ganz schnell.«

Genauso wurde es nun gemacht. Dank der großzügigen 10 000 Mark-Spende von Robert Bosch konnte die neue Schule in Albeck gebaut werden – und niemand erfuhr, dass der Gastwirtssohn aus der »Krone« dahintersteckte. Zwar lag das alles im Grunde genommen klar und deutlich auf der Hand, doch es sollte dennoch viele weitere Jahre dauern, bis sich diese Vermutung tatsächlich bestätigte. Glücklicherweise war inzwischen genügend Zeit verstrichen, sodass die angedrohten Konsequenzen nicht mehr zur Anwendung kamen.

Noch aus einem anderen Grund blieb Bosch stets darauf bedacht, seine Spenden so diskret wie möglich an ihren Bestimmungsort zu leiten. Denn seitdem er eines Tages an einem der von ihm so wenig geschätzten Empfänge hatte teilnehmen müssen, war er bei diesem Anlass mit der Vorhaltung konfrontiert worden, dass seine Produkte nur deshalb so teuer seien, weil er das Geld für seine zahlreichen Spenden brauche. In diesem Moment war ihm schlagartig bewusst geworden, dass man anscheinend leider selbst dann noch den Neid der anderen auf sich zog, wenn man ein besonders soziales Handeln an den Tag legte. Manchen Leuten konnte man es offenbar niemals recht machen. Das Schlimme daran war vor allem die Tatsache, dass sich so ein übles Gerede grundsätzlich viel schneller zu verbreiten pflegte, als das bei guten Mitteilungen der Fall war.
»Ihre Produkte sind schlichtweg überteuert – logisch, denn irgendwoher muss das Geld ja kommen.« Diesen Satz hatte er sich tatsächlich anhören müssen.
»Das kommt von der Motivation meiner Leute und eben von der Spitzenqualität, die wir – wie auch Ihnen hoffentlich nicht entgangen sein dürfte – bekanntlich beständig produzieren. Denn nur wer den Betriebsfrieden aufrechthält und seine Leute anständig behandelt, kann so weit kommen und dann an sinnvoller Stelle die eine oder andere Spende anbringen – übrigens ganz ohne Eigennutz, denn auf die Nennung meines Namens war und bin ich dabei noch nie erpicht gewesen, das merken Sie sich bitte, Herr Kollege!« Gerade diese Anrede klang aus seinem Mund freilich wie ein Schimpfwort.
Ohne ein weiteres Wort mit dem vor den Ohren der nahezu gesamten Stuttgarter Unternehmerschaft gemaßregelten Industriellen zu wechseln (Robert Bosch würde dafür später mit heimlicher Freude den gut schwäbischen Ausdruck »heruntergeputzt« verwenden), machte er auf dem

Absatz kehrt und verließ grußlos den Raum. Der Abend war für ihn gelaufen! Wieder einmal hatte er mit seinen Vorbehalten gegen »diese ganz speziellen Kreise« recht behalten. Sie konnten ihm künftig ohnehin gestohlen bleiben! Ein für alle Mal!

Der 9. März 1911. Der 20. Geburtstag von Robert junior, der heute zusammen mit seinen Eltern zu einer ausgedehnten Geschäftsreise nach Amerika aufbrechen würde. Abfahrt mit dem Zug von Stuttgart nach Bremen. Von dort aus weiter mit dem Schiff. Anna Bosch war mindestens genauso neugierig wie ihr Sohn auf dieses Land, das sie noch nie gesehen hatte, vom dem ihr Mann aber schon so Vieles – vor allem Widersprüchliches – berichtet hatte. Doch mitten auf der Fahrt, es war zwischen Hannover und Bremen, wurde sie von ernsten Zweifeln befallen, die ihr Mann später als besonders eigenwillige Form von Reisefieber bezeichnen würde. Sie wolle doch lieber zu Hause bleiben – ob sie die Strapazen einer so langen Überfahrt, dies alles womöglich noch bei stürmischem Seegang, überhaupt auf sich nehmen solle, das sei ihr inzwischen eher zweifelhaft. Und überdies handele es sich doch eigentlich um ein Unding, dass sich ein Teil der Familie mehrere Tausend Meilen weit von Stuttgart entfernt befände, während die beiden Töchter Paula und Gretel am nächsten Tag ganz auf sich alleine gestellt in das soeben fertiggestellte Haus in der Heidehofstraße umsiedeln müssten. Das könne man den armen Mädchen doch nicht zumuten.
Bei diesen »Mädchen«, hatte ihr Ehemann sie zu beruhigen versucht, handele es sich beileibe nicht um kleine Schulmädchen. Denn Paula und Gretel mit ihren 21 und 22 Lebensjahren durften längst als selbstbewusste junge Frauen gelten, die den Umzug problemlos bewältigen würden. Vielleicht sogar besser, als wenn ihnen auf Schritt und Tritt die überfürsorgliche Mutter im Weg stünde. Und außerdem sei längst schon für eine wahre Heerschar an hilfreichen Händen Sorge getragen worden. Kein Grund also, um sich wirklich ernstere Gedanken machen zu müssen.
»Außerdem«, versuchte nun auch ihr Sohn, seine Mutter

zu überzeugen, »ich habe mir die Daten von diesem Schiff vorher einmal ganz genau angeschaut. Die ›George Washington‹, das ist ein riesiger Ozeandampfer. Einer von den größten überhaupt. Da wird man nicht so leicht seekrank. Und da gibt es auch jede Menge Abwechslung.«

»Also, jetzt komm schon, Anna, gib dir einen Ruck. Du wolltest die USA doch schon immer kennenlernen, die riesigen Wolkenkratzer, das weite Land – und es hat dich doch auch gereizt, unsere Amerikafiliale einmal selber zu sehen, die ›Bosch Magneto Company‹ – na, wie hört sich das an? Schon gut, nicht wahr? Also wirklich, du wirst es sehen … und eigentlich sollte es ja eine Überraschung sein, aber jetzt sage ich es dir eben schon hier: Ich habe uns dreien von unserem New Yorker Vertreter Operettenkarten besorgen lassen. Das gefällt dir doch so gut.«

»Operettenkarten? Du?« Anna staunte nicht schlecht.

»Ja, ich.«

»Dabei gehst du doch gar nicht so gerne in solche Aufführungen.«

»Na ja«, schmunzelte ihr Mann in seinen Vollbart hinein. »Was tut man nicht alles …«

Annas Neugier war im selben Maße geweckt, wie ihre ursprünglichen Bedenken im Hinblick auf die Schiffsreise zerstoben waren. »Und wie heißt die Operette?«

»Hm«, verlegen kratzte sich Robert Bosch hinter dem Ohr, »ich glaube, ich habe es vergessen.«

»Vergessen? Oder weißt du es vielleicht etwa gar nicht?«

Ertappt! »Schon möglich«, knurrte er, »aber egal: Es soll nämlich die beste sein. Und das ist ja auch wohl die Hauptsache.«

Bei der Operette handelte es sich dann um ein völlig unbekanntes Stück mit dem seltsamen Titel »Die Springmaid«. Und genau wie der Titel geriet auch die Aufführung selbst zu einem eher zweifelhaften Kunstgenuss. Ganz und gar nicht nach dem Geschmack von Anna Bosch und ihren beiden Begleitern. »Da geht man nach langer Zeit wieder einmal in so eine Aufführung, noch dazu in Amerika.

Und dann so etwas«, murrte Robert Bosch beim Hinausgehen verdrießlich. »Das ärgert mich schon. Wo ich dir doch eine echte Freude machen wollte.«
Anna lachte fröhlich. »Na ja, der Versuch war ja trotzdem löblich. Das ist doch die Hauptsache. Und immerhin: Das ganze Drumherum, das war schon ziemlich beeindruckend. Außerdem: Wer kann schon von sich sagen, einmal in New York eine Operettenaufführung besucht zu haben.«
»Darauf hätte ich verzichten können …«
»… und ich auch«, pflichtete Robert seinem Vater bei.
»Das wird wohl für lange Zeit das letzte Mal gewesen sein!«
»Nicht für lange – für alle Zeit!« Ein Ausspruch, der sich später auf fatale Art und Weise bewahrheiten sollte.

Das Reiseprogramm der Boschs war dicht gedrängt, denn nicht nur Besuche von Automobilwerken und anderen Betrieben sollten dabei absolviert werden, sondern auch die weite Natur dieses riesigen Landes wollten sie alle wirklich ausgiebig kennenlernen. In erster Linie waren es die gigantischen Niagarafälle, die den seit jeher ausgesprochenen Naturliebhaber Robert junior in ein staunendes Schwärmen geraten ließen.
Während also der Naturgenuss auch für seinen Vater noch viel eindrucksvoller ausfiel, als der das jemals für möglich gehalten hätte, ging es im persönlichen Zusammentreffen mit den Amerikanern nicht ganz so reibungslos vonstatten. So manche damals weit verbreitete europäische Sitte schienen die Amis recht wenig zu schätzen. Beispielsweise war Robert einmal von einem der leitenden Ingenieure beim Rundgang durch die Fabrikationshalle auf das Strengste verwarnt worden, weil er aus reiner Gewohnheit einfach auf den Boden gespuckt hatte. Aber genau so etwas könne und wolle man hierzulande einfach nicht dulden, hatte der Gastgeber mit kritisch gerunzelter Stirn gemeint. Einfach auf den Boden zu spucken. So etwas gehöre sich in einem amerikanischen Vorzeigebetrieb schlichtweg nicht. Nun denn, Robert hatte seine Lektion daraufhin ge-

lernt. Nicht immer war also im Land der unbegrenzten Möglichkeiten tatsächlich alles Mögliche wirklich möglich. Im Verlauf dieser langen Reise ging es mit der Gesundheit von Robert eines Tages ganz plötzlich bergab. Zunächst machte er sich noch nicht allzu viele Sorgen über die bleierne Müdigkeit, die ihn morgens kaum aus dem Bett kommen ließ. Auch die fortwährenden Gelenkschmerzen in den Beinen sowie seine gelegentlichen Schwindelanfälle führte er eher auf die permanente Überreizung seiner Nerven durch die nicht enden wollende Flut an neuen Eindrücken zurück, die auf der insgesamt doch recht strapaziösen Reise permanent auf ihn einstürmten. Argumente, mit denen er auch jede besorgte Nachfrage seiner Eltern leichthin beiseitewischte. Doch nach einiger Zeit, es war unmittelbar nach dem Besuch eines Stahlwerks in Pittsburgh, ließ sich sein wahrer Zustand einfach nicht mehr länger verheimlichen. Sicherlich: Der Firmenrundgang war in der Tat besonders anstrengend verlaufen, denn das weithin gerühmte Werk entpuppte sich in den Augen der entgeisterten Betrachter aus Deutschland in Wahrheit als eine üble Bruchbude. Ein schier unüberschaubarer Wirrwarr an Kohlehalden, hoch aufgetürmten Erzbrocken, Schienensträngen, Öfen und Hallen, der sich über viele Quadratmeilen erstreckte. Insbesondere die Hallen! Das waren ja nichts anderes als üble, heruntergekommene Bretterbuden in denen eine unerträgliche Hitze herrschte. Kein Wunder, dass es hier ständig zu Unfällen kam, die oft genug schlimm endeten. Typisch Amerika. Genau das hatte sein Vater ja schon vor mehr als zwanzig Jahren von seinem damaligen Aufenthalt genau so geschildert.

Die unangenehmen Eindrücke und die körperliche Anstrengung führten dazu, dass sich Robert am Abend bei seinen Eltern entschuldigte und meinte, er gehe lieber gleich ins Bett und verzichte auch auf das Abendessen, denn er fühle, dass eine Erkältung im Anmarsch sei, die er am besten gleich im Keim ersticken wolle. Doch als Robert am nächsten Morgen auch nicht zum Frühstück erschien, beschloss sein Vater – der den allmählichen Kräfteverlust seines Sohnes, ohne darüber ein Wort zu verlieren, schon lange sorgenvoll beobachtet hatte – nach dem Rechten zu sehen. Nachdem er zweimal an die Tür geklopft hatte, ohne eine Antwort zu erhalten, öffnete er mit einem Zweitschlüssel, den er sich beim Portier besorgt hatte, und betrat, erfüllt von einer düsteren Vorahnung, das Hotelzimmer. Kaum hatte er seinen Sohn erblickt, fuhr ihm der Schreck fürchterlich in die Knochen: Wie lag er nur da! Robert! Leichenblass, regungslos, nur ein schwaches Stöhnen drang aus seinem Mund.

Der eilig herbeigerufene Hotelarzt wiegte zunächst nachdenklich seinen Kopf: »Ihr Sohn braucht Ruhe, viel Ruhe. Sie sollten einfach das geplante Besichtigungsprogramm in den nächsten zwei bis drei Tagen aussetzen, dann kommt er wieder zu Kräften. Es ist ein Erschöpfungszustand.«

»Sonst nichts?«

Erleichtert atmete Anna auf, als der Arzt die beruhigende Antwort gab: »Sonst nichts.«

Während sie sich rasch von dem Arzt verabschiedete, um sich wieder dem Krankenlager zuzuwenden, begleitete Robert Bosch den Mediziner bis hinaus auf den Flur. So ganz geheuer war ihm die Sache nicht. Deshalb hakte er noch einmal nach: »Und es ist Ihrer Meinung nach wirklich nichts Ernstes, Herr Doktor?«

Allein die Reaktion des Arztes sprach Bände. Die skeptische Miene, sein ratloses Schulterzucken: »Also ehrlich gesagt, Herr Bosch, ich weiß es nicht. Ich kann nur so viel sagen, dass ich Ihren Sohn gründlich untersuchen lassen würde, sobald Sie wieder zurück in Deutschland sind. Es ist ja, wenn ich das richtig verstanden habe, nicht das erste Mal, dass er unter diesen seltsamen Schwindelgefühlen und Sehstörungen leidet.«

»Allerdings«, bestätigte Bosch mit pochendem Herzen.

»Dann würde ich ihn von verschiedenen Fachärzten ganz genau durchleuchten lassen.«

»Das werden wir tun.«

Die Sorgen ließen sich nicht mehr vertreiben – auch wenn sich Robert nach zwei Tagen tatsächlich wieder so weit erholt hatte, dass sie die Reise, wenn auch mit vermindertem Programm, fortsetzen konnten.

Wie schwer das alles auf seiner Seele lastete, machte der »Absturz« deutlich, dem Robert Bosch wenige Tage später beim Treffen mit einem seiner Firmenrepräsentanten anheimfiel. Ganz gegen die Art und Weise, die man von dem sonst eher spartanisch auftretenden Mann kannte, war er mit dem Angestellten nach dem Abendessen noch in eine Bar gegangen, wo sie dann, wie der von seinem eigenen Verhalten peinlich berührte Bosch es selbst formulierte, »in ein Bierglas fielen«.
Noch nicht einmal der anschließende Opernbesuch in Washington, bei dem sogar der amerikanische Präsident Taft nicht weit entfernt von den Boschs in einer Loge saß, war dazu angetan, die düstere Stimmung zu vertreiben, in der er sich regelrecht gefangen fühlte. Und auch Anna Bosch schien geradezu zwanghaft darum bemüht, ihrem Mann eine unbeschwerte Stimmung vorzumachen. Gerade so, als sei sie von der plötzlich wieder sichtbar gewordenen Krankheit ihres Sohnes gar nicht belastet worden. Doch dem war natürlich nicht so. Das konnte man spüren. Die Leichtigkeit, die zu Beginn der Amerikareise zwischen ihnen geherrscht hatte, war verflogen. Darüber konnte kein noch so lautes Lachen hinwegtäuschen.

Auf der Rückreise nach Europa spitzte sich die Situation noch einmal zu. Denn auf dem Schiff erlitt Robert wieder einen Schwächeanfall – und das, obwohl die Boschs aus Rücksicht auf seine Gesundheit extra auf einen größeren Dampfer umgebucht hatten. Das ursprünglich gebuchte Schiff sei ihr einfach zu klein und schlingere ihr in der rauen See auch viel zu stark, hatte die Mutter vorgebracht und so getan, als sei sie für diese Umbuchung verantwortlich. Bei der »Kaiserin Auguste Victoria« handele es sich dage-

gen um einen Dampfer, bei dem die Gefahr, dass ihr wieder so übel werden könne, wie auf der Hinfahrt, deutlich geringer sei.
»Ich habe es heute Morgen eine ganze Stunde lang nicht geschafft, das Bett zu verlassen. Und schon seit gestern Abend habe ich wieder so ein seltsames Taubheitsgefühl in den Beinen.«
Der von Robert ohne Wissen seiner Eltern zu sich in die Kajüte gebetene Schiffsarzt schüttelte bedenklich seinen Kopf. »Haben Sie das schon öfter gehabt?«
»Na ja. Unser Hausarzt sagt, eigentlich sei ich kerngesund. Ja gut. Manchmal habe ich so ein Schwindelgefühl, aber das scheint mir nichts Besonderes zu sein. Das haben andere ab und zu ja auch.«
Während sich der Schiffsarzt von solchen Verharmlosungsversuchen wenig überzeugt zeigte, bereute es der Patient inzwischen bereits wieder, überhaupt einen Arzt gerufen zu haben. Und der schien zu allem Überfluss auch nicht gewillt, sich mit ein paar nichtssagenden Erklärungen gleich wieder abwimmeln zu lassen. Das Frage-und-Antwort-Spiel ging also weiter: Die Sache mit der ruinierten Drehbank. Die Schwindelgefühle. Der dunkle Fleck im Auge. Und so weiter …
»Und was hat Ihnen der Augenarzt geraten?«
»Nichts – nur dass ich das Autofahren besser sein lassen soll.«
Doch der Schiffsdoktor ließ noch immer nicht locker. »Und sonst?«
»Na ja, ab und zu mal habe ich halt so ein leichtes Taubheitsgefühl, so ähnlich wie heute, aber das wird gerade auch schon besser. Ich denke, ich werde jetzt endlich aufstehen.«
»Das sollten Sie bleiben lassen. Nein, wirklich. Heute sollten Sie sich schonen und liegen bleiben – bitte, das ist in Ihrem eigenen Interesse«, setzte der Mediziner mit Nachdruck hinzu.
Wenig später hatte der Arzt das Ehepaar Bosch aufgesucht und ihnen ebenso dringlich, wie schon wenige Wochen zu-

vor sein amerikanischer Kollege, empfohlen, ihren Sohn gleich nach der Rückkehr eingehend untersuchen zu lassen.
»Aber das geschieht doch ohnehin. Ich lasse meine Kinder seit sie auf der Welt sind im Abstand von höchstens zehn Wochen regelmäßig von unserem Hausarzt untersuchen.«
»Es gibt auch Krankheiten, die sich lange vor dem Blick des Arztes verstecken – um später umso heftiger auszubrechen. Wie gesagt: Es ist nur so eine Vermutung von mir, man sollte die Sache jedoch bald abklären, um Entwarnung geben zu können, was ja höchstwahrscheinlich der Fall sein wird.«
Eine dementsprechend trostlose Atmosphäre herrschte am Nachmittag in der Schiffskabine. Bittere Gedanken quälten Robert Bosch. Was hatte es alles genützt? Die Firma, diese ganzen jahrelangen Anstrengungen, der schließlich doch noch eingetretene Erfolg, das viele Geld, mit dem man dennoch keine Krankheiten heilen konnte, das neu gebaute, prachtvolle Haus samt dem herrlichen Park. »Ja, Anna. Die Bäume sollen einem halt nicht in den Himmel wachsen. Jetzt sind wir wieder auf dem Boden der Tatsachen angekommen, nicht wahr?«
Die erschrockene Reaktion seiner Frau auf dieses bittere Fazit hätte er sich eigentlich denken können. Und so musste sich Robert Bosch jetzt auch noch den Vorwurf machen, dass es seine Schuld war, weshalb Anna ihr Gesicht in den Händen vergrub und stundenlang leise vor sich hin weinte. Selbst zum abendlichen Dinner mit dem Kapitän, auf das sie sich doch schon gefreut hatte, wollte sie nun nicht mehr erscheinen. Kein Wunder.
Auch dieses Mal machte Robert bereits zwei Tage später den Eindruck, als habe er sich wieder vollständig erholt. »Gleich wenn wir zu Hause sind, soll ich zu einer Untersuchung? Ach was, ihr seht doch, dass ich kerngesund bin«, führte er mit betonter Unbekümmertheit ins Feld.
Aber wie quälend die Sorgen waren, die seinen Vater seitdem plagten, machte eine Episode deutlich, die so gar nicht zu dem überlegten, immer bestens orientierten Robert Bosch passen wollte.

Bei einem längeren Zugaufenthalt im Bahnhof Bebra war er aus dem Waggon gestiegen, um kurz nach Hause zu telegrafieren, wann mit ihrer Ankunft zu rechnen sei. Gedankenverloren kam er nach einiger Zeit wieder aus dem Bahnhofsgebäude und stieg in den auf dem Bahnsteig wartenden Zug ein, der sich kurz danach in Bewegung setzte. Allerdings in die falsche Richtung! Er war in den falschen Zug eingestiegen – zum Entsetzen seiner im anderen Zug zurückgelassenen Reisegefährten.
Erst im Bahnhof Elm trafen sie wieder zusammen. »Dann nehmen wir jetzt halt den späteren Zug – aber telegrafieren, das tue ich ganz sicher nicht mehr«, murmelte Bosch verlegen in seinen Bart. So etwas war ihm wirklich noch nie passiert!

Der Einzug in das prächtige neue Haus, in dem inzwischen ihre beiden Töchter ja bereits Quartier genommen hatten, erfolgte aufgrund all dieser Geschehnisse natürlich in einer gedämpften Stimmung. Und kaum hatte sich die Familie nach einigen Tagen in dem für Robert Boschs Geschmack sowieso viel zu großen Prunkbau einigermaßen eingerichtet, ließ sich die Tatsache einer ernsten Erkrankung ihres Sohnes endgültig nicht mehr länger wegdiskutieren. Es war eine fürchterliche Situation. Von Anfang an lag damit ein düsterer Schatten über dem Haus und selbst noch Jahrzehnte später fühlte Robert Bosch an manchen Tagen, wie ihm die Erinnerung regelrecht die Kehle zuschnürte.
Gretel war eines Morgens ins Frühstückszimmer gestürmt und ruderte dabei hektisch mit den Armen. »Kommt schnell, der Robert! Er scheint schwer krank zu sein!«
»Was ist denn mit ihm?«
»Er liegt im Bett und kann nicht aufstehen!«
Tatsächlich. Mit aschfahler Miene lag Robert auf dem Bett, während ein kraftloses Stöhnen aus seinem Mund drang: »Ich kann meinen linken Arm nicht mehr bewegen und meine Beine spüre ich auch nicht mehr.«

Die Krankheit war zurückgekommen! Und die Intervalle wurden immer kürzer!

Wenige Stunden später kam es zu einem offenen Gespräch zwischen Robert Bosch und Dr. Göhrum.

»Heinrich, jetzt sag mir bitte ganz ehrlich, wie es um meinen Jungen steht. Dass es sich um eine ernste Erkrankung handelt, das ist mir inzwischen bewusst, aber ist sie überhaupt heilbar? Ich fürchte nämlich, sie ist es nicht. Liege ich mit meiner Vermutung richtig?«

Heinrich Göhrum zuckte kurz zusammen, dann atmete er schwer durch und starrte eine Zeit lang schweigend auf den Boden. Es schien ihm alles andere als leicht zu fallen, die richtigen Worte für die von seinem Freund eingeforderte, ehrliche Diagnose zu finden. Robert Bosch schien es, als sei eine halbe Ewigkeit vergangen, bis der Arzt mit einer hilflosen Geste die Arme ausbreitete: »Mein lieber Robert. Du willst von mir eine ehrliche Antwort und natürlich hast du auch das Recht darauf. Wir kennen uns schließlich lang genug, um ganz offen darüber zu sprechen, wie die Dinge bei deinem Sohn liegen.«

Allein schon bei dieser Einleitung spürte Robert Bosch, wie ihm das Blut heiß in den Kopf schoss. Er lag mit seinem Verdacht also richtig! All die düsteren Befürchtungen, die ihn in den vergangenen Wochen heimgesucht hatten, würden in wenigen Augenblicken durch die Aussage des Arztes bestätigt werden.

»Es ist also, wie ich vermutet habe?«, krächzte er mit einer rauen Stimme, während es ihm beinahe den Kehlkopf zuschnürte. »Es steht schlimm um ihn, nicht wahr?«

Göhrum nickte langsam. »Ja, Robert. Ich fürchte, ich muss es genau so sagen. Es ist eine ernste Sache mit deinem Sohn. Bei dieser rätselhaften Krankheit sind wir an die derzeitigen Grenzen der ärztlichen Kunst gestoßen. Es handelt sich um eine Krankheit, die man Multiple Sklerose nennt.«

»Also doch! Ich hatte da kürzlich so einen Verdacht, aber ich habe es nicht glauben wollen. Das scheint eine seltene Krankheit zu sein, nicht wahr?«

»Es scheint tatsächlich so. Zumindest ist es eine Erkrankung, mit der wir kaum Erfahrung haben. Was vermutlich daran liegt, dass die meisten Ärzte sie überhaupt nicht diagnostizieren können. Die Symptome der Multiplen Sklerose sind vor ungefähr hundertfünfzig Jahren erstmals beschrieben worden. Es ist eine heimtückische Krankheit, die als unheilbar gilt und die offenbar immer in deutlichen Krankheitsschüben verläuft. Das heißt, es kann jahrelang einigermaßen gut gehen und dann kommt plötzlich, wie aus heiterem Himmel, ein neuer Schub, der die Patienten mit voller Wucht trifft. Und alle Hoffnung auf eine Besserung wird schlagartig zunichtegemacht, ohne dass der Arzt auch nur die geringste Möglichkeit hat, den Patienten davor zu bewahren. Es gibt schlichtweg keine Medizin dagegen! Deshalb muss ich dir auch gestehen, dass ich mit meinem Latein am Ende bin, genauso wie alle anderen Kollegen – ich betone das ausdrücklich – jedweder Fachrichtung, die ich in dieser Frage konsultiert habe. Heilbar ist die Krankheit nicht, höchstens aufschiebbar in ihrem letztendlich ganz sicher tödlichen Verlauf. So leid es mir tut, ich kann dir keine andere Antwort geben. Und: Um ganz ehrlich zu bleiben, so wie wir dies im Umgang miteinander gewöhnt sind, kann ich dir auch nicht die geringste Hoffnung darauf machen, dass es die ärztliche Kunst vielleicht schon in den kommenden Jahren schaffen kann, deinen Sohn zu heilen. Das ist mehr als unwahrscheinlich, denn bei dieser Krankheit stehen wir Ärzte noch vor einem völligen Rätsel. Weder die Ursache für den Ausbruch der Krankheit haben wir bislang gefunden noch den geringsten Hinweis darauf, wie man die Patienten heilen könnte.«

»Das heißt … Du meinst also, es ist …« Er schaffte es einfach nicht, den Satz zu beenden und das Unaussprechliche über die Lippen zu bringen. Doch Heinrich Göhrum hatte ihn auch so verstanden.

»Ja, Robert. So ist es. Auch wenn man ein Wunder letztendlich niemals völlig ausschließen kann, wäre es sträflich, wenn ich dir etwas vormachen würde. Es ist höchst un-

wahrscheinlich, dass dein Sohn das Rentenalter erleben wird.«
Das Todesurteil! Robert Bosch war es, als schwanke der Boden unter seinen Füßen. Nur unter Aufbietung all seiner Willenskraft gelang es ihm, nicht kraftlos in sich zusammenzusinken. Es war ein Schock.
Sein Sohn, die Hoffnung auf die nächste Generation: Er würde sein Erbe niemals antreten können. Aus und vorbei! Das bittere Ende einer hoffnungsvollen Vision.
Der Tag, an dem die Zukunft zu Grabe getragen wurde.

Und dennoch wäre Robert Bosch nicht er selbst gewesen, wenn an diesem bitteren Tag nicht auch ein Entschluss in ihm zu reifen begonnen hätte. Der Entschluss, die Krankheit zu bekämpfen. Er würde ein Krankenhaus bauen lassen. Ein Spital mit Ärzten, die sich auf dem neuesten Stand der medizinischen Forschung befänden – samt entsprechend fortschrittlicher Heilungsmethoden. Und einen Namen für das Krankenhaus hatte er auch schon gefunden: Er würde es das »Robert Bosch Krankenhaus« nennen. Nicht als Denkmal für den Stifter, sondern zum Andenken an seinen unheilbar kranken Sohn Robert.

Seltsam: Gegen Ende April dieses bislang so bitter verlaufenen Jahres stellte sich eine unverhoffte Wendung ein. Der Gesundheitszustand von Robert hatte sich derart nachhaltig gebessert, dass sich der 20-Jährige sogar wieder in der Lage fühlte, sein Studium an der Technischen Hochschule in Stuttgart fortzusetzen.
Sein Vater hatte dem positiven Befund zunächst nicht trauen wollen und war bei aller Freude über die neu erwachten Lebensgeister des Kranken ziemlich zurückhaltend geblieben. Noch immer hallte ihm das ernüchternde Fazit seines Freundes Dr. Göhrum in den Ohren wider: »Mach dir nichts vor, die Krankheit ist unheilbar. Ihr tödlicher Verlauf kann bestenfalls verzögert werden. Falls nicht noch ein Wunder geschieht …«

Doch spätestens heute, am 2. Mai des Jahres 1911, schien es selbst Robert Bosch so, dass genau dieses Wunder eingetreten war: Sein todkranker Sohn nahm das Studium tatsächlich wieder auf und würde sich sogar wieder in die Vorlesung setzen! Was für ein schöner Tag!
Mit leisem Bangen beobachtete er an diesem und an den folgenden Abenden aus den Augenwinkeln verstohlen die Körpersprache seines Sohnes. Es sollte ja nicht allzu deutlich werden, dass der Vater dem Frieden noch lange nicht trauen wollte. Doch selbst die ausgedehnten Exkursionen, die der Junge mit den anderen Studenten seines Jahrgangs inzwischen unternommen hatte, schienen nicht die geringsten Anzeichen einer neuerlichen Erschöpfung bei ihm hinterlassen zu haben.
Zwischenzeitlich war Robert auf seinen eigenen Wunsch hin gemustert worden, was die Genesungshoffnungen noch zusätzlich beflügelte. Denn es war kaum zu glauben: Man hatte ihn sogar für tauglich befunden!
Also doch ein Wunder?
Es wäre so schön … In dieser neu erwachenden Zuversicht, dass es das Schicksal vielleicht doch nicht so schlecht mit ihnen gemeint hatte, beschloss Robert Bosch, seinen Sohn, den Schwager Eugen Kayser sowie seinen engen Vertrauten Gustav Klein, der ja in Allensbach am Bodensee ein Haus besaß, zu einem dreitägigen Pfingstausflug einzuladen. Über den Schwarzwald sollte es bis an den Bodensee gehen, der rechte Anlass, um die wundersame Genesung mit einer schönen Fahrt zu krönen.

Alle drei hatten seinem Vorschlag mit Begeisterung zugestimmt und so ging es also zügig und in bester Laune auf die Reise. In fröhlicher, ja beinahe schon ausgelassener Stimmung verbrachten sie den ersten Abend am Titisee. Nach einer nur kurzen Nachtruhe ging es hoch zum Feldberggipfel, wo die Ausflügler das herrliche Alpenpanorama bestaunten, das sich ihnen zu dieser frühen Morgenstunde von hier aus bot. Um die Mittagszeit erreichten sie dann den Bodensee, wo sie vom über die Maßen stolzen Gustav Klein durch sein wirklich prachtvolles Haus und über das genauso sehenswerte Grundstück geführt wurden. Er verfügte sogar über einen eigenen Anlegesteg am Bodensee. Dieser Klein! Er war und blieb halt einfach ein echter Tausendsassa. Und demnächst, so erzählte er seinen verblüfften Zuhörern, würde er an das Haus noch einen Hangar für ein Wasserflugzeug anbauen. Ja, selbstverständlich würde er deshalb auch die Fliegerei erlernen. Was bei Robert Bosch freilich wenig Begeisterung hervorrief. Ganz im Gegenteil. Mit ernsten Worten ermahnte er Klein als einen seiner wichtigsten Mitarbeiter, »auf diesen Blödsinn zu verzichten« und ja nicht sein Leben bei der Fliegerei aufs Spiel zu setzen. Denn ein dermaßen draufgängerischer Charakter, wie es Gustav Klein nun einmal sei, vertrage sich nicht mit einer so gefährlichen Fortbewegungsart wie der Fliegerei. Was jedoch ein Flugzeugabsturz für die Firma bedeuten würde … Aber Gustav Klein wischte die Bedenken seines Chefs mit einem nonchalanten Lächeln rasch beiseite und erklärte, noch sei es ja nicht so weit. Man würde sehen …

Damit war das Thema vorerst erledigt. Ein anderer Zeitvertreib beanspruchte jetzt ihre Aufmerksamkeit, denn wenn man sich schon am Bodensee aufhielt, musste natürlich unbedingt noch eine Fahrt mit dem Motorboot erfolgen. Selbstverständlich mit Kleins eigenem Motorboot. Das auch nicht von schlechten Eltern war! Selbstredend war der Antrieb auf dem neuesten Stand der Motorentechnik. Es musste eine ordentliche Stange Geld gekostet haben. Aber über solche Dinge machte sich der lebensfrohe Junggeselle keine Gedanken. Solange das Geld vorhanden war, konnte man es auch ausgeben.

Für vier Personen war das Luxusboot allerdings zu klein. »Schnell, wendig und voluminös, das passt halt nicht zusammen«, lachte Klein entschuldigend, während sich Eugen Kayser freiwillig erbot, dann eben zu verzichten. Doch das kam nicht infrage. Sie einigten sich schließlich darauf,

Eugen in ein zweites motorloses Boot zu setzen, das mit einer Leine an Kleins Boot befestigt wurde, um es dann im Schlepp hinter dem Motorboot herzuziehen.
Ganz plötzlich war es geschehen. Wieder einmal war der Schalk unvermittelt in Robert Boschs Augen aufgeblitzt – wie manchmal in diesen seltenen Situationen, in denen er sich unter seinen engsten, vertrauten Freunden pudelwohl fühlte. Blitzschnell hatte er sein Jagdmesser aus der Jackentasche gezogen, das Messer aufgeklappt und es dem im hinteren Boot sitzenden Eugen Kayser lachend präsentiert. »Siescht Eugenle«. Noch bevor dieser so richtig begriffen hatte, worauf sein Schwager mit dieser seltsamen Geste hinauswollte, hatte Bosch mit dem scharfen Messer bereits das Seil durchschnitten, sodass sich zwischen dem flott geradeaus fahrenden Motorboot und dem maßlos verdatterten Eugen rasch eine respektable Distanz auftat. Und schon nach wenigen Augenblicken war nicht einmal mehr sein lautstarkes Schimpfen zu hören, mit dem er vergeblich gegen die Freveltat protestierte.
Natürlich war es Robert Bosch dabei nur um einen kleinen Schabernack gegangen. Bereits nach einigen Minuten wendeten sie das Motorboot, um den in seiner Nussschale mittlerweile verbissen auf das Ufer zurudernden Onkel Eugen mithilfe des frisch verknoteten Seils wieder in Schlepptau zu nehmen. Im Grunde genommen war also nichts passiert und spätestens nach einem vom Übeltäter freiwillig spendierten Viertele war der Zorn des Gefoppten wieder verflogen.
Die unbeschwerte Pfingstausfahrt an den Bodensee sollte jedoch endgültig der letzte fröhliche Ausflug von Vater und Sohn gewesen sein. Kurz danach kam die tückische Krankheit mit aller Wucht zurück und streckte Robert endgültig nieder.

Es war ein warmer sonniger Tag um die Mitte April des Jahres 1913, als Robert Bosch zum Mittagessen nach Hause kam. Kaum war er aus dem Wagen gestiegen und hatte seinem Chauffeur ebenfalls einen Guten Appetit gewünscht, da hörte er eine Stimme aus dem Garten rufen: »Hallo Papa, hier bin ich.« Es war die Stimme seines Sohnes, der ihm aus einem Rollstuhl freudig entgegenstrahlte. Robert Bosch versetzte dieser Anblick einen schmerzhaften Stich mitten ins Herz. Er schluckte schwer und musste sich dennoch zusammenreißen, um vor dem Kranken einigermaßen Haltung zu bewahren.

»Tja, so ist das nun eben … Immerhin kann ich mich damit noch einigermaßen aus meinen eigenen schwachen Kräften hin und her bewegen. Da, schau mal.« Mit sichtlich großer Mühe gelang es dem jungen Mann, seinen schweren Rollstuhl auf dem Kiesweg ein paar Meter weiter zu bugsieren. Es war kaum zu ertragen, diese Schinderei ansehen zu müssen! Und dennoch bewunderte er seinen Jungen für dessen so demonstrativ an den Tag gelegte gute Laune und für die gewaltige Willenskraft, mit der er es offenbar geschafft hatte, sich mit seiner heimtückischen Krankheit zu arrangieren, über deren tödlichen Verlauf sich niemand in der Familie mehr Illusionen machte. Mit Ausnahme der verzweifelten Mutter vielleicht, die sich an jeden Strohhalm zu klammern schien, den ihr irgendein Quacksalber (meist natürlich gegen sündhaft teures Geld) entgegenstreckte. Doch alles Geld der Welt würde nichts mehr nützen. Vielleicht – und das war die einzige Hoffnung, die ihnen blieb – würde es durch die zahlreichen Kuraufenthalte in renommierten Heilbädern wenigstens gelingen, den schlimmen Verlauf der Krankheit so lange wie irgend möglich hinauszuzögern.

Im weiteren Verlauf des Jahres 1913 hatte sich Robert Bosch mit dem Kauf von Moorflächen bei Mooseurach in Oberbayern in der Nähe des Starnberger Sees seinen lang gehegten Wunsch erfüllt, eine richtig große landwirtschaftliche Fläche zu besitzen. So heftig das Kopfschütteln auch ausfiel, das der Grunderwerb bei seiner Frau Anna auslöste, als er ihr nach der Rückkehr von einem der zahlreichen

Kuraufenthalte mit ihrem Sohn davon berichtete, so notwendig schien ihm nach zwei bitteren, von Roberts Krankheit geprägten Jahren eine solche Ablenkung. In der freien Natur. In einem anderen Landstrich. In der Nähe seiner Jagdgebiete. Optimismus. Neue Ziele. Im Alter von nunmehr 51 Jahren noch einmal etwas Neues beginnen. Nach vorne schauen können. Seiner Gesundheit konnte es nur guttun. Denn inzwischen spürte er überdeutlich, wie sich die vergangenen Jahre auch auf sein körperliches Befinden ausgewirkt hatten: zunehmende Bronchitisattacken, Atemnot, heftiges Herzrasen, das wie aus dem Nichts über ihn kam und ihm den Schweiß aus allen Poren hervorbrechen ließ.

Doch, er brauchte eine solche Ablenkung genauso dringend wie die Luft zum Atmen. Sich innerhalb der Familie seit Roberts Erkrankung immer mit dieser nur gespielten Zuversicht bewegen zu müssen, war für seine Nerven auf Dauer einfach zuviel. Natürlich war es eine respektable Leistung, dass sein Sohn das Ingenieurstudium an der Technischen Hochschule selbst jetzt noch fortsetzte, wo er doch längst an den Rollstuhl gefesselt war. Immerhin hatte er sich darauf eingelassen, sich von seinem Vater Dozenten bezahlen zu lassen, die ihm zu Hause den Inhalt jener Vorlesungen und Seminare vermittelten, die er aufgrund seiner eingeschränkten Bewegungsfähigkeit nicht selbst an der Hochschule besuchen konnte. Ja doch, es war schon eine wahrhaft bewundernswerte Willensleistung des Jungen, dass er trotz allem den Anschluss nicht verloren hatte, trotz der häufigen Unterbrechungen durch die unzähligen Kuraufenthalte. Ein Abschluss als Ingenieur, sogar mit einem guten Zeugnis – »und zwar ganz ohne Mitleidseffekt oder gar einem Bosch-Bonus« wie sich einer der Professoren kürzlich geäußert hatte – liege absolut im Bereich des Wahrscheinlichen. Eine Tatsache, auf die man also zu Recht stolz sein durfte.

Aber dennoch: Welchem Zweck sollte dieses Studium dienen? Eine Zukunft in der Firma würde es für seinen Sohn nicht mehr geben. Allein, wenn er an den Tag zurückdachte, an dem ihm Robert mit feierlicher Miene verkündet hatte, dass er aus eigenem Antrieb zu dem Entschluss gelangt sei, später einmal die Firma übernehmen zu wollen. Es war ihm, als schneide man mit einer scharfen Klinge das Herz aus seinem Leib!

Zusätzlich lastete die nicht mehr wegzudiskutierende Entfremdung zwischen den Eheleuten auf seiner Seele. Das hatte seinen Grund in Annas rapide wachsender Verzweiflung über den Zustand ihres Sohnes. Anna war nur noch selten zu Hause, da sie es sich nicht nehmen ließ, ihren Sohn bei dessen oft wochenlangen Kuraufenthalten zu begleiten. Wiesbaden, Baden-Baden, Bad Ems und all die anderen Stationen: Keine dieser Kuren bewirkte eine nachhaltige Stabilisierung, eher das Gegenteil war der Fall. Doch mit Anna war in dieser Hinsicht nicht zu reden. So oft er auch versuchte, ihr sogar noch in seinen Briefen in die Kurorte klarzumachen, dass es keine Heilung geben könne und man sich deswegen zu einem anderen Umgang mit der Krankheit durchringen müsse. Die vorwurfsvollen Antworten, die er darauf erhielt, sprachen eine deutliche Sprache: »Du hast aus der Ferne gut schreiben, aber ich sehe jeden Tag, wie er weniger wird!« Es war … So hilflos und ohnmächtig hatte er sich noch nie gefühlt.

Und dazu gesellte sich jetzt auch noch die beinahe aggressive Spannung, die seit dem allmählichen Durchsickern der leidigen Zundel-Affäre zwischen ihm und seiner Tochter Paula herrschte. Was im Grund genommen eine ziemlich verharmlosende Beschreibung der eisigen Stimmung war, die inzwischen für einen weiteren Riss in der Familie sorgte. Kein Wunder, dass die Gretel regelrecht in ihr Studium nach Berlin geflohen war! Aber gerade ihr überstürzter Wegzug hatte dieses riesige Haus auf der Gänsheide, in dem sich Robert Bosch noch immer nicht so recht heimisch fühlte, erst recht verwaisen lassen.

Und das alles hatte sich im Lauf der Monate zu einem riesigen Problemberg aufgetürmt und sich nun in zahlreichen lästigen Krankheiten niedergeschlagen. So aber konnte es auf Dauer nicht weitergehen!
Deshalb brauchte er jetzt einfach diese Ablenkung durch den Landkauf in Mooseurach. Entspannung für Leib und Seele. Endlich alle Probleme hinter sich lassen. Sich neuen Herausforderungen widmen, um dabei irgendwann hoffentlich wieder das Gleichgewicht zu finden. Um auch innerlich wieder der stabile Mann zu werden, den aufgrund seines stattlichen äußeren Erscheinungsbildes jeder meinte, vor sich zu sehen. Wie schön das wäre.
Seltsam: Mit seinem Unternehmen war er auf dem Gipfel des Erfolgs angekommen. In aller Welt standen die Bosch-Produkte für Qualität und Zuverlässigkeit. Ja, der Anteil des Auslandsgeschäfts am Gesamtumsatz betrug inzwischen sage und schreibe 88 Prozent!
Aber der ganze Erfolg war nichts wert, wenn sich das persönliche Glück nicht mehr finden ließ. Wieder einmal traf die alte Erkenntnis den Nagel auf den Kopf: Geld allein macht nicht glücklich. Nicht, dass er sich aus materiellen Dingen wirklich viel gemacht hätte, das entsprach ja absolut nicht Robert Boschs Naturell. Aber dass er sich ausgerechnet jetzt unglücklicher fühlte, als in allen früheren Jahren, wo er mit der Firma ständig mit dem Rücken zur Wand gestanden hatte, das war schon eine bittere Ironie, die ihm das Schicksal zumutete.

Doch es sollte in diesem Jahr noch wesentlich schlimmer für ihn kommen. Kaum hatte sich Robert Bosch einigermaßen mit der Tatsache abgefunden, von seinem Sohn aus dem Rollstuhl begrüßt zu werden, da brach im Mai der Streik aus, der schon seit Wochen wie ein Damoklesschwert über der Firma schwebte. »Streik beim Bosch!« Niemals hätte er sich so etwas vorstellen können. Selbst in seinen schlimmsten Alpträumen nicht. Doch auch dieser Alptraum war zur bitteren Realität geworden.

Was Robert Bosch daran besonders schwer zu schaffen machte, war die Tatsache, dass der persönliche Angriff, als den er diesen Streik von Anfang an empfand, aus dem eigenen Freundes- und Bekanntenkreis heraus erfolgte. Eine Katastrophe, die ihn beinahe verzweifeln ließ. Auch wenn er versuchte, es sich nach außen nicht anmerken zu lassen. Doch es war so.
Ausgerechnet von Klara Zetkin wurde der Streik maßgeblich geschürt. Der betrogenen Ehefrau von Fritz Zundel, der das intime Verhältnis ihres Mannes mit der über 13 Jahre jüngeren Paula Bosch nicht mehr verborgen geblieben war. Die schien sich damit offenbar jetzt am Vater für die Tatsache zu rächen, dass dessen Tochter Paula ganz eindeutig die Ursache für die Trennung der Eheleute Zetkin-Zundel darstellte.

Mehrfach sollte Robert Bosch später über diese Zeit bekennen: »Ich habe gelitten wie ein Hund – es war neben der heimtückischen Erkrankung meines Sohnes das Schlimmste, was mir im Leben bisher widerfahren ist.« Tatsächlich war es ernüchternd, erkennen zu müssen, wer da hinter seinem Rücken kräftig schürte: Eben jene einstmals mit den Boschs so eng befreundete Klara Zetkin und dann auch noch ausgerechnet der ehemalige politische Zeitungsredakteur und sozialdemokratische Abgeordnete Fritz Westmeyer, dessen publizistische Tätigkeit er doch in früheren Jahren großzügig finanziell unterstützt hatte! Sogar das von Westmeyer gegründete zweite Stuttgarter Waldheim war doch erst mit einer großzügigen Bosch-Spende möglich geworden! Aber von all dem war plötzlich keine Rede mehr. Ausgerechnet ihn, den »roten Bosch«, brandmarkte die Gewerkschaft jetzt als den personifizierten Klassenfeind. Sehr zum diebischen Vergnügen der württembergischen Unternehmerschaft, die ihm einen solchen Schiffbruch schon immer herzlich herbeigewünscht hatte. Das kam eben davon, wenn man sich allzu distanzlos mit der Arbeiterschaft verbündete.

Aber weshalb selbst jene Menschen, mit denen ihn so viele Gemeinsamkeiten verbanden, dazu bereit waren, ihm mit voller Absicht und manchmal sogar geradezu hasserfüllt einen nicht nur wirtschaftlichen, sondern vor allen Dingen menschlichen Schaden anzutun, das konnte er einfach nicht begreifen.
Wieso stellten sich plötzlich seine ganzen Arbeiter gegen ihn? Wo er ihnen doch die höchsten Löhne in ganz Württemberg zahlte und dazu freiwillig auch alle Sozialabgaben übernahm. Wie konnten sich diese Leute, »seine Leute«, denn so leicht verführen lassen?

Selbst wenn es mit aller Raffinesse schon vor Monaten eingefädelt worden war: Mal war da, mal dort im Betrieb eine heftige Auseinandersetzung aufgeflackert, über deren wahre Hintergründe der ahnungslose Bosch nicht den leisesten Verdacht hegte. Aber manchmal hatte wegen so einem Streit halt auch eine Kündigung ausgesprochen werden müssen. In einem Unternehmen mit einigen Tausend Beschäftigten ließen sich solche Vorfälle leider sowieso nie völlig ausschließen oder ganz vermeiden. Vielleicht hatte er der allmählich aufkeimenden Unruhe eventuell also nicht die nötige Aufmerksamkeit geschenkt? Gut möglich, zumal er sich ja wie gesagt »seiner Arbeiter« absolut sicher wähnte. Wo er selbst sich doch auch nur als einen Teil vom großen Ganzen empfand – als einen von vielen in der großen Bosch-Belegschaft. Es schien ihm folglich völlig undenkbar, dass sich seine Leute einmal direkt gegen ihn stellen würden.
Von dieser plötzlichen Schwarz-Weiß-Malerei der Gewerkschafter zeigte er sich ganz besonders irritiert: »Wieso stört ein Unternehmer mit sozialem Verständnis auf einmal nur noch? Wieso meinen sie, ausgerechnet mich deswegen besonders hart bekämpfen zu müssen? Ist das der Preis, den ich jetzt dafür zahlen muss, weil ich sozialer gesinnt bin als die anderen Unternehmer ringsum? Störe ich also mit meiner Einstellung womöglich den Klassenkampf?«

Fragen über Fragen – aber Antworten darauf konnte er einfach nicht finden. Mit wachsender Unruhe versuchte er die sich abzeichnende Verschärfung der Situation doch noch in den Griff zu bekommen. Und beging dabei in seiner impulsiven Art natürlich so manchen Fehler. Goss mit bitteren Bemerkungen sogar noch zusätzlich Öl ins Feuer. Denn es war ja auch ein Kampf gegen Windmühlenflügel.
In seinen Augen konnte er freilich keine Fehler erkennen, die er gemacht haben sollte. Nach wie vor fühlte er sich verantwortlich für das Wohlergehen seiner Leute – und genau deshalb versuchte er ja geradezu panisch, den Streik und dessen bittere Folgen im Interesse seiner Arbeiter abzuwenden. Er war doch immer noch der »Vadder Bosch« – und wollte das auch gerne bleiben!
Aber die Dinge nahmen einen ganz anderen Verlauf. Ganz plötzlich war es eines Tages zur bewusst herbeigeführten Eskalation gekommen. Nach der Kündigung eines Werkzeugmachers hatten die Gewerkschafter spontan die Schleiferei bestreikt und damit den gesamten Produktionsbetrieb ins Stocken gebracht.
Jetzt aber war Robert Boschs Reaktion unerbittlich gewesen. Im Nachhinein betrachtet wohl zu hart. War es womöglich bedingt durch die maßlose Enttäuschung, die ihn beim Streikausbruch befallen hatte? Weil es trotz all seiner Beschwichtigungsversuche halt dennoch so weit gekommen war? Und deshalb dann seine Überreaktion erfolgte? Gut möglich!
In Wirklichkeit war er damit jedoch einer ganz besonders raffiniert ausgetüftelten Provokation auf den Leim gegangen. Voller Zorn hatte der wutentbrannte Robert Bosch nämlich gleich die gesamte Produktion geschlossen. Zugemacht! Die eigenen Arbeiter ausgesperrt!
Beim Bosch war die Produktion eingestellt worden!
Unfassbar!
Der gesamte Betrieb lag still.
Und gleich noch eine weitere Ungeheuerlichkeit, die noch wenige Wochen vorher für ihn selbst völlig undenkbar ge-

wesen wäre, hatte Robert Bosch in seiner maßlosen Enttäuschung angeordnet: Denn den nicht in der Gewerkschaft organisierten Arbeitern, wenige genug waren es ja bei der Firma Bosch, zahlte er ihren Lohn in Höhe des bei der Gewerkschaft üblichen Streikgeldes freiwillig einfach weiter. Damit sie und ihre Familien als am Streik völlig Unschuldige keine Nachteile zu erleiden hätten. Erstmals hatte er sich damit gegen die Fundamente der Gewerkschaft gestellt. Dazu noch öffentlich. Eine Gewerkschaft, deren Grundsätze er doch immer ausdrücklich gewürdigt hatte. Was im Grund auch jetzt noch der Fall war. Umso unerklärlicher war das Ganze ja!

Tagelang hockte er nun mit versteinerter Miene im Bürozimmer seines Hauses und ließ sich von seinen engen Vertrauten über die dumpfe Stimmung berichten, die sich unmittelbar nach dem Aussperrungsbeschluss wie Mehltau über das Unternehmen gelegt hatte. Mit Tränen in den Augen waren viele der Arbeiter nach Hause gegangen. Doch so sehr ihm diese Schilderungen auch auf das Gemüt schlugen: Jetzt würde er hart bleiben! Auf die Gefühle Einzelner durfte er keine Rücksicht nehmen. Es war einfach zu viel passiert. Das Ende war da. Und es musste durchgefochten werden – bis zu einem neuen Anfang. Wann immer dieser erfolgen würde …

Acht Wochen dauerte der Streik, dann waren die finanziellen Mittel der Gewerkschaft erschöpft und Bosch hatte die Machtprobe gewonnen. Genauso, wie es seinem Kalkül entsprochen hatte. Kompromisslos. Am Ende war die Gewerkschaft so gut wie bankrott, die gewaltige Summe von über 700 000 Mark soll sie dieser Streik gekostet haben, während Bosch die meisten seiner Arbeiter wieder einstellte und dann nach diesen acht Wochen genau dort weitermachte, wo ihn der Streik unterbrochen hatte.

Für den Unternehmer war es dennoch ein bitterer Sieg, denn Robert Bosch war um eine Illusion ärmer: Bis zu sei-

nem Tod hat er dieses für ihn alptraumhafte Erlebnis, dass sich seine eigenen Leute gegen ihn gestellt hatten, niemals richtig verarbeiten können. Wie sehr er sich in den auf Arbeitskampf und Aussperrung folgenden Tagen offenbar immer noch in einem seltsam verwirrten Schockzustand gefangen wähnte, zeigte seinen ungläubig staunenden Vertrauten der nächste Schritt. Denn unmittelbar nach Ende des Streiks und der Wiederaufnahme der Produktion in den Bosch-Werkshallen trat er nun dem Verband Württembergischer Metallindustrieller bei. Also ausgerechnet jenem Lager, das er doch bisher aufgrund des »vorgestrigen Gedankenguts«, das dort seiner Meinung nach vertreten wurde, mit beißendem Hohn und Spott überzogen hatte. Es war ein wirklicher Bruch – eine bittere Wegmarke im Leben eines sozial eingestellten Menschen.
Wie eine bittere Ironie des Schicksals gesellte sich am Ende der Auseinandersetzung noch das Fazit hinzu, dass der ganze Streik, der für die Gewerkschaft ja ruinöse Folgen gezeitigt hatte, der Firma Bosch wirtschaftlich keinerlei Schaden zugefügt hatte. Eher das Gegenteil war der Fall, denn aufgrund der momentanen Wirtschaftskrise hätten sie die Produktion ohnehin zurückfahren müssen.
Dennoch brachte auch diese Erkenntnis dem ernüchterten und so maßlos enttäuschten Robert Bosch natürlich keine Befriedigung. In seinen Augen war das viel eher ein Pyrrhussieg, den er da errungen hatte. Egal, wie sehr er sich inzwischen krampfhaft bemühte, alles zu vergessen: Das Verhältnis zu seinen Leuten hatte sich verändert. Ein für alle Mal. Nie mehr konnte es wieder ganz so werden, wie noch vor dem Streik. Von den Anfangszeiten der Firma gar nicht erst zu reden. Leider.

Wenige Wochen später kam es zu einem bezeichnenden Vorfall. Gerade eben war Robert Bosch mit kerzengerade durchgedrücktem Rücken und einem besonders distanzierten Blick (in Wahrheit aber mit klopfendem Herzen) zu einem Betriebsrundgang durch die wieder eröffnete Pro-

duktion aufgebrochen, als sich ihm einer der Lehrlinge aufgeregt in den Weg stellte. Voller Stolz rezitierte der junge Bursche einen Spruch, der als Resultat des Streiks längst in ganz Stuttgart kursierte. Der arme Lehrling meinte, seinem Chef, dem doch seiner Meinung nach so ein schweres Unrecht widerfahren war, damit einen Gefallen zu tun:
»Hät'sch dei Gosch g'halta, na hätt de dr Bosch b'halta,
Go'scht zu de Terrot Söhne, der hat au kei bessere Löhne,
Go'scht zum Eisema', der tut au net meh' na,
Go'scht zu de Daimler, isch dr Lohn no viel kleiner,
Go'scht du na zum Hirth, der zahlt au net, was da witt.«
Nichts Böses ahnend – und noch viel weniger mit Arglist im Sinn – kam nun ein zweiter Lehrling dazu und drängte den ersten zur Seite, um mit einer weiteren Strophe fortzufahren, die er so laut und stolz deklamierte, dass es auch noch die Arbeiter ganz hinten an den Werkbänken verstanden:
»Wenn da des net witt, du Kopper,
na go'scht halt zu Zahn und Nopper,
Und bleibscht dort au a Weile,
na nemmet de z'letscht net amal meh dr Bleyle,
Und wenn's nix ischt im ganze Land,
no go'scht halt zum Verband,
Und der mit seiner große Gosch,
der schickt da halt au wieder zum Bosch.«
Mit der folgenden Reaktion des Unternehmers hatten die beiden Burschen, die ihm mit erwartungsfrohen Mienen ins Gesicht lachten, freilich nicht gerechnet. Zornentbrannt ballte Robert Bosch die Fäuste, während er den völlig entgeisterten Lehrlingen seine Gedanken zu dem für ihn doch eigentlich schmeichelhaften Gedicht entgegenschleuderte.
»So einfach ist das auch wieder nicht. Als wenn es immer bloß ums Geldverdienen ginge. Genau das ist es ja, was ich von meinen Leuten verlange, indem ich sie gut bezahle: Dass sie sich auch noch um andere Dinge kümmern. Um Kollegialität, soziale Verantwortung und um ein gutes Produkt im Interesse unserer Kunden. Darum geht es, nicht

nur um Geld, Geld und wieder Geld. Bei mir kann jeder seine Meinung frei äußern – wenn er in der Lage ist, sie auch zu begründen.« Damit wandte er sich um und ließ die verdatterten Jungen einfach stehen. Es dauerte noch eine gute Viertelstunde, bis er sich wenigstens wieder so weit gefangen hatte, dass er nicht mehr keuchend nach Luft schnappen musste, dermaßen hatte er sich in Rage geredet. Als die Beruhigung endlich eingetreten war, musste er sich eingestehen, dass er in der Zwischenzeit wohl zu einer Art Zauberlehrling geworden war. Denn gerade er war es doch gewesen, der seine Leute immer zum eigenständigen Denken und zur offenen Meinungsäußerung angeregt hatte! Er würde nachher den Leiter der Lehrwerkstatt zu sich kommen lassen und ihn bitten, den beiden unschuldigen Burschen, die zu Opfern seines wieder einmal unbeherrschten Temperaments geworden waren, einen kleinen Extralohn zur Wiedergutmachung des Schadens zu überreichen. Aus seiner privaten Geldbörse natürlich.

1914 Frühjahrsbeginn, Sonnenschein. Robert Bosch hatte für einen kurzen Moment die Augen geschlossen und genoss die warmen Sonnenstrahlen auf seiner Wange, als er durch das weit geöffnete Fenster vom Hof her eine laute Männerstimme hörte. Wenngleich es auch nur Wortfetzen waren, die durch die üblichen Betriebsgeräusche bis an sein Ohr drangen. Aber was er da hörte, wies in eine eindeutige Richtung: Erbfeind, Franzmann, Froschfresser und ähnlich unsägliche Begriffe mehr. Jetzt begann der Mann auch noch mit Singen: »… lieb Vaterland magst ruhig sein, fest steht und treu …«

Bosch stutzte. Das war doch … Ja. »Das ist doch die Wacht am Rhein!« Entrüstet schnellte er in die Höhe und eilte zum Fenster, wo der Gesang lauter zu vernehmen war.

»Aufhören!«, brüllte er mit Donnerstimme und winkte den verdutzten Mann zu sich ans Fenster, wo er ihn streng zur Rede stellte. »Was soll denn das? Agitation dulde ich nicht in meinem Betrieb!«

Der Arbeiter schluckte schwer und unternahm dennoch den Versuch einer Rechtfertigung: »Aber …«

»Nichts aber! Ich dulde solche Sprüche und solche Reden nicht. Erst recht nicht dieses Lied. Schon deshalb nicht, weil wir weltweit tätig sind. Wie Sie vielleicht wissen oder vielleicht ja auch nicht: Mehr als drei Viertel unseres Umsatzes verdanken wir diesen sogenannten ›Ausländern‹. Auch den Franzosen. Ja, hören Sie ruhig einmal ganz genau hin: Auch Ihr Arbeitsplatz wird durch die Franzosen gesichert!«

»Aber …«, versuchte es der Mann ein weiteres Mal. »Aber die Politik von denen … die Franzosen – und auch die Engländer, die sind doch alle gegen uns …«

»So ein Blödsinn! Das ist der Anfang allen Übels, diese Muskelspiele der Generäle, die so etwas behaupten. Wo ist denn da die Arbeitersolidarität geblieben? Wo bleibt die in-

ternationale Verbindung der Arbeiterklasse, wenn Sie solche Sätze einfach nachplappern? Was hat Ihnen denn der französische Arbeiter getan, auf den Sie dann aus dem Schützengraben schießen müssen, wenn es tatsächlich zum Krieg kommt?«
Betroffen senkte der Mann seinen Kopf, zuckte unglücklich mit den Achseln und schien sich umdrehen zu wollen. Doch der Chef war noch nicht ganz fertig mit ihm. »Es ist unangemessen, erst recht für ein Unternehmen wie das Unsere. Ich will so etwas nie wieder in diesem Betrieb hören! Verstanden?«
»Verstanden«, nickte der offensichtlich tief zerknirschte Mann.
»Dann ist es ja gut.« Von seinem zornigen Ausbruch erschöpft, ließ sich Robert Bosch auf den Bürostuhl sinken, stützte den Kopf mit seinen Händen ab und rang dabei schwer um Atem.
Was für eine schlimme Zeit!
Wohin man auch blickte: Überall schien es nur noch Probleme und Schwierigkeiten zu geben. Nicht nur in der Firma, die er seit dem lange vergangenen Streik immer noch mit einem eigenartigem Gefühl betrat, sondern auch in der Familie. Die zunehmende Entfremdung von Anna.
Und jetzt noch die sich dramatisch zuspitzende Weltlage. Die beginnende Radikalisierung selbst in den Reihen seiner Arbeiter, die anscheinend plötzlich vergessen hatten, in welchem Maße ihre Firma, und damit auch ihr eigenes Wohlergehen, von all den »Ausländern« abhängig war, die ihnen plötzlich so verhasst erschienen. Weshalb auch immer! Wie leicht sich die Menschen doch manipulieren und vor den Karren fremder Interessen spannen ließen, sogar um den Preis, ihr Leben in einem sinnlosen Krieg zu opfern. Anlass zur Sorge gab es in diesen Tagen also wirklich mehr als genug.
Zu allem Überfluss hatte sich ausgerechnet auf einem seiner neueren Tätigkeitsfelder ebenfalls massiver Ärger eingestellt. Dabei ging es um einen recht hoffnungsvoll getä-

tigten Unternehmenskauf bei Munderkingen an der Donau. Dort nämlich hatte er vor nicht allzu langer Zeit zusammen mit einigen fähigen Leuten (unter denen sich natürlich auch Gustav Klein befand) eine Idee verwirklicht, die ihn schon lange umgetrieben hatte: Elektrischen Strom nicht nur in der Firma zu verbrauchen, sondern seinen eigenen Strom zu produzieren. Ein Wasserkraftwerk an der Donau! Nach erheblichen Anlaufschwierigkeiten hatte das Werk schließlich bestens funktioniert. Womit die Probleme jedoch erst begannen. Denn die Nachbarn machten ihnen nun das Leben schwer. Die oberschwäbischen Gemeinden und Oberämter, die sich zur sogenannten »OEW«, den Oberschwäbischen Elektrizitätswerken, zusammengeschlossen hatten, rückten dem Elektrizitätsproduzenten Bosch in Munderkingen immer dichter auf den Leib und gruben ihm bald im wahrsten Sinn des Wortes das Wasser ab. Kaum noch ein Abnehmer für seinen Strom wollte sich mehr finden lassen. Sämtliche Verhandlungen, die Bosch persönlich mit den Konkurrenten führte, blieben ebenfalls ohne irgendein konkretes Ergebnis. Sie hatten es ganz offensichtlich auf eine Zermürbungsstrategie angelegt. Das war ihm schon ziemlich bald klar geworden – und dennoch besaß er keine Möglichkeit zur Gegenwehr. Noch nicht einmal auf eine langfristige Kooperation zum beiderseitigen Nutzen wollten sie sich einlassen. Mit einer maßlosen Wut im Bauch blieb Robert Bosch in diesem so unglückseligen Jahr 1914 folglich nichts anderes mehr übrig, als sein schönes Elektrizitätswerk gezwungenermaßen an die OEW zu verkaufen. Um wenigstens nach außen hin den schönen Schein zu wahren, wurde es als Geschäftspartnerschaft dargestellt, doch am Ende war er sang- und klanglos aus dem Munderkinger Werk ausgeschieden. Die Oberschwaben hatten es dem Stuttgarter Unternehmer so richtig gezeigt. Älbler Herkunft hin oder her: Sie waren halt Oberschwaben – und die hielten gegen alles Altwürttembergische nun einmal so fest zusammen wie Pech und Schwefel.

Es war eine der wenigen wirtschaftlichen Niederlagen, die Robert Bosch in seinem Unternehmerleben hinnehmen musste. Was ihn noch Jahre später besonders wurmte, das war die Erkenntnis, gegen eine verschworene Clique aus Kommunal- und Kirchturmpolitikern selbst mit den besten Argumenten keine Chance gehabt zu haben. Wenn bestimmte Interessen gegen das Allgemeinwohl ins Feld geführt wurden, dann hatte das Allgemeinwohl grundsätzlich das Nachsehen. Es war zum aus der Haut fahren!
Kein Wunder, dass Robert Bosch nach all den Nackenschlägen der vergangenen Monate in eine immer tiefere Depression verfiel, zu der sich zu allem Übel auch noch eine schwere Bronchitis hinzugesellte. Ein Teufelskreis!
Zum guten Glück fand er eines Tages wenigstens noch die Kraft, seinen alten Freund Dr. Heinrich Göhrum für eine Untersuchung zu sich zu bitten. Es war in der Tat höchste Zeit dafür gewesen, diese Überzeugung signalisierte das Gesicht des Arztes schon nach der ersten kurzen Inaugenscheinnahme. Mit eindringlichen Worten legte der seinem Patienten eine Kur ans Herz.
»In die Kur gehen!« Ausgerechnet eine Kur! Schon der bloße Gedanke daran ließ Bosch zusammenzucken. »Das hat bei meinem Sohn ja auch nichts geholfen. Unser ganzes großes Haus ist verwaist, weil die Anna mit dem Robert ständig bei nutzlosen Kuren unterwegs ist. Das hilft doch nichts! Und jetzt soll ich also auch noch! Komm, Heinrich, das kann doch nicht dein Ernst sein!«
»Aber du sagst es doch selber. Dieses Haus! Diese Einsamkeit drückt dir doch erst recht auf die Seele. Und weil du mit einer solchen Erkältung auch auf keinen Fall zur Entspannung auf die Jagd gehen solltest, wäre eine Luftveränderung doch genau das Richtige für dich. Zumindest solange niemand aus der Familie da ist, der dich versorgt und dich ab und zu einmal auf andere Gedanken bringt. Was ja aber wohl noch eine ganze Zeit lang nicht der Fall sein wird.«
Heinrich Göhrum kannte seinen Freund lange genug, um genau zu wissen, wo sich dessen wunder Punkt befand. Die

zunehmende Vereinsamung. Gerade Gretel, seine älteste Tochter, die kurz nach dem Streik im Alter von 25 Jahren noch das Abitur nachgeholt hatte, deren Anwesenheit vermisste er besonders. Für Gretel war diese verspätete Reifeprüfung die Grundlage zur »Flucht« aus dem elterlichen Haus gewesen, sie hatte die ewigen Diskussionen und die gedrückte Stimmung einfach nicht mehr ertragen. Weshalb sie in Berlin ein Politik- und Geschichtsstudium aufgenommen hatte.

»Später hat die Gretel ihr Studium dann in Tübingen mit einer außergewöhnlich guten Dissertation über den Bauernkrieg abgeschlossen. Aber selbst wenn sie dann in den Semesterferien nach Hause gekommen ist oder wenn ich sie zwischendurch in Berlin besucht habe, da war irgendwie so eine seltsame Distanz zwischen uns, das hat mir in der Seele wehgetan.« Robert Bosch schüttelte sich unbehaglich und richtete einen ernsten Blick auf seinen Neffen Carl. »Ich denke, du verstehst, was ich damit sagen will. Wenn sich zwischen dir und dem eigenen Kind plötzlich ein unsichtbarer Graben befindet. Ein Graben, der sich einfach nicht auffüllen lässt. Das ist eine fürchterliche Erfahrung.«
Carl nickte mitfühlend. »Ich kann mir vorstellen, wie es dir damals gegangen ist. Obwohl … später seid ihr euch dann ja doch wieder recht nahegekommen, oder?«
»Gott sei Dank!« Robert Bosch schürzte die Lippen. »Es hat zwar reichlich lange gedauert, bis ich mit der Gretel wieder ein Gespräch führen konnte, ohne dass wir gleich heftig aneinandergeraten sind. Aber wie sagt man so schön: Die Zeit heilt alle Wunden. In diesem Fall hat es gestimmt. Zum Glück!«
»Anscheinend braucht es manchmal solche Phasen im Leben, damit man hinterher umso mehr weiß, was man aneinander hat.«
»Du kannst mir glauben, dass ich damals gerne auf diese Phase verzichtet hätte, zumal ein Problem das andere abgelöst hat. Aber gut. Vielleicht musste es wirklich so sein.«

Robert Boschs Gesundheitsprobleme hatten sich durch einen kurzen Jagdausflug, den er – stur, wie er nun einmal sein konnte – entgegen dem ärztlichen Rat der Kur dennoch vorgezogen hatte, wieder einigermaßen gebessert. Allerdings war diese Wirkung nur von kurzer Dauer. Denn kaum war er wieder zu Hause angelangt, empfangen von den alten Sorgen, Problemen und Spannungen, da ging es von vorne los. Was wohl auch an seinem weichen, empfindlichen Gemüt liegen mochte, das man hinter der vorgeblich so rauen Schale ja niemals vermutet hätte.
Eines Tages hatte er deshalb sogar den alten Professor Gustav Jäger, seinen legendären ehemaligen Dozenten, den »Wolle-Jäger«, um einen medizinischen Rat gebeten. Vor allem ging es ihm dabei ganz konkret um seine immer stärkere Empfindlichkeit beim Wechsel von kalt auf warm. Solchen starken Temperaturschwankungen war man ja beim Jagen oftmals ausgesetzt, umso ärgerlicher, wenn er es am nächsten Tag dann wieder einmal auf den Bronchien hatte und im Bett bleiben musste, anstatt seiner liebsten Freizeitbeschäftigung weiter nachgehen zu können. Womöglich also eine Überempfindlichkeit. Jäger freilich hatte eine ganz andere, höchst erstaunliche Vermutung geäußert, nämlich dass es eventuell an den Schuhen liegen könne – genauer gesagt an der Chromgerbung.
Begleitet vom vieldeutigen Mienenspiel seiner Laboranten stellte Robert Bosch daraufhin tatsächlich eigenhändig Versuche an und probierte bei den Schuhen die verschiedensten Modelle von unterschiedlichen Lieferanten aus. Bis er nach einiger Zeit, als er die Hoffnung eigentlich schon fast hatte fahren lassen, doch noch auf einen kleinen Dorfschuhmacher gestoßen war, der ihm das Versprechen gab, nur solches Leder zu verarbeiten, das von kleinen Gerbereien auf dem Land stammte. Handwerksbetriebe, die er sogar persönlich unter die Lupe genommen hatte und bei denen er folglich sicher garantieren könne, dass keine Chromgerbung erfolgt war. Die Schuhe kosteten natürlich ein ordentliches Geld. Aber das war Robert Bosch die Wieder-

herstellung seiner Gesundheit wert. Diesem Schuhmacher würde er also von nun an jahrzehntelang die Treue halten – denn seitdem war die lästige Kalt-Warm-Empfindlichkeit bei ihm tatsächlich weitgehend verschwunden.

Inzwischen jedoch hatten die Dinge ihren offenbar unabänderlichen Lauf genommen. Mit Schaudern erinnerte sich Robert Bosch später an die folgenden Monate dieses Jahres zurück. Spätestens seit dem 28. Juni 1914, dem Tag des Attentats auf den österreichischen Thronfolger Erzherzog Franz Ferdinand in Sarajevo, war ihm klar geworden, welche Katastrophe da am Horizont heraufdämmerte. Der später so genannte Erste Weltkrieg.

»Und dann ist damals zu allem Überfluss wieder mal der Graf Zeppelin mitsamt seinen ganzen Geldsorgen erschienen und hat gemeint, ich sei der einzige Ausweg, der ihm noch bliebe, nachdem sich der Stahlbaron Krupp von Bohlen standhaft geweigert habe, ihn überhaupt nur zu empfangen, weil er – wie sich Zeppelin ausgedrückt hat – um seinen Geldbeutel fürchtete. Zu Recht natürlich. Und dennoch: So geht man nicht mit einem verdienten Mann um. Man sagt ihm dann zumindest ehrlich ins Angesicht, welche Entscheidung man getroffen hat. So viel Rückgrat muss ein Mensch doch besitzen, um offen und ehrlich seine Meinung und seine Haltung zu vertreten! Nun gut. Der Graf Zeppelin hat sich bei mir sogar dafür bedankt, dass ich ihn empfangen habe! Vermutlich hat allein schon dieser ungewöhnliche Dank meinen Widerstand gebrochen. ›Exzellenz‹, habe ich zu ihm gesagt, ›das ist doch selbstverständlich, dass man miteinander spricht.‹ Aber das Gespräch ist dann wirklich teuer für mich geworden – leider nicht nur in finanzieller Hinsicht. Das hat später noch ganz andere Auswirkungen gehabt! Er hatte zwar seinerzeit, nach der Explosion des LZ 4 im Sommer 1908, bald wieder genug Geld beieinander, um neue Luftschiffe bauen zu können, aber das hat ihm nicht genügt. Er wollte ja noch viel mehr:

die Atlantiküberquerung mit dem Luftschiff! Vier Jahre vorher habe ich es noch abgelehnt, ihm finanziell unter die Arme zu greifen, weil ich es für absolut unrealistisch gehalten habe, dass man ein solches Luftschiff bauen kann, das bis nach Amerika fliegt – oder vielmehr fährt, wie der Zeppelin das ja genannt hat. Aber gut, diesmal hat er den Hugo Eckener mit eingespannt, das ist ein Mann, wenn der anfängt, dich von etwas überzeugen zu wollen, dann wird er nicht eher ruhen, bis er das Ziel erreicht hat. Du liebe Güte, mir tropft noch heute der Schweiß von der Stirn, wenn ich nur daran denke, wie der mich damals in die Mangel genommen hat.« Robert Bosch fuhr sich mit dem Handrücken über seine in der Tat schweißglänzende Stirn. »Er hat mich so lange bearbeitet, bis ich mich zu einem Besuch in Friedrichshafen bereit erklärt habe. Dort war ich wirklich schwer beeindruckt und deshalb habe ich ihm mit immerhin 500 000 Mark unter die Arme gegriffen. Was mich an diesen beiden Männern fasziniert hat, war, dass sie ihr Ziel nie aus den Augen verloren haben – allen Rückschlägen zum Trotz. Das hat mich an meine eigenen Anfangsjahre erinnert. Und dann ist natürlich hinzugekommen, dass ich nicht vergessen habe, wie sich der Zeppelin im Jahr 1899 gegen den wutschnaubenden Gottlieb Daimler durchgesetzt und auf einer Boschzündung in seinem großen Luftschiffmotor bestanden hat, der dann auch tatsächlich beim Jungfernflug im darauffolgenden Jahr mit meiner Zündung bestückt war, die problemlos funktioniert hat – was der Daimler dann aber nicht mehr erlebt hat. Diese Haltung, die hat mir gezeigt, welch visionäre Kraft und welch hohes technisches Verständnis da am Werk gewesen sind. Und so war es dann ja auch: Die Dinge sind gewaltig ins Laufen gekommen, die Technik, die der alte Graf Zeppelin ausgetüftelt hatte, hat sich wirklich bestens bewährt, bis zu dieser schrecklichen Hindenburg-Katastrophe kürzlich in Lakehurst.«
Carl Bosch wiegte skeptisch seinen Kopf. »Wobei ich übrigens nicht glaube, dass da Sabotage im Spiel war.«

Sein Onkel nickte bestätigend. »Ich glaube das auch nicht. Welchen Grund hätten die Amerikaner denn dafür haben sollen.«
»Eben. Aber dem Hitler ist das natürlich grade recht gekommen. Dennoch, nach allem was ich weiß, und einige der an der Untersuchung beteiligten Techniker kenne ich persönlich und vertraue ihnen auch, war es wohl eine Verkettung unglücklicher Umstände. Was an der menschlichen Tragödie mit den 35 Todesopfern natürlich nicht das Geringste ändert.«
»Da hast du recht. Aber … wo war ich stehen geblieben?«
»Bei der Faszination der Luftschiffe.«
»Ja, richtig. Wenn wir damals schon geahnt hätten, was noch alles werden wird … Auch, dass sich der Gustav Klein dermaßen vom Flugvirus des Grafen Zeppelin anstecken lässt. Vielleicht wäre er noch am Leben, wenn ich dem Grafen damals die Unterstützung verweigert hätte.«
»Hätte, wollte, könnte … Das bringt nichts mehr.«
»Trotzdem: Der Gustav Klein fehlt mir schon sehr. Nach wie vor. Die Lücke, die er nach seinem Absturz hinterlassen hat, war im Unternehmen lange Zeit nicht zu schließen und ist es im Grunde genommen eigentlich auch heute noch nicht ganz, nach so vielen Jahren.«

Zunächst freilich war der befürchtete Krieg am 1. August 1914 tatsächlich ausgebrochen: Erst mit Frankreich und bald schon, so schien es ihm, lagen die Deutschen im Kampf mit der halben Welt.
Kurz nach dem Beginn dieses unseligen Krieges hatte Robert Bosch gemeint, seinen Ohren nicht trauen zu können, als er Kenntnis davon erhielt, dass ausgerechnet sein Neffe Carl Bosch zusammen mit anderen Industrieführern das sogenannte »Salpeterversprechen« abgegeben hatte: Schießpulver für die deutsche Armee! Dabei handelte es sich um die Garantie der deutschen Chemieindustrie, genügend Schießpulver für den Kriegsfall herzustellen, die Rückversicherung für die kriegslüsternen Generäle. Nie-

mand anderes als Carl war es gewesen, der als leitender Wissenschaftler der BASF sein Wort gegeben hatte, dass man den in Deutschland herrschenden Mangel an Grundstoffen zur Schießpulverherstellung auf chemisch-technischem Weg lösen könne. In der technischen Umsetzung von wissenschaftlichen Erkenntnissen galt Carl als echtes Genie. Und so war er also darangegangen, innerhalb kürzester Zeit in Leuna ein gewaltiges Produktionswerk aufzubauen, das die deutsche Armee ab dem Jahr 1916 mit Schießpulver versorgte. Im Nachhinein betrachtet war dieses Versprechen ein schwerer Fehler gewesen, den Carl bitter bereute. Aber es war zu spät. Der Weltkrieg hatte begonnen.

Eine nicht nur wirtschaftliche, sondern vor allem eine politische Katastrophe in den Augen von Robert Bosch – und dazu eine fürchterliche menschliche Tragödie für die Familie seines Schwagers und Freundes Eugen Kayser, denn gleich in den ersten Wochen nach Kriegsausbruch fielen mit Walter und Eugen zwei von dessen Söhnen. Als wenn es damit nicht genug wäre, starb im September seine Mutter, Robert Boschs Schwiegermutter – und im November fand auch noch der dritte Sohn Hans den Tod auf dem Schlachtfeld! Es war fürchterlich. Anna, die sich in der Pflege ihres eigenen Sohnes längst verzehrte, verfiel darauf in eine tiefe Depression. Was ihr besorgter Ehemann auch unternahm, an Aufmunterungsversuchen und Geschenken: Sie ließ ihn einfach nicht mehr an ihrer Gedankenwelt teilnehmen. Die Entfremdung der Eheleute war auf ihrem Tiefpunkt angelangt. Und auch in diesem Fall konnte wieder einmal kein Geld der Welt darüber hinweghelfen!

Umso mehr empfand er es als seine persönliche Verpflichtung, anderen Menschen zu helfen, die diese Hilfe auch gut gebrauchen konnten. Denn viele Familien würde der Krieg ebenso hart treffen wie die Familie seines Freundes Eugen Kayser. Dazu auch noch wirtschaftlich. Wenigstens denen wollte er eine Hilfestellung geben, um sie über die gröbsten

Folgen hinwegzubringen. Und so spendete Robert Bosch der Stadt Stuttgart aus seinem eigenen Vermögen die stattliche Summe von 100 000 Mark »zur Linderung der ersten Kriegsnot« und organisierte zudem die »Kriegshilfe von Handel und Industrie«, die er gleich mit einem Startkapital von 300 000 Mark ausstattete. Dazu wurde in den Fabrikgebäuden ein Kriegslazarett eingerichtet. Wenn ein stattliches privates Vermögen einen Sinn machte, dann jetzt, in dieser bedrängten Zeit. Was konnte er sonst schon tun in einem Krieg, den er genauso gerne verhindert, wie auf der Stelle beendet hätte. Im Gegensatz zu vielen Unternehmern, die im nationalen Pathos glänzende Geschäfte machten. Geschäfte mit dem Krieg? Kriegsgewinnler? Nein! Nicht beim Bosch! Gleich bei Kriegsausbruch hatte er für sich beschlossen, über sämtliche durch Militäraufträge entstandenen Gewinne genau Buch zu führen. Um sie der Allgemeinheit zukommen zu lassen. Und zwar restlos. Etwas anderes kam für ihn nicht infrage.

Das Jahr 1917 wurde zu einem ganz besonders schlimmen Katastrophenjahr: Während Robert Bosch selbst an einer Herzerweiterung erkrankt war, starb am 13. Mai Professor Gustav Jäger im Alter von 84 Jahren. Ein herber Verlust, der jedoch nicht der einzige bleiben sollte.

Denn auch Gustav Klein, der längst als sein Nachfolger ausersehene Bosch-Direktor, war bei einem Flugzeugabsturz ums Leben gekommen. Ausgerechnet Gustav Klein! Der fähigste unternehmerische Kopf in der ganzen Firma, der ihm vor zwölf Jahren entscheidend den Weg aus den unsäglichen Turbulenzen mit Simms gewiesen hatte. Klein – ohne den die gewaltige internationale Expansion des Unternehmens mit nunmehr 7000 Beschäftigten undenkbar gewesen wäre. Gustav Klein war tot. Verunglückt bei diesem saudummen Flugzeugabsturz!

Er hätte ihn einfach nicht zum Grafen Zeppelin ziehen lassen dürfen, ein Vorwurf, den sich Bosch in den folgenden Tagen und Wochen immer und immer wieder machte.

Wohl wissend, dass es für den impulsiven und extrem begeisterungsfähigen Gustav Klein dennoch kein Halten gegeben hätte. Egal, was er an Gegenargumenten, Ultimaten oder gar Verboten auch ins Feld geführt hätte. Es hätte nichts genützt. Denn wenn Gustav Klein erst einmal von einer Idee überzeugt war, dann pflegte er sie auch mit aller Konsequenz umzusetzen – darin ähnelten sich die beiden Männer beinahe wie Zwillinge. Vielleicht standen sie sich gerade deswegen so nahe – und vielleicht empfand Robert Bosch auch aus diesem Grund Kleins Tod als so furchtbar schmerzhaft.

Es war ihm gar nichts anderes übrig geblieben, als Gustav Klein für dieses tollkühne Vorhaben des Grafen Zeppelin freizustellen. In der begründeten Hoffnung, dass der umtriebige Klein nach der erfolgreichen Durchführung des Projekts schon wieder den Weg zurück zum Bosch finden würde. Denn wenn eine Sache erst einmal reibungslos lief, wurde es Klein rasch langweilig. Das war ja auch der Grund dafür gewesen, weshalb der überhaupt eine neue Herausforderung gesucht hatte. Auch deswegen, weil aufgrund der Kriegssituation die längst von ihm geplante weitere Expansion im Ausland ins Stocken geraten war. »Aber nur dasitzen, in der Nase bohren und mich auf meinen Lorbeeren ausruhen, das ist einfach nicht mein Fall.« Er brauche eine neue Aufgabe, die seine ganze Konzentration erfordere. Und zwar möglichst Tag und Nacht. Erst das mache ihn zu einem zufriedenen Menschen. Die Faszination, scheinbar unüberwindbare Grenzen doch zu überwinden.

Schweren Herzens hatte Robert Bosch also der dringenden Bitte des Grafen Zeppelin nachgegeben und seinem verdienstvollen Mitarbeiter Klein keinen Stein in den Weg gelegt, damit der zusammen mit zahlreichen visionären Konstrukteuren sein kühnes Projekt eines riesigen Bombenflugzeugs angehen konnte, das sämtliche bisher gekannten Maßstäbe in der Luftfahrt sprengen sollte.

Eine einzige Bedingung hatte Bosch dem greisen Luftfahrtpionier bei Kleins Freigabe jedoch gestellt: Auf keinen

Fall dürfe er Klein die Erlaubnis geben, so ein Flugzeug jemals selbst zu steuern. Denn bei Kleins überschäumendem Temperament konnte man nie wissen, zu welch tollkühnen Kapriolen der sich im Eifer des Gefechts hinreißen lassen würde. Graf Zeppelin war bereitwillig auf diese Bedingung eingegangen, Hauptsache, er wusste Klein an seiner Seite. Nur mit einem Organisationstalent wie Klein konnte der kühne Traum in die Wirklichkeit umgesetzt werden. Mit einer Flügelspannweite von 43 Metern handelte es sich in der Tat um ein Riesenflugzeug. Angetrieben von drei Maybach-Motoren mit jeweils 240 PS konnte es 3000 Kilogramm Nutzlast befördern. Natürlich waren die gewaltigen Motoren ausgestattet mit Bosch-Zündungen, wie ja schon das erste deutsche Motorflugzeug im Jahr 1910 ganz selbstverständlich eine Bosch-Zündung erhalten hatte. Mit Fug und Recht durfte sich das Unternehmen Bosch inzwischen also auch mit zu den entscheidenden Schrittmachern des Flugzeugbaus in Deutschland zählen lassen. Insofern schien es nur folgerichtig, dass einer der fähigsten Boschleute nun bei dem neuen Flugzeugtyp die Führung übernommen hatte.

Immer größer, immer stärker, immer leistungsfähiger, das war so recht nach dem Geschmack des Draufgängers Gustav Klein. Und natürlich kam es genauso, wie von Robert Bosch vorhergesagt: Kaum war das erste Riesenflugzeug technisch geglückt, stieß Klein in neue, noch kühnere Dimensionen vor. Nur wenige Monate nach seinem vielbestaunten Jungfernflug wurde der gewaltige Bomber (das sogenannte R-Flugzeug, der Buchstabe »R« stand aus naheliegenden Gründen für die Abkürzung »Riesen«-Flugzeug) schon weiterentwickelt. Bis man ihn schließlich mit sage und schreibe fünf Maybach-Motoren bestücken konnte. Und das, obwohl es vor drei Jahren noch für undurchführbar gegolten hatte, ein derart schweres Flugzeug zu konstruieren. Niemand hatte geglaubt, dass ein solcher Koloss jemals vom Boden abheben könne. Dennoch war es geglückt. Doch Klein, der sich nach der Umsetzung des kühnen Vorhabens schon wieder zu langweilen begann, wollte noch mehr: Endlich wolle er seinen Traum von einem transatlantischen Ozeanflug verwirklicht sehen.

»Und ich werde es auch als Erster schaffen, das können Sie mir glauben.« Wie zur Bekräftigung seines festen Willens klopfte Gustav Klein mit den Fingerknöcheln auf die Tischplatte, nachdem er dem erstaunten Robert Bosch am 9. März 1917 bei einem seit Langem geplanten Zusammentreffen in der Berliner Pringsheim Villa über seine neuesten, noch wesentlich verwegeneren Pläne berichtet hatte. Ein Flugzeug mit 2000 PS wolle er bauen, um damit über den Atlantik zu kommen. Und zwar, was die Sache alles andere als einfacher machte, von Ost nach West, von Europa nach Amerika, also gegen die vorherrschende Windrichtung.

»Ein unmögliches Unterfangen! Vollkommen verrückt. Aber ich weiß, ich weiß«, hob Bosch beschwichtigend seine Hände in die Höhe, um damit dem Protest seines quirligen Gegenübers gleich im Ansatz zu begegnen. »Wenn es einer schafft, das Unmögliche möglich zu machen, dann sind Sie es, Herr Klein. Die Frage ist für mich nur, ob es sein muss, zumal in diesen Zeiten, wo wir nicht wissen, wann und ob sich die Vereinigten Staaten womöglich am Krieg gegen Deutschland beteiligen werden.«

»Niemals! Das machen die Amerikaner auf keinen Fall. Dafür ist die Freundschaft, die unsere Völker verbindet, viel zu groß. Und wenn mein Transozean-Flug mit der erfolgreichen Landung auf dem amerikanischen Festland abgeschlossen ist, dann wird der Jubel in Amerika keine Grenzen mehr kennen. Dann passt endgültig kein Blatt Papier mehr zwischen Deutschland und die USA.«

»Ihr Wort in den Ohren der Generäle. Wenn ich allerdings hören muss – wie das in den vergangenen Wochen leider des Öfteren der Fall war –, dass da gerade von deutscher Seite ausgerechnet in Mexiko Stimmung gegen die Vereinigten Staaten gemacht wird, und wenn es stimmt, dass sie ernsthaft den U-Boot-Krieg gegen die USA erwägen, dann habe ich allerdings meine Zweifel daran, ob Sie Ihr Vorhaben noch werden verwirklichen können. Nicht, dass Ihnen der Krieg zuvorkommt.«

»Das … das wäre ja … Nein!« Entschieden schüttelte Gustav Klein den Kopf. »Niemals! Die USA werden sich niemals in einen Krieg gegen uns hineintreiben lassen. Deshalb bin ich auch umso entschlossener, das Flugzeug so rasch wie möglich zu bauen, um damit die Bande zwischen unseren Staaten noch fester zu knüpfen.«

»Nun ja, es wäre natürlich wünschenswert, wenn Sie in allen Punkten recht behalten würden, keine Frage. Aber einmal abgesehen von der Politik: So zuversichtlich, wie Sie sich geben, scheinen Sie bei der Bewältigung der technischen Fragen bereits sehr weit fortgeschritten zu sein?«

»Und ob! Die Leute, die schon viele Jahre beim alten Zeppelin gearbeitet haben, sind in der Tat ganz hervorragende Experten. Die besten Spezialisten, die man sich auf dem Gebiet der Luftfahrt nur wünschen kann. Und auch sie haben den Ehrgeiz, nach der erfolgreichen Entwicklung des Riesenbombers zusammen mit mir in ganz neue Dimensionen vorzustoßen. Die Produktion des Bombers ist letztlich nur noch Routine, die kann jetzt von normalen Technikern ausgeführt werden. Meine Ingenieure aber wollen mehr: Sie wollen mit dem weiterentwickelten R-Flugzeug den ersten Transatlantikflug in der Menschheitsgeschichte angehen. Sie können es nicht nur schaffen, sondern sie werden es auch schaffen. Ich freue mich jetzt schon auf den Moment, wenn ich meinen Fuß auf amerikanischen Boden setze. Sogar den Jubel der Massen kann ich jetzt schon hören. Schade nur, dass der alte Zeppelin gestern leider gestorben ist und diesen neuen Triumph, den ich ja mithilfe seiner Leute erzielen werde, nicht mehr selbst erleben darf.«

»Nun gut, er hat mit seinen beinahe 79 Lebensjahren doch ein schönes Alter erreichen dürfen«, bemerkte Bosch dazu trocken. »Aber Sie haben natürlich recht, auch mir ist der alte Graf im Lauf der Jahre ans Herz gewachsen, so sehr er einem mit seinen ganzen Plänen und ständigen Finanznöten auch auf die Nerven gehen konnte. Er war ein Mann mit Visionen – von solchen Leuten dürfte es ruhig noch ein paar mehr geben. Immerhin hat er seinen Lebenstraum mit dem Bau des Luftschiffs noch verwirklicht gesehen. Das war einer von einem ganz ähnlichen Schlag wie Sie: Kaum ist die eine Herausforderung bewältigt, da wendet man sich schon der nächsten zu.«

»Na ja, so ist das bei mir nun einmal. Daran kann ich nichts Schlechtes erkennen«, brummelte Gustav Klein etwas ungehalten in seinen dunklen Vollbart hinein.

»Sie brauchen sich jetzt nicht gleich darüber aufzuregen«, beschwichtigte ihn sein Gesprächspartner, während ein amüsiertes Lächeln über seine Miene huschte. »Das ist schon recht so, dass es Leute vom Schlage eines Graf Zeppelin und Gustav Klein bei uns gibt – und hoffentlich weiter geben wird. Man sollte sich niemals auf den Lorbeeren von gestern ausruhen, sondern beständig vorwärts strebend versuchen, sein Produkt zu verbessern. Das ist ja auch meine Devise, nach der ich mein ganzes Unternehmen ausgerichtet habe. Allerdings, wenn ich mir vorstelle, wie sie demnächst beim Staatsbegräbnis für den Grafen Zeppelin in Stuttgart dann alle wieder mit betroffenen Gesichtern an seinem Sarg vorbei defilieren werden – gerade auch jene, bei denen er regelmäßig vor verschlossener Tür gestanden hat … fürchterlich!« Robert Bosch schüttelte sich unbehaglich.

»Es ist halt immer das Gleiche mit den Menschen«, antwortete Gustav Klein. »Vorher wird man keines Blickes gewürdigt, sondern als Spinner abgetan, und hinterher wollen sich alle im Glanz des Ruhmes sonnen und behaupten dann, sie hätten es ja schon immer gewusst. In der Tat: Fürchterlich! Nun ja, lassen wir die düsteren Gedanken und wenden wir uns lieber einer erfreulichen Zukunft zu: Morgen früh will ich wieder fliegen. Der Prototyp des neuen R-IV-Flugzeugs ist inzwischen fertig geworden. Hätten Sie eigentlich nicht Lust vorbeizukommen? Denn im Grunde genommen handelt es sich ja mit um ihr Verdienst, dass sich dieses Flugzeug in die Luft erheben kann. Wenn Sie dem

Grafen damals nicht das notwendige Startkapital gegeben und sogar die erste Produktionsfirma mitgegründet hätten, dann stünden wir heute nicht da, wo wir nun stehen. Übrigens: Schon von seiner ganzen Optik her ist das neue Flugzeug ein echter Genuss und seine Flugeigenschaften sind trotz seiner enormen Größe erstaunlich. Von daher wäre es vielleicht sogar erwägenswert, dass auch Sie einmal …«

»… womöglich selber fliegen? Nein, danke! Das ist absolut nicht mein Fall. Luft hat bekanntlich keine Balken, ich stehe lieber fest mit den Füßen auf dem Boden. Und überdies muss ich morgen schon recht früh wieder zurück nach Stuttgart. Aber sagen Sie, wollen Sie morgen wirklich fliegen? Nach allem, was ich über die Wettervorhersage weiß, soll es kein besonders schöner Tag werden.«

»Ach was«, wischte Klein den Einwand mit einer lässigen Handbewegung beiseite. »So ein bisschen Wind und Kälte, das haut einen richtigen Flieger nicht gleich aus den Schuhen. Das ist ja zusätzlich so etwas besonders Faszinierendes an der Fliegerei, diese ständige Herausforderung. Der ewige Kampf mit den Elementen. Und wenn man dann erst in der Luft ist! Gerade unser neues Flugzeug zeichnet sich ja durch den Umstand aus, dass es selbst bei eher mäßigen Wetterbedingungen vom Boden abheben kann.«

»Na ja, wenn Sie meinen«, zeigte sich Bosch nach wie vor eher skeptisch. »Aber Sie werden nicht selbst am Steuer sein, nicht wahr?«

Gustav Klein kommentierte die besorgte Frage mit einem trockenen Lachen. »Ach, von da her weht der Wind? Nein, keine Sorge, das habe ich Ihnen ja hoch und heilig versprechen müssen, dass ich mich nicht selber an den Steuerknüppel setze – so sehr es mich auch reizen würde«, fügte er augenzwinkernd noch hinzu. »Aber ein Wort ist nun mal ein Wort – und deswegen wird der Hans Vollmoeller wieder das Steuer übernehmen. Er ist zwar noch ein junger Mann, aber erstens ein Schwabe von echtem Schrot und Korn und dazu zweitens ein hochbegabter Flugzeugführer. Da machen Sie sich also einmal bitte keine Sorgen.«

»Dann bin ich ja einigermaßen beruhigt. Denn ich würde Sie nur höchst ungern verlieren. Sowohl für die Firma als auch für mich persönlich wäre das ein großer Verlust. Bedenken Sie das bitte bei allem, was Sie tun: Seien Sie vorsichtig, wir brauchen Sie noch!«
»Bin ich doch immer«, entgegnete Gustav Klein lässig und bedachte seinen Mentor mit seinem bekannten, nonchalanten Lächeln. »Und jetzt lassen Sie uns endlich rüber in den Speisesaal gehen. Ich habe nämlich einen mordsmäßigen Hunger. Hoffentlich gibt es heute etwas Gescheites zum Essen und nicht wieder irgendwelche Teltower Rübchen oder so ein anderes preußisches Kaninchenfutter.«

Robert Boschs Sorgen waren nicht unbegründet gewesen. Denn keine 24 Stunden nachdem sich die beiden Männer voneinander verabschiedet hatten, war Gustav Klein tot. Abgestürzt mit dem Flugzeug!
Die Wetterbedingungen an diesem 10. März 1917 waren alles andere als günstig gewesen. Doch Klein hatte auf dem Flug bestanden. Neben Gustav Klein starben auch der junge Pilot Hans Vollmoeller und drei Monteure. Die Unglücksursache blieb für immer rätselhaft: War es ein Konstruktionsfehler, ein defektes Flugzeugteil, die eisige Kälte, der böige Wind, die schlechten Sichtbedingungen um die Landepiste oder handelte es sich gar um einen Pilotenfehler? Es ließ sich nie mehr klären. Nur der verzweifelte Ausruf, der mehrfach aus dem Mund des sterbenden Gustav Klein drang, hallte den Ärzten noch Wochen später wie ein düsteres Menetekel in den Ohren: »Vollmoeller! Links! Vollmoeller! Links!«
Aber Gustav Klein war tot.
Und zu allem Übel erfolgte am 6. April 1917 auch noch die Kriegserklärung der USA gegen das Deutsche Reich!

Im Juni 1917 trat der Gemeinderat von Feuerbach mit einem Ansinnen an Robert Bosch heran. Dabei ging es um einen neuen Straßennamen. Dem großen Gönner und Förderer zu Ehren wolle man eine Straße in Feuerbach künftig Robert-Bosch-Straße nennen. Ein Ansinnen, das natürlich sehr ehrenvoll und gut gemeint war, doch Bosch lehnte entschieden ab. Er empfahl den Räten vielmehr, die Straße lieber Gustav-Klein-Straße zu nennen, denn es sei ja gerade auch das Verdienst Gustav Kleins gewesen, dass sich die Tätigkeit der Firma segensreich auf das ganze Umland ausgewirkt habe. Allein dieser Hinweis verdeutlichte, wie eng verbunden Robert Bosch sich dem Verstorbenen fühlte, und ließ vermuten, wie sehr er unter dem Tod eines seiner engsten Weggefährten zu leiden hatte. Immerhin zeigten sich die Feuerbacher mit dem Vorschlag einverstanden. Auch sie begannen zu erahnen, welchen Verlust nicht nur Robert Bosch persönlich, sondern auch die Firma Bosch, Feuerbach und letztendlich die ganze Region um Stuttgart mit Kleins Tod erlitten hatte.

Kein Wunder, dass sich bei Robert Bosch die dramatischen Entwicklungen dieser Tage in zahlreichen Erkrankungen niederschlugen: Bronchitis, Fieber, das durch die Herzerweiterung bedingte, immer wieder wie aus heiterem Himmel einsetzende Herzrasen, der allmählich besorgniserregend hohe Bluthochdruck! Ein Leiden gesellte sich zum anderen, es war eine regelrechte Spirale der Gebrechlichkeit. So schlimm war es noch nie gewesen. Das war der ausschlaggebende Grund dafür, weshalb er sich nun doch widerwillig dem dringenden Rat von Heinrich Göhrum beugte und sich zu einem ausgiebigen Kuraufenthalt nach Wiesbaden begab. Es bedurfte freilich einiger Wochen, bis er sich wenigstens einigermaßen erholt hatte und wieder leidlich zu Kräften kam. Kräfte, die er in den kommenden Jahren auch dringend benötigen würde.
Zumal sich die Lebensbahn des gerade einmal 26 Jahre alten Robert mit schrecklicher Konsequenz ihrem bitteren Ende zuneigte. Man brauchte kein Arzt zu sein, um das zu erkennen. Es reichte schon, wenn man den zusehends schwächer werdenden Robert in seinem Rollstuhl nur kurz

betrachtete. Auch wenn Robert Bosch diese Erkenntnis gegenüber seiner Frau natürlich niemals aussprechen durfte. Aber wie sollte es nach dem Tod von Gustav Klein jetzt in der Firma weitergehen? Noch mehr Last, die sich auf seine Schultern legte? Nein und nochmals nein. Das kam keinesfalls in Betracht. Es wäre auch gar nicht möglich. Allein vom gesundheitlichen Aspekt her.

Was also tun? Wer würde Klein am ehesten ersetzen können?

Da gab es im Grunde genommen nur einen: Gottlob Honold. Ja, das war der Mann, der jetzt eben einen wichtigeren Part in der Firmenleitung übernehmen musste und nicht mehr nur als Leiter der Entwicklung fungieren konnte. Er würde sich künftig also in die Firmenleitung einbinden lassen müssen. Ob ihm das passte oder nicht. Denn nur ihm und seiner langjährigen Erfahrung konnte Bosch in dieser Lage blind vertrauen. Auch wenn Honold bekanntermaßen viel lieber die persönliche Freiheit zum Erforschen und Erproben von neuen Techniken vorgezogen hätte, musste er sich jetzt, in dieser kritischen Phase, eben dem großen Ganzen unterordnen. Was anders hätte man denn sonst tun sollen? Etwa völlig unbekannte Leute aus anderen Firmen holen und denen »von jetzt auf nachher« die Geschicke eines Unternehmens mit inzwischen gut 7000 Beschäftigten anvertrauen? Nein! Das kam für Robert Bosch keinesfalls infrage.

Andererseits: Was würde grundsätzlich aus der Firma werden, wenn ihm etwas zustieß? Auch für diesen Fall musste nun dringend Vorsorge getroffen werden. Schweren Herzens entschloss er sich, das Wagnis der Umwandlung in eine Aktiengesellschaft einzugehen. Vielleicht war das ja die Lösung für die ganzen Personalprobleme? Vielleicht, vielleicht auch nicht. Man würde es jetzt halt probieren müssen und das Experiment mit der Möglichkeit versehen, es im Fall eines Falles aber auch wieder rückgängig machen zu können.

Irgendwie beschlich Robert Bosch bei dieser Entscheidung von Anfang an jedoch ein unangenehmes Gefühl, denn in

ihrer Konsequenz bedeutete diese Maßnahme ja schon, dass auf lange Sicht gesehen, eines Tages Leute im Betrieb mitreden würden, die bislang mit Bosch nie etwas verbunden hatte. Fremde also, selbst wenn es sich dabei um die Kinder seiner heutigen Direktoren handelte. Bei denen konnte er sich noch einigermaßen sicher sein, dass es sich um gute Leute handelte. Aber was war nach spätestens einer weiteren Generation, wenn dann die Enkel einen wesentlichen Teil des Firmenkapitals besitzen würden? Konnte das überhaupt gut gehen? Konnte, ja durfte man wirklich das Wagnis eingehen, dass völlig unbekannte Menschen die Geschicke von Bosch lenken würden? Leute, die der Firmengründer niemals kennengelernt hatte! Allein, wenn er an die Spannungen zurückdachte, die während des Streiks von 1913 in seiner eigenen Familie geherrscht hatten.
Gustav Klein war also mit seiner dringenden Empfehlung, dass Robert Bosch rechtzeitig Vorsorge »für den Fall der Fälle« treffen müsse, schon auf dem richtigen Weg gewesen. Andererseits: Klein war tot, und auf ihn hatte er bislang doch seine ganzen Hoffnungen gesetzt. Sei es also, wie es wolle: Er musste den Schritt in die Aktiengesellschaft einfach wagen. Immerhin würde das den Vorteil mit sich bringen, dass er sich nunmehr als künftiger Aufsichtsratsvorsitzender vom eigentlichen Tagesgeschäft zurückziehen konnte. Was ja im Grunde genommen schon lange sein Traum gewesen war, auch wenn er sich alles ganz anders vorgestellt hatte.
Zum Glück gab es neben dem innerlich zähneknirschenden Honold ja auch noch seinen Schwager Eugen Kayser, dem eine Ablenkung von seinem familiären Drama in Form einer besonders verantwortungsvollen Leitungsfunktion in der Firma gerade jetzt sicherlich guttun würde. Und dann waren da mit Heinrich Kempter und Paul Scheuing ebenfalls noch zwei langjährige Vertraute, die den Firmengründer mit ihrer Berufung in den Vorstand sicherlich ebenfalls nicht enttäuschen würden.
So wurden aus der Firma Bosch im Juli 1917 nun also die »Bosch Metallwerke Aktiengesellschaft«. Und Eugen Kay-

ser durfte dabei von nun an als wichtigster Statthalter des Firmengründers gelten.

In diesem Jahr war Robert Bosch auch Ehrenbürger von Stuttgart geworden. Das war selbst für den Gastwirtssohn von der Schwäbischen Alb, dem solche Ehrungen ansonsten eher ein Gräuel waren, doch eine ganz besondere Auszeichnung, die natürlich vor allem deshalb erfolgt war, weil er schon im vergangenen Jahr seine gesamten bisherigen Kriegsgewinne für die Allgemeinheit gespendet hatte. Dabei handelte es sich um die riesige Summe von 13 Millionen Mark, die er unter anderem zum Bau des Neckarkanals bereitgestellt hatte. Hinzu kamen weitere großzügige Spenden für die unter den Kriegsfolgen leidende Bevölkerung. Alle diese Spenden waren von Bosch veranlasst worden, ohne großes Aufheben davon zu machen – wie es eben seine Art war. Erst jetzt, nach der Verleihung der Ehrenbürgerwürde, erfuhren die meisten Stuttgarter davon. Manches andere blieb ihnen noch lange Jahre verborgen, zum Beispiel, dass Robert Bosch es war, der es dem liberalen Politiker Friedrich Naumann mit einer weiteren Geldspende erst ermöglicht hatte, in Berlin die sogenannte Staatsbürgerschule zu gründen, die spätere Hochschule für Politik. Allesamt Herzensanliegen für Robert Bosch, die seiner lebenslangen Überzeugung entsprangen, nämlich dass die Gesellschaft nur dann in eine sichere Zukunft gelangen könne, wenn allen Schichten eine umfassende Bildung möglich war. Wenn es Arbeit für alle gab, samt einer gerechten Bezahlung – und wenn sich auf diesem Fundament eine demokratisch-soziale Grundübereinstimmung aufbauen ließe. Ein Ziel, das in den folgenden Jahren durch die zunehmende Radikalisierung der politischen Lager fatalerweise in immer weitere Ferne rückte.

Zwar hatte es Robert Bosch im Alter von 56 Jahren nun also zum Ehrenbürger von Stuttgart gebracht, außerdem war er Ehrendoktor der Technischen Universität, Gründer ei-

nes weltweit tätigen Unternehmens, ferner einer der reichsten Industriellen von ganz Deutschland – doch was bedeutete das alles für sein privates Lebensglück, das ihm mehr und mehr abhandengekommen war? Die Kluft zwischen äußerem Erfolg und innerlicher Zerrissenheit wurde in dieser Phase seines Lebens beinahe tagtäglich größer. Egal mit welchen Ehrungen man ihn auch überhäufte, dieses fürchterliche Gefühl der Einsamkeit und des Verlassenseins konnte ihm keine der Auszeichnungen nehmen. Auch die schweren Depressionen nicht, die sich schon kurz nach seiner Rückkehr von der Kur zurückmeldeten.
Wie bitter war die familiäre Realität geworden: Anna und Robert permanent in irgendeiner letztlich völlig nutzlosen Kur. Die Töchter, die während des Krieges in der Stuttgarter Tulpenstraße ein Tagesheim für Arbeiterkinder eingerichtet hatten, für Kinder, deren Väter als Soldaten im Feld waren und in dem ausgerechnet Fritz Westmeyer das große Wort führte! Also genau der Mann, der den Streik bei Bosch damals mit angezettelt hatte, der Mann, von dem sich Robert Bosch verraten fühlte. Jetzt also manipulierte der auch noch seine Familie! Und weder Paula noch Gretel wollten auf seine Argumente hören. Sie lebten mittlerweile anscheinend in einer Welt, in der sie ihn nicht mehr zu brauchen schienen. Eine Welt, ganz ohne ihren Vater. Dem blieb nur die bittere Erkenntnis: »Dagegen hilft kein Geld der Welt. Sein Lebensglück und die Gesundheit kann man sich halt nicht erkaufen.«

Im Spätjahr 1918 war der Krieg vorbei. Das Königreich Württemberg war untergegangen, genauso wie das Kaiserreich. Eine neue, direkt von ihren Bürgern bestimmte Republik war entstanden. Mitsamt allen heftigen Geburtswehen, die man sich nur denken konnte. Schon aus diesem Grund hielt sich Robert Bosch in diesen Tagen und Wochen häufig in Berlin auf, um die eine oder andere demokratische Initiative gleich zu Beginn unterstützen zu können. Bei diesen Aufenthalten war es glücklicherweise auch zu einer allmählichen Wiederannäherung zwischen der in Berlin studierenden Gretel und ihrem Vater gekommen. In Berlin hatte Bosch schon vor Ausbruch des Weltkriegs das Pringsheim Palais erworben, das er nun zu besonders günstigen Konditionen an die »Deutsche Gesellschaft« vermietete. Hier sollte nach dem verlorenen Krieg eine vertrauensvolle Kontaktaufnahme zwischen der Wirtschaft und der Politik ihren Ausgang nehmen. Und das alles auf einer demokratischen Basis. Diese demokratische Bewegung zu fördern und zu stützen, das entsprach auch der Denkweise seiner Tochter Gretel. Darin waren sich die beiden einig. Und so kamen sie sich wieder näher, auch wenn Bosch bei einem ihrer Gespräche eines Tages verdrießlich anmerkte: »Um Württemberg tut es mir aber wesentlich mehr leid als um Berlin. Der König Wilhelm im Exil in Bebenhausen. Das hat er, glaube ich, nicht unbedingt verdient. Auf jeden Fall viel weniger, als dieser Kaiser da, der jetzt in Holland Hof hält und wahrscheinlich noch immer nichts begriffen hat!«

»Ach übrigens«, tippte sich Gretel beim Stichwort König an die Stirn. »Da war doch mal etwas bei uns – irgendwann vor dem Krieg. Mit diesem Königsbesuch, der dann aber doch nicht zustande gekommen ist?«

»Ja, der rote Bosch und der württembergische König, das hat halt einfach nicht zusammengepasst. Zum Glück hat es der fehlende Frack ja verhindert …«

»… und deine vorgebliche Bronchitis auch.«

»Genau.«

»Und dann haben sie nie wieder einen Anlauf unternommen?«

»Doch, schon. Irgendwann vor zwei Jahren muss das gewesen sein. Mitten im Krieg also. Aber damals waren sie schon so klein, dass sie nicht einmal mehr auf einen Frack Wert gelegt haben, von dem war keine Rede mehr. Da wollte der König halt noch mal gut Wetter bei meinen Arbeitern machen, indem er mit mir durch die Firma stolziert. Aber das habe ich dann rundweg abgelehnt.«

»Und wieso?«
»Weil mir allein der Gedanke wie Spitzgras war: Der König bei den Boscharbeitern. Und außerdem war es mitten im Krieg. Wer weiß, wie schnell die Stimmung umgeschlagen wäre und es einen offenen Aufruhr im Betrieb gegeben hätte – nein, das war mir so ein Königsbesuch nicht wert. Der Friede in der Firma war mir wichtiger als die Befindlichkeit eines gekrönten Hauptes.«
»Mein Vater! Also steckt immer noch der rote Bosch in dir!«
»Natürlich, und das wird hoffentlich auch so bleiben. Gott sei Dank sind wir die ganzen Kaiser und Könige inzwischen los. Endlich ist die Zeit des Volkes gekommen, das sich selbst regieren kann.«
»Also wenn man sich das so vorstellt, dass du damals einen König einfach zurückgewiesen hast … also wirklich Vater! Donnerwetter!«
»Nun ja«, Robert Bosch bedachte seine Tochter mit einem verschmitzten Lächeln. »Also jetzt, in dieser neuen Situation, als abgedankter König, als Bürger unter Bürgern, wäre mir der Herr Wilhelm schon willkommen. So wird er ja jetzt wohl heißen: Wilhelm Württemberg oder so. Wenn ich mal Zeit habe, dann werde ich ihn vielleicht einmal in Bebenhausen besuchen. Wobei ich meine Zeit momentan allerdings viel lieber den Politikern unserer neuen Republik widme. Da hat mich übrigens vor allem die Begegnung mit dem Matthias Erzberger beeindruckt, auch wenn er ein Zentrumspolitiker ist. Das ist ja ein noch relativ junger Mann, erst 1875 geboren, und trotzdem hat er als Reichsfinanzminister schon eine erstaunliche Karriere gemacht. Ein Mann aus Buttenhausen …«
Gretel unterbrach ihn lachend. »Ach, daher weht der Wind. Ein Kerle wie mein Vater sozusagen. Also auch einer von der Alb ra!«
»Allerdings. Und zwar einer mit Schneid in der Hose. Denn wenn der nicht den Waffenstillstand im Wald von Compiègne unterschrieben hätte, wer weiß, zu welchen Tragödien es in diesem furchtbaren Krieg noch gekommen wäre.«

»Was sie ihm freilich wenig gedankt haben, denn von allen Seiten wird er gerade beschimpft.«
»Hoffen wir, dass die Menschen möglichst bald begreifen, was sie dem Erzberger in Wahrheit zu verdanken haben.«
»Ach, sag mal«, deutete Gretel in diesem Moment auf den kleinen Koffer, den Bosch neben seinem Sessel abgestellt hatte. »Hast du da etwa wieder deinen berühmten Brotlaib drin?«
Ihr Vater nickte eifrig: »Ja, natürlich. Denn so ein gutes Roggenbrot wie das hier in Berlin, das gibt es in ganz Stuttgart nicht. Und weil ich halt so gerne ein gescheites Roggenbrot esse, nehme ich mir jedes Mal eines aus Berlin mit.«
»Eingeklemmt zwischen der Wäsche«, grinste Gretel kopfschüttelnd.
»Was soll da passieren. Das ist ja in Papier eingewickelt. Und außerdem, das ist der Vorteil am Roggenbrot, das kannst du noch nach einer Woche essen. Das wird nicht so schnell alt, da muss ich auch nichts wegwerfen.«
»Grade das Richtige für meinen sparsamen Vater.«
»Allerdings. Mit so einem Roggenbrot schlage ich sozusagen gleich zwei Fliegen mit einer Klappe: Es wird nicht alt und dazu schmeckt es auch noch gut. Was will man mehr.«
Während sich das Verhältnis zwischen Robert Bosch und seiner Tochter Gretel über den Umweg Berlin sehr zu dessen Erleichterung also ganz allmählich wieder zu normalisieren begann, hatte in der Zwischenzeit in Stuttgart eine menschliche Tragödie ihren bitteren Schlusspunkt gefunden. Eugen Kayser!
Nein, Eugen Kayser hatte es nicht mehr geschafft: der Tod seiner drei Söhne im Krieg, die Mutter, die Frau. Es war zu viel gewesen. Zu viel auf einmal. Der einstmals so lebenslustige Mann war durch diese Schicksalsschläge wie gelähmt. Egal, wie er ihm beizustehen versucht hatte – alle Mühe war am Ende vergeblich gewesen. Im Dezember 1918, kurz vor Weihnachten, mitten in dieser besonders emotionsgeladenen Jahreszeit, hatte Eugen Kayser diese zahlreichen Schicksalsschläge nicht mehr ertragen können und seinem Leben ein Ende gesetzt.

Amsterdam, am 16. März des Jahres 1921. Wieder einmal betrat Robert Bosch, der sich mittlerweile in seinem 60. Lebensjahr befand, die Planken eines Schiffes. Dieses Mal handelte es sich um den Passagierdampfer »Brabantia«, mit dem er sich auf die Reise nach Buenos Aires und anschließend nach Rio de Janeiro begeben wollte. Keine Vergnügungsreise. Nein, ein Arbeitsbesuch – ganz ähnlich wie damals, im Mai 1884, als er sich zum ersten Mal in seinem Leben auf einem Schiff befunden hatte. Aber heuer war alles anders. Ganz anders. Denn jetzt, beinahe auf den Tag genau 37 Jahre danach, war nicht nur die Zeit seines unbeschwerten Aufbruchs in das Leben längst vorüber. Es war ja ein aus wirtschaftlicher Sicht überaus erfolgreiches Leben, das hinter ihm lag. Doch in Stuttgart dämmerte sein einziger Sohn Robert im Alter von mittlerweile 30 Jahren dem baldigen Ende entgegen. Eine schreckliche Situation, in der sich ganz plötzlich die Erinnerung zurückmeldete. Die Erinnerung an seine erste Schiffsreise, an den traurigen Kapitän von damals, wie hatte er gleich noch geheißen? Etwas mit »B«… Ein recht junger Mann… »B«… »Schiffskapitän Bonjer!« Ja. Genau. Dessen Vater seit zwei Jahren verschollen gewesen war und die Verlobte lebensgefährlich erkrankt. Seinerzeit hatte er sich noch die Frage gestellt, weshalb der Mann denn nicht zu Hause bei seiner sterbenden Braut geblieben war. Keinerlei Verständnis hatte er für die Haltung des Kapitäns aufbringen können, der irgendetwas von »Pflichterfüllung« und »beruflichen Zwängen« gemurmelt hatte. Es hatte eher wie eine Entschuldigung geklungen. Eine Entschuldigung für die eigene Feigheit. Die Flucht aus der Verantwortung.

Jetzt aber, ganze 37 Jahre danach, exakt in dem Augenblick, als er die »Brabantia« betrat, in einer bitteren Phase seines Lebens, wurde ihm die Handlungsweise des Mannes schlag-

artig verständlich. Denn im Grunde genommen war seine eigene Lage mit der des Mannes von damals nahezu identisch. Hoffnungslos und ausweglos! Ja, genau. Es war einfach nicht mehr auszuhalten gewesen – dieses jahrelange Siechtum beständig mit ansehen zu müssen. Ohne dagegen etwas unternehmen zu können. Der gnadenlose körperliche Zerfall eines einstmals so hoffnungsvollen jungen Menschen. Es mit eigenen Augen ansehen zu müssen, über all die Jahre: Das war auf Dauer zu viel. Also war er geflohen? Ja, vermutlich. Dieses Eingeständnis musste er sich schon machen. Geflohen. Vor sich und dieser schrecklichen Situation. Offiziell befand er sich natürlich in geschäftlichen Dingen unterwegs, das stimmte ja auch. Er wollte sich mit eigenen Augen ein Bild von den Verhältnissen in Argentinien verschaffen. Über die Situation in seiner dortigen Firmenniederlassung. Es war ja immer gut, selbst Bescheid zu wissen. Aber ausgerechnet jetzt?!
Doch wann sonst?

Und plötzlich begann Robert Bosch auf der langen Schiffsreise zu schreiben. 1921. In diesem Jahr würde er bekanntlich seinen 60. Geburtstag begehen. Weshalb es ihm mit einem Mal durchaus sinnvoll erschien, seine Lebenserinnerungen in ein Heft zu schreiben – als eine Art erstes Fazit seines Lebens, dessen größter Teil ja bereits vorüber war. Was konnte noch kommen? Was konnte er noch vom Leben erwarten? Hatte er nicht schon alles erreicht, was zu erreichen war?
Vielleicht tat es ihm ja auch ganz gut, Bilanz zu ziehen. Möglicherweise half es ihm ein bisschen über die Lebenskrise hinweg, in der er sich gerade befand. Die Erinnerung an vergangene Zeiten als eine Art Vermächtnis für … Ja, für wen eigentlich? Man würde sehen …

Die Reise nach Südamerika sollte zwei Monate dauern. Eine lange Zeit. Aber immer noch besser, als nur untätig zu Hause herumzusitzen und auf das Unabänderliche zu warten. Nein, er hätte diese Situation einfach nicht mehr länger ausgehalten. Deshalb der Entschluss zum ziemlich überstürzten Aufbruch. Jedoch nicht, ohne sich zuvor noch bei Heinrich Göhrum über dessen Einschätzung des weiteren Krankheitsverlaufes zu erkundigen. Für alle Fälle eben. Göhrums Antwort hatte Bosch in seiner Auffassung bestärkt. Denn nach Meinung des Arztes konnten noch Monate ins Land gehen, »bis es so weit war«. Was für eine schreckliche Formulierung!

Schließlich hatte er also seinen Koffer genommen und sich vom Chauffeur zum Bahnhof bringen lassen – ohne die in Depressionen versunkene Anna vorher darüber in Kenntnis zu setzen. Das tat er besser erst von unterwegs, in einem kurzen Brief. Denn die Vorhaltungen, mit denen sie seine Reisepläne kommentieren würde, die wollte er sich lieber gar nicht erst anhören müssen. Er kannte ihre Meinung dazu nur allzu genau – es ging folglich auch ohne diesen unnötigen Disput.

So war er also mittlerweile in Argentinien angelangt. Die Inspektionstour durch die Niederlassung konnte beginnen.

1921, der 7. April, im Hotel in Buenos Aires. »Ein Telegramm für Herrn Robert Bosch!«

Mit zitternden Händen nahm er es in Empfang und öffnete den Umschlag. Ein Telegramm aus Deutschland. Das konnte nichts Gutes bedeuten.

In der Tat!

Es war die Nachricht vom Tod seines Sohnes: Am Tag zuvor, am 6. April, war Robert gestorben. Der Junge, der vor wenigen Wochen gerade noch seinen 30. Geburtstag hatte erleben können. Doch nichts hatte damals auf eine derart dramatische Verschlechterung des Krankheitsverlaufs hingedeutet. Ausgerechnet jetzt, wo sich sein Vater in Südamerika befand!

Ganz plötzlich war Robert offenbar an einer schweren Lungenentzündung erkrankt und schon nach wenigen Tagen gestorben. Dass der Vater in dieser Situation nicht am Ster-

bebett seines Sohnes gewesen war, das würde Anna ihm nie verzeihen können. Was sollte er nur tun? Bis zu seiner Rückkehr würden noch Wochen vergehen. Der Brief an Anna, der Versuch, seine Frau damit zu trösten, das würde ihm wohl kaum gelingen. Dennoch musste der Brief geschrieben werden. Sie hatte sich für ihren Sohn regelrecht aufgeopfert. Mit wachsender Verzweiflung und dennoch in der niemals ganz versiegenden Hoffnung, irgendwann vielleicht doch noch den Arzt mit einer wundersamen Heilmethode finden zu können. Die Hoffnung über all diese Jahre hinweg, sie war vergeblich gewesen. Die arme Anna. Mit eindringlichen Worten versuchte er, seine Frau in dem Brief zu beschwören, nun endlich auch an sich und ihre Gesundheit zu denken.
Irgendwie musste es ihm doch gelingen, mit seinen Argumenten zu Anna durchzudringen. Aber wie? Vielleicht mit der ehrlichen Schilderung seines eigenen Empfindens? »So sehr man auch einen solchen friedlichen Ausgang seines Daseins erwünschen musste, hat mich doch die Tatsache, dass er nun verschieden ist, auf das Tiefste bewegt. Ihm und uns ist viel erspart geblieben. Aber der Schmerz, dass das früher so hoffnungsvolle Leben nun dahin ist, ist bitter, trotzdem man Jahre hatte, sich auf den Verlust vorzubereiten, sich an ihn zu gewöhnen. Muss man es? Ich glaube, ja!«

Unmittelbar nach seiner Rückkehr aus Südamerika (am 26. Mai war er mit dem Schiff wieder in Amsterdam eingetroffen) begab sich Robert Bosch zusammen mit seiner aschfahlen Ehefrau an das Grab ihres Sohnes. Mit beiden Händen klammerte sich Anna beim Gang über den Friedhof an den Oberkörper ihres Mannes, dem der jammervolle Zustand seiner Frau zusätzlich zum Kummer um Roberts Tod beinahe das Herz zerriss. Doch als sie vor dem immer noch mit Blumen und Kränzen überhäuften, frischen Grab des Sohnes standen, wehrte sie seinen Versuch, ihr zärtlich über das Haar zu streichen, mit einer impulsi-

ven Handbewegung ab und wich gleichzeitig einen Schritt zurück. Kopfschüttelnd fixierte sie ihn aus ihren rotgeränderten, längst leergeweinten Augen und murmelte mit einer kalten, rauen Stimme: »Weshalb nur? Weshalb warst du nicht bei uns? Wie konntest du uns in dieser Stunde nur alleine lassen? Wieso nur? Wieso …«
Robert Bosch war es, als schneide ein scharfes Messer mitten durch sein Herz und seine Seele. Unfähig zu einer Erwiderung – was hätte er in diesem bitteren Moment auch sagen sollen – stand er regungslos da. Wie zu einer Salzsäule erstarrt.
Er schluckte trocken. Es war … Nein: Mit Worten war es nicht zu beschreiben!
In einer plötzlichen Gefühlsaufwallung wirbelte Anna herum und stapfte mit weit ausholenden Schritten zurück zu dem am Friedhofseingang wartenden Wagen. Ohne sich um ihren Mann zu kümmern, gab sie dem verdutzten Chauffeur die harsche Anweisung, sie auf der Stelle in die Heidehofstraße zurückzufahren. Robert Bosch blieb alleine vor dem Grab zurück. Sie hatte ihn einfach stehen lassen!
Natürlich fühlte er sich mitschuldig an der weiter zunehmenden Entfremdung. Auch wenn sie anscheinend über sich und ihre Situation gar nicht mehr miteinander reden konnten. So schrieb er Anna eben einen Brief, in dem er diese Mitschuld freimütig einräumte. »Es ist meine Gewohnheit, von mir und meiner Umgebung nicht gerade wenig zu verlangen, das ist meine Eigenart, die ich nicht aufgeben kann, ohne mich selbst aufzugeben.«
Aber wo war der Ausweg? Wie sollten sie beide jemals wieder zusammenfinden?
Kurz darauf war es zu einem Streit zwischen ihnen gekommen und erst nachdem er sich im Anschluss daran wieder einmal geradezu fluchtartig auf eine Reise begeben hatte, gelang es ihm, Anna aus der Ferne seine Gefühle darzulegen – wenngleich eben wieder nur in einem Brief. »Über Robert spreche ich in der Tat nicht gerne. Solche Sa-

chen mache ich wohl am besten mit mir selbst ab. Du hast Dich ja natürlich sehr viel mehr mit ihm beschäftigt als ich, das ergaben schon die Verhältnisse. Ich habe in den zehn Jahren, die seine Krankheit dauerte, Zeit genug gehabt, mich an den Verlust zu gewöhnen und die Folgen zu überlegen. Für mich starb Robert allmählich und der Ausgang war schließlich die vollendete Tatsache, die kommen musste. In Wunden wühlen und in Schmerzen sich ergehen, das bringe ich nicht fertig. Ich kann das nicht ändern und für mich ist das Unabänderliche etwas, in das ich mich finde.«
Schmerzvoll war er sich schon beim Schreiben der Tatsache bewusst, dass seine Frau diese Haltung nicht würde teilen können.
Es gab tatsächlich keinen Ausweg mehr.

Auch das große Haus in der Heidehofstraße, mit dem er seit ihrem Einzug so viele negative Erinnerungen verband, begann ihn wieder regelrecht zu erdrücken. Er fühlte sich einsam und fremd – in seinem eigenen Haus. Kein Wunder bei all den vielen dienstbaren Geistern, die von Anna angestellt worden waren. Gärtner, Chauffeur, Köchin, Dienstmädchen, Diener! Brauchte man das denn wirklich? Früher in der Albecker »Krone« hatte es zwar auch ein paar Knechte gegeben, aber die hatten ihnen eher als halbe Familienangehörige gegolten. Die von seiner Frau gepflegte strikte Trennung zwischen der Herrschaft und den Dienern – der er ja zugegebenermaßen selbst zugestimmt hatte –, die behagte ihm schon lange nicht mehr. Wenn es überhaupt je der Fall gewesen war.

Und Paula? Die hatte inzwischen mit Fritz Zundel im Tübinger Nachbarort Lustnau ein schönes Haus gebaut – und dabei war Zundel noch nicht einmal von Klara Zetkin geschieden!
Die Einzige, die jetzt nach ihrem Studium wieder zu ihm zurückgekehrt war, das war seine älteste Tochter, die mittlerweile promovierte Gretel. Sie führte jetzt anstelle ihrer

Mutter den Haushalt, denn Anna Bosch hatte nach dem Tod ihres Sohnes nicht mehr aus ihrer Seelenkrise herausgefunden und befand sich ständig in den verschiedensten Heilanstalten in intensiver ärztlicher Behandlung. Vergeblich. Denn über Roberts Tod kam sie nie mehr hinweg: Der jahrelange Schwebezustand zwischen Hoffen und Bangen hatte ihren Lebensmut zerstört. Ebenso wenig ließ sich auch das Zerwürfnis zwischen den beiden Eheleuten heilen. Nach der Rückkehr von ihren jahrelangen diversen Sanatoriumsaufenthalten bezog sie schließlich eine eigene Wohnung.

Und dennoch: So sehr er – seelisch und körperlich – unter diesen Gegebenheiten litt, im Alltag konnte Robert Bosch einfach nicht aus seiner Haut. Da war und blieb er der sparsame Schwabe, der er schon immer gewesen war, konnte sich über Kleinigkeiten aufregen, wenn beispielsweise eine Lampe in einem leeren Zimmer unnötig brannte, und konnte sich dann zu Aussagen versteigen wie dieser: »Wir müssen uns wieder hoch hungern nach dem verlorenen Krieg.«
Ein besonders typischer Wortwechsel hatte sich eines Tages beim Marmelade kochen zwischen ihm und Gretel entsponnen. Dabei ging es um die Einmachpapierchen aus Pergament, die Gretel zum Abdecken auf das Marmeladenglas heftete. Missmutig hatte er seiner Tochter bei dieser Arbeit eine Zeit lang zugesehen, bevor er dann entschieden den Kopf schüttelte und sie auf die schlimme Verschwendungssucht hinwies, der sie offenbar anheimgefallen sei. Gretel hatte zunächst gar nicht verstanden, worauf er eigentlich hinauswollte. Erst als ihr Vater die strenge Anweisung gab, gefälligst kein frisches Einmachpapier dafür zu verbrauchen, man könne sie doch auch mehrfach benutzen, indem man die alten Papiere abspülte. Wollte er sie etwa auf den Arm nehmen? Ungläubig schaute sie auf, entdeckte in seiner Miene aber nicht das geringste Schmunzeln. Nein, es war tatsächlich sein voller Ernst gewesen! Die

Folge war ein kurzer scharfer Wortwechsel der beiden, bei dem sich ihr Vater erst dann geschlagen gab, als Gretel ihn unmissverständlich darauf hinwies, dass die Marmelade mit der alten, mehrfach verwendeten Abdeckung sofort zu schimmeln beginnen würde.
»Und dann haben wir gar nichts mehr davon, dann ist nämlich auch die ganze Marmelade verdorben. Wenn du das willst, nun gut. Aber das geschieht dann auf deine Verantwortung. Doch ich sage dir jetzt schon voraus, dass der Verlust am Ende bedeutend größer sein wird, als wenn ich ein neues Einmachpapier verwende.« Zähneknirschend hatte er eingelenkt.

Es waren ausgerechnet die politischen Wirren dieser Zeit, die Verschärfung des Tonfalls, die massiven Auseinandersetzungen zwischen den verschiedenen Lagern und deren zunehmende Radikalisierung, die Robert Bosch von seinen privaten und gesundheitlichen Problemen ablenkten. So sehr ihm diese Ereignisse andererseits auch schwer zu schaffen machten. Vor allem die Nachricht, die er am Tag nach dem 26. August 1921 übermittelt bekam, raubte ihm beinahe den Atem: Matthias Erzberger war ermordet worden.
Erzberger! Wieso gerade der Mann, den er als einen der fähigsten Politiker dieser Zeit betrachtete. Der das Zeug und den Mut hatte, die junge Republik aus ihrer Krise zu führen. Doch der als »Novemberverbrecher« gebrandmarkte Erzberger hatte in Wahrheit wohl nie eine Chance besessen. Schlimmer noch: An das Märchen von der Dolchstoßlegende schien inzwischen beinahe das ganze Land zu glauben!
Es war also dringend geboten, dass er jetzt seine Unterstützung für die wenigen, wirklich demokratisch gesinnten Politiker in Berlin massiv ausweitete. Auch persönlich schien es ihm angebracht, künftig mehr Zeit in der Reichshauptstadt zu verbringen. Zumal ihn zu Hause in Stuttgart ja niemand vermisste.

Das Einzige, was ihm hier noch geblieben war, das war der gelegentlich intensive politische Gedankenaustausch mit seiner Gretel. So auch an diesem bitteren Tag nach Erzbergers Ermordung.

»Ausgerechnet der Erzberger!«, zeigte sich Gretel genauso tief betroffen von der schockierenden Nachricht wie ihr Vater.

»Er war ein aufrechter Mensch, der sich für dieses Land und für die Demokratie aufgeopfert hat. Er wusste um den hohen Preis, den er als Hassfigur der Nationalen zu zahlen hatte …«

»… aber er hat das als seine Pflicht angesehen, offen die Politik zu vertreten, die er für dieses Land für richtig hielt.«

Eine Zeit lang herrschte betretenes Schweigen zwischen den beiden, bis schließlich Robert Bosch den Gesprächsfaden wieder aufnahm. »Weißt du noch? Im Zusammenhang mit diesem schrecklichen Vorfall habe ich auch wieder an diese seltsame Geschichte denken müssen. Erinnerst du dich noch daran, was mir im vergangenen Jahr widerfahren ist?«

»Meinst du die Sache im letzten Frühjahr, dieser sonderbare Überfall in der Jagdhütte im Wespental?«

»Genau. Im Nachhinein, nach dem Mord an Erzberger, wird mir die Sache doch allmählich klarer.«

»Du meinst …« Gretel machte ein betroffenes Gesicht. »Du glaubst also nicht mehr an einen Dummejungenstreich?«

»Ehrlich gesagt, nein.«

Ihr Vater spielte mit dieser Bemerkung auf eine rätselhafte Begebenheit an, die sich während eines Jagdaufenthalts in seiner Jagdhütte auf der Schwäbischen Alb zugetragen hatte. Mitten in der Nacht war Bosch plötzlich aus dem Schlaf geschreckt. Schüsse waren gefallen, in die sich das Geräusch splitternden Glases mischte. Da musste jemand direkt auf das Fenster gezielt haben. Ein Anschlag? Geistesgegenwärtig hatte er sich hinter das Bett geduckt. Gott sei Dank war er Herr seiner Sinne geblieben. Hatte dem Drang widerstanden, einfach hinaus ins Freie zu stürmen. Mit klop-

fendem Herzen hatte er regungslos abgewartet. Nur ja kein Geräusch verursachen. Beinahe eine ganze Stunde blieb er in dieser Haltung. Es war nichts weiter passiert. Die Schüsse hatten ihn wohl aufschrecken sollen. Mehr vermutlich nicht. Denn der feige Heckenschütze konnte ja kaum davon ausgehen, dass er Robert Bosch mit einem derart breit gestreuten Feuer treffen könne. Möglich, dass er oder sie mit der Salve versucht hatten, ihn in Panik zu versetzen, damit er aus der Hütte stürmte, wo sie ihn dann in aller Ruhe abknallen konnten. Aber diesen Gefallen hatte er ihnen nicht getan – wenn es denn in ihrem Kalkül gestanden hatte.
Erst im Morgengrauen war er vorsichtig nach draußen geschlichen. Weit und breit war nichts zu sehen. Der oder die Täter waren verschwunden. Wie vom Erdboden verschluckt. Auch Spuren hatte er auf dem in der Nacht gefrorenen Boden keine finden können.
Bisher hatte er freilich eher an einen Dummejungenstreich geglaubt als an einen Anschlag auf sein Leben.
Aber jetzt …
Hatten die Schüsse eher dem vermögenden Privatmann Bosch gegolten? Wollten sie vielleicht ein Lösegeld erpressen oder ging es um politische Motive? Immerhin war er ja als liberaler Demokrat mit stark sozialistischem Einschlag weit und breit bekannt. Da hatte er nie einen Hehl daraus gemacht. Und war damit natürlich das ideale Hassobjekt für die Mitglieder des rechtsgerichteten Stahlhelmbundes der ehemaligen Frontsoldaten und all der anderen ewig gestrigen Organisationen.
Nachdenklich massierte er sich die schmerzende Stirn. »Es war sowieso ein seltsames Jahr: erst Anfang Januar der Eisenbahnunfall …«
»… wo du ja mit knapper Not davongekommen bist.«
»Da habe ich wirklich Glück gehabt, dass ich nur ohnmächtig war, aber nicht verletzt worden bin. Das möchte ich dennoch kein zweites Mal erleben. Diese Schreie, als ich aus der Ohnmacht aufgewacht bin. Ich habe gedacht, es habe ein Erdbeben gegeben. Die Seiten und die Decke des Waggons

waren ja eingedrückt. Aber der Zug war nur entgleist. Wobei: Was heißt hier ›nur‹?! Es war wie gesagt keine schöne Erfahrung. Gott sei Dank habe ich nicht im Krankenhaus bleiben müssen – der Aufenthalt in Krankenhäusern ist ja im Gegensatz zu deiner Mutter nicht meine Sache.«
Gretel ließ sich auf dieses Stichwort erst gar nicht ein, sondern blieb lieber bei der Erörterung der politischen Lage. »Dieser Mord an dem Erzberger … Das sind schon elende Feiglinge. Da reden Leute wie Ludendorff über Erzberger im Zusammenhang mit dem Waffenstillstand, mit dem der den Weltkrieg gerade noch rechtzeitig vor einer humanitären Katastrophe unter der Zivilbevölkerung beendet hat, vom ›Novemberverbrecher‹. Allen Ernstes!«
Ihr Vater schnaubte beim Namen des ehemaligen Infanteriegenerals verächtlich. »Ludendorff! Wenn ich an den denke, dann wird mir gleich übel. Das ist der Schlimmste von allen Hetzern. Und dabei war er es doch, der im Weltkrieg alle militärische Macht in seine Hände genommen hat. Er ist – noch weit vor Hindenburg – der Hauptverantwortliche für die Ausweitung des Krieges auf alle Fronten. Und dann, als es schon längst zu spät war, hat er plötzlich vom dringend notwendigen Waffenstillstand gesprochen. Daran will er sich jetzt auf einmal nicht mehr erinnern. Es ist schon eine unglaubliche Frechheit, wenn ausgerechnet so ein Mensch nun von einem Dolchstoß in den Rücken der Front redet. Es ist ungeheuerlich! Überall nur noch Volksverhetzer, Gauner und Lügenbarone!« Robert Bosch, der sich mehr und mehr in Rage geredet hatte, holte tief Luft, während er sich mit seinem großen Wolltaschentuch den Schweiß von der Stirn tupfte.
»Aber seine Rechnung ist aufgegangen: Er hat damit von seinem eigenen Versagen abgelenkt und einen anderen angeblich Schuldigen gefunden.«
»Es ist fatal! Der arme Erzberger! Wir haben einen Eckpfeiler der Politik verloren. Es wird Jahre dauern, bis uns auf schockierende Weise klar werden wird, welcher Verlust das Land mit dem Tod von Erzberger getroffen hat.«

»Und wenn ich an seine Familie denke, da bricht mir beinahe das Herz. Er hinterlässt ja, soweit ich weiß, noch kleine Kinder?«
»Ja, das auch noch! Aber ich werde dafür Sorge tragen, dass wenigstens seine Familie die nötige finanzielle Unterstützung erhält, falls sie es brauchen sollte.«
»Vermutlich wird es besser sein, die Familie an einen anderen Wohnort zu bringen?«
»Wenn das der Fall sein sollte, dann werde ich mich auch darum kümmern. Wir dürfen auf keinen Fall zulassen, dass der Familie weiteres Leid zugefügt wird. Nur deswegen, weil ihr Ehemann und Vater ein Mann mit Visionen war. Allein wenn ich an seine Pläne von Europas politischer Zukunft denke. Wie er die Aussöhnung mit der Welt vorantreiben und nicht nur den engen nationalen Weg beschreiten wollte. Die internationale Freundschaft lag ihm richtigerweise immer am Herzen.
»Genau wie dir.«
»Allerdings. Das ist ja auch der Grund dafür, dass ich ihm seinerzeit spontan zugesagt habe, als er mich um eine Unterstützung für die ›Deutsche Liga für den Völkerbund‹ gebeten hat. Ich habe nicht lange gefackelt und ihm die benötigten 300 000 Mark gegeben.«
Gretel staunte. »Das ist eine gewaltige Summe. Das habe ich ja gar nicht gewusst.«
»Da warst du auch mit deinem Studium beschäftigt. Und außerdem muss man nicht um jede Spende ein großes Tamtam machen. Man gibt und hofft, dass es die richtige Wirkung erzielt. Das ist jedenfalls meine Einstellung. Ich mache es nicht, um damit in der Öffentlichkeit prahlen zu können, sondern um eine sinnvolle Sache zu unterstützen, die sich eines Tages hoffentlich als segensreich für unser Land erweisen wird.«
»Aber jetzt ist Erzberger tot.«
»Ich hoffe dennoch, dass wir seine Ideen weitertragen können. Deshalb werde ich auch das Volksbildungswerk weiter unterstützen. Denn Bildung ist der beste Schutz vor den

radikalen Schreiern und Verführern«, erwiderte Bosch hoffnungsvoll.
»Das sehe ich genauso. Ich hoffe nur, dass wir die Entwicklung, die sich abzeichnet, noch rechtzeitig anhalten können. Es wird ja immer radikaler in Berlin – und das Schlimme daran ist, dass sich die Parteien untereinander zerfleischen, anstatt an das große Ganze zu denken, an das Wohl des Landes und seiner Menschen.«
»Die Zeitungen hätten da eine verantwortungsvolle Aufgabe, doch die nehmen sie nicht wahr. Je nachdem, auf welcher politischen Seite die Verleger stehen, ergreifen sie Partei für die einen und treten die anderen in den Schmutz. Es ist unverantwortlich, was da geschieht. Ich habe es ja schon selber erleben müssen, wie sie Artikel, die ich geschrieben habe, gar nicht abgedruckt oder so verkürzt haben, bis das, was ich eigentlich sagen wollte, gar nicht mehr drin gestanden hat. Ich werde wohl irgendwann nicht umhin können, mir selbst eine Zeitung zu kaufen.«
»Wie? Eine Zeitung kaufen? Du meinst womöglich gleich einen ganzen Verlag?«, staunte Gretel, die ja nur allzu gut über die Konsequenzen der Handlungsweise ihres Vaters im Bilde war, wenn der sich erst einmal etwas in den Kopf gesetzt hatte.
»Weshalb denn nicht? Es scheint mir der einzige Weg zu sein.«
»Und was ist dann mit der journalistischen Unabhängigkeit der Redakteure, wenn du ihnen vorgeben willst, wie sie zu berichten haben? Ist das dann nicht wieder genau das, was du gerade noch scharf kritisiert hast?«
»Es dient aber der guten Sache!«
»Das sagen die anderen auch!«

Ein solcher Verlagskauf schien dem an der Politik mehr und mehr verzweifelnden Robert Bosch aber auf Dauer die einzige Möglichkeit zu sein, um eine breite Gruppe der Bevölkerung mit seinen demokratischen Idealen bekannt zu machen und hoffentlich auch überzeugen zu können. Dabei hatte er einen Mehrheitsanteil an der Deutschen Verlagsanstalt in Stuttgart im Visier. Denn in diesem Verlag erschienen zwei für das Land wichtige Zeitungen: das »Stuttgarter Neue Tagblatt« und die »Württemberger Zeitung«. Doch zunächst musste er durch unvorhergesehene Entwicklungen in der Firma sein bereits sorgfältig geplantes Vorhaben noch einige Zeit verschieben, bis er es dann tatsächlich verwirklichen konnte.

Denn am 17. März 1923 hatten Robert Bosch und der ganze Betrieb erst einmal einen weiteren gravierenden Verlust zu verkraften: Nach nur kurzer, schwerer Krankheit war Gottlob Honold gestorben. Der Mann, dem die Firma so unendlich viel zu verdanken hatte!
Im Alter von nur 47 Jahren!
Keiner der Ärzte, die Bosch, nachdem er von Honolds Erkrankung Kenntnis erhalten hatte, für die Behandlung seines besten Mannes sofort verpflichtete, war mehr in der Lage gewesen, Gottlob Honold zu helfen!
Wieder war die Welt um ihn herum kälter geworden. Kälter und einsamer.

Und dann in diesem Jahr zu allem Überfluss auch noch die Inflation, die mit voller Wucht den zaghaften wirtschaftlichen Aufschwung nach dem Krieg zunichtemachte! Probleme häuften sich über Probleme, im Land, in der Firma, im privaten und im gesundheitlichen Bereich. Das war der Grund, weshalb Robert Bosch im folgenden Jahr Deutschland geradezu fluchtartig den Rücken kehrte. Bei einem wochenlangen Jagdurlaub in Kanada wollte er seine innere Balance wiederfinden. Es war die beste Idee seit Langem. Denn die Jagdreviere dort waren unbeschreiblich großartig. Und wenn man gleich zu Beginn der Jagd einige Tage hintereinander im Sattel saß, dann hatte man bald schon mit ganz anderen Problemen zu kämpfen als im bequemen Ledersessel irgendwo in Deutschland. Allein die Schmerzen, die ihn an seinem völlig aufgescheuerten Hinterteil

plagten! Doch auch diese Schmerzen gingen irgendwann vorbei. Die folgenden Tage – in denen ihm die kanadischen Jagdbegleiter, die ihn zunächst wie den üblichen unerfahrenen aber steinreichen Jagdanfänger behandelt hatten, aufgrund seiner geradezu sagenhaften Treffsicherheit inzwischen mit wachsendem Respekt begegneten – waren der reine Balsam für seine angeschlagene Seele. Und gleichzeitig besserte sich auch sein Gesundheitszustand spürbar. Endlich! Doch, diese Entscheidung war goldrichtig gewesen. Denn mit einem Mal fühlte er sich wieder wie ein kräftiger Mann in seinen besten Jahren. Und das im Alter von immerhin schon bald 63 Jahren. Wie schön! Allein dieses zufriedene Gefühl wieder in sich zu spüren, die Dinge wieder aus vollem Herzen genießen zu können.
Also war sein Leben doch noch nicht am Endpunkt angelangt? Wohl nicht. Wie schön.

❧

Im Jahr 1925 sorgte ein anderer Bosch für internationales Aufsehen: Seinem Neffen Carl, inzwischen Vorstandsvorsitzender der BASF, war nämlich ein gewaltiger Coup geglückt. Nach intensiven Bemühungen war es ihm gelungen, die I.G. Farben zu gründen. Dabei handelte es sich um den größten Industriekomplex in Deutschland, bei dem die fähigsten Köpfe und Firmen der Chemiebranche nun unter einem Dach versammelt waren. Und Carl wurde auch zum Leiter dieses Unternehmens.
Kein Wunder, denn Carl Bosch verfügte über einen geradezu legendären Ruf als Techniker, Wissenschaftler und Unternehmenslenker. Das war ja eine überaus seltene Kombination. Spätestens seit ihm die großtechnische Umsetzung des sogenannten Haber-Bosch-Verfahrens gelungen war, also die Gewinnung von Stickstoff aus der Luft, war sein Name in aller Munde. Denn die Entdeckung von Fritz Haber war die eine Sache gewesen, wie aber die Laborexperimente im großen Maßstab nutzbar machen? Die Lösung dieser Frage war Carl Bosch zugefallen, weshalb die neue Erfindung den Namen ihrer beiden Wegbereiter erhalten hatte: das Haber-Bosch-Verfahren.

In dieser für ihn persönlich endlich wieder etwas leichteren Zeit lernte Robert Bosch bei einem Berlinaufenthalt Margarete Wörz kennen, die Tochter eines ursprünglich aus Dunningen im Schwarzwald stammenden Försterehepaares, die dann seit ihrer frühen Kindheit am Albtrauf aufgewachsen war. Gleich bei ihrem ersten Zusammentreffen war ihm der angenehme Akzent in ihrer Stimme aufgefallen: »Das ist ja schwäbisch – oder vielmehr sogar Älblerisch. Sie sprechen ja beinahe genauso wie ich. Lassen Sie mich raten, Sie müssen aus der Göppinger Gegend kommen.«

»Das ist beinahe richtig«, staunte die elegant gekleidete Mitdreißigerin. »Ich komme nämlich aus Wiesensteig.«
»Na bitte.« Robert Bosch empfand eine geradezu kindliche Freude darüber, dass er ihren Dialekt so gut hatte zuordnen können. Und das im weit entfernten Berlin. »Wiesensteig. Also wenn Sie von dort aus einen Bogen über die Alb herauf bis rüber nach Ulm beschreiben, dann dürften das ungefähr 30 Kilometer Entfernung bis zu meinem Geburtsort sein.« Der Schalk blitzte aus seinen Augen, als er fortfuhr. »Womöglich sind wir sogar noch miteinander verwandt …«
Die junge Frau war Robert Bosch auf den ersten Blick sympathisch. Eine stattliche Erscheinung, gut gekleidet, aber nicht übertrieben geschminkt. Mit anderen Worten: Sie wirkte auf ihn durchaus vornehm, aber keinesfalls blasiert.
»Schön, und was führt sie als echte Älblerin also hierher zu mir, ausgerechnet nach Berlin?«
Ohne erst groß herumzudrucksen, was dem schnörkellosen Bosch noch mehr gefiel, beantwortete sie seine Frage. »Es ist wegen eines Stipendiums. Ich habe nämlich gehört, dass Sie begabte Künstler fördern. Bisher habe ich als Opernsängerin gearbeitet, inzwischen aber Probleme mit der Stimme bekommen. Die Ärzte haben mir gesagt, dass ich auf Dauer gesehen nicht mehr werde singen können. Zumindest keine Opern mehr. Deshalb habe ich beschlossen, ein Musikstudium aufzunehmen oder aber in ein anderes Genre zu wechseln. Allerdings sind meine Mittel dafür zu knapp. Und nebenher arbeiten, das geht während dieses Studiums auch nicht. Zumal ich es recht schnell abschließen möchte, denn mit bald 37 Jahren bin ich ja nicht mehr die Jüngste. Mit anderen Worten: Ich bräuchte eine Unterstützung. Und deshalb bin ich zu Ihnen gekommen. Ich werde Ihnen hinterher auch alles zurückzahlen. Mit Zinsen natürlich.«
Was für eine bewundernswerte Frau! Es war unglaublich. Sie schien von einer geradezu magischen Aura umgeben. So jedenfalls empfand es der 64-jährige Robert Bosch.

Kein Wunder, dass ihr Gespräch auch weiterhin einen angenehmen Verlauf nahm. Natürlich könne er ihr das Geld in Aussicht stellen. Sehr gerne sogar. Man müsse bei einem weiteren Treffen dann halt die Einzelheiten klären.
Zu seiner großen Freude hatte Margarete Wörz ohne Zögern in dieses nächste Treffen eingewilligt – und nicht nur das: Sie hatte ihn sogar gefragt, ob er mit ihr gemeinsam in die Oper gehen wolle.
Seine Zusage erfolgte prompt.
Dieser Opernbesuch bereitete ihm freilich ein eher zweifelhaftes Vergnügen. Er hatte es ja vorausgeahnt – und genauso war es dann auch gekommen. Doch Hauptsache war, er saß dabei an ihrer Seite. Alles andere war nicht wichtig. Und dennoch wollte er ehrlich bleiben. Auch als sie ihn anschließend fragte, wie ihm denn die Oper gefallen habe. Da hatte er mit leidgeprüfter Miene das Gesicht verzogen und ihr gestanden, dass er kaum etwas vom Gesang mitbekommen habe. Er habe nämlich auf der falschen Seite gesessen. Der Gehörschaden auf dem einen Ohr, noch aus seinen Kindertagen, der habe sich inzwischen verschlimmert. Aber im Grunde genommen mache das nichts. Denn er sei ja sowieso eher unmusikalisch.
Eine Bemerkung, auf die beide in ein herzliches Lachen einstimmten. Das Leben konnte plötzlich wieder so schön sein.
Zumal in kurzen Abständen weitere Treffen folgten.
Ganz offensichtlich empfand also auch Margarete Wörz eine gewisse Sympathie für ihn. Und selbst bei aller gebotenen Vorsicht hegte er nicht den leisesten Verdacht, dass sie es dabei nur auf sein Geld abgesehen haben könnte. Vielmehr schien es ihm das Wunder einer spontanen gegenseitigen Zuneigung. Umso intensiver genoss er diese Begegnungen. In vollen Zügen, beinahe schon wie ein Ertrinkender, der längst dem sicheren Untergang geweiht, in allerletzter Sekunde die rettende Hand gereicht bekommt. Und damit noch einmal ein ganz neues Leben beginnen darf.

Ja, genauso war es! Wenige Wochen später war aus ihnen ein Paar geworden. Seitdem war sogar in der einsamen Villa in der Stuttgarter Heidehofstraße wieder für Fröhlichkeit und manchmal auch für eine unbeschwerte musikalische Unterhaltung gesorgt – wenngleich zunächst nur im engsten Freundeskreis.

Denn erst musste er das Gespräch mit Anna suchen. Einen öffentlichen Skandal wollte er ihr auf alle Fälle ersparen. Das hatte sie nicht verdient. Nach all den Jahren.

Doch zunächst war es wieder die Politik, die sich in sein Leben schob und einen Großteil seiner Zeit beanspruchte. Gegen Anfang des Jahres 1927 verschärften sich die Auseinandersetzungen mit der NSDAP mehr und mehr. Immer ungenierter bewegten sie sich direkt auf das Unternehmen zu. Zum guten Glück wusste er Margarete neben sich, sodass ihm die teilweise unverschämten Attacken längst nicht mehr so zu schaffen machten wie noch vor einiger Zeit. Damals wäre es beinahe wieder einmal um seine Gesundheit geschehen gewesen. Doch so sehr er sich im Einzelfall auch echauffieren mochte – wenigstens das tagelange Echo in seinem Körper blieb ihm momentan erspart. Dank Margarete.

Die Heftigkeit der verbalen Zusammenstöße übertraf die üblichen Meinungsverschiedenheiten, die es seit Kriegsende mit dem Stahlhelm und all den anderen, die sich später unter dem Dach der Nationalsozialisten versammelt hatten, mittlerweile um ein Vielfaches. Seltsam: Anscheinend glaubten sie tatsächlich, ausgerechnet den überzeugten sozialen Demokraten Robert Bosch auf die nationalkonservative Seite ziehen zu können. Natürlich ging es ihnen dabei in allererster Linie um sein Geld. Das war klar.

Fuchsteufelswild kam Bosch an diesem Morgen in das Büro seines Sekretärs Hans Walz gestürmt: »Da! Sehen Sie sich das einmal an!«

Walz blickte erschrocken auf. So wütend hatte er den alten Vadder Bosch trotz seines bekannten, längst legendär gewordenen Jähzorns selten erlebt. »Was ist denn passiert?«

»Das da!« Mit zornesroter Miene schwenkte er ein weißes Blatt Papier vor seinem Kopf, das er schließlich, begleitet von einem wütenden Fausthieb, auf die Schreibtischplatte seines Sekretärs knallte. »Das haben die mir heute Morgen direkt zustellen lassen.«

»Aha!«, vorsichtig griff Walz nach dem Papier und rückte seine Brille zurecht, »ein Schreiben von der NSDAP – sogar von der Landesgeschäftsstelle hier in Stuttgart.« Ein kurzes Schmunzeln huschte über sein Gesicht: »Ich wusste ja gar nicht, dass Sie mit denen eine engere Korrespondenz pflegen, Herr Bosch.«

Schon wieder färbte sich das Gesicht des ergrimmten Bosch dunkelrot. »Das tue ich auch nicht. Aber da: Sie schreiben, dass sie der Meinung seien, ja, dass sie ganz sicher wüssten, dass wir über kurz oder lang mit dem Ausbruch von Unruhen rechnen müssten und dass wir höchstwahrscheinlich das Ziel von Gewalttätigkeiten von links werden würden.«

Walz staunte. »Wir? Ausgerechnet die Firma Bosch? Von links? Von den Gewerkschaften?«

»Es kommt noch besser!« Mit einer impulsiven Bewegung riss er dem verdutzten Walz das Blatt wieder aus der Hand und klopfte mit dem Knöchel seines rechten Zeigefingers darauf. »Da – hier steht es: ›Die NSDAP hat unter anderem auch den Schutz des rechtmäßig erworbenen Eigentums auf ihr Programm geschrieben. Sie allein ist durch die Begeisterung ihrer Anhänger dazu in der Lage, dem Terror entgegenzutreten‹.«

»Soso. Das ist ja nicht gerade etwas ganz erstaunlich Neues, was die da behaupten. Aber wieso regen Sie sich dann so darüber auf? Das ist doch lächerlich. Einfach nur lächerlich – man sollte es gar nicht ernst nehmen, sondern als eine der üblichen Angebereien von denen einfach ignorieren.«

»Wenn das so einfach wäre«, knurrte Bosch verdrießlich. »Es geht nämlich noch weiter. Jetzt kommt es ja erst: ›Leider ist dies ohne bedeutende Geldmittel nicht zu machen‹, schreiben sie wörtlich, ›es bleibt uns daher, zumal die reichen Kreise des Judentums uns verschlossen sind, nichts anderes übrig, als uns an die deutsch und deutsch-völkisch gesinnten Kreise aus Industrie und Handel mit der Bitte um Unterstützung zu wenden.‹ Und so weiter … Und jetzt wird es zum guten Schluss noch schöner: ›Wir hoffen, dass Sie sich unserer dringenden Bitte nicht verschließen.‹ Ist das nicht …«

»… unfassbar. In der Tat. Unfassbar, plump und unverschämt. Aber was tun wir jetzt?«

Bosch schnappte nach Luft. »Was wir tun werden? Das ist die lupenreinste Form von Erpressung, die mir jemals begegnet ist. Das ist Erpressung von Schutzgeld – unverhohlen und genauso unverschämt – und deshalb werde ich den Herrschaften die entsprechende Antwort zukommen lassen, diesem Gesindel. Und zwar öffentlich. Damit alle Welt weiß, wes Geistes Kind hinter dem nationalsozialistischen Gedankengut steckt. Dieses Diebsgesindel.« Mit hochrotem Kopf stieß Bosch diese Worte aus, während er immer wieder mit seiner Hand gegen den Brief klatschte, gerade so, als könne er damit die unverschämten Zeilen vom Papier klopfen.

Walz gab sich skeptisch. »Sie wollen damit in die Zeitungen? Das drucken doch nur diejenigen, die sowieso auf unserer Seite stehen, die anderen werden es nicht bringen.«

»Egal. Auf jeden Fall bringen wir es aber zunächst einmal in unserer eigenen Werkszeitung, im ›Boschzünder‹, das sind dann auch schon einige Tausend Leser. Denn immerhin erreichen wir mit dem Boschzünder alle unsere Arbeiter, unter denen ja der eine oder andere vielleicht auch schwanken wird, ob er sich nicht doch der NSDAP anschließen soll. Aber der Abdruck dieses Erpresserbriefes wird meine Leute dann wohl endgültig vor so einem fatalen Schritt bewahren …«

»… insofern ist es ja geradezu ein Geschenk von denen, dass die Ihnen so etwas geschrieben haben.«

Boschs Miene erhellte sich schlagartig. »Ja, da haben Sie natürlich recht. So herum muss man es sehen.« Jetzt sogar mit einem leichten Lächeln im Gesicht fuhr er fort: »Am

Ende wird es also doch noch ein schöner Tag werden. Wir werden sie der Lächerlichkeit preisgeben, das ist die schärfste Waffe, die es überhaupt gibt.«
Walz grinste schadenfroh. »Die werden vielleicht toben!«
»… aber nichts dagegen machen können, denn es ist ja der originale Wortlaut des Schreibens, das sie selbst verfasst haben – wir sorgen im ›Boschzünder‹ nur für die entsprechende Verbreitung. Und zwar ganz schlicht, ohne jeglichen Kommentar, nur mit der Überschrift versehen ›Ein Brief, der nicht beantwortet wurde‹. Er kommt gleich in die nächste Ausgabe. Wann erscheint die eigentlich?«
»Einen Moment. Ich sehe mal nach.« Walz warf einen raschen Blick in seinen Kalender. »Am 31. März.«
»Ja wunderbar, das klappt also gerade noch. Wir müssen nur einen Artikel austauschen und inzwischen keinen Mucks von uns geben, dann wird die Überraschung umso größer werden! Und danach können sie sich wieder über das in Geldsäcken versteinerte Herz des Herrn Bosch auslassen, soviel sie wollen.«
Walz nickte. » Ich denke, das wird noch weitere Folgen haben. Da werden einige Köpfe rollen. Dessen bin ich mir sogar ganz sicher.«
Er sollte mit seiner Einschätzung recht behalten.

Noch im selben Jahr erfolgte die Scheidung Robert Boschs von seiner Frau Anna, geborene Kayser, und unmittelbar darauf, am 30. November 1927, fand im Rathaus Berlin-Schöneberg die Trauung statt. Die Hochzeit des 66 Jahre alten Robert Bosch mit der 39-jährigen Margarete Wörz. Obwohl Margarete bisher dem katholischen Bekenntnis angehört hatte, war sie vor der standesamtlichen Zeremonie aus der Kirche ausgetreten. So wie dies ihr ehemals evangelischer Ehemann schon viele Jahre vorher getan hatte.
Wer weiß, ob er in seinem begeisterten Überschwang nicht auch noch eine kirchliche Trauung über sich hätte ergehen lassen, so glücklich und zufrieden fühlte Robert Bosch sich

seit dem Eheversprechen zwischen Margarete und ihm schlagartig wieder. Aber auf diese Weise, also »nur« standesamtlich, war es natürlich besser – zumal eine katholische Trauung mit einem nach Ansicht der Priester ja ungläubigen Bräutigam sowieso zu einer recht komplizierten Angelegenheit geworden wäre. Margarete hatte also kurzerhand entschieden und ihrem künftigen Mann damit diese Peinlichkeit von vornherein erspart. Ach Margarete! Was für ein Glück, dass sie sich gefunden hatten. Es schien Robert Bosch beinahe so, als sei ihm ein völlig neues Leben geschenkt worden. Ja, genau das war es: Ein neues Leben. Die Düsternis lag hinter ihm – und die Zukunft hatte er plötzlich wieder vor sich. Von wegen 66 Jahre alt, er fühlte sich viel jünger. So jung, wie seit mindestens 20 Jahren nicht mehr. Wenn nicht sogar seit 30 Jahren! Es war … einfach nur herrlich, das Leben wieder genießen zu dürfen.

Jedoch, gleich anschließend an die Zeremonie im Standesamt erfolgte ein erster klitzekleiner Dämpfer, indem seine frisch angetraute Ehefrau nämlich die seltene Gunst der Stunde nutzte und ihm lächelnd ans Herz legte, er möge sich doch bei dem einen oder anderen offiziellen Anlass künftig bitte ein ganz kleines bisschen modischer kleiden. Aber allein schon dieser Begriff!

»Offizielle Anlässe! Du weißt doch, dass die mir sowieso ein ewiger Gräuel sind!«, hatte er daraufhin überrascht ausgerufen und seine Augen zudem in teilweise gut gespielter Verzweiflung an die Decke gerichtet.

»Jetzt versuch's doch halt mal. Nicht immer diese langweiligen Zweireiher. Mir zuliebe …«

»Nun denn«, zähneknirschend wiegte der Neuvermählte den Kopf. »Also gut: Dir zuliebe werde ich's einmal probieren …«

»Das ist schön«, gleichzeitig spürte Margarete jedoch ganz deutlich, dass da noch etwas kommen würde. Und es kam. Schalkhaft blitzte es in seinen Augen auf, als er jetzt zum entscheidenden Konter ansetzte: »Ich werde jetzt halt noch öfter auf der Jagd sein.«

Der Disput, der gar kein richtiger gewesen war, mündete damit in einem befreiten Lachen. Ach, es war so schön, endlich wieder fröhlich sein zu können. Und so unbeschwert dazu.

Als ihm seine junge Frau dann im Januar 1928 auch noch einen Sohn gebar, dem sie, ohne lange darüber diskutieren zu müssen, den Namen Robert gaben, da war sein neues Glück endgültig vollkommen. Es war ein Geschenk des Himmels. Noch einmal durfte er also darauf hoffen, dass ihn sein eigener Sohn eines Tages in der Firma beerbte. Ein Nachfolger. Robert Bosch junior.
Im selben Jahr ließ sich auch Fritz Zundel – nach einer bald 15-jährigen Trennung – von seiner Frau Klara Zetkin scheiden, die nun endlich in diese Scheidung eingewilligt hatte. Unmittelbar danach gaben sich also auch Paula Bosch und der Kunstmaler das Jawort. Somit hatte nun für diese beiden ebenfalls ein neuer Abschnitt ihres Lebens begonnen.

Aber … Wer hatte das denn nur geschrieben?! Das war ja … völlig aus der Luft gegriffen, was da über ihn zu lesen war. Mit wachsendem Verdruss überflog Robert Bosch den Ausschnitt aus einer Berliner Zeitung vom September 1930, in dem er persönlich als einer der größten industriellen Geldgeber der NSDAP bezeichnet worden war. Das war ja ungeheuerlich! Ausgerechnet er!
Aber was tun? Guter Rat war teuer und so beschloss er schließlich, sich diesen Rat bei seinem Neffen Carl, dem Vorsitzenden der I.G.-Farben zu holen. Denn auch der schien ja die Nationalsozialisten nicht mehr unbedingt zu mögen, obwohl Carl andererseits einen irgendwie geschickteren Umgang mit denen pflegte. Ja doch, das war nicht wegzudiskutieren, sondern das war schlichtweg eine Tatsache. Ganz offenbar schien dieser taktisch kluge Umgang wohl weitaus eher im Naturell des ja immerhin mit dem Vorstandsvorsitz der I.G.-Farben höchst ausgezeich-

neten Neffen zu liegen, einem der damit mächtigsten Industriellen von Deutschland – der ein ganz anders geartetes Temperament zu besitzen schien, als das bei seinem nur wenige Jahre älteren Onkel Robert der Fall zu sein pflegte. Und das war letztendlich auch der Grund dafür, weshalb er nun in einem Brief an Carl die Zwickmühle offenlegte, in der er sich seit dem Erscheinen des unsäglichen Artikels zu befinden wähnte. Ein Brief, der in der verzweifelt formulierten Frage mündete: »Oder soll ich mich auf den Standpunkt stellen: Lass sie schwätzen, denn es dürfte wohl zur Genüge bekannt sein, dass ich kein Nationalsozialist bin.«

Schon wenige Tage später traf Carls Antwort ein, die jener aus einem Kuraufenthalt in Bühl geschrieben hatte: »Lieber Onkel! Was kümmert es den Mond, wenn ihn ein Hund anbellt – alle Welt weiß doch, wo Du stehst. Also ist es besser, Ruhe zu bewahren, sonst kommen sie Dir nur mit neuen Schweinereien.«

Er hatte ja recht. Es war besser zu schweigen. Auch wenn es ihn dabei innerlich beinahe zerriss!

Eines Tages im Herbst 1931. Aufgeregt war seine hochschwangere Frau Margarete in Robert Boschs Arbeitszimmer gestürmt.

Überrascht blickte er von seinem Schreibtisch auf. »Aber Margarete! Nicht so schnell! Was ist denn bloß mit dir? Du sollst dich doch schonen!«

»Hast du es schon gehört?«

»Was gehört?«

»Na die Meldung im Radio – da bringen sie es gerade jede Stunde!«

Ihr Mann schnaubte verächtlich: »Im Radio …«

»Ja nun, jetzt lass doch mal deine Abneigung gegen das Radio fahren: Das hat immerhin berichtet, dass dein Neffe Carl den Nobelpreis zugesprochen bekommen hat. Für das Haber-Bosch-Verfahren! Den Nobelpreis für Chemie – zusammen mit Friedrich Bergius.«

»Das …« Robert Bosch war völlig sprachlos. »Das ist ja …« Ach, wenn das doch sein Vater noch hätte erleben dürfen. Sein Enkel, ein Nobelpreisträger! Ein international berühmter Wissenschaftler, der ursprünglich aus einer Bauern- und Gastwirtsfamilie von der Schwäbischen Alb stammte!

Es war die gleichermaßen begeisterte Margarete, die seine Gedankengänge unterbrach. »Übrigens: Zu diesem stolzen Anlass, wenn du jetzt sogar einen Nobelpreisträger zum Neffen hast, da könntest du dich auch wieder einmal malen lassen.«

Wenig begeistert verzog Bosch das Gesicht. »Malen! Alles, bloß das nicht – das ist mir doch schon immer gegen den Strich gegangen.«

Doch dermaßen rasch wollte sich Margarete nicht abwimmeln lassen. Das entsprach so gar nicht ihrer Wesensart. »Aber wieso denn? Wegen dem langen Herumsitzen etwa?«

»Nein, es ist dieses gemalt werden als solches. Ich mag es halt einfach nicht.«

»Aber so ein Gemälde ist doch viel schöner als eine nüchterne Fotografie.«

»Na ja – aber selbst wenn ich deine Ansicht teilen würde … Was kommt danach? Denn wenn ich dann den einen Maler verpflichte, dann wird der andere beleidigt sein – einmal ganz abgesehen von den unendlich vielen Lästermäulern, die wieder sagen werden, ich sei beim Falschen gewesen. Als wenn es mir groß darauf ankäme. ›Falsch‹ oder ›Richtig‹. Ich habe bisher immer auf mich selber gehört und nach meinem eigenen Geschmack entschieden.«

»Dann mach's doch diesmal auch so.«

»Nicht so gern«, wand er sich um eine endgültige Festlegung immer noch herum, denn andererseits wollte er seiner jungen Frau deren Begeisterung nicht ganz verderben. Deshalb diese für Bosch seltsam anmutende, ungewohnt behutsame Gegenwehr.

»Liegt das Problem in Wahrheit bei dieser Büste, von der du mir mal erzählt hast?«, steuerte Margarete zielsicher auf den Kern des Problems zu. »Ist es die Angst, dass man dich wieder falsch malt?«

»Eigentlich schon.« Allein die Erinnerung an diese Episode bereitete ihm Unbehagen. Obwohl das doch schon gut und gerne 15, wenn nicht gar 20 Jahre zurückliegen mochte. Wie er damals voller Schrecken die von Anna in Auftrag gegebene Büste in den Händen gehalten hatte. Wie er dann das Kunstwerk verdutzt auf den Tisch gestellt hatte und einige Schritte zurück getreten war, um sich die Büste aus der Entfernung anzuschauen. Doch an dem seltsamen Eindruck, den das von einem renommierten Bildhauer geschaffene Porträt auf ihn machte, hatte sich nach wie vor nichts geändert. Rasch war er darauf zu dem großen Wohnzimmerspiegel geeilt, um seine Gesichtszüge intensiv zu studieren. Seltsam. Das war doch ein ganz anderer Mann, der ihm da aus dem Spiegel entgegenblickte – und dennoch … irgendetwas stimmte nicht. Man musste der Sache genauer auf den Grund gehen. Wozu ihm das Maßband diente, das er sich aus Gretels Nähkästchen besorgte und mit dem er nun wieder zu der Büste hastete. Ganz penibel vermaß er folglich nun also die einzelnen Proportionen, ohne sich um Annas verwunderte Blicke zu kümmern. Wenige Minuten später war dann alles auf das Exakteste vermessen und zu Papier gebracht. Mit diesen Erkenntnissen versehen, begab er sich wieder vor den Wohnzimmerspiegel, wo die Prozedur von Neuem begann. Wonach sich seine Miene schlagartig aufzuhellen begann.

»Aha, dachte ich mir's doch!«

»Was dachtest du dir doch?«

»Dass der Bildhauer einen groben Fehler gemacht hat. Da – schau her«, wies er auf das Blatt mit den Messergebnissen. »Die Proportionen stimmen nicht. Der Abstand zwischen Nase und Ohren ist zu groß, ganz abgesehen davon, dass meine Nase längst nicht so lang ist, wie er sie gemacht hat. Und bei den Ohren ist es keinen Deut anders. Ein ganz so unharmonisches Gesicht habe ich nun auch wieder nicht!«

»Und was ist dann daraus geworden?«, erkundigte sich seine heutige Ehefrau neugierig.
Robert Bosch breitete die Arme aus. »Nichts, gar nichts. Denn daran war ja nun zweifellos nichts mehr zu ändern. Das habe ich dem Bildhauer dann auch geschrieben – aber wie gesagt, da war es ja schon längst passiert. Weißt du, ich denke bei solchen Sachen halt immer daran, dass dieses Antlitz jetzt sozusagen für alle Ewigkeit in Bronze gegossen ist. Und wie oft passiert es, dass ein Bildhauer einfach so eine Vorlage vom anderen übernimmt und damit wieder ein Porträt nach dem vermeintlichen Original herstellt. Wenn das die Leute später sehen, dann müssen sie ja denken, was war dieser Bosch nur für ein seltsamer Charakterkopf.«
Margarete lachte herzlich bei dieser eigenartigen Begründung ihres Mannes. Und ließ sich dennoch nicht von ihrem Vorhaben abbringen. »Ach so, von daher weht der Wind. Na ja, das kann ich irgendwie ja schon verstehen – auch wenn ich nicht geglaubt hätte, wie eitel du offenbar sein kannst.«
»Was heißt hier eitel – man muss sich ja nicht gleich verunstalten lassen«, brauste er verdrießlich auf.
»So war es ja auch gar nicht gemeint. Also gut, ich verspreche dir hiermit, dass ich schon während des vorbereitenden Malens ganz genau darauf achten werde, dass dich keiner verunstaltet.« Sie ließ anscheinend einfach nicht locker!
»Als wenn die Maler das gerne sehen würden, wenn man ihnen beim Malen über die Schulter schaut.« Auch er wollte sich noch nicht geschlagen geben. »Im Übrigen: Ich habe das mit dem Porträtsitzen sowieso noch nie gerne getan – und wenn ich's recht bedenke, spätestens seit der Sache mit der Paula und dem Fritz Zundel sitzt da irgendein Stachel bei mir fest, den ich so leicht nicht herausbekomme.«
Margarete nickte teilnahmsvoll. »Das verstehe ich. Das war ja sicher eine peinliche Angelegenheit.«
»Peinlich? Wenn es nur dabei geblieben wäre …« Selbst nachdem nun beinahe 30 Jahre ins Land gegangen waren,

verspürte Robert Bosch noch immer ein unangenehmes Ziehen in der Magengrube, sobald er an das Geschehen zurückdachte, das so harmlos mit einer Porträtsitzung seiner Kinder begonnen hatte und schließlich in einer zerbrochenen Freundschaft, einer geschiedenen Ehe sowie in einem wochenlang andauernden Streik in seiner Firma gemündet hatte.
»Also, auch da verspreche ich dir, dass ich mir den Maler vorher ganz genau anschauen werde. Ich nehme auf alle Fälle einen ganz alten Mann, von dem garantiert keine Gefahr mehr ausgeht«, versuchte Margarete, die mit einem Mal so düstere Stimmung ihres Mannes rasch wieder zu zerstreuen. »So einen wie dich halt …«, setzte sie mit einem schelmischen Lächeln noch hinzu.
Bosch stutzte. »So einen wie mich? Wie hast du das denn jetzt gemeint?« Noch mitten in der Frage dämmerte ihm freilich die Anspielung. Ein schelmisches Lächeln breitete sich über seiner Miene aus, als er seine Margarete liebevoll in die Arme nahm. »Und dabei müsstest du doch selber aus eigener Erfahrung ganz genau wissen, dass die Alten immer die Schlimmsten von allen sind …«

Auch die Geburt seiner Tochter Eva am 10. Dezember 1931 wurde zu einem wahren Lichtblick mitten in dieser politisch so überaus dunklen Zeit.
Mehr und mehr begann Robert Bosch, sich ernsthaft Sorgen über die Lage im Reich zu machen. Erst recht jetzt, wo ihm noch einmal zwei Kinder geschenkt worden waren. Kinder, für deren gute Zukunft er als Vater schließlich Sorge zu tragen hatte.
Hätte er im vergangenen Jahr besser doch das Angebot angenommen, sich im Radio an die Jugend zu wenden, anstatt zu sagen »Das mache ich auf keinen Fall! Da wird der Jugend doch nur nach dem Mund geredet. Man bestärkt die jungen Leute im Glauben, dass man heutzutage springen könne, bevor man laufen gelernt hat – der Zeitgeist ist übermächtig geworden, das haben Hitler und seine Leute

bereits geschafft. Ich sehe keine Möglichkeit mehr, diese Bewegung aufzuhalten, da werde ich höchstens ausgelacht – und ich will nun nicht der Prediger in der Wüste sein.« Rückblickend war es wohl ein Fehler gewesen, auf diese Ansprache zu verzichten.

Vielleicht war das der Grund, weshalb er sich kürzlich mit wenig Hoffnung an den Schreibtisch gesetzt und einen Leserbrief verfasst hatte, der überraschend tatsächlich in der Frankfurter Zeitung abgedruckt worden war. Darin stellte Robert Bosch den Lesern eine tief besorgte Frage: »Warum wollen alle jungen Leute plötzlich wieder unter eine strenge Führung kommen – man kann hören, dass die jungen Leute sagen, bei den Nationalsozialisten finden wir das, was wir wollen und was wir brauchen. Wir wollen uns unterordnen.«

Seit dem Jahr 1932 schienen die Dinge endgültig aus dem Ruder zu laufen. Mehr und mehr setzte sich bei Robert Bosch die Überzeugung durch, dass die Lage in Deutschland nicht mehr zu retten war. Hitler und seine Gesellen würden auf Dauer die Macht übernehmen, das zeichnete sich schon überdeutlich ab »und dann wird es fürchterlich«. Und dass die Nationalsozialisten längst ein Auge auch auf sein Unternehmen geworfen hatten, das war ebenso klar wie Boschs Haltung ihnen gegenüber. Oft genug hatte er ihnen schon die kalte Schulter gezeigt. Sie würden sich nach der Machtübernahme an ihm schadlos halten. An seinem Lebenswerk.

Inzwischen machte er sich ernsthafte Gedanken darüber, ob es also im Interesse seiner Familie – seiner jungen Frau und den beiden kleinen Kindern, dem vierjährigen Robert und der ein Jahr alten Eva – nicht sinnvoll sein könnte, in die Schweiz auszuwandern. Denn die Schweizer würden ganz sicher auch künftig ihren Status als neutrales Land beibehalten.

Einige Wochen lang weilte die Familie deshalb in der Eidgenossenschaft, um mit ihrem engeren Bekanntenkreis diese Frage in aller Ausführlichkeit zu erörtern. Noch war es

Zeit zu handeln. Aber noch brauchte man auch nichts zu überstürzen. Das Heft des Handelns wollte Bosch sich unter keinen Umständen aus der Hand nehmen lassen. Agieren, nicht reagieren. Am Ende der Diskussion wurde der Plan zur Umsiedlung dann verworfen. Noch schien es ihnen besser, im Land zu bleiben. Nur so konnte er seine Hand schützend über das Unternehmen halten, wenn ihm das überhaupt gelingen sollte. Aus dem Ausland wäre ihm das nicht möglich, da hätten sie ihn rasch als vaterlandslosen Gesellen gebrandmarkt, der sein Heimatland und seine Firma einfach im Stich gelassen habe.

Diese Entscheidung war trotz der mittlerweile ziemlich konkreten Gefahr gefallen, dass es einem seiner Feinde gelingen würde, ihn nach der Machtübernahme in eines der längst geplanten Konzentrationslager zu bringen. »Für meine Herzerweiterung wäre eine solche Aufregung natürlich nicht das Richtige. Aber in Zeiten wie den gegenwärtigen gelingt es manchem, sein persönliches Rachebedürfnis zu befriedigen. Ich selbst gehe jedenfalls nicht außer Landes – auch nicht auf die Gefahr hin, dass ich interniert werden sollte. So müsste ich eben meinem alten Herz eine weitere Belastungsprobe zumuten, die übrigens durch die politische Lage sowieso nicht ausbleiben wird.«

Immerhin hatten sie während ihres Aufenthalts in der Schweiz die beiden Kinder taufen lassen. Ein Entschluss, der selbst im Freundeskreis großes Erstaunen hervorrief. Damit hatte niemand gerechnet. Ausgerechnet Robert Bosch, der doch schon vor vielen Jahrzehnten der Kirche den Rücken gekehrt hatte. Auch Margarete war ja bekanntlich vor ihrer Eheschließung aus der katholischen Kirche ausgetreten. Und dennoch hatten ausgerechnet sie ihre Kinder Robert und Eva taufen lassen? Seltsam!

Aber natürlich entsprang auch dieses Vorgehen keineswegs etwa einer spontanen Laune der Eheleute Bosch, sondern in Wirklichkeit folgte es einer sorgsam vorbereiteten Strategie: Es schien ihnen ein gewisser Schutzschirm für Eva und Robert, wenn die beiden Kinder später in der Schule sagen konnten, sie seien auf das evangelische Bekenntnis getauft. Deshalb sollten sie folglich, dem Wunsch ihrer Eltern entsprechend, den Religionsunterricht besuchen – und nicht den Staatsbürgerlichen Unterricht. Während für dieses Vorhaben nun sogar Margarete Bosch wieder in die Kirche eintrat, jetzt eben in die evangelische, weigerte sich ihr Mann standhaft, dem Beispiel seiner Frau zu folgen. Denn an seiner Überzeugung, die er in dieser Frage schon seit gut und gerne 50 Jahren pflege und erst recht an seiner Einstellung zur Amtskirche, habe sich nach wie vor nicht das Geringste geändert. Margarete ließ es damit bewenden. »Du hast ja recht. Es ist einzig und allein deine Sache.« Immerhin waren die restlichen Familienmitglieder in den Kreis der Kirche aufgenommen worden – und im Grunde genommen ging es ihnen ja vor allem darum, die beiden Kinder in der Schule vor einer direkten Einflussnahme der Nationalsozialisten zu bewahren. So gut das eben möglich war.

Zusammen mit seiner jungen Familie, die ihm so viel neue Energie und Lebensfreude bescherte, unternahm Robert Bosch jetzt auch wieder die in früheren Jahren so intensiv gepflegten Reisen. Vor allem die Fahrten auf die herbstliche Alb, die Kartoffel-Testkäufe und die ausgedehnten Wanderungen machten ihm das Herz weit. »Ich genieße das in vollen Zügen – gerade den Herbst, das ist so ein seltsames, hübsch-hässliches Gefühl«, bekannte er strahlend vor Glückseligkeit.
»Hübsch-hässlich?« Margarete Bosch wandte sich um und betrachtete stirnrunzelnd ihren seltsam schwärmerischen Mann, mit dem wieder einmal auf »seiner Alb« eine erstaunliche Wandlung vorgegangen war. »Das ist doch ein Widerspruch. Etwas, das es gar nicht gibt. Einem nüchternen Techniker dürfte das doch gar nicht über die Lippen kommen.«
»Es ist aber so«, beharrte er auf seinem Standpunkt. »Der Herbst ist einerseits die schönste aller Jahreszeiten, die Ernte wird eingefahren. Man spürt an einem schönen herbst-

lichen Sonnentag noch die Wärme, viel intensiver und dankbarer als im Hochsommer – und dennoch ahnt man auch schon den bevorstehenden Winter. Tausende von blitzenden Lichtflecken im Gegenlicht: Es ist die letzte, besonders farbenprächtige Zuckung einer längst schon dem Untergang geweihten Jahreszeit.«

»An dir ist ja ein echter Poet verloren gegangen …«

»Warum nicht!« Er breitete die Hände aus, um impulsiv den Satz hinzuzufügen: »Wie schön, dass es euch gibt!« Verlegen wischte er sich über das Gesicht, dann setzte er die Wanderung mit weit ausholenden Schritten fort. Margarete hatte verstanden: Sie ließ ihrem Mann einen Vorsprung von einigen Metern vor der übrigen Familie. Es war wohl besser, wenn er jetzt mit seinen Gedanken eine Weile für sich alleine sein konnte – das tat ihm einfach gut, er konnte es dringend gebrauchen. Denn in Stuttgart wartete ein trister Alltag in einer bleiernen Zeit auf ihren von den Sorgen um die politische Zukunft des Landes schwer geplagten Mann.

Der Reichstagsbrand von Anfang 1933 und dessen verheerende Auswirkungen: das Ermächtigungsgesetz, die damit im ganzen Land einhergehende Verhaftungswelle, Prügeleien, Amtsenthebungen – natürlich auch im unmittelbaren Bekanntenkreis von Bosch. Zu allem Übel, und das machte die Lage besonders problematisch, die schlagartig erfolgte Gleichschaltung der gesamten Presse. Und kurz zuvor hatte ausgerechnet sein Neffe Carl Bosch die höchste Einzelspende der deutschen Industrie an die Nationalsozialisten überwiesen! Wieso denn nur?! Wo sein Onkel doch ganz genau wusste, wie strikt Carl die Rassenlehre und die Führerideologie ablehnte. Wollte er damit etwa gute Miene zum bösen Spiel machen und seine wahre Gesinnung vernebeln – ob das wirklich gut gehen konnte? Es war ein Spiel mit dem Feuer!

Am 22. September 1933 war es zu einem Gespräch zwischen Robert Bosch und Hitler gekommen, nach dessen

Verlauf der ernüchterte Bosch endgültig begriffen hatte, in welchen Abgrund der Reichskanzler das Land steuern würde. Hatte er zu Beginn des Gesprächs noch gehofft, Hitler vielleicht in irgendeiner Art und Weise zu einer verständnisvolleren Politik dem Ausland gegenüber bewegen zu können (allein der Hinweis auf die enorme Exportabhängigkeit des riesigen Bosch-Unternehmens müsste diesem doch zu denken geben!), musste er schon bald erkennen, dass in dieser Hinsicht alle Mühe vergeblich sein würde. Sämtliche Argumente prallten an dem fanatischen »Führer« wirkungslos ab. Gerade so, als habe man gar nichts gesagt. Und so dauerte das Gespräch, bei dem Hitler ihm zunächst »Brei ums Maul geschmiert« habe, wie sich Bosch später verdrießlich ausdrückte, nur ziemlich kurz. Dann habe ihm der Reichskanzler, wie das eben dessen Art war, sein politisches Manifest herunter deklamiert, und zwar in einer Art und Weise, als handele es sich bei dem Besucher nicht um einen selbstständig denkenden, weltläufigen und politisch überaus gut informierten Menschen, sondern um einen völlig unbedarften Zeitgenossen. In einer kurzen Redepause war ihm der zunehmend aufgebrachte Bosch deshalb mit einer harschen Feststellung gnadenlos in die Parade gefahren: »Sie müssen sich auf dem Stuhl Bismarcks doch recht merkwürdig vorkommen.« Worauf Hitler wütend aufgesprungen sei und mit den Fingern gegen die Fensterscheibe getrommelt habe. Es war dann zwar zu keiner weiteren Eskalation gekommen – aber die Fronten zwischen den beiden Männern waren damit ein für alle Mal abgesteckt.

»Das will ein Staatsmann sein, der nicht einmal weiß, was Gerechtigkeit ist!« Mit diesem zornigen Satz stieg Robert Bosch im Anschluss an die Unterredung in seinen Wagen und vermied es seitdem, mit Hitler noch einmal zu einem »Gedankenaustausch« oder bei einem gesellschaftlichen Ereignis zusammenzutreffen. Bei den wenigen Anlässen, wo es sich dennoch nicht vermeiden ließ, achtete er peinlich genau darauf, sich in kein Gespräch verwickeln zu lassen. Mehr als ein freudloses »Guten Tag!« und »Auf Wiedersehen!« neben den üblichen Begrüßungsformeln für einen Reichskanzler, kam dabei nicht über Robert Boschs Lippen und schon gar kein weit ausgestreckter rechter Arm.

Noch immer genossen Carl Bosch und sein Onkel Robert Bosch bei schönstem Herbstwetter den herrlichen Rundumblick von dem Türmchen des repräsentativen Wohnhauses in der Stuttgarter Heidehofstraße. Carl ließ einen tiefen Seufzer hören. »Ach, ist das schön hier oben! Und was für ein seltsamer Gegensatz zu dem Geschehen unten. Wir haben diesem unfassbaren Treiben viel zu lange zugesehen und uns um unserer Firmen und der Beschäftigten willen einbinden lassen. Dieses verdammte Pflichtgefühl! Es ist ein Fehler gewesen, vor allem wie ich mich verhalten habe. Ich weiß es jetzt: Ich hätte viel früher energisch und vor allem öffentlich widerstehen sollen. Mit allen Gefahren, die das in sich geborgen hätte. Aber jetzt ist es auch nicht viel anders. Denn seit sie wissen, dass ich mich in jeglicher Hinsicht von ihnen abgewendet habe und mich auch öffentlich nicht mehr von ihnen in die Pflicht nehmen lasse, da werde ich ja inzwischen in gewissen Briefen, die man zwischen den Ministerien hin- und herschickt, als nicht mehr salonfähig charakterisiert. Es heißt, ich würde ein geradezu unmögliches Verhalten an den Tag legen – und so weiter …«

»Und dennoch Carl. Es ist fatal, seinen Trost deswegen im Alkohol zu suchen …«

Carl zuckte überrascht zusammen: »Du weißt es? Aber woher? Ich habe heute noch keinen einzigen Schluck …«

Robert Bosch unterbrach seinen Neffen mit einem bedrückten Schulterzucken. »Ach Carl. Ich habe ja schließlich Augen im Kopf … Und deshalb nochmal meine Bitte an dich: Lass es bleiben. Der Griff zur Flasche wird dir nicht helfen. Das macht die Welt auch nicht besser und ruiniert nur deine eigene Gesundheit – und dann? Dann haben sie erst recht gewonnen, wenn sie dich am Ende als verwirrten Säufer hinstellen können.«

Eine Zeit lang herrschte eine bedrückte Stille zwischen den beiden Männern, bis Carl langsam nickte und seinem Onkel mit einem traurigen Blick tief in die Augen sah. »Weißt du ... Die Frage, die ich mir in den vergangenen Tagen und Wochen immer und immer wieder gestellt habe, ist die, ob wir einfach das Pech haben, in der falschen Zeit zu leben. Was meinst du dazu?«

Robert Bosch schürzte die Lippen und schien den Gedanken sorgsam abzuwägen. Dann schüttelte er entschieden seinen Kopf: »Ach was. Wenn man so argumentiert, dann ist es immer die falsche Zeit, in der man lebt. Schlimm ist vielmehr, dass wir es nicht geschafft haben, unsere Zeit zur richtigen Zeit zu machen. Das ist es, was ich mir vielmehr vorhalten lassen muss ...«

»Aber gerade du bist doch der Letzte, der sich in dieser Hinsicht etwas vorzuwerfen hat! Du hast doch, wie kein anderer Unternehmer – zumindest keiner, den ich kenne – versucht, die Dinge zu lenken und zu verhindern, dass es so kommt ...«

»... wie es jetzt eben doch gekommen ist! Und? Habe ich also etwas erreicht? Nein! Es war zu wenig. Wir haben die Entwicklung der Dinge total unterschätzt. Wir haben halt keinen Rechtsstaat mehr!«

Er räusperte sich trocken, bevor er mit deutlich gesenkter Stimme weitersprach. »Und nun? Nun bleibt uns nur noch, die schlimmsten Auswüchse wenigstens in ihren Folgen einigermaßen abzumildern. Das heißt, und das ist für mich das beinahe Unerträgliche daran, wir müssen offiziell zunächst einmal mit den Wölfen heulen – sonst sind uns die Hände völlig gebunden. Nur so ist es uns möglich, beispielsweise diese stillen Geldspenden, die wir über meinen Sekretär Hans Walz an die Juden weiterleiten, auch weiterhin tätigen zu können. Das ist wirklich eine fürchterliche Zwickmühle, aber es wäre nichts gewonnen, wenn wir uns offen gegen sie stellten. Denn die fackeln in einem solchen Fall nicht mehr lange und dann wäre die Firma schnell in anderen Händen – und würde dennoch genau

dieselben Dinge produzieren, nur ohne diese Möglichkeiten zum versteckten Widerstand, die uns über diesen Weg somit ja immerhin noch geblieben sind.«
Carl warf einen erstaunten Blick auf seine goldene Taschenuhr. »Schon 16 Uhr vorbei. Ich fürchte, es ist an der Zeit zu gehen. Mein Fahrer ist wahrscheinlich bereits mit dem Wagen vorgefahren.«
Es wurde ein bitterer Abschied, bei dem es verdächtig in den Augen des Nobelpreisträgers glitzerte, der sich rasch umwandte, um seine Rührung zu verbergen. Doch Robert Bosch, der Zeit seines Lebens ein scharfer Beobachter war, entging die Traurigkeit seines Neffen dennoch nicht: »Versprich mir, dass du wiederkommst. Und zwar bald schon. Spätestens dann, wenn der Winter vorbei ist.«
Carl ergriff die Hand seines Onkels und drückte sie innig. »Ja, Robert. Das verspreche ich dir. Ich werde wiederkommen. Nirgendwo sonst finde ich so viel Entspannung und einige schöne Stunden lang auch meinen inneren Frieden wie bei diesen Begegnungen mit dir. Im nächsten Jahr sehen wir uns wieder. Versprochen.«
»Nun denn«, ein warmes Lächeln breitete sich über die markanten Gesichtszüge von Robert Bosch, der nun seinerseits spürte, wie sich auch in seine Augen ein sentimentales Funkeln schlich. »Und versprich mir bitte, dass du inzwischen nicht am Leben verzweifeln wirst.«
»Auch wenn das manchmal leichter gesagt, als getan ist.«
»Auch dann. Du weißt ja, dass es mir nicht viel anders geht. Und dennoch: Lass bitte nicht zu, dass du in diesem Strudel untergehst. Versprochen?«
Carl Bosch legte seine Stirn in Falten und rollte mit den Augen. »Versprochen. Aber jetzt muss ich wirklich gehen. Bis zum nächsten Jahr dann.«
»Ja, bis zum nächsten Jahr! Ich wünsche dir eine gute Heimfahrt.«
Am Eingangsportal des Hauses angekommen, reichten sich die beiden Männer noch einmal die Hände zu einem stummen Abschied, dann begab sich Carl zu seinem imposan-

ten Maybach, wo der uniformierte Fahrer schon auf ihn wartete und ihm die Türe zum luxuriösen Fond des Wagens aufhielt.
Man konnte die Traurigkeit förmlich spüren, die den vom Leben so stark gezeichneten Mann niederdrückte. Dieses menschliche Drama hilflos mit ansehen zu müssen, war kaum zu ertragen. Ja, im Grunde genommen befand er sich in einer ausweglosen Lage. Und das trotz aller Erfolge, die er errungen hatte. Aber kein Vorstandsvorsitz, kein internationaler Ruhm, kein machtvoller Direktorenposten, keine noch so bedeutende wissenschaftliche Auszeichnung, kein Geld der Welt, nicht die prächtige Villa im Heidelberger Schloss-Wolfsbrunnenweg und auch keine noch so üppig ausgestattete Nobelkarosse hatten ihn vor dem innerlichen Zusammenbruch bewahren können. Wenigstens schien Carl heute eine kurze Ablenkung von seinen Selbstvorwürfen verspürt zu haben. Es war so schade um diesen wunderbaren Menschen.
Trotz der allmählich aufziehenden Abendkühle verharrte Robert Bosch noch lange regungslos auf der Türschwelle und starrte nachdenklich auf die weit geöffneten Flügel des mächtigen Hoftores, hinter dem der schwere Maybach mit Carl schon längst verschwunden war.

Robert Bosch und sein Neffe Carl würden sich auch in den folgenden Jahren noch einige Male begegnen. Immer dann, wenn es dem Nobelpreisträger unter Aufbietung seiner ganzen Willenskraft gelungen war, sich zumindest für einige Zeit so weit aus seinen immer stärkeren Depressionen zu lösen, dass er dazu imstande war, seinem Chauffeur die entsprechende Anweisung zu geben: »Heute fahren wir nach Stuttgart. Zu meinem Onkel in die Heidehofstraße.«
Inzwischen ließen sie sich bei diesen Treffen nicht mehr mit dem hilflosen Lamentieren über den verqueren Lauf der Politik den Tag verderben, sondern blickten viel lieber zurück in eine lange vergangene Zeit, in der die beiden Männer noch Gelegenheit gehabt hatten, ihre Visionen und

Ideen in die Tat umsetzen zu können. Gut möglich, dass irgendwann, an einem wohl noch ziemlich fernen Tag, die Saat vielleicht aufging, die sie seinerzeit gestreut hatten. Immerhin: Diese Hoffnung blieb. Denn wie oft hatte das Schicksal auch in ihrem Leben einen völlig anderen Verlauf genommen, als das eigentlich zu vermuten stand.
Allein wenn Robert an seine eigene Familie dachte. Wer hätte geglaubt, dass ihm noch einmal die Freude zuteil werden könnte, das unbeschwerte Lachen von fröhlichen Kinderstimmen in den Fluren der einsamen Villa vernehmen zu dürfen. Die Stimmen der eigenen Kinder. Das Glück seiner späten Jahre. Ja, es war ein Geschenk im Herbst seines Lebens, so zumindest empfand er es mit einer tiefen Dankbarkeit.
Was ihn freilich niemals daran hinderte, mit genau derselben väterlichen Strenge gegen allzu vorlaute Kinderwünsche anzugehen, wie er das schon früher bei seinen mittlerweile längst erwachsenen Kindern getan hatte. Der Bosch war halt nun einmal der Bosch – und konnte nicht aus seiner Haut. Aber wieso sollte er auch?!

Im Oktober des Jahres 1938 fand noch einmal ein solches Treffen zwischen den beiden Verwandten statt, die sich ja viel mehr als eng vertraute Freunde fühlten, denn als bloße Verwandte. »Für seine bucklige Verwandtschaft kann man nichts, die ist halt einfach da – aber seine Freunde kann man sich immerhin selber aussuchen«, lautete die felsenfeste Überzeugung Boschs.
Freudestrahlend hatte er die Arbeit auf seinem Schreibtisch einfach liegen lassen und war rasch aus dem Haus geeilt, als ihm sein Diener Hugo die Mitteilung machte, dass der große Maybach des Herrn Nobelpreisträgers Dr. Bosch gerade eben durch das Hoftor gefahren sei. Trotz der stechenden Schmerzen im Unterleib, die ihn am heutigen Morgen wieder einmal schwer plagten, schaffte er es noch rechtzeitig, höchstpersönlich die Tür des Maybach zu öffnen, um seinen Neffen anschließend freudestrahlend zu begrüßen.

»Herzlich willkommen, Carl! Schön, dass du es wieder einmal hierher geschafft hast.« Ohne sich etwas anmerken zu lassen, war Robert Bosch freilich erschrocken, als er die bitteren Sorgenfalten bemerkte, die sich in den vergangenen Monaten tief in das Gesicht des ehemaligen Vorstandsvorsitzenden der I.G. Farben gegraben hatten. Der Mann war mit seinen Kräften (und wohl auch mit seinen Nerven) völlig am Ende. Um das zu erkennen, genügte ein einziger Blick! Es versetzte ihm einen schmerzhaften Stich in die Magengrube – dazu jetzt noch dieser kraftlose Druck seiner schweißnassen Hand! Das war kein Händedruck, wie er in der Familie Bosch gepflegt wurde. Wie oft hatten sie sich in dieser Hinsicht schon über andere lustig gemacht: »Wie von einem kalten toten Fisch!« Gerade Robert Bosch war es ja, der seinen Kindern immer wieder einschärfte, dass man allein aus dem Händedruck einen ersten Rückschluss auf den Charakter eines Menschen ziehen könne. Und – wie im Fall seines Neffen – auch auf dessen seelischen Zustand. Der Mann hatte eine Aufmunterung bitter nötig.

»Darf ich dir heute zur Feier deiner Ankunft einfach gleich einmal sagen, dass du mir schon immer der Liebste von der ganzen Verwandtschaft gewesen bist – und dass sich bis heute daran nicht das Geringste geändert hat.«

Carl Bosch stutzte und streifte seinen Onkel mit einem verwunderten Blick. Eine solche Süßholzraspelei … das entsprach doch sonst nicht seiner Art. Seltsam. Es konnte sich nur um ein erstes Anzeichen der oft beschriebenen Altersmilde handeln, die jetzt wohl auch den alten »Vadder Bosch« befallen hatte. Nun gut, mit über 75 Jahren, da durfte man schon auch mal ein bisschen sentimental werden.

»Du brauchst mich gar nicht so ungläubig anzustarren.« Natürlich war einem scharfen Beobachter wie Robert Bosch das Erstaunen des Besuchers nicht entgangen. »Ich wollte das sagen. Es war mir schlichtweg ein Bedürfnis. Allein, wenn ich nur daran zurück denke, wer sich in den vergangenen Wochen alles bei mir gemeldet und die alten Zeiten beschworen hat. Grauenhaft!« Er schüttelte sich angewidert.

»Verwandtschaft?«

»Ja, die auch. Man glaubt ja gar nicht, mit wie vielen Leuten man auf einmal verwandt ist. Immer wieder kommen da Leute zu mir – gerade von hier, also aus der Stuttgarter Gegend – und behaupten, sie seien recht nah mit meinem Schwager Eugen Kayser verwandt gewesen. Den Namen von meiner geschiedenen Frau nehmen sie dabei wohlweislich nicht in den Mund. Aber spätestens dann weiß ich, wo der Hase lang läuft.«

Carl Bosch rollte mit den Augen. »Ja, das kenne ich auch.«

»Wenn man sich das vorstellt: Das hätte ich niemals fertiggebracht. Diese Anbiederei. Und sich dann noch hinter einem so aufrechten Mann wie dem Eugen zu verstecken, der schon seit 20 Jahren tot ist und sich deshalb nicht mehr wehren kann, das ist das Allerletzte. Wie komme ich denn dazu, jemanden für eine bessere Position in der Firma einzustellen, nur weil er – angeblich – ein Verwandter vom Eugen ist. Und selbst wenn: Was hat eine solche Verwandtschaft denn mit der beruflichen Fähigkeit zu tun? Nicht das Geringste! Nun ja«, unwillkürlich ballte Bosch, der trotz seines fortgeschrittenen Alters noch immer eine imposante Erscheinung war, die Fäuste, »ich weiß mich zum Glück zu wehren und deshalb bekommen sie auch die entsprechende Antwort. Keiner von denen hat es ein zweites Mal probiert. Was sie hinterher über mich sagen, das kann ich mir lebhaft vorstellen, aber das ist mir egal.«

»Wieso lässt du es denn überhaupt zu, dass diese Aasgeier dich behelligen und dir deine Zeit stehlen?«

Hilflos hob Robert Bosch die Hände. »Was soll ich denn machen? Die kommen einfach rotzfrech hierher – ganz bewusst nicht in die Firma –, melden sich beim Hugo und erzählen dem etwas von Verwandtschaft oder von alter Schulfreundschaft zwischen den Vätern, also zwischen mir und dem Sohn oder Enkel des Besuchers. Was soll der arme Hugo in einem solchen Fall schon tun? Der steckt da

immer in einer fürchterlichen Zwickmühle. Denn manchmal ist ja auch tatsächlich ein alter Bekannter dabei, über dessen Besuch ich mich wirklich freue. Die wissen ganz genau Bescheid über meine schwache Seite und das versuchen sie dann auszunützen. Gerade gestern erst war wieder einer von dieser Sorte da – dieses Mal war es sogar tatsächlich einer, mit dem ich in die Schule gegangen bin. Dem Hugo ist da gar nichts anderes übrig geblieben, als ihn bei mir zu melden. Und ich habe mich zunächst sogar richtig gefreut, als ich den Namen gehört habe.«
Carl nickte. »Ein alter Schulfreund. Das kann ich verstehen. Davon wird es nicht mehr allzu viele geben …«
»Eben deshalb …« Vielsagend tippte sich Robert Bosch an die Stirn. »Dabei ist das mit diesen angeblichen Schulfreundschaften ja auch so eine Sache. Was da Jahrzehnte später im Rückblick als angebliche Freundschaft verklärt wird, das stimmt doch hinten und vorne nicht. Wieso hätten wir in einer Klasse von über 50 Schülern alle miteinander befreundet sein sollen? Nur deshalb, weil wir in dieselbe Klasse gegangen sind? 50 Schüler gleich 50 Freunde fürs Leben? Niemals!«
»Du hast recht. Genauso geht es mir auch. Schulfreunde, das ist schlichtweg der falsche Begriff. Schulkameraden, ja, das lasse ich mir noch gefallen, so kann man das nennen. Aber wirkliche Schulfreunde, im wahrsten Sinn des Wortes Freunde, die sind recht dünn gesät. Viele sind das nicht.«
»Eben. So ist es. Und dennoch glauben meine angeblichen Schulfreunde, sie hätten das Recht, mich ständig anpumpen zu können – ich soll denen und ihren Weibern den Hausstaat finanzieren! Die sehen in mir den Goldesel, weil wir halt zufällig in die gleiche Klasse gegangen sind.«
»Auch für diese Sorte Mensch wirst du die richtige Antwort parat haben, nicht wahr?«
»Das schon, aber dennoch belastet es mich. Selbst wenn ich versuche, es nicht an mich heranzulassen, kostet es mich oft einen ganzen Tag, bis sich meine Nerven wieder beruhigt haben. Das mag daran liegen, dass es mir ein Rät-

sel ist, wie man so sein kann. Ich bin nicht so. Und deshalb kann ich damit nicht umgehen. Nur einmal, da habe ich wirklich gerne eine Ausnahme gemacht. Das war für den Leonhard Köpf.«
»Köpf? Köpf …« Carl legte seine Stirn in nachdenkliche Falten. »Der Name sagt mir irgendetwas. Kann es sein, dass ihn auch mein Vater manchmal erwähnt hat?«
Robert Bosch nickte bedächtig. »Das ist gut möglich. Denn er hat meinen Lehrkameraden, denn das war ja der Leonhard Köpf, ganz gut gekannt. Ein wirklich fähiger und fleißiger Mann.«
»Und was für eine Ausnahme hast du nun für ihn gemacht?«
»Na ja, der Leonhard Köpf war wie gesagt mit mir zusammen Lehrling in der Installationsfirma Maier in Ulm – und später ist er sogar zur selben Zeit wie ich zur Weiterbildung nach Amerika gegangen. Ich habe dir ja schon einmal erzählt, dass unser Lehrherr das Arbeiten nicht gerade erfunden hatte. Deshalb war mir der Leonhard ganz wichtig. Das war ein Bursche, der wahrscheinlich schon als Mechaniker auf die Welt gekommen ist. Der hat alles gekonnt. Dazu war er fleißig und hat auch immer die nötige Ordnung gehalten, im Gegensatz zu unserem Meister. Ich habe mich also lieber an den Leonhard gehalten, der hat mir geholfen. Später hat er die Firma Maier dann sogar übernommen, aber nach einiger Zeit … das muss kurz vor dem Weltkrieg gewesen sein, da ist er in finanzielle Schwierigkeiten geraten, weil die Leute vor lauter Sorge um einen möglichen Kriegsausbruch ihr Geld zusammengehalten und ihm keine Aufträge mehr gegeben haben …«
»… und da hast du ihn dann bei dir im Betrieb weiterbeschäftigt. Einen guten Arbeiter kann man schließlich ja auch immer gut brauchen.«
»Nicht ganz. Ich habe gedacht, es sei besser, wenn der Leonhard sein Geschäft selbstständig weiterführen kann. Deshalb habe ich die Firma ›Köpf und Bantleon‹ einfach aufgekauft und die Schulden bezahlt, die ihn beinahe aufge-

fressen haben. Danach hat er unbelastet weiterarbeiten können. Ich habe das nie bereut und freue mich immer noch, dass ich so einem Mann einen solchen Gefallen habe tun können.«

Carl Bosch streifte seinen Onkel mit einem respektvollen Blick. »Donnerwetter! Das war eine wirklich gute Lösung. Damit hast du ihm ja auch das Geschwätz der Leute erspart, die sich wahrscheinlich das Maul über ihn zerrissen hätten, wenn er bankrottgegangen wäre – und einem fleißigen Mann den Glauben an den Wert seiner Arbeit erhalten.«

»Genau das war meine Überlegung. In solchen Fällen hilft man ja gerne, wenn man die Möglichkeiten dazu hat. Das ist etwas völlig anderes, als das Verhalten dieser Nassauer, die sich Schulfreunde schimpfen. Ich weiß ehrlich gesagt gar nicht, wie man sich selbst dermaßen erniedrigen kann. Man kann doch nicht einfach hergehen und seine Mitmenschen aussaugen, anstatt selber etwas Gescheites zu arbeiten. Das haben uns Boschs schon unsere Eltern gelehrt, dass man so etwas nicht tut – und du«, nickte er zu seinem Neffen hinüber, »du bist im Übrigen aus demselben Holz geschnitzt. Harte Schale, weicher Kern. Das ist es ja, was uns manchmal innerlich verzweifeln lässt, weil wir uns einfach nicht vorstellen können, wie man nur so sein kann. Weil wir eben keine Hornhaut auf der Seele haben.«

Über Carl Boschs Gesicht zog sich, erstmals seit seiner Ankunft, ein breites Grinsen. »Eine Hornhaut auf der Seele … Was für ein herrlicher Ausdruck! Den muss ich mir unbedingt merken.«

»So ist es doch auch.«

»Manchmal wäre eine etwas härtere Schale allerdings schon von Vorteil …« Carl schien drauf und dran, wieder in seine trübselige Stimmung zurückzufallen.

Am besten, sie setzten das Gespräch rasch fort. »Übrigens sage ich den Kindern, dass es mit der Abstammung im Grunde genommen genau dasselbe ist.«

»Wie meinst du das?«

»Nun, im Lauf meines Lebens habe ich immer wieder Leuten begegnen müssen, die ein unerträgliches Gehabe an den Tag gelegt haben. Das waren oftmals Adelige, aber auch solche, die aus einem reichen Haushalt stammten und deswegen gemeint haben, sie könnten die Nase besonders hoch in die Luft strecken.«

»Unerträglich«, knurrte Carl. »Von dieser Sorte kenne ich auch mehr, als mir lieb ist.«

»Genau deswegen sage ich den Kindern immer, dass Abstammung kein Verdienst an sich ist, sondern nur eine biologische Tatsache.«

»Womit du allerdings recht hast.«

»Was sich manche einbilden, nur weil sie die Kinder eines reichen Mannes sind! Liegen den ganzen Tag auf der faulen Haut und schauen verächtlich auf ihre Mitmenschen herunter, anstatt selber etwas zu schaffen. Da ist mir jeder lieber, der mit Fleiß und Sparsamkeit etwas Eigenes aufgebaut hat und sei es auch noch so bescheiden. Aber so jemand schreit nicht überall herum, was er geleistet hat, der schafft einfach. Deswegen habe ich den Robert und die Eva auch ganz bewusst auf die Wagenburgschule geschickt und nicht, was natürlich problemlos möglich gewesen wäre, auf irgendeine teure Privatschule, in der sie nur lauter Kindern von reichen Vornehmtuern begegnet wären. Die Reaktionen der sogenannten besseren Kreise, als das die Runde gemacht hat, kannst du dir lebhaft vorstellen. Einmal hat mir einer von denen ganz unverhohlen vorgehalten, wie ich meinen Kindern nur etwas Derartiges antun könne, da gingen doch bloß die ganz gewöhnlichen Stuttgarter Arbeiterkinder in die Schule. Das sei doch nichts für meine beiden. Ist das nicht fürchterlich, so eine Einstellung?«

»In der Tat. Ich glaube sogar, dass ein großer Teil der Probleme, an denen wir nach dem Krieg gescheitert sind, mit dieser unvorstellbaren Arroganz zusammenhängen, mit der die vermögende Klasse angewidert auf das einfache Volk herunterblickt. Es war diesen Herrschaften schlichtweg egal, wie es den normalen Leuten ergangen ist: Hauptsache, sie konnten sich ein Leben in Saus und Braus gönnen. Und damit ist der Stein ins Rollen gekommen, bis es zu spät war.«

»Genau diese kalte Arroganz ist dafür verantwortlich, dass die Menschlichkeit in einer Gesellschaft zerstört wird. Das kann man an vielen Beispielen in unserer Geschichte sehen. So ganz allmählich müssten die Menschen doch einmal fähig sein, daraus die richtigen Lehren zu ziehen. Wann begreifen wir endlich, dass es in einer Gesellschaft kein Gegeneinander sondern ein Miteinander geben muss. Ich habe es ja leider auch am eigenen Leib erleben müssen, wie man mich immer in eine Ecke hat stellen wollen: Für die Unternehmer war ich ein Roter, für die Roten bin ich allmählich ein Kapitalist und Ausbeuter geworden – und das nur, weil ich eine Firma gegründet habe. Das ist doch grauenvoll, dieses ewige Gegeneinander! Das kann doch so nicht weitergehen. Deshalb will ich meinen Kindern mit auf den Weg geben, dass Reichtum oder ein adeliger Name allein noch gar nichts zu sagen haben. Auf den Menschen, der hinter dem Namen steckt, kommt es an.«

»Richtig! Ich denke schon, dass es deine Kinder begreifen werden – wie du ja schon früher gesagt hast, dass ein großes Vermögen auch der Allgemeinheit zugutekommen muss. Denn schließlich hat man all das viele Geld dieser Allgemeinheit mit zu verdanken, den ganzen Kunden. Da ist es nur recht und billig, wenn man einen Teil davon wieder zurückgibt.«

»Aber so wie wir denken leider nicht allzu viele, das kann ich dir sagen. Allein, wenn ich meine sogenannten Unternehmerkollegen immer reden höre … Mir bleibt da jedes Mal nichts anderes übrig, als schnell an die frische Luft zu flüchten, bevor mir der Kragen platzt. Aber genug jetzt mit diesen düsteren Reden. Ich freue mich, dass du zu Besuch gekommen bist. Da wollen wir uns die Laune doch nicht durch Übelkrähen verderben lassen. Guck mal!« Der Hausherr deutete mit seinem weit ausgestreckten Arm zum Fenster hinaus. »Dieser strahlend blaue Himmel. Herrlich, was es noch für ein sonniger Tag geworden ist. Hast du Lust, mit mir wieder zum Ausguck hochzuklettern?«

»Aber ja!« Begeistert klatschte Carl in seine Hände. »Nichts lieber als das. Einen der letzten schönen Tage in diesem Jahr muss man einfach genießen – erst recht in unserem Alter. Wer weiß, wie viele solcher Tage wir noch erleben dürfen«, setzte er düster hinzu. »Man weiß ja nie …«

»Jetzt lass doch endlich einmal diesen andauernden Pessimismus fahren«, fuhr ihm sein Onkel scharf in die Parade. Er machte eine energische Handbewegung: »Also, auf geht's! An die frische Luft, das wird dir gut tun und hoffentlich diese trüben Gedanken aus deinem Kopf verscheuchen!«

Einige Minuten später hatten die beiden alten Männer den Ausguck ganz oben über dem Dach der riesigen Villa erreicht. Schwer schnaufend lehnten sie sich an das Geländer, wo sich Carl mit seinem Taschentuch zitternd über die schweißnasse Stirne fuhr. »War das heute anstrengend«, keuchte er erschöpft. »Du bist ja die Treppe hinaufgerannt wie ein junger Hirsch.«

»Und dabei bist doch du der deutlich Jüngere von uns beiden!« Tadelnd hob Robert den Zeigefinger. »Du solltest dringend etwas für deine Gesundheit tun, das habe ich dir ja schon im letzten Jahr gesagt.«

»Schon gut«, beschwichtigte der Gemaßregelte und nahm voller Entzücken den prächtigen Garten zu seinen Füßen in Augenschein. »Herrlich – wunderschön. Aber wenn ich so herumschaue, da ist in den vergangenen Monaten ganz schön gebaut worden in Stuttgart – und vor allem im Neckartal.«

»Allerdings – sie rüsten auf, im wahrsten Sinn des Wortes«, knurrte der alte Bosch.

»Auch sonst ist viel geschehen in diesem Jahr, seit wir uns das letzte Mal unterhalten haben.«

»Ich habe gehört, du hast deine Pläne umgesetzt und bist inzwischen tatsächlich wieder Alleininhaber der Firma Bosch?«

»Ja, es schien mir das Beste zu sein. Für die Firma, für die Mitarbeiter – und wahrscheinlich auch für mein Nervenkostüm. Denn hilflos mit ansehen zu müssen, wie die Hitlerleute gegen unseren Betrieb vorgehen, das hätte ich nicht ausgehalten. Wenn aber der Name Bosch persönlich dahintersteht, dann trauen sie sich nicht ganz so dreist vorzugehen, wie sie das gerne täten. Mein Name – das heißt, meine Person als solche – scheint doch einen gewissen Schutzschild darzustellen und mit diesem Schild schütze ich nun eben mein Lebenswerk genauso wie hoffentlich meine Leute.«
»Aber wie schaffst du das alles nur in deinem Alter? Mit 77 Jahren!«
»Zum Glück habe ich ja den Hans Walz. Der hält die Fäden in der Hand, er ist der Einzige, auf den ich mich voll und ganz verlassen kann. Ich habe ihn jahrzehntelang aufgebaut und ihn Stück für Stück immer stärker in die Verantwortung eingebunden. Ja, auf den kann ich mich blind verlassen. So jemanden braucht man in diesen Zeiten unbedingt. Einen Menschen, von dem man weiß, dass er auf demselben Fundament steht und dieselben Grundsätze hat wie ich selber. Anders ginge das gar nicht. Er ist ein echter Glücksfall – für mich und für die Firma. Der Hans Walz hat übrigens inzwischen auch die Anstellung von Carl Goerdeler in die Wege geleitet. Der Name sagt dir doch etwas, oder? Es ist dieser aufrechte Mann, den die Hitlerleute zum Rücktritt als Oberbürgermeister von Leipzig gezwungen haben. Nur, weil er die Judenhetze nicht mitmachen wollte! Wir haben ihm eine Aufgabe als Kontaktmann unserer Firma zu den Berliner Behörden gegeben. So hat er wenigstens eine sichere Anstellung und kann in aller Stille hoffentlich noch viel bewirken.«
Carl verzog sein Gesicht. »Wenn ich daran denke, was die NSDAP-Leute alles kaputt geschlagen haben. Und ich … ich habe dabei nicht nur auf der ganzen Linie versagt, sondern ihnen sogar mit in den Sattel geholfen. Das heißt, wenn ich wirklich ehrlich zu mir selbst bin, dann muss ich zugeben, dass persönliche Eitelkeit und Ehrgeiz mit im

Spiel waren, sonst hätte ich diese riesige Spende an die NSDAP nie getätigt.«

»Die höchste Einzelspende der deutschen Industrie. Ich weiß. Aber du hast doch damit die I.G. Farben retten wollen?«

»Ja, schon. Einerseits. Wir waren ja seit der Weltwirtschaftskrise in einer gigantischen Schuldenfalle. 300 Millionen Mark an Verbindlichkeiten, der Konkurs war so gut wie sicher. Meine einzige Hoffnung waren da ausgerechnet die Hitlerleute, weil die ja bekanntlich fanatisch auf die nationale Karte gesetzt haben und niemals zulassen würden, dass eine deutsche Firma von unserer Größe zerschlagen würde. Das war mein Kalkül: Wenn der Hitler – auch dank unserer finanziellen Unterstützung – an die Macht kommt, dann ist die I.G. Farben damit gerettet.«

»Was dann ja auch geklappt hat.«

»Aber um welchen Preis! Ich war da auf beiden Augen völlig blind, habe ganz bewusst alles andere ausgeblendet und nur noch an das Unternehmen gedacht. Der Zweck hat mir die Mittel geheiligt. Es war eine fürchterliche Fehlentscheidung, die ganz allein ich zu verantworten habe!«

»Du hast es ja längst bereut …«

»Bitter bereut sogar. Aber was nützt das, wenn man …«

Ganz bewusst fiel Robert Bosch seinem Neffen ins Wort: »… und inzwischen auf vielen Ebenen versucht, es wiedergutzumachen.«

»Aber die Katastrophe ist nun einmal eingetreten.«

»Du hättest sie höchstens verzögern können.«

»Inzwischen kann ich nicht einmal mehr das. Mich haben sie ja längst ausgebootet.« Carl räusperte sich verlegen. »Übrigens, wenn du Geld brauchen solltest für Goerdelers Arbeit …«

»Das kann nie schaden«, entgegnete sein Onkel nachdenklich. Obwohl – das Geld war für sie ja nicht das Hauptproblem, das die Arbeit im Untergrund so schwierig machte. Aber es würde Carl sicherlich gut tun, wenn er sich als Unterstützer ebenfalls auf ihrer Seite fühlen durfte.

Doch jetzt war es allerhöchste Zeit für einen radikalen Themenwechsel! »Übrigens, dieses Jahr ist in wirtschaftlicher Hinsicht bei uns bisher besonders gut gelaufen. Vor allem die Produktion von Radioapparaten.«

»Du meinst die Apparate, die ihr jetzt einheitlich ›Blaupunkt‹ nennt? Ich habe kürzlich gelesen, dass die ein richtiger Ausfuhrrenner geworden sind.«

»Das stimmt. Vor allem in Südamerika reißen sie sich darum. Das war unser stärkster Umsatzzuwachs in diesem Jahr. Ausgerechnet Radioapparate!«, lachte Robert Bosch kopfschüttelnd, was bei seinem Besucher ein verständnisloses Stirnrunzeln hervorrief.

»Was heißt hier ausgerechnet? Radioapparate sind ja nun wirklich keine schlechte Sache.«

»Das nicht. Aber wenn ich daran denke, wie ich mich zunächst mit Händen und Füßen gegen diese Dinger gewehrt habe?«

»Gewehrt? Wieso das denn?«

»Weil ich immer gedacht habe, das sei nutzloses Zeug. Ich erinnere mich noch genau, wie ich Anfang der 20er-Jahre einmal im Mai einen Spaziergang auf dem Rotenberg gemacht habe, dort drüben also«, er deutete mit seinem weit ausgestreckten rechten Arm über das Neckartal in Richtung Nordosten, wo sich auf dem von Weinbergen umkränzten Rotenberg, beinahe schon wie auf einem kitschigen Gemälde, die Grabkapelle des ehemaligen württembergischen Königshauses erhob. »Es war ein wunderschöner Tag, die Apfelbäume haben geblüht, die Rebstöcke hatten ihre ersten Blätter hervorgebracht und von einem Grundstück ist Musik zu hören gewesen. Ich bin stehen geblieben und habe gelauscht. Tatsächlich: Musik. Und dann haben mich die Leute erkannt, es waren sogar Bekannte von meinem Gustav Klein. Sie haben mich zu sich gebeten, um mir ihre neuste Erwerbung zu zeigen, einen Radioapparat.«

»Das war Anfang der 20er-Jahre schon noch etwas ganz Besonderes.«

»Und mir total zuwider. Ich war nämlich der Meinung, das sei eine nutzlose Erfindung. Ein Teufelskasten, der nur dazu dient, dass man kein vernünftiges Wort mehr miteinander wechseln kann. Ja«, Bosch lächelte bei dem Gedanken an diese Begebenheit verwundert in sich hinein, »das habe ich den armen Leuten damals sogar an den Kopf geworfen. Sie wollten mich dazu bewegen, mich doch erst einmal zu ihnen zu setzen und ein bisschen mit Radio zu hören, aber ich habe mich geweigert. Einer hat sogar gesagt: ›Herr Bosch, das wird eine große Sache, das könnte Sie auch in der Firma interessieren‹ – aber ich bin einfach gegangen. Doch, ehrlich …«
»… und heute machst du mit diesem angeblichen Teufelszeug kräftig Umsatz. Selbst der große Unternehmer Robert Bosch hat also manchmal echte Fehlentscheidungen getroffen.«
»Zugegeben. Obwohl ich das Radio auch heute noch manchmal für ein wirkliches Teufelsspielzeug halte. Wenn ich daran denke, wie der Goebbels diese sogenannten Volksempfänger propagiert und unterstützt hat, einzig und allein zu dem Zweck, das ganze Volk dann mit den Hitlerreden zu überschwemmen.«
»Aber die produziert ja ein anderer, nicht der Bosch – und folglich auch nicht Blaupunkt.«
»Dennoch kommt aus einem Radioapparat dasselbe Programm, ob er nun von Blaupunkt ist oder von einer anderen Firma. Trotz aller erfreulichen Zahlen, die ja auch eine Sicherheit für viele Hundert Arbeitsplätze darstellen, ist es ein merkwürdiges Verhältnis zwischen mir und dem Radioapparat geblieben. Woran vielleicht auch die Tatsache schuld ist, dass ich damals aus so einem Apparat die Nachricht von einem Unfall gehört habe, bei dem unsere Produkte beteiligt waren.«
»Wie? Ein Unfall? Ein fehlerhaftes Boschprodukt hat einen Unfall verursacht? Davon habe ich ja noch nie etwas gehört.«
»Um Himmels willen nein. Das war ja schon immer mein Alptraum, dass eines meiner Produkte fehlerhaft ist. Nein,

nein, das war zum Glück nicht der Fall, wir hatten nur die Zündung und diverse Ausrüstungselemente dafür geliefert.«
»Wofür jetzt? Ich verstehe immer noch nicht.«
»Für den Rennwagen vom Bernd Rosemeyer, mit dem er dann tödlich verunglückt ist. Dieser Rekordversuch war ja der schiere Wahnsinn! Erinnerst du dich nicht? Dieser Zweikampf: Union gegen Mercedes. Er wollte mit seinem Auto-Union-Wagen unbedingt einen neuen Weltrekord fahren, noch schneller als die bisherigen 400 Stundenkilometer. Und das auf einer abgesperrten Autobahn! Es war verrückt – so sympathisch mir der Rosemeyer andererseits auch immer gewesen ist, weil er es halt den Mercedes-Leuten immer wieder gezeigt hat. Deshalb habe ich – zugegeben – immer mit ihm mitgefiebert. Bis zu diesem verhängnisvollen 28. Januar 1938. Er hätte es nie tun dürfen, bei dem böigen Wind an diesem Tag. Aber er wollte unbedingt seinen Weltrekord. Als ihn die Windböe erfasst hat, gab es keinerlei Überlebenschance. Das war schon eine tragische Sache, die sich irgendwie bei mir festgesetzt hat: Seitdem bringe ich das immer mit einer Radiodurchsage in Verbindung. Eben weil ich es aus dem Radio erfahren habe.«
»Ja, klar: Das mit dem Unfall habe ich schon mitbekommen, obwohl ich mich für Autorennen eigentlich gar nicht interessiere. Für schöne Automobile, wie beispielsweise meinen Maybach, für das schon. Aber nicht für solche Rennen. Ich weiß aber noch, wie sehr mir damals die Frau von Rosemeyer, die arme Elly Beinhorn, und ihr kleines Kind leidgetan haben!«
»Was für ein Jahr! Wenn ich denke, was seitdem noch so alles geschehen ist und das Jahr ist längst nicht vorbei …«
»Da wird hoffentlich nichts mehr passieren. Ich hoffe inständig, dass auch unser unseliger Reichskanzler jetzt erst einmal mit dem Verdauen seines dicken Brockens beschäftigt sein wird.« Carl Bosch spielte damit auf die Tatsache an, dass sich Hitler im Februar dieses Jahres zum Oberkommandierenden der Wehrmacht ernannt hatte.

Welchen Hintergedanken er dabei hegte, das konnte man bereits wenig später, am 13. März 1938, ganz genau erkennen, denn an diesem Tag hatte er den sogenannten »Anschluss Österreichs an das deutsche Reich« erzwungen.
»Es wird ihm trotzdem nicht reichen. Der will mehr. Viel mehr: Ich glaube, er steuert direkt auf einen großen Eroberungskrieg zu.«
»Während weit und breit niemand aufsteht und ihm in den Arm fällt! Mir scheint, die anderen Staaten haben nicht den Willen oder nicht die Kraft, diesen Hitler endlich in seine Schranken zu verweisen. Fürchterlich! Sie glauben immer noch, sie könnten diesen Kerl am Verhandlungstisch in den Griff bekommen.«
»Was ein fataler Irrtum ist.«
»Ich fürchte, das ist es. Aber was soll man tun. Der Einzelne ist machtlos.«
»Ja, so etwas!« Mitten im Gespräch hatte Robert Bosch diesen lauten Überraschungsruf ausgestoßen. »Jetzt schau dir mal diesen Frechdachs da an …«
»Frechdachs? Wen meinst du?« Irritiert kniff Carl die Augen zusammen und spähte angestrengt zu jener Stelle in dem großen Garten hinüber, auf die sein Onkel mit dem weit ausgestreckten rechten Arm deutete.
»Siehst du es denn nicht, die Krähe da?«
»Ja was jetzt? Dachs oder Krähe?«
»Krähe natürlich! Ein großer schwarzer Vogel …«
»Jetzt erkläre ausgerechnet du mir, was eine Krähe ist, ich bitte dich,« protestierte Carl säuerlich. »Da kann ich lange auf den Boden schauen, bis – ach, jetzt sehe ich, was du meinst. Herrlich!«
Es war der große Nussbaum, der in einer Ecke am südlichen Rand des Gartens stand, auf den Robert Bosch gewiesen hatte. Hoch droben in der Baumkrone war eine prächtige dunkle Krähe zu erkennen, die sich auf einem der stark schwankenden Äste niedergelassen hatte und mit ihrem spitzen Schnabel damit beschäftigt war, eine der letzten Walnüsse herunterzupicken.

»Schau mal, wie vorsichtig die dabei vorgeht. Sie scheint gemerkt zu haben, dass die Nuss schon recht locker in der Schale sitzt und womöglich herunterfallen würde, wenn sie jetzt kräftig hineinpickt. Da, genau was ich sage: Deshalb nimmt sie am besten jetzt gleich die ganze Nuss in den Schnabel.«
»Es sind schon schlaue Tiere, diese Krähen.«
»Tatsächlich – sie hat es geschafft, jetzt fliegt sie mit der Nuss davon …«
»… und bringt ihre Beute an einen sicheren Ort, wo sie unbehelligt von Katzen oder Hunden die Nuss so lange auf den Boden fallen lässt, bis die Schale irgendwann einen Knacks bekommt.«
»Sage noch einer, die Tiere hätten keinen Verstand.«
»Manchmal mehr als die Menschen!«
Ein Schatten verdüsterte die Miene des alten Bosch: »Wenn das mein Robert gesehen hätte – wo er doch immer so ein begeisterter Naturforscher gewesen ist …«
»Er hätte sich diebisch gefreut«, nickte Carl. »Da war er manchmal wie ein kleines Kind, mein lieber Vetter Robert. Und für mich war es immer ein besonderes Vergnügen, mich zu seinen Lebzeiten mit ihm über eine neue zoologische Erkenntnis austauschen zu können. Das liegt uns Boschs ja offenbar im Blut, diese besondere Freude an der Natur. Schade nur, dass wir uns in diesen Jahren so selten haben sehen können, dein Robert und ich.«
»Auf jeden Fall hat er von deiner riesigen Insektensammlung immer in den höchsten Tönen geschwärmt.«
»Und hat mich dennoch seinerseits mit der Entdeckung dieses Larvenstadiums bei einem Käfer, dessen Name mir im Augenblick entfallen ist, weit überholt.« Carl unterbrach sich, weil er bemerkte, wie sein Gesprächspartner allmählich unruhig zu werden begann und seinen Rücken straff durchdrückte. »Der Name des Käfers … ich komme gleich drauf …«
Doch seltsam: »Komm jetzt, lass uns wieder hinuntergehen«, stieß Robert Bosch in einem eigenartig drängenden Tonfall hervor.

Carl musterte seinen Onkel verwundert. »Aber wieso denn, wir haben doch so einen herrlichen Blick von hier oben … Also, ich habe keine Eile.«
»Aber ich. Es pressiert mir. Ja, jetzt guck halt nicht so verwundert. Ich muss ganz dringend aufs Klo. Das kommt immer wie aus heiterem Himmel über mich. Es ist ein altes Leiden, das mich schon ziemlich lange plagt.«
Mit schnellen Schritten war Robert Bosch seinem Besucher nach unten vorausgeeilt. Einige Minuten später war es überstanden. Aufatmend ließ er sich in einen der Wohnzimmersessel fallen. »Es ist die Prostata. Dagegen hat mir noch nicht einmal die Homöopathie helfen können. Und leider wird es nicht besser. Besonders beim Wandern macht mir das Ding manchmal Probleme. Selbst mein Heinrich Göhrum ist dagegen machtlos.« Bosch zuckte mit den Schultern. »Nun gut, er hat mir ans Herz gelegt, mich in Geduld zu üben und mich jedenfalls nicht gleich operieren zu lassen. Mit dem Skalpell sind die Ärzte ja immer schnell zur Hand, hat er gemeint. Darin sind wir uns auch einig, dass ich mich auf keinen Fall so rasch unters Messer begeben werde. Später einmal vielleicht, wenn das neue Krankenhaus Gestalt angenommen hat, das ich demnächst bauen lasse.«
Das neue Krankenhaus. Dabei handelte es sich um ein höchst ehrgeiziges Projekt, dessen Umsetzung Robert Bosch gerade kräftig vorantrieb. Homöopathie und klassische Medizin sollten sich in diesem fortschrittlichen Haus begegnen – und sich gegenseitig befruchten.
Das war zumindest seine Hoffnung: Es schien ihm besonders wichtig, der von der Schulmedizin oftmals heftig bekämpften Homöopathie endlich eine breitere Basis zu verschaffen.
Klar – es brauchte zwar immer seine Zeit, bis sich der Fortschritt durchsetzen konnte, aber vielleicht würde es ihm ja gelingen, dem Fortschritt durch das auf seine eigenen Kosten gebaute, ganz modern eingerichtete Krankenhaus etwas auf die Sprünge zu helfen. Und dabei schien ihm auch eine gesunde Ernährung ganz besonders wichtig. Die Men-

schen an die Vorzüge einer gesünderen Lebensweise heranzuführen, das sollte ebenfalls eine Aufgabe sein, die das neue Krankenhaus zu leisten hatte. So, wie sich Robert Bosch ja inzwischen seit vielen Jahren strikt an die Empfehlungen des Züricher Arztes Dr. Oskar Bircher hielt. Denn ohne das von Bircher empfohlene Frühstück, dieses sogenannte Müsli, war für Bosch inzwischen der Beginn eines neuen Tages schlichtweg nicht mehr vorstellbar. Aber nur, wenn man es ganz genau so zubereitete, wie von Bircher detailliert vorgeschrieben wurde: also Äpfel (und zwar auf alle Fälle mit Schale und mit Kernhaus), geriebene Haselnüsse, Mandeln, gut in Wasser vorgeweichte Haferflocken, Zitronensaft und Kondensmilch.
Außerdem hatte man sich natürlich streng an die von Dr. Bircher propagierte ganzheitliche Lebensweise zu halten, also anstelle von viel Fleisch und Weißbrot lieber Früchte zu sich nehmen, dazu etwas Gemüse und Nüsse, aber vor allen Dingen galt es, körperliche Disziplin zu wahren. Und das hieß: Früh aufstehen und dafür auch recht frühzeitig wieder ins Bett gehen – so wie es Robert Bosch ja schon seit Jahrzehnten zu handhaben pflegte.
Und selbst als so eine berühmte Persönlichkeit wie Thomas Mann meinte, sich in aller Öffentlichkeit negativ über Birchers Empfehlungen auslassen zu müssen, indem er behauptete, er habe sich wie in einem hygienischen Zuchthaus gefühlt, wortwörtlich sogar »als Gras essender Nebukadnezar«, hat Bosch eine solche, seiner Meinung nach völlig unberechtigte Kritik niemals angefochten. Mehr als ein verwundertes Kopfschütteln rief sie bei ihm nicht hervor, denn er lebte ja schließlich schon immer nach dem Grundsatz, sich lieber seine eigene Meinung bilden zu wollen, als andere Standpunkte einfach gedankenlos nachzuschwätzen. Wie einmal mehr also auch in diesem Fall der Bircherschen Ernährungsregeln, bei denen er zu einer ganz anderen Schlussfolgerung gekommen war, als der Schriftsteller Thomas Mann, der die Sache wohl schlichtweg nicht begriffen hatte.

»Der Mensch wird krank durch seinen Beruf, seine Ernährung, seine Lebensweise, durch Infektion, Erkältung und dergleichen. Nun ist im Menschen etwas, das ihn gesund machen will. Der Körper kann angeregt werden, belebt werden durch irgendwelche Reize, so weit, dass er sich selbst hilft. Ob das nun durch Umschläge, Kneippkuren und dergleichen oder durch mehr oder weniger hochpotenzierte homöopathische Gaben, durch Luftwechsel, durch richtige Ernährung und was immer geschieht, ist wohl gleichgültig. Nötig ist, den Körper aufzurütteln, anzuregen; allerdings vor allem ihn richtig zu ernähren.«
Carl nickte anerkennend. »Eine vorzügliche Analyse. Kein Wunder bist du so gesund und munter, wenn du dich so strikt an diese Vorgaben hältst.«
»Das wäre auch in deinem Fall nicht verkehrt. Ich will auf jeden Fall noch eine Weile gesund bleiben und meine Kinder aus vollem Herzen genießen. Dieses herrliche Geschenk, das ich im hohen Lebensalter noch bekommen habe. Wenn ich nur an unsere wunderschönen Ausflüge nach Scharnitz denke, allein die Freude, die mir aus den Augen von Robert und Eva immer entgegenblitzt, wenn sie dort auf unseren beiden Haflingern, der Fanni und der Hanni, reiten dürfen. Solche Augenblicke noch einmal erleben zu dürfen, das ist mir jedes Mal mehr wert, als alles andere auf der Welt. Das kannst du mir glauben.«
Carl streifte seinen Onkel mit einem verständnisvollen Blick. Unschlüssig kratzte er sich am Hinterkopf und schien zu überlegen. Dann hatte er sich offenbar doch dazu durchgerungen, seine Frage zu stellen. »Ach, Robert … entschuldige bitte, aber das wollte ich dich schon immer einmal fragen.«
»Was denn?«
»Ob das eigentlich von Anfang an reibungslos gegangen ist, zwischen dir, deinen Kindern aus der ersten Ehe und mit deiner neuen Familie?«
Nachdenklich massierte sich der Gefragte die Nasenwurzel, bevor er zu sprechen begann. »Du kannst dir sicher leb-

haft vorstellen, dass das natürlich nicht so ganz einfach gewesen ist. Gut, die Paula war seit ihrer Heirat mit Zundel sowieso schon weg – aber die Gretel … also die hat sich nur sehr langsam und zögernd wieder angenähert. Für die war es anfangs besonders schwer, ich kann es ihr nicht verdenken. Denn schließlich ist sie ja gleich alt wie meine Frau. Da ist nur ein Monat dazwischen – beide sind Jahrgang 1888. Allein diese Tatsache verarbeiten zu müssen, dass ihr Vater jetzt mit einer gleich alten – oder vielmehr gleich jungen – Frau verheiratet ist, das war sicher nicht leicht für sie.«

»Das kann ich mir denken«, nickte Carl verständnisvoll.

»Besonders problematisch ist es dann noch mal gewesen, als die Kinder sprechen konnten. Einmal war die Gretel zu Besuch und da hat die Eva zu ihrer Halbschwester zunächst ›Tante‹ gesagt. Im Grunde genommen ist das nicht verwunderlich – doch mir hat es damals schon einen gewaltigen Stich ins Herz versetzt. Aber, da muss ich dann meine Frau bewundern, die hat es gleich im Ansatz umlenken können. Obwohl …«

»Ich verstehe nicht.«

»Na ja, jetzt sagen sie halt ›Schwester Gretel‹ zu ihr.«

»So förmlich?«

»Ja, so förmlich. Es liegen eben doch gut und gerne vier Jahrzehnte zwischen ihnen. Viel Zeit … Genauso, wie der Altersunterschied zwischen mir und den Kindern natürlich enorm ist. Das ist mir schon bewusst, auch dass ich im Vergleich zu normalen Vätern ja eher wie ein Großvater wirke. Aber ich hoffe, mir gelingt es dennoch, dass die beiden in mir den Vater sehen können – trotz meinem weißen Rauschebart. Und trotz der Tatsache, dass ich mit an Sicherheit grenzender Wahrscheinlichkeit ja nicht mehr erleben werde, was für Menschen der Robert und die Eva werden eines Tages. Dazu wird es wohl nicht mehr ganz reichen, so sehr ich es mir auch wünschen würde. Doch in dieser Hinsicht ist meine biologische Uhr wohl schon etwas zu weit vorgerückt …«

Carl überspielte die aufkeimende Verlegenheit seines Gesprächspartners, indem er dessen Aufmerksamkeit rasch in eine andere Richtung lenkte: »Übrigens: Kürzlich bin ich einmal gefragt worden, wen ich für die Entwicklung des Automobils eigentlich für wichtiger ansehe. Also Benz, Daimler oder Maybach. Was hättest du darauf geantwortet?«
Robert Bosch kräuselte die Nase: »Nun ja, natürlich breite ich schon bei der Erwähnung des Namens von Gottlieb Daimler nicht gleich vor lauter Begeisterung die Arme aus. Daimler … Man muss ihm wohl schon einen ordentlichen Anteil an der Entwicklung zurechnen, das ist keine Frage. Obwohl seine Verdienste um das Automobil auch nicht unbedingt größer sind als die von Maybach und Benz – und auch den Anteil der Berta Benz dürfen wir auf keinen Fall vergessen. Allein wenn ich an ihre atemberaubende Automobilfahrt seinerzeit denke! Diese Fahrt von Mannheim nach Pforzheim im Sommer 1888. Das war, psychologisch gesehen, der Durchbruch für das Automobil. Das hätte bis dahin ja kaum jemand für möglich gehalten, eine Überlandfahrt mit einer Benzinkutsche über mehr als hundert Kilometer. Also gebührt ihr schon auch ein Teil des Ruhms. Benz, Maybach, Daimler … Ich denke, man wird sie alle zusammen in einem Atemzug nennen müssen. Jeder von ihnen hat einen entscheidenden Anteil am Siegeszug des Automobils.«
»Und wie siehst du es bei den Motoren? Vor allem im Hinblick auf die Fortentwicklung der Zündung? Dieses Thema ist ja wohl eindeutig mit dem Namen Bosch verbunden.«
»Ich verstehe schon, worauf du hinauswillst. Aber auch wenn das alles unter dem Oberbegriff Bosch läuft, dann muss dennoch in allererster Linie der Gottlob Honold erwähnt werden. Denn ohne ihn gäbe es die Lichtbogenzündung nicht – und die war nun einmal die wichtigste Voraussetzung für den verlässlichen Betrieb des schnell laufenden Motors.«
»Einverstanden.« Trotz seiner Zustimmung schien Carl in Wirklichkeit aber auf etwas anderes abzuzielen. »Aber wer

hat den Honold ausgebildet? Wer hat ihm also den richtigen Weg gewiesen? Das warst doch du: Dir gebührt folglich doch auch ein Teil der Ehre.«

Robert Bosch winkte ab. »Ach Carl. Du weißt, dass ich nicht ehrenkäsig veranlagt bin. Natürlich war ich mit dabei, aber dennoch möchte ich nie in Vergessenheit geraten lassen, dass ich ohne die tatkräftige Mithilfe meiner Leute nichts erreicht hätte. Und da ist neben meinem Gottlob Honold auch noch der Max Rall zu nennen, dann selbstverständlich der Arnold Zähringer – und noch viele andere.«

»Dann betrachten wir den Namen Bosch halt als Oberbegriff für den Durchbruch bei der Zündung. Einverstanden?«

Anstelle einer Antwort rümpfte Robert Bosch die Nase und schien zu überlegen. In einer hilflosen Geste hob er schließlich die Hände: »Also von mir aus – ungern zwar, aber nun denn, ich gebe mich deiner Argumentation geschlagen. Immerhin hat der Carl Benz ja im Rückblick einmal gesagt, die Zündung, das sei das Problem der Probleme gewesen. Und meine Leute haben es gelöst. Es ist ja in gewisser Weise ein Witz, dass mir auch der Benz damals diese neuartige Zündung nicht abgenommen hat. Wenn da nicht die Franzosen gewesen wären, die an mich geglaubt haben, Louis Renault vor allem, wer weiß, was wohl aus den schnell laufenden Motoren geworden wäre. Aber diese Frage kannst sicherlich du viel besser beantworten, denn schließlich bist ja du der Nobelpreisträger und nicht ich!«

Carls Reaktion war vorhersehbar gewesen – und Robert Bosch weidete sich insgeheim köstlich an der Verlegenheit, die er mit dieser scheinbar belanglos dahin geworfenen Randbemerkung bei seinem Gegenüber ausgelöst hatte. Eine Zeit lang herrschte Stille zwischen den beiden.

Dann hatte Carl seine Sprache wiedergefunden und spielte den verbalen Ball geschickt zu seinem Onkel zurück: »Und – hast du nun oder hast du nicht?«

»Was meinst du?«

»Na, mit deinen Produkten – vor allem mit den Zündungen für die Automobile und später dann mit der kompletten Automobilelektrik – hast du die Welt ja schon auch ein Stückchen bewegt …«

Die ebenfalls vorhersehbare Reaktion war ein unwirsches Kopfschütteln. »Wenn wir die Zündungen nicht hergestellt hätten, dann hätte es ein anderer getan. Viele genug hat es anfangs in diesem Bereich ja gegeben – und ich war nur einer von ihnen.«

Da war sie also wieder: Die sprichwörtliche schwäbische Bescheidenheit dieses Mannes. »Es war halt eine Verpflichtung für mich, immer ein gutes Produkt herzustellen. Genau das habe ich gemacht. Nichts anderes.« Er sah seinem Neffen ernst in die Augen: »Und du? Was ist mit dir?«

»Mit mir? Was soll mit mir sein?«

»Ich stelle dir genau dieselbe Frage: Hast du denn mit deinen Erfindungen die Welt bewegt?«

Der Gefragte wand sich genauso unbehaglich wie kurz zuvor sein Onkel. Doch dann erfolgte, begleitet von einem breiten Grinsen, die überraschende Antwort: »Und wenn ich es nicht getan hätte, dann hätte es eben ein anderer getan.«

Diese überzeugende Aussage mündete in einem fröhlichen Lachen beider Männer. Dankbar genossen sie die Leichtigkeit dieses Augenblicks.

»Ja Carl, es waren schon turbulente Jahre – für uns alle beide. Und es ist irgendwie auch eigenartig, aber manchmal habe ich das Gefühl, je erfolgreicher ich war, desto einsamer ist es um mich geworden.«

»Jede Zeit ist eine Sphinx, die sich in den Abgrund stürzt, sobald man ihr Rätsel gelöst hat.«

»Das ist ja Heine«, kommentierte Robert staunend. »Du kannst ihn auswendig?«

»Natürlich. Er ist nämlich auch einer von meinen liebsten Dichtern.«

Ein sentimentaler Ausdruck legte sich über Roberts Miene. »Heinrich Heine. Kennst du diesen Vers von ihm? ›Ich hatte einst ein schönes Vaterland. Der Eichenbaum wuchs dort so hoch, die Veilchen nickten sanft. – Es war ein Traum.‹ Ja, der Heine. Der hat auch in keinen guten Zeiten gelebt. Er hat es zwar nicht mehr selber erleben können, aber er hat sich diese Hoffnung auf bessere Zeiten nie nehmen lassen. Und da schließt sich für mich wieder der Kreis zwischen der Situation, wie ich sie heute empfinde, und meinem Lieblingsdichter. Auch ich habe versucht, die Welt oder vielmehr die Menschen ... nein, nicht zu verbessern, sondern ihnen zu helfen, indem sie eine ordentliche Arbeit und eine gute Bezahlung bei mir bekommen haben. Ich habe versucht, jeden gleich zu behandeln und keinen Menschen geringer zu schätzen als den anderen. Ich hoffe, dass mir wenigstens das gelungen ist ...« Müde fuhr er sich mit der Hand über sein Gesicht. »Jetzt bin ich ein alter Mann, alt und zunehmend gebrechlich. Was bleibt mir also noch für meine letzten Lebensjahre? Da ist der Wunsch, mein Krankenhaus noch fertiggestellt zu sehen. Da ist die Hoffnung, dass auch der braune Spuk eines Tages vorüber sein wird, ohne dass die ganze Welt in Flammen aufgegangen ist. Und dann – vor allem anderen – ist da noch das große Glück meiner späten Jahre: meine neue Familie, meine Frau und meine Kinder. Dieses Glück hoffentlich noch eine Zeit lang erleben zu dürfen, das ist es, was am Ende jetzt für mich noch zählt. Und deshalb«, Robert Bosch drückte kerzengerade den Rücken durch und maß seinen Besucher mit einem ernsten Blick, bevor er mit feierlicher Stimme fortfuhr, »auf unsere Kinder, Carl – und auf die Zukunft unseres Landes, das die Kraft dieser Kinder eines Tages dringend brauchen wird. Auf die Zukunft, Carl! Ja, auf die Zukunft!«

Nachwort

Die Besuche von Carl Bosch, die sich als roter Faden durch dieses Buch ziehen, hat es tatsächlich gegeben. Und sie hatten ihren guten Grund, denn von beiden Männern, dem »Onkel« Robert Bosch und seinem nur 13 Jahre jüngeren Neffen Carl Bosch, wurde seit vielen Jahrzehnten eine ganz besondere Freundschaft gepflegt, die weit über das übliche Verwandtschaftsverhältnis hinausging. Beide haben in ihren späten Lebensjahren unter der Zeit, in der sie lebten, schwer zu leiden gehabt – noch schlimmer als seinen Onkel hatte es Carl Bosch getroffen, der seelisch und zunehmend auch körperlich nicht damit zurecht kam, dass er den Nationalsozialisten Anfang der 30er-Jahre mit seinen enormen Geldspenden sogar noch den Boden bereitet hatte. Nachdem er hatte erkennen müssen, wohin der Weg der braunen Machthaber führte, und das auch öffentlich geäußert hatte, wurde er vehement bekämpft und schließlich seiner meisten Ämter enthoben. Er verfiel in eine tiefe Depression, die 1939 in einem Selbstmordversuch mündete, den er jedoch überlebte. So besorgt sich sein Onkel Robert Bosch um den verzweifelten Mann bemühte, konnte aber auch er ihm nicht mehr über dessen bittere Selbstvorwürfe hinweghelfen.
Robert Boschs jüngste Tochter hat vor einiger Zeit in einem kurzen Aufsatz diese Freundschaft zwischen ihrem Vater und seinem Neffen folgendermaßen beschrieben:
»Meine Mutter erzählte hin und wieder, wie unterschiedlich Carl und Robert gewesen seien: Der eine hatte nur Anzüge aus synthetisch hergestellten Stoffen. Mein Vater dagegen trug im Alter nur noch Wolle und Schuhe aus lohgegerbtem Leder.
Sie standen sich wohl besonders nah in ihrer Ablehnung des damaligen Regimes (…) Wie furchtbar muss es für beide gewesen sein, dass sie nicht verhindern konnten, dass ihre Firmen einen wichtigen Beitrag zu Rüstung und

Kriegsführung leisteten, besonders eklatant wohl für Carl durch die Herstellung des kriegsnotwendigen Treibstoffs. Aber auch für Robert schlimm genug, da seine Firma weitgehend für Rüstungszwecke arbeiten musste. Eine Weigerung hätte sicherlich sofortige Enteignung zur Folge gehabt, da der Sohn des Gauleiters Murr sowieso schon erwählt war, die Firma nach dem Krieg zu übernehmen, um der ›Nebenregierung Bosch‹ ihre Operationsbasis zu entziehen. Auch die Widerstandstätigkeit wäre damit zum Erliegen gekommen.
Wie sehr Robert sich mit Carl verbunden fühlte, begann ich an jenem Abend im April 1940 zu ahnen, an dem wir im sogenannten ›Frühstückszimmer‹ – einem kleinen Esszimmer – beim Abendessen saßen. Ich sehe noch die Dunkelheit vor mir, die um uns herum herrschte, erhellt nur durch die über dem Tisch hängende Lampe mit grünem Seidenschirm. Die dunkelbraunen, schwarz verzierten Möbel unterstrichen diese Stimmung. Plötzlich kam Hugo – der Diener meines Vaters – herein, um eine Nachricht zu überbringen. Schon durch die Art, wie er sich leicht vorgebeugt auf meinen Vater um den Tisch herum zu bewegte, spürte ich, dass etwas Schlimmes geschehen war. Als er den Tod von Carl Bosch meldete, war mein Vater – obwohl er, glaube ich, nicht ganz unerwartet kam – tief getroffen. Ich habe ihn nie vorher und nachher so nahe den Tränen gesehen. Er erhob sich und ging hinaus, während wir bedrückt zurückblieben. Meine Mutter meinte, Carl sei wohl sein bester Freund gewesen.«

In seinen letzten Lebensjahren konnte Robert Bosch tatsächlich noch die Einweihung des Robert-Bosch-Krankenhauses feiern, dessen Name übrigens in Wirklichkeit kein Denkmal für ihn selbst als Gründer darstellen sollte. Vielmehr ging es diesem zeitlebens bescheidenen Mann, der ja niemals Wert darauf gelegt hat, im Vordergrund zu stehen, bei dieser Bezeichnung vor allem um die Erinnerung an seinen Sohn Robert, der nach einem jahrzehntelangen Siechtum an Multipler Sklerose gestorben war, ohne dass ihm die Ärzte hatten helfen können. Bei der Einweihung im April 1940 galt das Robert-Bosch-Krankenhaus als hochmoderne Stätte der Gesundheitspflege, die sich nicht nur auf dem neuesten Stand der wissenschaftlichen Erkenntnis befand, sondern auch der damals noch weitgehend unbekannten Homöopathie zum Durchbruch verhelfen sollte. Und überdies sollte dieses Krankenhaus, das Robert Bosch ganz aus seinem Privatvermögen bezahlt hat, nach dem Willen seines Stifters vor allem der breiten Masse der Bevölkerung zugutekommen.

Ein Jahr später, zu seinem 80. Geburtstag, hat Bosch die Ehrendoktorwürde der Medizinischen Fakultät der Universität Tübingen verliehen bekommen. Eine Ehrung, die ihn ausnahmsweise mit großer Genugtuung erfüllte, denn obwohl ihm persönlich der Dr. med. ehrenhalber nun wirklich nicht wichtig war, bedeutete dieser Titel für ihn doch auch die symbolhafte »Versöhnung« zwischen Schulmedizin und Homöopathie, eben dokumentiert durch die Verleihung der Ehrendoktorwürde.

Wieder einmal hatte er sich in den Dienst der guten Sache gestellt und sich ihr dabei vollkommen uneigennützig untergeordnet. So wie das eben seine Art war. Es klingt deshalb wie ein Vermächtnis, was Robert Bosch bei der Einweihung des Krankenhauses gesagt hat: »Wenn ein Haus diesen Namen tragen soll, so ist folgendes besonders zu Herzen zu nehmen: Jedes Gesellschaftsmitglied muss von dem besonderen Willen durchdrungen sein, die ihm übertragenen Aufgaben treu und gewissenhaft zu erfüllen (…) Dazu gehört, dass an jedem Platz die richtige Arbeitskraft angesetzt wird. Jede Arbeit ist wichtig, auch die kleinste. Es soll sich keiner einbilden, seine Arbeit sei über die seines Mitarbeiters erhaben. Wichtig ist auch, dass jeder Vorgesetzte weiß, was im Hause, besonders in seiner Abteilung, vorgeht, und dass vorkommende Fragen im Wege der offenen Aussprache geklärt werden (…) Immer soll nach Verbesserung des bestehenden Zustandes gestrebt werden, keiner soll mit dem Erreichten sich zufriedengeben, sondern stets danach trachten, seine Sache noch besser zu machen. In allen Zweifelsfragen ist stets die Sache über alle Personen zu stellen. Jeder soll mitwirken zum Wohle des Ganzen, keinem zu Liebe und keinem zu Leide, die Menschen sollen geheilt werden und die Homöopathie soll gefördert werden. Und noch eines ist wichtig: Das Haus muss sich das Vertrauen der Öffentlichkeit erwerben und sichern. Wenn kein Vertrauen zur Güte einer Ware und im vorliegenden Fall also zu Güte der Behandlung und Verpflegung vorhanden ist, so kann das Haus seine Aufgabe nicht voll erfüllen. Deshalb setzen Sie alles daran, um das Vertrauen weiter Kreise zu erringen. Ein Haus, das sich diese Grundsätze zu eigen macht, wird sich durchsetzen zum Wohle der Homöopathie und der leidenden Menschheit.«

All diese Investitionen hat Robert Bosch tatsächlich für die Allgemeinheit getätigt. Es war ihm einfach ein Bedürfnis, diesem zeitlebens sozial gesinnten Menschenfreund, der gleichzeitig so unvorstellbar jähzornig sein konnte.

Ein wandelnder Widerspruch? Nur scheinbar: Denn Robert Bosch war eben, wie man das auf der Schwäbischen Alb noch heute so sagt, ein »grundsolider Kerle«, dem jedes künstliche Getue und Herumgedruckse ein Gräuel gewesen ist. Wie die riesigen landschaftsprägenden Hainbuchen seiner Heimat, so war auch Robert Bosch: knorrig, zäh, den Stürmen trotzend und bockelhart – gleichzeitig aber auch schattenspendend, wärmend, wertvoll. Ein mächtiger, grob geschnitzter Klotz mit starken Wurzeln in der kargen Erde des schwäbischen Karstgebirges, authentisch durch und durch.

Während der Recherchen zu diesem Buch bin ich natürlich auch mit vielen älteren Menschen zusammengetroffen, die nicht nur »beim Bosch« gearbeitet haben, sondern den »Vadder Bosch« noch persönlich erleben konnten. Und zwar genau so, wie er halt nun einmal war. Unabhängig voneinander haben sie mir nämlich berichtet: »Mich hat der alte Bosch früher auch einmal zusammengeschissen.«

Sie sagten das voller Stolz und mit Tränen der Rührung in den Augen.
Ja, wirklich: Es gilt vielen bis heute als eine Art Adelsprädikat, vom »alten Vadder Bosch« einmal kräftig in den Senkel gestellt worden zu sein. Krumm genommen hat man ihm das nie, denn alle kannten ja seine Eigenarten.
Nie hat er sich davor gescheut, ehrlich seine Meinung zu sagen. Ob es den anderen nun gepasst hat oder nicht. Eine klare Linie zu halten, das war ihm wichtiger, als alle diplomatischen Verrenkungen oder gar Scheinheiligkeit. Wieso gerade er? Wahrscheinlich war da einfach der richtige Mann zum richtigen Zeitpunkt mit dem richtigen Produkt am richtigen Ort. Der Prototyp des schwäbischen Schaffers und Tüftlers. Der Gründer einer weltweit tätigen Firma, die heute jährlich mehr als 3000 neue Patente anmeldet.
Robert Bosch persönlich hat übrigens niemals ein eigenes Patent besessen. Seine Genialität bestand vielmehr in der Fähigkeit, die richtigen Leute bei sich zu beschäftigen. Und in der sicheren Überzeugung, sich immer auf mehrere Standbeine stellen zu müssen. Sich niemals nur auf Motoren, die Automobilbranche oder auf Elektrowerkzeuge zu konzentrieren, sondern – wie schon »seinerzeit« in der Hinterhofwerkstatt in der Rotebühlstraße 75 B – breit aufgestellt zu sein. Diese Maxime wird »beim Bosch« bis heute beherzigt. Sie ist einer der wesentlichen Gründe dafür, weshalb die Firma alle Stürme der vergangenen Jahrzehnte unbeschadet überstanden hat, ohne jemals ins Trudeln zu geraten. Ganz im Gegenteil sogar.

Am 12. März 1942 ist Robert Bosch gestorben.
Jedes Jahr an seinem Todestag liegen frische Blumen auf seinem Grab in Stuttgart-Degerloch.
Robert Bosch ist unvergessen geblieben, ebenso wie seine vorbildlichen unternehmerischen Fundamente: Anstand, Moral und soziale Verantwortung.
Sie sind aktueller denn je!